JOURNAL

DE

E. J. F. BARBIER

A PARIS

DE L'IMPRIMERIE DE CRAPELET

RUE DE VAUGIRARD, 9

M. DCCC. LI

JOURNAL HISTORIQUE

ET ANECDOTIQUE

DU RÈGNE DE LOUIS XV

PAR E. J. F. BARBIER

AVOCAT AU PARLEMENT DE PARIS

PUBLIÉ

POUR LA SOCIÉTÉ DE L'HISTOIRE DE FRANCE

D'APRÈS LE MANUSCRIT INÉDIT DE LA BIBLIOTHÈQUE NATIONALE

PAR A. DE LA VILLEGILLE

SECRÉTAIRE DU COMITÉ POUR LA PUBLICATION DES MONUMENTS ÉCRITS DE L'HISTOIRE DE FRANCE

TOME TROISIÈME

A PARIS

CHEZ JULES RENOUARD ET CIE

LIBRAIRES DE LA SOCIÉTÉ DE L'HISTOIRE DE FRANCE

RUE DE TOURNON, N° 6

M. DCCC. LI

EXTRAIT DU RÈGLEMENT.

Art. 14. Le Conseil désigne les ouvrages à publier, et choisit les personnes les plus capables d'en préparer et d'en suivre la publication.

Il nomme, pour chaque ouvrage à publier, un Commissaire responsable, chargé d'en surveiller l'exécution.

Le nom de l'Éditeur sera placé à la tête de chaque volume.

Aucun volume ne pourra paraître sous le nom de la Société sans l'autorisation du Conseil, et s'il n'est accompagné d'une déclaration du Commissaire responsable, portant que le travail lui a paru mériter d'être publié.

Le Commissaire responsable soussigné déclare que l'Édition préparée par M. A. DE LA VILLEGILLE *du* JOURNAL HISTORIQUE ET ANECDOTIQUE DU RÈGNE DE LOUIS XV, *par* E. J. F. BARBIER, *lui a paru digne d'être publiée par la* SOCIÉTÉ DE L'HISTOIRE DE FRANCE.

Signé RAVENEL.

Fait à Paris, le 14 *avril* 1851.

Certifié,

Le Secrétaire de la Société de l'Histoire de France,

J. DESNOYERS.

JOURNAL

DE

E. J. F. BARBIER.

ANNÉE 1747.

Janvier. — Dans le courant de l'année dernière on a imaginé, à Paris, des joujoux qu'on appelle des *Pantins*. C'était d'abord pour faire jouer les enfants; mais ils ont servi ensuite à amuser tout le public.

Ce sont de petites figures faites de carton dont les membres séparés, c'est-à-dire taillés séparément, sont attachés par des fils pour pouvoir jouer et remuer. Il y a un fil derrière qui répond aux différents membres, et qui, faisant remuer les bras, les jambes et la tête de la figure, la font danser. Ces petites figures représentent arlequin, scaramouche, mitron, berger, bergère, etc., et sont peintes, en conséquence, de toutes sortes de façons. Il y en a eu de peintes par de bons peintres, entre autres par M. Boucher, un des plus fameux de l'Académie, et qui se vendaient cher[1].

---

[1] La duchesse de Chartres paya un de ces pantins quinze cents livres.

Il y en avait aussi qui étaient de figures et de postures lascives.

Ce sont donc ces fadaises qui ont occupé et amusé tout Paris, de manière qu'on ne peut aller dans aucune maison sans en trouver de pendues à toutes les cheminées. On en fait présent à toutes les femmes et filles, et la fureur en est au point qu'au commencement de cette année toutes les boutiques en sont remplies pour les étrennes. Cette invention n'est pas nouvelle : elle est seulement renouvelée, comme bien d'autres choses ; il y a vingt ans que cela était de même à la mode.

Il y a une chanson de caractère consacrée pour cette petite figure.

> Que Pantin serait content
> S'il avait l'art de vous plaire !
> Que Pantin serait content
> S'il vous plaisait en dansant !
>
> C'est un garçon complaisant,
> Gaillard et divertissant,
> Et qui, pour vous satisfaire,
> Se met tout en mouvement.
>
> Que Pantin, etc.

Sur cet air de pantin, chacun a fait des chansons de toute espèce.

Cette sottise a passé de Paris dans les provinces. Il n'y avait point de maisons de bon air où il n'y eût des pantins de Paris. Les plus communes de ces bagatelles se vendaient d'abord vingt-quatre sols.

Comme cela est parvenu à un certain excès parce que tout le monde en a, petits et grands, cela tombe de même et cela devient insipide. Il n'en sera plus question. Il a été important, pour rendre justice au goût de la nation, de rendre compte de ce fait et de garder un échantillon de *pantin* et de *pantine*. Ces deux petites figures ont coûté trois livres, et elles n'ont été achetées que lorsque le dégoût en était déjà venu[1].

— On parle de changement dans le ministère. On assure que M. d'Argenson n'a plus les affaires étrangères, et que ce département est donné par le roi à M. le marquis de Puisieux, maréchal de camp, conseiller d'État et d'épée, et ministre plénipotentiaire aux conférences de Breda[2]. Mais on dit que M. de Puisieux, qui vient d'un chancelier Brulart de Sillery[3], ne veut pas de la charge de secrétaire d'État, parce que, étant maréchal de camp, il prétend faire son chemin dans le militaire et posséder l'ordre du Saint-Esprit, en cas que le roi lui accorde, en qualité de chevalier; au lieu que tous les secrétaires d'État ne peuvent avoir le cordon bleu que par des charges dans l'ordre[4]. Il n'aurait, en ce cas, que le titre de ministre pour les affaires étrangères, sans avoir la charge de secrétaire d'État, dont les quatre places ont été créées pour la première fois en charge par Henri II, en 1547. Ce n'était auparavant que de simples secrétaires du roi qui, par

---

[1] Les deux figures dont parle ici Barbier ne se trouvent plus jointes au manuscrit.

[2] Ces conférences avaient été ouvertes au mois de septembre précédent; la France, l'Angleterre et la Hollande y avaient envoyé des plénipotentiaires pour traiter de la paix.

[3] Nicolas Brulart, seigneur de Puisieux, de Sillery, etc., président au parlement de Paris, avait été garde des sceaux en 1604, et chancelier de France en 1607. Il mourut en 1624.

[4] Voir t. I, p. 203.

crédit, étaient auprès du roi pour faire les fonctions de secrétaires des commandements et pour signer tous les ordres et expéditions. Cette délicatesse de M. le marquis de Puisieux ne doit pas faire plaisir aux secrétaires d'État, qu'il fait regarder par là, en quelque façon, comme bourgeois. Voilà ce que l'on dit; il s'agit de savoir si cela a quelque fondement.

— On parle beaucoup de paix, et on est persuadé que toutes les puissances la souhaitent. La difficulté est de se tirer des Anglais, qui ont à nous le cap Breton, port de grande conséquence. Ils tiennent actuellement si bien la mer, qu'il ne vient rien ici des îles de la Martinique. Le sucre qui était à quatorze sous la livre, coûte vingt-sept sous, le café est augmenté aussi de moitié, point de morue pour ce carême que par la voie des Hollandais, l'argent rare, en sorte que tout est arrêté.

— Il est dit simplement dans la *Gazette*, que le marquis d'Argenson, ministre et secrétaire d'État des affaires étrangères, a donné sa démission, sans aucun éloge, comme cela se fait ordinairement, et sans qu'il soit parlé d'aucune pension extraordinaire. Cela prouve bien qu'il a été renvoyé. Le roi a nommé à sa place M. le marquis de Puisieux, ainsi tout ce que l'on avait dit dans Paris est sans fondement.

— Voici quatre vers que l'on a faits pour mettre au-dessous d'un portrait de M. le maréchal de Saxe[1].

> Rome eut dans Fabius un guerrier politique;
> Dans Annibal, Carthage eut un chef héroïque;
> La France plus heureuse a, dans ce fier Saxon,
> La tête du premier et le bras du second.

[1] Ces vers passent pour être le premier essai poétique de d'Alembert.

Février. — Jeudi, 9, jour du mariage de M. le Dauphin, le corps de Ville de Paris a donné pour fête au peuple de Paris, cinq chars peints et dorés qui depuis dix heures du matin jusqu'au soir, ont fait le tour des différents quartiers de Paris.

Le premier, représentait le dieu Mars avec des guerriers; le second, était rempli de musiciens ; le troisième, représentait un vaisseau, qui sont les armes de la ville; le quatrième, Bacchus sur un tonneau ; et le cinquième, la déesse Cérès. Ils étaient tous attelés de huit chevaux assez bien ornés, avec des gens à pied qui les conduisaient. Tous les habillements, dans chaque char, étaient de différentes couleurs et en galons d'or ou d'argent. Le tout faisait un coup d'œil assez réjouissant et assez magnifique, quoique tout en clinquant; mais les figures, dans les chars, étaient très-mal exécutées. Dans certaines places, ceux qui étaient dans les chars jetaient au peuple des morceaux de cervelas, du pain, des biscuits et des oranges. Il y avait dans ces places des tonneaux de vin pour le peuple, et le soir toute la ville a été illuminée.

— On croirait d'après la relation de la *Gazette,* que ces chars étaient un spectacle magnifique? Mensonge de la *Gazette :* c'était très-peu de chose dans l'exécution. M. de Bernage, prévôt des marchands, n'est pas heureux dans ses divertissements publics. Cette fête est bien mesquine pour un mariage du Dauphin. On sait, il est vrai, que la ville est endettée et qu'elle évite les dépenses. Quoi qu'il en soit, on a fait, dès le soir même, les couplets suivants :

> Monsieur le prévôt des marchands,
> Ma foi vous vous moquez des gens.

Votre Cérès, au teint livide,
Garde pour elle ses gâteaux;
Bacchus n'a que des tonneaux vides;
Mars mutilé tombe en morceaux [1];

Le peuple, animal ignorant,
N'aperçoit ici que clinquant;
Moi j'admire votre sagesse:
Cet or qui paraît faux à tous,
En dépit d'eux, par votre adresse,
Devient un or très-pur pour vous.

On dit que le prévôt des marchands a deux sous pour livre de toutes les dépenses qui se font dans ces sortes de fêtes.

— Il y a eu, le vendredi 10, un très-grand concours de masques de Paris, au bal dans les appartements de Versailles [2]. Au retour, sur les huit heures du matin, il y avait, dit-on, une file de carrosses depuis Versailles jusqu'à Paris. Tous les appartements et la galerie étaient magnifiquement éclairés; mais on n'a pas été content des buffets. Il n'y avait que du vin, des brioches, du pain, quantité d'oranges et des paquets de sucreries, et point de pâtés de truites, de saumon et de poisson au bleu, comme à l'autre mariage. Il y avait eu aussi alors des gens qui s'étaient attablés sur les buffets, et qui avaient bu et mangé toute la nuit. On n'a pas plus mal fait de retrancher une pareille dépense.

— Il paraît que l'avis général sur madame la Dauphine, est qu'elle est gaie, de bonne humeur, plus jolie qu'autrement, et qu'elle s'accorde parfaitement

[1] Les saccades du char ébranlèrent tellement la tête de la figure du dieu Mars, qu'elle sauta de dessus les épaules au tiers de la promenade des chars.

[2] A l'occasion du mariage du Dauphin.

avec le caractère de madame Adélaïde[1]. Tous les mercredis du carême, il y aura des représentations de ballets, à Versailles, par l'Opéra.

— Voici une autre affaire; le parlement, c'est-à-dire la grand'chambre, par arrêt du 7 janvier, sur le réquisitoire des gens du roi, a supprimé un mandement imprimé[2], de l'évêque d'Amiens, qui tendait à refuser les sacrements à ceux qui n'étaient pas entièrement soumis à la bulle *Unigenitus*. Enhardi peut-être par cet arrêt, l'auteur inconnu des *Nouvelles ecclésiastiques* que les jansénistes continuent toujours de distribuer en secret, malgré les défenses, a parlé très-vivement et avec beaucoup de mépris de la constitution, dans les deux premières feuilles de cette année. Cela a excité le ministère public qui a dénoncé ces deux feuilles à la cour; sur les conclusions de messieurs les gens du roi, elles ont été condamnées à être brûlées par la main du bourreau, et elles l'ont été en effet.

Mais dans le réquisitoire, M. d'Ormesson, avocat général, a dit, en parlant de la constitution, que la soumission lui était due comme étant « un jugement de l'Église universelle en matière de doctrine », et que cette constitution était devenue une loi de l'Église et de l'État. Le réquisitoire des gens du roi est transcrit tout au long avec l'arrêt dans les registres du parlement. Messieurs des chambres des enquêtes ont été instruits de ces faits et ont trouvé mauvais que, sans leur participation, la grand'chambre admît dans ses registres et autorisât

---

[1] Marie-Adélaïde, née le 23 mars 1732, troisième fille de Louis XV.

[2] *Avis donné par monseigneur l'évêque d'Amiens, aux curés de son diocèse, au sujet de ceux qui n'étant pas soumis à la bulle* Unigenitus, *demandent les sacremens.* (Amiens), 1746, in-4° de 7 pages.

des qualifications sur la constitution que tout le parlement en corps ne lui a jamais données. Ils ont profité de l'assemblée du parlement pour une réception de conseiller ; ils se sont plaints et ont demandé une assemblée de chambres. Elle s'est tenue vendredi, 17. Il était question de savoir si on rayerait des registres le discours de M. d'Ormesson. Il y a eu de grands débats et les chambres sont restées assemblées jusqu'à quatre heures après-midi.

Il y a eu plusieurs avis, entre autres soixante-dix voix contre soixante-douze, pour mander les gens du roi et pour leur faire une réprimande. On dit qu'un président des requêtes du palais, en opinant pour ne pas prendre ce parti, a représenté que tout le parquet était fort jeune, qu'il fallait seulement réparer la sottise qu'ils avaient faite : le terme est un peu dur. Enfin on a pris le parti le plus doux par l'arrêté qui suit, peut-être en considération de M. le chancelier, oncle de M. d'Ormesson, que l'on a dit auteur de son discours.

ARRÊTÉ DE LA COUR DU 17 FÉVRIER.

« La cour, pour prévenir l'abus que l'on pourrait faire de certaines expressions portées dans le réquisitoire des gens du roi du 1er février, a arrêté, en se conformant aux intentions du roi données à entendre par sa lettre aux évêques, du 22 juillet 1731, etc., qu'elle continuera, à l'avenir, à veiller plus exactement que jamais, à empêcher tout ce qui pourrait occasionner un schisme, et à ce qu'il ne soit donné à la bulle *Unigenitus* aucune qualification qui puisse donner atteinte, directement ni indirectement, aux modifications portées dans l'arrêt du 15 février 1714, lesquelles modifications ont été tant de fois solennellement et manifestement approuvées par ledit seigneur roi; desquelles modifications sa fidélité inviolable ne lui permet pas de s'écarter, et qu'elle persiste dans les maximes portées dans les arrêts et arrêtés de la cour. »

— Cet arrêt est fort sage et fort modéré; mais s'il est triste pour les gens du roi d'y avoir donné lieu, il est encore plus mortifiant pour la grand'chambre. Ce sont les enquêtes qui lui reprochent et lui font connaître son inattention, et qui lui en font faire un aveu et une rétractation solennelle.

— Mardi, 21, M. le comte de Maurepas a écrit à M. de Maupeou, premier président du parlement, une simple lettre personnellement, par laquelle il lui transmet l'ordre du roi de faire assembler le parlement, le lendemain matin, pour lui faire savoir que Sa Majesté donne ordre à M. le premier président, à MM. de Novion et Molé, présidents à mortier, à deux conseillers de grand'chambre, MM. Coste de Champeron et Pajot, et au plus ancien conseiller de chacune des chambres des enquêtes et requêtes du palais de se rendre, le mercredi 22, à Versailles, à midi et demi. En conséquence, assemblée des chambres le mercredi, et, sur les dix heures, les personnes désignées sont parties, au nombre de douze, dans les trois carrosses des trois présidents.

Première mortification pour le parlement qui n'est jamais mandé que par une lettre de cachet en forme; cependant il a fallu obéir.

Arrivés à Versailles, ils se sont rendus dans une salle au rez-de-chaussée, dans la cour de marbre, où ils ont trouvé les portes ouvertes et un suisse qui les attendait, mais qui que ce soit pour les recevoir.

Seconde injure à la cour, parce que quand le parlement se rend auprès du roi par députation, le grand maître ou le maître des cérémonies les reçoit dans une salle. Le secrétaire d'État vient ensuite les trouver, leur dire que le roi les attend et les conduire près de lui.

Cette réception a excité du murmure dans cette salle. M. le premier président a envoyé son gentilhomme [1] à M. le comte de Maurepas, lui dire qu'ils étaient arrivés et lui demander s'il ne viendrait pas les trouver. M. de Maurepas a répondu qu'il n'avait point d'ordre pour cela et qu'ils n'avaient qu'à monter à l'appartement du roi. Toute la bande robine s'est mise en marche, a monté et a gagné la chambre du roi qui était ouverte et où il n'y avait personne. Là, nouveaux murmures. M. le premier président est entré seul dans le cabinet du roi où était M. le chancelier, à qui il s'est plaint de la manière dont ils étaient reçus. Le chancelier lui a répondu que c'étaient les ordres du roi : qu'ils ne venaient point comme députés du parlement, mais comme particuliers mandés *singulatim*, en propre terme latin. Sur cela, le premier président est sorti rendre compte à la compagnie de la distinction qu'on faisait des mandés et des députés. Un moment après l'huissier du cabinet en a ouvert la porte, a fait sortir tous ceux qui y étaient, à l'exception du chancelier et des ministres, et a fait entrer le parlement.

---

[1] On appelait *gentilhomme* une personne attachée par honneur au service d'un prince ou d'un grand seigneur, et qui n'avait point d'emploi particulier ni servile.

Le roi leur a dit lui-même :

« Je suis très-mécontent du dernier arrêté de mon parlement. Je l'ai cassé et annulé par un arrêt de mon conseil, et je veux qu'il soit regardé comme nul et non avenu : je vous ordonne d'en faire mention sur vos registres. Je vous défends de me faire aucune représentation à ce sujet, sous peine de désobéissance. »

M. le premier président a répondu :

« Sire, nous sommes pénétrés de la plus vive douleur d'avoir eu le malheur de déplaire à Votre Majesté; mais notre douleur, quelque grande qu'elle soit, ne peut ni étouffer notre voix, ni nous empêcher de sentir la façon dont nous avons été mandés et celle dont nous avons été reçus. La place qu'il a plu à Votre Majesté de me confier, m'autorise à la supplier de vouloir bien conserver la compagnie dans ses anciens usages, et de lui permettre de représenter à Votre Majesté, les motifs de notre conduite qui ne se départira jamais du zèle le plus vif, de l'attachement le plus respectueux et de la pleine obéissance qui est due à vos ordres et à votre volonté. »

Le roi a répondu :

« Je jugerai de vos sentiments par vos actions. »

— Après ce compliment la compagnie s'est retirée. M. le premier président, en sortant avec le chancelier lui a demandé la copie du discours du roi, laquelle lui a été envoyée sur-le-champ. La compagnie est remontée en carrosse et est revenue dîner à Paris, à quatre heures, chez le premier président, à l'exception de M. de Novion, parent du duc de Gèvres, qui est resté à Versailles pour voir le ballet, et qui aurait tout aussi bien fait de s'en revenir. Jeudi matin, 23, le parlement s'est assemblé pour entendre les intentions du roi, et il a été arrêté qu'on en ferait mention dans les registres sans faire à ce sujet aucunes remontrances. Comme ceci était grave et sérieux, il n'y a point eu de débats. A neuf heures, tout était fini.

Il y avait, au palais, un concours de monde étonnant par curiosité de ce qui arriverait, et, dans la matinée, il a été vendu, dans la grande salle, plus de deux cents arrêts du conseil. A midi il n'y en avait plus.

Mars. — Il y a tous les lundis, à Versailles, la comédie du roi, où le roi joue, ainsi que Mesdames de France, des dames de la cour, les princes, des seigneurs et madame la marquise de Pompadour pour qui elle se fait, parce qu'elle joue et déclame parfaitement bien. Elle a effectivement tous les talents possibles, du chant, des instruments, et est très-capable d'amuser le roi. Dans les premières représentations, le roi n'avait invité à y venir que M. le maréchal de Saxe et M. le vicomte de Saint-Florentin, secrétaire d'État, qui est très-aimé du roi et de la marquise, et qui est presque toujours des petits soupers; mais depuis il y est entré plusieurs personnes de la cour.

— Catherine Opalinska, reine de Pologne et duchesse de Lorraine, est morte à Lunéville, âgée de près de soixante-sept ans [1]. Le roi, la reine et toute la cour en ont pris un très-grand deuil le 25 de ce mois, le roi en violet, tous les appartements tendus, et tout drapé. Le deuil sera de six mois. Le roi a même déclaré qu'on porterait ce deuil à l'armée [2],

---

[1] Elle était née le 5 novembre 1680.

[2] Le deuil était peu observé parmi les troupes françaises. Cependant

c'est-à-dire, veste, culotte et bas noirs, avec les habits à brevet pour les officiers généraux, et habits d'ordonnance ¹ pour les brigadiers et colonels. Toute la ville a pris pareillement le grand deuil en pleureuses et habits sans boutons, et toutes les personnes attachées à la cour ou gens titrés comme ducs, maréchaux de France et ambassadeurs, drapent et mettent les domestiques en noir. Les dames de la cour et celles de la ville du bon air sont en habit de laine pour trois mois, point de diamants pendant six semaines jusqu'à l'effilé ².

Ce deuil, qui arrive deux mois après celui de madame la Dauphine, ruine totalement le commerce des marchands de soie qui étaient déjà chargés des habits de printemps et des taffetas de couleur. Le petit deuil, en blanc, ne sera que pour la mi-août.

— Le 28 ou 29 de ce mois, les princes, les ambassadeurs et ministres, à la tête desquels était le nonce du pape, et tous les gens de cour en grand manteau de deuil, ont complimenté le roi et la famille royale sur la mort de la reine de Pologne, les hommes le matin et les dames l'après-midi. Cela se fait en passant de suite dans l'appartement, soit du roi qui est accompagné

---

les officiers des gardes françaises et suisses portaient un habit noir tant que durait le grand deuil d'un roi.

¹ On appelait *habit* ou *justaucorps à brevet*, un vêtement d'une certaine couleur, brodé d'une manière particulière, que quelques seigneurs avaient droit de porter, par brevet du roi, et qui les faisait admettre chez ce dernier à des heures privilégiées. L'*habit d'ordonnance* était l'habillement uniforme qui avait été prescrit aux officiers généraux et autres, par les ordonnances de 1717 et 1744.

² Linge effilé par le bout, en forme de frange, qui ne se portait que dans la seconde période des grands deuils.

de M. le Dauphin et des princes du sang, soit de la reine qui est accompagnée des princesses. M. le chancelier, à la tête des conseillers d'État et des maîtres des requêtes, a fait la même cérémonie en robe, et non pas en manteau long, comme ils avaient prétendu au dernier deuil de madame la Dauphine.

Avril. — Les officiers partent de tous côtés pour l'armée. Quant à M. le prince de Conti, il a vendu tous ses équipages et ne servira point. Son titre de général lui sera inutile : il fera sa campagne dans sa maison de l'Ile-Adam.

— Dimanche, 16, M. Tron, ambassadeur ordinaire de la république de Venise, a fait son entrée publique à Paris. Comme ses carrosses et sa livrée étaient faits avant le deuil, il s'en est servi. Ses carrosses et sa livrée étaient très-magnifiques. Tout le reste, les carrosses du roi, de la reine, de madame la Dauphine et de tous les princes, étaient drapés, avec des armes, et les domestiques en noir. On croyait que le carrosse du roi serait en violet avec des clous bronzés en couleur d'eau, ce qui m'a donné la curiosité d'y aller ; mais il était drapé de noir. On dit que les carrosses du roi et de la reine en violet n'étaient pas faits. L'ambassadeur, le maréchal prince d'Isenghen, qui le conduisait, et l'introducteur des ambassadeurs étaient en noir. On avait quitté les grandes pleureuses la veille.

Mai. — Après le départ du roi [1], madame de Pompadour s'est retirée au château de Choisy où les gens de la cour qui doivent aller lui tenir compagnie, en hommes et en femmes, sont, dit-on, nommés.

---

[1] Il était parti le 29 mai pour aller se mettre à la tête de l'armée de Flandre.

— Sur la mort de M. Méliand, ancien conseiller d'État, le roi a donné cette place à M. de Marville, lieutenant général de police; mais, en même temps, il lui a ôté sa charge et l'a donnée à M. Berryer, maître des requêtes, intendant de Poitiers. On dit que c'est un tour que lui a joué M. le comte de Maurepas, pour se venger de ce que M. de Marville voulait parfois prendre le train de travailler directement avec le roi. Lui, et le nouveau contrôleur général[1], ont fait donner cette place, qui est très-belle, à M. Berryer. M. de Marville faisait fort bien sa charge; il était seulement trop vif et trop prompt, ce qu'on prenait quelquefois pour de la brutalité et ce qui a été une raison pour le desservir auprès du roi. Il est jeune et devient un particulier. Il a renvoyé bien des chevaux et des domestiques, n'étant pas riche.

— M. de Marville a eu, depuis un an, deux ou trois scènes de brutalité, avec des gens d'un certain rang, qui l'ont perdu, entre autres celle avec M. de Visé, capitaine aux gardes, à qui il dit que lui et les officiers de son régiment, n'étaient bons que pour soutenir des crocs et des p......; sur quoi M. de Visé lui donna un soufflet, après quoi M. le duc de Biron, colonel des gardes françaises, alla à Versailles, et M. de Marville eut tort.

— M. Berryer, notre lieutenant de police, est neveu de M. Berryer de La Ferrière, mort, il y a quelques années, doyen des maîtres des requêtes, âgé de quatre vingt-onze ans. C'était un homme peu estimé, fils d'un nommé Berryer, secrétaire et l'âme damnée de

---

[1] M. Machault d'Arnouville. Voir t. II, p. 472.

M. Colbert, contrôleur général, avec lequel il avait fait une fortune considérable.

Juin. — Il est arrivé une triste aventure dans nos troupes en Flandre. Depuis que le roi est à Bruxelles, il y avait dans la ville d'Alost, en garnison ou en cantonnement, un détachement de plus de deux cents gardes du corps, tirés des quatre compagnies à l'exception de celle d'Harcourt. Les plus jeunes, au nombre d'une quarantaine, ont imaginé un jeu qu'ils appelaient *la chasse du cerf*. Un d'eux faisait le cerf, et les autres couraient après. Mais cette chasse ne se faisait que la nuit, au moyen de quoi ils faisaient un tapage effroyable dans la ville, se saisissaient des filles et commettaient des désordres, d'autant qu'il y avait toujours du vin sur jeu. La garnison ayant eu ordre de M. de Montesson, lieutenant général qui commandait dans Alost, d'y mettre ordre, en a arrêté deux, que leurs camarades ont enlevés de force. M. de Montesson et les officiers des gardes du corps ayant voulu eux-mêmes arrêter ce désordre, on dit qu'ils ont été maltraités, du moins en paroles, par les simples gardes du corps, ce qui est devenu une affaire grave par rapport à la discipline militaire. Le roi a été indigné. Cette affaire a été pour ainsi dire assoupie, et on en savait diversement des nouvelles par les lettres particulières. Il est vrai cependant, qu'on a tenu un conseil de guerre où l'on dit que M. le maréchal de Noailles, capitaine des gardes, avait été d'avis à la mort. Mais le jugement du roi n'est tombé que sur une douzaine, dont les plus coupables ont été condamnés à vingt-cinq ans de prison, d'autres à dix ans et quelques-uns à un an seulement[1]. Y a-t-il eu en cela de la politique par rapport aux troupes, ou les choses étaient-elles aussi graves qu'on le disait d'abord ? c'est ce qui n'a jamais été bien éclairci, car ce fait n'a été rapporté dans aucune des *Gazettes,* même étrangères.

— Mardi, 27, madame la Dauphine est venue à Paris entendre la messe à Notre-Dame, et elle a été après faire sa prière à Sainte-Geneviève. Elle est venue ensuite dîner aux Tuileries, et, après son dîner et son jeu, sur les sept heures du soir, elle est descendue pour se promener dans le jardin des Tuileries. On n'y avait laissé entrer, en hommes et en femmes, que ceux qui étaient en noir, à cause du deuil. Il y avait une affluence de monde très-considérable, qui formait le plus beau et le plus singulier spectacle qu'on puisse imaginer.

Juillet. — Le 2 de ce mois, il y a eu une action très-considérable en Flandre[2]. La victoire a été complète de notre côté, par le gain du champ de bataille, mais nous y avons perdu beaucoup de monde et des officiers de distinction. Le comte Ligonnier, général en chef anglais, a été fait prisonnier dans la déroute par un seul carabinier. Il se croyait être avec des troupes anglaises, habillées à peu près comme nos carabiniers. Il a offert sa bourse et son diamant, ce qui allait au

---

[1] Le jugement frappa onze gardes. L'un, le sieur Guillot, fils d'un exempt de police, fut condamné à être renfermé au château de Ham pendant vingt-cinq ans. Les autres furent envoyés dans diverses citadelles, savoir : deux pour quinze ans, deux pour six ans, et les six derniers pour quatre ans. Ils furent, en outre, cassés, dépouillés de toutes les marques d'officier et dégradés de noblesse. Ce jugement reçut son exécution à la tête de la brigade, le 18 juin.

[2] La bataille de Laufeld.

moins à douze mille livres; mais le carabinier a eu la générosité de refuser, et l'a amené au roi. Le général ayant certifié le fait du carabinier, le roi a donné sur-le-champ cinquante louis à ce dernier et l'a récompensé ensuite d'une pension et d'une compagnie [1].

La cour et la ville n'ont point été contentes de cette action, dont le fruit n'est qu'un champ de bataille et qui coûte plus de six mille hommes. On dit même, à Paris, que cette bataille a été donnée contre l'avis du maréchal de Saxe, et que c'est M. d'Argenson, ministre de la guerre, qui, par jalousie contre le maréchal, a déterminé le roi à faire attaquer, comptant sur un échec qui discréditerait le maréchal.

— On vient d'apprendre une mauvaise nouvelle d'Italie. M. le comte de Belle-Isle, frère du maréchal, a entrepris, le 19, l'attaque des retranchements d'Exiles. L'affaire était des plus téméraires et les grenadiers eux-mêmes en ont représenté la folie. M. de Belle-Isle, pour encourager les troupes, a été planter un drapeau sur le retranchement; les officiers principaux l'ont suivi pour mener leurs soldats, mais M. de Belle-Isle a été tué d'un coup de fusil, ainsi que nombre d'officiers de distinction, et nous avons été repoussés avec une perte considérable. On dit que des mousquetaires sortant de table, et étant gris, n'auraient pas tenté une pareille entreprise.

Cette action montre bien le mépris que tout homme sensé doit avoir pour le public en général. Jusqu'ici

---

[1] Ce militaire se nommait Aude. La pension qui lui fut accordée était de deux cents livres; mais, s'il faut en croire Mercier (*Nouveau tableau de Paris*, tome IV, p. 47), le payement s'en fit, dans la suite, avec beaucoup d'inexactitude.

on avait déifié le chevalier ou comte de Belle-Isle. C'était, disait-on, un homme supérieur en tout, soit pour la guerre, soit pour le cabinet, au maréchal, son frère. C'était un homme d'un esprit profond et d'une prudence consommée. Son frère était un homme entreprenant, trop vif, qui ne faisait rien et ne pouvait rien faire que par les sages conseils du chevalier. Ces discours étaient généraux dans Paris, dans le grand monde comme dans le bourgeois. Cependant le chevalier de Belle-Isle n'avait jamais rien fait. Mais c'était une prévention du public, sans examen et sans connaissance de cause, comme cela arrive presque toujours. L'événement a justifié les idées du public par le coup le plus étourdi et le plus imprudent en fait de guerre qu'un général puisse faire. Heureusement sa mort le sauve de la honte qui lui serait restée d'une action aussi téméraire.

Août. — Chose singulière. Le prince Henri Stuart, cadet du prince Édouard, surnommé le *Prétendant*, a été nommé cardinal par le pape; il s'appelle le cardinal d'York. Cela paraît avoir fait beaucoup de peine au duc de Bouillon et à tous ceux attachés aux Stuarts, d'autant qu'un cardinal, dans cette maison, paraît un obstacle éternel à toute espérance pour le prince Édouard de remettre le pied en Angleterre. Par ce moyen, il ne reste plus qu'un prince de la maison de Stuart, dont même il n'est plus question, le prince Édouard, qui a passé l'été au village de Saint-Ouen dans la maison que le comte d'Évreux lui a prêtée.

—Le siége de Berg-op-Zoom[1] continue toujours, avec

---

[1] La tranchée avait été ouverte le 13 juillet.

beaucoup de difficultés et assez de pertes de notre part. Nous avons perdu M. de Lorme, un de nos anciens ingénieurs en chef et des plus habiles. Il a été presque enseveli sous les ruines d'une mine qui a joué, et tué ensuite d'un coup de fusil. Il avait soixante-douze ans et avait fait trente-huit siéges. Il était retiré à Metz, mais M. de Lowendal l'avait demandé. Il a été extrêmement regretté du roi et de tout le monde.

Septembre. — Le pillage a été si considérable à Berg-op-Zoom[1], qu'on dit qu'un régiment a eu pour sa part cinquante mille écus, et que plusieurs grenadiers ont eu pour eux seuls quatorze ou quinze mille livres. Et l'on entend que tous les effets pillés ont été vendus à grand marché, tant vaisselle d'argent que bijoux, équipages et toutes sortes d'effets. Il y a des juifs qui suivent l'armée, et qui, dans ces occasions, font de gros gains, car les officiers ne sont pas en argent pour acheter du soldat.

— J'avais deux parents à l'assaut de Berg-op-Zoom : M. Barbier de Plichancourt, capitaine dans le régiment de Custines, auparavant Noailles, et M. de Courbuisson, brigadier des armées du roi et lieutenant-colonel du régiment d'Eu, qui s'est fort distingué dans cette attaque[2].

Octobre. — Hier, 30, on a publié un petit édit enregistré au parlement, d'un droit de quatre sous pour

---

[1] Le comte de Lowendal avait pris cette ville d'assaut le 18 septembre. Il reçut, à cette occasion, le bâton de maréchal et cinquante mille livres de pension sur le trésor royal.

[2] M. de Courbuisson est cité avec éloge dans la lettre que le comte de Lowendal écrivit au maréchal de Saxe le lendemain de la prise de Berg-op-Zoom. Voir l'*Histoire de Maurice, comte de Saxe*, etc., par le baron d'Espagnac, Paris, 1775, 2 vol. in-12.

livre de tous les droits imposés par d'autres édits de 1730 et de 1743. Cela fait un impôt nouveau sur tout ce qui entre à Paris, et va faire augmenter les denrées qui sont déjà très-chères : ce qui, avec raison, ne plaît pas au public, d'autant que c'est uniquement pour subvenir aux dépenses de la présente guerre. Cette imposition est pour neuf ans, à commencer du 1er de ce mois. L'édit n'est pas très-clair, mais la perception en sera réelle.

— Le roi, par arrêt du conseil du 2 de ce mois, a établi une loterie royale composée de soixante mille billets de cinq cents livres chacun, qui sera tirée en douze tirages, pendant douze ans. Cette loterie, qui est l'œuvre du sieur Pâris de Montmartel, garde du trésor royal, ne devait être ouverte que le 1er novembre; mais elle est si avantageuse au public qu'elle s'est presque remplie dans ce mois par simples soumissions. On ne pouvait pas approcher du bureau, au trésor royal ; on a même été obligé d'y mettre des gardes pour empêcher la confusion. Cela doit faire faire réflexion aux puissances belligérantes sur le prétendu épuisement de la France.

Novembre. — Le roi a nommé trois nouveaux maréchaux de France: M. le comte de La Mothe-Houdancourt, parce qu'il est chevalier d'honneur de la reine; M. le comte de Laval-Montmorency, à cause de son nom, et M. le comte de Clermont-Tonnerre. Celui-ci a bien servi.

— Malgré les bonnes récoltes, le pain a augmenté de deux sous six deniers la livre, et toutes les denrées en conséquence. Si nous avions une fois la guerre tout à fait déclarée avec la Hollande, qui nous apporte encore les provisions par mer, on vivrait très-difficilement à Paris.

Décembre. — On sait à présent le motif de la loterie du mois d'octobre dernier. C'est pour acquitter le sieur Pâris de Montmartel qui est le banquier de la cour, comme était Samuel Bernard, des grands engagements qu'il avait contractés par des emprunts pour l'État. Cela est si vrai qu'on recevait à la caisse, pour soumission, tous les billets du sieur de Montmartel, même ceux qui avaient plus de deux mois d'échéance. Les porteurs de billets pour des sommes considérables, voyant l'empressement du public pour cette loterie, ont cru faire un profit en s'assurant d'un grand nombre de billets pour les revendre, faire de l'argent comptant, et profiter d'un ou deux mois d'intérêts. Mais cette ardeur s'est ralentie quand les bureaux ont été ouverts pour délivrer des billets. La loterie n'est point remplie; elle le sera sans doute, mais sans aller au bureau. On trouve sur la place des billets à cinq livres de perte. Peut-être sera-t-elle plus grande après le premier tirage, au mois de mars, que l'on aura un an à attendre jusqu'au deuxième tirage, ce qui paraîtra long aux porteurs de billets.

ANNÉE 1748.

Janvier. — Le roi a fait une promotion de chevaliers de l'Ordre du Saint-Esprit, où se trouve compris le marquis de Puisieux, secrétaire d'État des affaires étrangères. M. de Puisieux est cordon bleu en qualité de chevalier, comme homme d'épée, étant lieutenant général, et non point par charge dans l'Ordre comme sont les autres secrétaires d'État. C'est pourquoi, en acceptant cette charge, il n'a pas voulu du département des provinces qui y était attaché et qui a été donné à à M. le vicomte de Saint-Florentin, secrétaire d'État.

— Le roi, la reine et toute la famille royale passent le mois de janvier au château de Marly pour ne revenir à Versailles que la veille de la Purification. Marly est un séjour délicieux au printemps; la cour y passe au contraire assez volontiers le temps de l'hiver le plus mauvais, et c'est le château le moins propre à habiter dans cette saison.

— M. le maréchal comte de Saxe est arrivé ici pour passer son quartier d'hiver. Il est en bonne santé et il vit comme autrefois. Avant d'arriver, il avait fait louer une maison particulière rue du Battoir, contre Saint-André, que l'on a accommodée et meublée magnifiquement par l'entremise d'un fameux fripier, pour y loger deux jeunes p...... qu'il a trouvées à son arrivée. Encore dit-on qu'il en a une troisième, et il en mène plein une grande gondole à six chevaux quand il va passer deux ou trois jours à sa maison[1] des *Pipes,* par delà Créteil. Cela le réjouit, et il est certain que ce prince peut vivre comme il lui plaît, sans qu'on ait rien à lui reprocher, quand il est tranquille sur le pavé de Paris. Il a été à l'Opéra, à l'amphithéâtre et aux premières

---

[1] Le château de Piples, dont le maréchal de Saxe avait fait l'acquisition en 1745, et dont il affectionnait beaucoup le séjour. Ce magnifique château, situé dans la commune de Boissy-Saint-Léger, à dix-huit kilomètres de Paris, et qui a appartenu, au commencement de ce siècle, à M. Boulay de la Meurthe, est aujourd'hui la propriété de M. Worms de Romilly.

loges, en particulier; il rit et parle à tout le monde, sans songer qu'il est un héros redoutable à toute l'Europe.

— Voltaire, fameux poëte, gentilhomme ordinaire du roi et historiographe de Louis XV, ayant le défaut des beaux esprits et gens à talents, d'abuser de la familiarité des princes, s'est avisé de faire les vers suivants sur madame la Dauphine :

> Souvent la plus belle princesse, etc.[1]

Ces vers sont fort beaux. Ils contiennent même peut-être du vrai, en général; mais en même temps que Voltaire fait l'éloge de madame la Dauphine, il fait de la royauté un portrait ennuyé, oisif, insipide, dont l'application tombe sur le roi. Il faut être bien insolent ou avoir bien peu de solidité de jugement pour lâcher une pareille pièce.

— Autres vers de Voltaire. Madame la marquise de Pompadour est non-seulement jeune et belle, mais elle a tous les talents imaginables. Elle joue la comédie parfaitement bien, ce qui fait qu'à Versailles, le roi, Mesdames, madame de Pompadour, des dames et des seigneurs de la cour représentent souvent des comédies. Ce plaisir est aussi fort à la mode à Paris, dans plusieurs maisons particulières. A Versailles, ce sont mesdemoiselles Gaussin et Dangeville, deux fameuses comé-

---

[1] Ces stances sont imprimées dans toutes les éditions des OEuvres de Voltaire. Elles n'étaient point adressées à la Dauphine, mais bien à la reine de Suède, Ulrique de Prusse, sœur du grand Frédéric. Voltaire lui-même déclare qu'il les avait composées plus d'un an auparavant « pour une princesse très-aimable qui avait sa cour à quelque quatre cents lieues. » Lettre : *Voltaire au président Hénault*, février 1748.

diennes, qui sont femmes de chambre des petits appartements pour habiller et ajuster les princesses et dames de la cour qui jouent, et pour diriger un peu le spectacle. Aucune femme de chambre de ces dames n'y entre.

C'est au sujet de ces représentations que Voltaire a voulu s'égayer pour complimenter madame de Pompadour.

>Ainsi donc vous réunissez
Tous les arts, tous les goûts, tous les talents de plaire,
>Pompadour; vous embellissez
>La cour, le Parnasse et Cythère.
Charme de tous les cœurs, trésor d'un seul mortel,
>Qu'un sort si beau soit éternel !
Que vos jours précieux soient comptés par des fêtes !
Que de nouveaux succès marquent ceux de Louis[1] !
>Soyez tous deux sans ennemis,
>Et gardez tous deux vos conquêtes.

Ces vers, présentés au roi et à la cour favorite, ont d'abord paru charmants. Tout y brille pour madame de Pompadour. La réflexion a ensuite fait apercevoir bien de la liberté et peu de décence. Roy, autre fameux poëte, mauvais de caractère, y a fait une réponse très-sage :

>Dis-moi, stoïque téméraire,
>Pourquoi tes vers audacieux
>Osent dévoiler à nos yeux
>Ce qui devrait être un mystère ?
>Les amours des rois et des dieux
>Ne sont pas faits pour le vulgaire ;

---

[1] Ce vers et le précédent offrent une légère variante avec ceux qui sont imprimés dans les *Œuvres* de Voltaire, édition Beuchot, tome XIV, *Poésies mêlées*.

> Lorsqu'on veut dans leur sanctuaire
> Porter des regards curieux,
> Respecter leur goût, et se taire,
> Est ce qu'on peut faire de mieux.

Après ces vers, Voltaire n'a pas été exilé publiquement, mais on lui a apparemment fait entendre qu'il ferait sagement de s'éloigner de la cour[1]. Il est certain qu'il est parti pour la Lorraine et qu'il est actuellement à la cour du roi Stanislas. On a prétexté un voyage qu'il devait faire avec madame la marquise du Châtelet, grande géomètre et sa grande amie.

Février. — Le roi a nommé M. le comte de Saint-Séverin d'Arragou son ministre plénipotentiaire au congrès d'Aix-la-Chapelle[2]. Sa livrée est déjà faite et ses équipages partiront incessamment. Il est Napolitain. C'est un homme sage, bon négociateur, de quarante-cinq ans, bien fait et d'une maison illustre. Il ne partira guère, ainsi que les autres plénipotentiaires, qu'à la fin de mars.

— Le père Pichon, jésuite, a fait imprimer, en 1745, avec l'approbation de ses supérieurs et même de quelques évêques, un livre sur la fréquente communion[3],

---

[1] Ces bruits d'exil arrivèrent jusqu'à Voltaire qui écrivait de Lunéville à d'Argental (14 février 1748) : « Je ne peux donc pas sortir de Paris sans être exilé?.... » Mais on donnait, comme motif de cette prétendue disgrâce, les stances crues adressées à la Dauphine, et non les vers à la louange de madame de Pompadour.

[2] Ce congrès avait pour objet de reprendre les négociations pour la paix, suspendues par la rupture des conférences de Bréda, au mois de juin précédent.

[3] *L'esprit de Jésus-Christ et de l'Église sur la fréquente communion*. Paris, Guérin, 1745, in-12, xv et 536 pages. Réimprimé à Liége, chez Charles Colette, 1747, in-8° de 446 ou 438 pages, suivant que le volume

totalement opposé à celui de M. Arnauld[1]. Ce livre a été imprimé et vendu sans qu'on y ait fait attention. M. de Rastignac, archevêque de Tours, étant à Paris, y a fait imprimer un mandement pour son diocèse, daté du 15 décembre 1747[2], par lequel il condamne ce livre et en défend la lecture ; mais, en même temps, il fait l'éloge de la morale et de la société des jésuites et condamne la morale outrée des jansénistes sur la communion[3]. Cela a excité divers évêques à publier, à leur tour, des mandements qui ont été suivis d'une lettre du père Pichon, du 24 janvier dernier, à monseigneur de Beaumont, archevêque de Paris, par laquelle il désavoue, rétracte et condamne lui-même son ouvrage, suppliant même M. l'archevêque de rendre sa rétractation publique. En sorte que M. l'archevêque et ses prédécesseurs qui n'avaient rien dit sur un ouvrage reconnu mauvais, imprimé et vendu à Paris, s'est contenté d'écrire une lettre aux curés de Paris pour empêcher la lecture de ce livre et pour leur faire part de la rétractation louable du père Pichon. Le car-

---

contient ou ne contient pas diverses approbations des archevêques et évêques de Basle, Besançon, Cologne et Marseille, toutes pièces que ne renferme pas l'édition de Paris.

[1] *De la fréquente Communion*, par Antoine Arnauld. Paris, 1643, in-4°. Cet ouvrage a été réimprimé plusieurs fois.

[2] *Mandement de monseigneur l'archevêque de Tours, au sujet d'un livre intitulé :* L'Esprit de Jésus-Christ et de l'Église sur la fréquente Communion, par le père Pichon, de la Compagnie de Jésus, *imprimé à Paris chez Hippolyte-Louis Guérin*. Paris, Desprez et Cavelier, 1747, in-4° de 8 pages.

[3] Les jansénistes ne permettaient l'approche des sacrements que rarement, lorsqu'on se trouvait dans certaines dispositions particulières ; les jésuites, au contraire, recommandaient de s'en approcher fréquemment.

dinal de Tencin, archevêque de Lyon, en a fait de même dans son diocèse. Mais le résultat de la plupart de ces mandements est de condamner seulement certaines propositions outrées et, en même temps, d'approuver, en général, la fréquentation des sacrements pour l'opposer à la morale rigide des jansénistes. Il se pourrait qu'il y eût ici une sourde politique pour faire condamner à Rome le livre de M. Arnauld.

Mars. — La nuit du dimanche 3, au lundi 4, il est arrivé un malheur épouvantable sur le chemin de Versailles. Il fait plus froid, à présent, qu'il n'a fait de l'hiver. Il gèle depuis trois ou quatre jours, et la nuit de dimanche, la neige tombait à gros flocons, de manière que la terre était couverte. Il est d'usage, ici, que les seigneurs vont plus la nuit que le jour : rien ne les arrête et c'est le bon air. M. le comte de Coigny, fils du maréchal, lieutenant général, colonel général des dragons, cordon bleu, gouverneur du château de Choisy et favori du roi, soupait chez Mademoiselle, dont il a toujours été ami[1] et qui a beaucoup contribué à son avancement. Il fut d'une gaieté charmante à ce souper, et, comme il était d'une partie de chasse avec le roi, le lundi matin, il monta dans sa chaise de poste, accompagné d'un coureur, entre une heure et deux après minuit, pour aller coucher à Versailles. Mademoiselle lui représenta qu'il était fou de se mettre en chemin par le temps qu'il faisait, qu'il ferait mieux de coucher à Paris et d'en partir à sept heures du matin. Son postillon lui dit,

---

[1] Voir t. II, p. 104.

dans la cour, qu'il était gelé et aveuglé par la neige, qu'il ne verrait pas son chemin. « Vous avez toujours peur, vous autres, dit-il; marchons. » Vis-à-vis le village d'Auteuil il y a des fossés sur la droite du chemin. Le postillon ne voyait ni ne sentait le pavé et la chaise a versé dans le fossé. On dit que M. de Coigny a cassé une glace avec sa tête et qu'elle lui a coupé la gorge; d'autres qu'il s'est donné un coup au derrière de la tête dans un endroit mortel; bref, il est mort sur-le-champ. Le coureur, quoique blessé, est venu à Paris porter cette nouvelle à l'hôtel, pour le faire enlever. La chaise est restée dans le fossé et a été vue, le matin, par tous les passants.

Le roi a demandé, lundi matin, si Coigny était à Versailles. On lui a dit qu'il avait versé la nuit, en venant. Il a demandé s'il était blessé, et en lui a répondu tristement qu'il l'était très-dangereusement. Le roi a entendu qu'il était mort, s'est retiré dans son cabinet et a contremandé la chasse ainsi que la comédie que l'on devait jouer le soir à Versailles.

Cette triste nouvelle a fait beaucoup de bruit à Paris, lundi. C'était un bon officier, très-estimé. Il laisse trois garçons[1] dont l'aîné a onze ans et est aux Jésuites. Tout le monde a couru pour consoler sa femme et le maréchal de Coigny son père.

— Le mardi, la nouvelle a changé. On a dit que c'était un duel et qu'on était convenu de renverser une chaise dans un fossé. On a nommé le prince de Dombes, le comte d'Eu, le duc de Luxembourg et M. de

---

[1] Jean-Antoine-François, comte de Coigny, né en 1702, avait épousé, au mois de novembre 1729, Marie-Thérèse-Josephe-Corantine Nevet, dont il eut trois fils. L'aîné, Marie-François-Henri, était né le 28 mars 1737.

Fitzjames. Il y a le duc et le comte[1]; mais le bruit général est que c'est le comte, appelé autrement *milord Édouard*. L'on dit qu'il a eu cinq coups d'épée, et que M. de Coigny en a reçu un dans la gorge dont il est mort sur-le-champ.

On dit que la querelle vient d'un souper où M. de Coigny parlait de toutes les belles et bonnes qualités du roi. M. de Fitzjames en convint, et dit qu'il n'avait à lui reprocher que la disgrâce de M. l'évêque de Soissons, son frère, par rapport à ce qu'il a fait à Metz, lors de la maladie du roi[2]. M. de Coigny releva cette prétendue injustice et s'anima peut-être trop sur l'impertinence, reconnue par tout le monde, de M. l'évêque de Soissons. Quoi qu'il en soit, rien n'est encore moins décidé que cette nouvelle. Les deux familles ont grand intérêt de cacher le duel, s'il a eu lieu. On a prétendu que M. de Fitzjames était mort de ses blessures, trois jours après. Dans la *Gazette de France* de samedi, 9, il est dit simplement que M. Franquetot, comte de Coigny, mourut le 4, âgé de quarante-six ans, sans dire où, ni à Paris, ni à Versailles, ce qui se met ordinairement. Si dans la *Gazette* prochaine il y a la mort de M. de Fitzjames, l'affaire ne sera presque plus douteuse.

---

[1] Charles, né en 1712, d'abord comte et ensuite duc de Fitzjames, en 1737, lorsque son frère François embrassa l'état ecclésiastique, et Édouard, né en 1715, appelé le comte de Fitzjames. Leur père, Jacques Fitzjames, duc de Berwick, maréchal de France, tué au siége de Philisbourg, en 1736, était fils naturel de Jacques II, roi d'Angleterre. Le duc et le comte de Fitzjames, tous les deux maréchaux de camp du même jour (2 mai 1744), furent également compris dans la même promotion, de lieutenants généraux, en 1748; le duc de Fitzjames devint maréchal de France en 1775.

[2] Voir t. II, p. 405 et 423.

— Dans la *Gazette* du 16, il n'est pas dit un mot du comte de Fitzjames, en sorte que voilà une affaire assoupie et bientôt oubliée; les uns croyant, par des circonstances, qu'il y a eu duel, les autres ne le croyant pas. Mademoiselle a été très-chagrine de la mort du comte de Coigny.

— Avant cette affaire, M. de Fitzjames, évêque de Soissons, qui ne vient plus en cour et qui n'y serait pas bienvenu, a donné sa démission de sa charge de premier aumônier du roi[1].

— Le prince Édouard, dit le *Prétendant,* est à Paris, allant aux spectacles avec un équipage ordinaire et quatre laquais, comme ferait un étranger, sans autre distinction. Il peut s'attendre à être la victime de tout ceci, aux propositions du Congrès.

— Par édit, enregistré au parlement le 21 de ce mois, il y a divers impôts : 1° un sou sur la livre de suif, ce qui augmente la chandelle de plus d'un sou par livre et fait beaucoup crier, à cause que cela regarde les pauvres et les ouvriers; 2° deux sous par livre de poudre à poudrer; 3° cinq sous par livre de bougie à brûler, qui valait déjà deux livres douze sous; 4° une augmentation d'un quart en sus sur tout le papier en général, et sur le papier marqué, tant pour les procédures que pour les notaires, ce qui doit faire un objet considérable dans le royaume : joint à cela, que la taxe des quatre sous pour livre, établie

---

[1] François, duc de Fitzjames, né en 1709, renonça à ses dignités en embrassant la carrière ecclésiastique, en 1737. Il avait été sacré évêque de Soissons en 1739, et nommé premier aumônier du roi en 1742. Il se démit de cet emploi le 6 mars 1748, deux jours après la mort du duc de Coigny.

l'année dernière sur tous les droits du roi, fait une augmentation d'un cinquième sur tous les impôts. Au moyen de tous ces impôts nouveaux, établis en différents temps depuis la guerre, généralement tout ce qui est nécessaire à la vie, nourriture, bois, chandelle, entretien, est hors de prix.

— Augmentation dans la cour de Versailles ; madame Victoire, quatrième dame de France, âgée de quinze ans, a été retirée de l'abbaye de Fontevrault. On dit que c'est la règle quand les princesses ont quinze ans. Madame la maréchale de Duras, et autres dames, ont été la rechercher. Elles ont trouvé en chemin un détachement de la maison, et, le 24 de ce mois, le roi et M. le Dauphin ont été au-devant d'elle, la recevoir à l'étang du Plessis-Piquet[1] ; de là, ils l'ont conduite à Versailles. Cette princesse est assez grande, formée, assez puissante, plus jolie qu'autrement, les yeux beaux, plus brune que blanche, et fort enjouée.

— Le duc de Biron, colonel du régiment des gardes françaises, a vendu, ces jours-ci, tous ses équipages de guerre, mulets, fourgons et autres choses. Il va, cet été, prendre les eaux pour ses blessures. D'autres disent qu'il est un peu disgracié, quoique très-brave et ami du roi, pour avoir voulu parler contre le maréchal de Saxe. Cela est juste, car avec toute leur bravoure, ces messieurs seraient fort embarrassés de commander aussi avantageusement.

Avril. — On raconte ici, publiquement, que M. le maréchal de Lowendal, qui commande le siége à la

---

[1] Près du village de ce nom, à deux kilomètres à l'ouest de Sceaux.

droite de la Meuse[1], avait donné ordre, par écrit, à M. de Lautrec, lieutenant général, de poster des grenadiers ventre à terre en un certain endroit, parce que les ennemis ne pouvaient faire de sortie que de ce côté. La sortie faite, les grenadiers les prendraient en flanc et les envelopperaient, etc. M. de Lautrec a effectivement fait marcher ses grenadiers, mais il a prétendu qu'étant plus ancien lieutenant général que M. de Lowendal, il pouvait se dispenser de suivre ses ordres à la lettre, et faire un peu à sa tête. Il a donc fait placer ses grenadiers d'une autre façon. Les ennemis ont fait une sortie considérable, la nuit, et comme M. de Lautrec n'était point où il devait être, ils nous ont repoussés, tué du monde et des travailleurs et comblé plus de soixante toises d'ouvrage. M. le comte de Lautrec ayant rendu compte de l'action à M. le maréchal de Lowendal, celui-ci, avec bien des politesses, lui a dit qu'il ne pouvait se dispenser d'en écrire en cour. On assure que si M. de Lautrec avait suivi ses ordres, il ne serait pas rentré un des ennemis dans la ville. Le bruit a couru que M. de Lautrec avait reçu ordre de revenir à Paris; on a dit ensuite qu'il avait été envoyé à la Bastille, mais le fait n'est pas bien décidé. Tout le monde convient que s'il a eu des ordres par écrit, que ce ne soit pas une faute de science militaire, mais pure désobéissance, par jalousie contre les maréchaux de Saxe et de Lowendal, il faut de nécessité faire un exemple.

— Madame, fille de monseigneur le Dauphin et de

[1] La ville de Maestricht avait été investie par les troupes du maréchal de Saxe et celles du maréchal de Lowendal, et la tranchée avait été ouverte simultanément sur les deux rives, le 15 avril.

sa première femme, est morte à Versailles, le 28 de ce mois, d'une convulsion de dents qu'on a prise même, dit-on, pour un autre accident. Elle a été transportée au palais des Tuileries, et le mardi 30, elle a été conduite à Saint-Denis avec un cortége magnifique : son cœur a ensuite été porté au Val-de-Grâce. On a fait apparemment cette pompe bien plus belle que pour madame la Dauphine, sa mère, pour satisfaire l'Espagne. Il n'y a, à cet âge, ni prière, ni deuil [1].

Mai. — Il est arrivé dimanche, 5 de ce mois, un courrier d'Aix-la-Chapelle qui a causé une grande joie dans Paris. C'est le secrétaire d'ambassade de M. le comte de Saint-Séverin d'Aragon, qui a annoncé que la paix était faite. Tout le monde a couru chez ses amis, aux spectacles, aux promenades, quoiqu'il ne fît pas bien beau, pour apprendre les détails. Ce que j'ai appris de plus positif, chez un ministre d'État et ensuite dans le monde, c'est que ce secrétaire a apporté à signer au roi les préliminaires de la paix.

— Je suis enfin parvenu à avoir le livre des *Mœurs* [2], que l'arrêt du 6 mai [3], a rendu très-cher et très-rare. Il faut dire que peu de personnes avaient songé à ce livre, au lieu qu'il n'y a personne, à présent, dans un certain monde, hommes ou femmes se piquant un peu de quelque sorte d'esprit, qui n'ait voulu le voir. Chacun se demande : « Avez-vous lu les *Mœurs !* Un seul exemplaire passe rapidement dans cinquante

---

[1] Elle n'avait que vingt mois. Voir t. II, p. 492.

[2] *Les Mœurs* (S. L.), 1748, in-12.

[3] *Arrest de la cour de parlement qui ordonne qu'un livre intitulé :* les Mœurs, *sera lacéré et brûlé par l'exécuteur de la haute justice.* Paris, Simon, 1748, 4 pages in-4°.

mains. Le goût et la curiosité redoublent toujours pour les choses défendues.

L'auteur de ce livre, suivant le bruit général, est le sieur Toussaint, avocat au parlement, actuellement sur le tableau, homme de trente-cinq ans environ, qui ne s'est point caché d'abord, et qui même, en dédiant son livre à une femme, a mis au bas de la lettre son nom défiguré en grec, *Panage; pan* signifie tout, et *agios*, saint. Deux choses ont pu, tout autant que le prétexte d'irréligion, déterminer la condamnation de ce livre. L'une, plusieurs portraits désavantageux de gens en place qui s'y sont reconnus; l'autre une déclamation contre la magistrature [1].

Juin. — M. le chevalier d'Orléans [2], fils légitimé de M. le duc d'Orléans, régent, et de madame la comtesse d'Argenton décédée il y a trois ou quatre mois, est mort, au Temple, à l'âge de quarante-six ans. Il était fort aimable, et avait été extrêmement débauché; mais, depuis deux ans, il s'était jeté dans une dévotion si austère, qu'elle l'a plus épuisé que ses débauches. Il était grand prieur de France et général des galères. On dit qu'à force de faire des aumônes, il laisse beaucoup de dettes : cela est assez bien entendu.

— On dit qu'on réunit la place de général des galères à la charge de grand amiral; on ne sait si c'est pour en supprimer les appointements au profit de l'État, ou pour en gratifier le duc de Penthièvre,

---

[1] Barbier consacre onze pages de son *Journal* à l'analyse du livre des *Mœurs*. Il termine en disant que cet ouvrage, « quoique rempli des plus beaux sentiments de vertu et de probité, est très-dangereux, et n'est recevable dans aucun pays. »

[2] Voir t. II, p. 149.

amiral. A l'égard de la place de grand prieur, qui vaut plus de soixante mille livres de rente et un palais pour logement, il y a bien des prétendants. Madame la duchesse de Modène l'a demandée pour M. le chevalier de Modène [1], son fils, qui est né à Paris et qui a déjà une bonne abbaye. Cela lui ferait ici un bon établissement. Mais on dit que M. le prince de Conti [2] l'obtiendra. Il se fera chevalier de Malte, avec dispense apparemment de faire ses vœux jusqu'à ce que M. le comte de La Marche, son fils, soit marié et ait des enfants. Il n'est pas riche et il doit, et l'on dit, qu'en conséquence, il pourrait vendre l'hôtel de Conti.

Juillet. — Le prince souverain de Wurtemberg est venu ici, sans doute pour remercier le roi dont le conseil a déclaré bâtards deux contendants qui se prétendaient comtes de Montbéliard, et voulaient en avoir la souveraineté. Ce prince de Wurtemberg reste quelque temps à Paris, avec sa cour. L'on donne, dans ce mois-ci, par extraordinaire, un bal à l'Opéra, apparemment pour lui, par ordre du roi.

Août. — On parle toujours, dans la *Gazette*, du traité définitif de paix, prêt à signer; mais cela n'est

---

[1] Benoît-Philippe-Armand d'Est, né le 30 septembre 1736. Il était abbé commendataire de l'abbaye d'Anchin, qui valait cinquante mille livres.

[2] Louis-François, voir tome I, p. 391. Ce fut lui, en effet, qui fut nommé grand prieur. Son fils, Louis-François-Joseph, comte de La Marche, né le 1er septembre 1734, se maria seulement en 1759, avec Fortuné-Marie d'Est.

[3] Charles-Auguste-Eugène, etc., né le 11 février 1728. Il avait succédé, en 1737, à Charles-Alexandre, son père. La possession de la principauté de Montbéliard avait été l'objet de nombreuses contestations depuis 1723, époque de la mort du duc Évrard-Louis, qui ne laissa point de postérité légitime. Voir le *Dictionnaire* de Moréri, article *Wirtemberg*.

point encore fait. Par rapport à nous, les passages sont libres avec l'Angleterre, et il arrive ici, tous les jours, une grande quantité d'Anglais et d'Anglaises. Cela fait aussi des diminutions sur les marchandises. Le sucre qui, n'arrivant que difficilement de la Martinique, coûtait vingt-six sous la livre, n'en coûte plus que quinze à seize, à Paris.

— Le prince Edouard a fait afficher, à Aix-la-Chapelle, à la porte de tous les ministres, une protestation imprimée, contre tout ce qui se ferait dans ce congrès de contraire à ses droits et à ses prétentions sur les royaumes d'Angleterre. Il ne veut pas absolument retourner à Rome, à cause du cardinal d'York, son frère, qui est à présent prêtre. On dit que le pape consent qu'il se retire à Avignon; d'autres disent qu'on lui destine la ville de Fribourg, chez les Suisses, pour sa retraite; mais que le roi d'Angleterre s'y oppose. Cependant il faut bien que ce prince puisse se retirer en quelque endroit de l'Europe. Quoi qu'il en soit, en attendant sa destination, il est ici tranquille en apparence, et va tous les jours à l'Opéra et à la Comédie.

Septembre. — Le roi, pendant les mois d'août et de septembre, a fait différents voyages à sa maison de Choisy et à Crécy, chez madame la marquise de Pompadour, qui règne toujours. On lui bâtit même actuellement une superbe maison de campagne sur les hauteurs de Sèvres, du côté de Meudon, endroit charmant pour la belle vue.

Octobre. — M. du Fort [1], fermier général et directeur général des postes, est mort ces jours-ci. Sa place

---

[1] Grimod du Fort, seigneur d'Orçay, né en 1693. Il avait épousé, au mois de février précédent, Marie-Antoinette de Caulaincourt

de fermier général est donnée à M. Camuset, notaire, qui, par le crédit de feu madame la duchesse de Châteauroux, avait obtenu un *bon* du roi [1] qui a bien voulu tenir sa promesse. La place pour les postes a été donnée à M. du Parc, qui était un des secrétaires de M. le cardinal de Fleury. Il ne travaillera pas, cependant, avec le roi. C'est M. le comte d'Argenson, comme directeur général des postes, qui s'est réservé ce travail. Ce M. du Fort, fort riche, avait épousé, il n'y a pas longtemps, une jeune personne de condition, parente de M. le comte d'Argenson, ministre de la guerre.

— Un greffier criminel du Châtelet, nommé Marot, prétendant descendre de Clément Marot, poëte connu, anobli par François Ier, ce qu'il n'a pu cependant justifier, a été accusé d'avoir tiré du greffe quelques effets qu'il avait donnés à une cordonnière qui était sa maîtresse. Ces effets paraissent, par la sentence, être très-peu de chose, comme cuillers et fourchettes argentées, et autres bagatelles volées et abandonnées dans le dépôt du greffe depuis longtemps. Comme aussi d'avoir emporté, chez lui, quelques minutes de procédures criminelles, pour travailler dessus, à ce qu'il dit. Il a d'abord été arrêté, en vertu d'une lettre de cachet, ce qui a tellement intimidé un nommé Brussel, autre greffier criminel, homme fort doux et bien honnête homme, qu'il s'est déterminé à aller se noyer. Pour Marot, il s'est bien défendu. On a dit, au Châtelet, que cela n'avait rien de grave, et, en effet, il n'a été

---

[1] L'auteur de la *Chronique du règne de Louis XV*, rapporte, à la date du 17 décembre 1742, que « le roi a accordé un *bon* à madame de La Tournelle pour la première place de fermier général qui vaquera. » *Revue rétrospective*, 1re série, tome V, p. 79.

condamné, par la sentence, qu'à être blâmé. Mais sur l'appel au parlement, il a été condamné à être marqué, à faire amende honorable, la torche au poing, et à neuf années de galères : il faut bien qu'on y ait trouvé quelque fait plus grave. Cependant, comme il a des parents officiers du roi, on lui a accordé un sursis pour pouvoir obtenir une commutation de peine en une prison perpétuelle à Bicêtre. A l'occasion de son appel, il a répandu un mémoire imprimé pour sa justification, signé du sieur Chatelain, avocat, qui contient une forte déclamation contre M. Nègre, lieutenant criminel, comme auteur de son accusation, en haine et par vengeance de ce que, dans des affaires criminelles, il n'avait pas voulu se prêter à des prévarications. Le mémoire a été supprimé par l'arrêt, mais cela ne suffit pas pour justifier le lieutenant criminel dans le public. On parlait déjà de M. Nègre comme ayant même eu quelque affaire avec le parlement, ce qui doit faire faire des réflexions sur les hommes. Le sieur Nègre est fils d'un procureur au parlement, homme de fortune et très-riche, par lui et par sa femme. Il devrait se trouver très-heureux et très-honoré de remplir une place assez vilaine par ses fonctions, mais belle et importante dans la société, délicate sur l'intérêt, et se faire respecter, par une probité et un désintéressement au-dessus même du soupçon. L'intérêt l'emporte, et fait oublier son premier état ainsi que son devoir.

Novembre. — On continue de dire, ici, que M. le maréchal de Saxe et M. le maréchal de Lowendal[1] ne

---

[1] Ils étaient revenus tous les deux à Paris, à la suite du traité d'Aix-la-Chapelle, qui avait été signé le 18 octobre.

se sont point oubliés dans cette guerre, et qu'ils sont l'un et l'autre bien riches. M. le maréchal de Saxe a acheté la terre de La Grange, contre Grosbois, qui appartenait à M. Gaudion, garde du trésor royal, laquelle ne rapporte que sept cents livres de revenu, et qu'il a payée deux cent mille livres, argent comptant. M. de Lowendal, de son côté, a acheté une très-belle terre de plus de cinq cent mille livres.

— Pendant tout le voyage de Fontainebleau[1], M. le comte d'Argenson, ministre de la guerre, a été très-incommodé d'un accès de goutte qui lui avait pris à Paris, de manière qu'on ne lui parlait pas et qu'il ne pouvait pas aller travailler avec le roi. Les gens malins croient que c'est un reste de vieille maladie. Quoi qu'il en soit, un ministre favori, qui a de l'esprit et de l'ambition, fait de bien mauvais sang parce que, en cour, il faut toujours paraître.

— On parle fort, à Paris, du prince Édouard, et cette nouvelle-ci est tout au long dans la *Gazette de Hollande*. On dit que lors de son départ de Rome pour passer en Angleterre, le roi lui a écrit une lettre signée de lui, par laquelle il lui promettait, en cas qu'il ne réussît pas dans son entreprise, de lui donner asile dans son royaume tant qu'il voudrait. Tout le monde sait et respecte l'intrépidité et la bravoure avec laquelle ce prince a conduit son entreprise, et de quelle utilité elle a été pour la France, par la diversion qu'elle a causée. L'on dit cependant que le premier article secret des préliminaires de paix du 30 avril, est que

---

[1] Le roi et toute la cour étaient partis pour Fontainebleau le 6 octobre, et en étaient revenus le 18 novembre.

le roi sera obligé de faire sortir ce prince de France. Le traité définitif étant signé, il s'agit de l'exécuter. On dit donc que le roi a envoyé à ce prince, M. de Puisieux, ministre des affaires étrangères, lui faire le compliment de la part du roi, pour sa retraite hors du royaume. Qu'il a fait à ce ministre une réponse peu satisfaisante, par le refus de quitter Paris. Que depuis, le roi lui a envoyé M. le duc de Gèvres, comme gouverneur de Paris, à qui le prince a répondu que sans la considération particulière qu'il avait pour lui, il ne le laisserait pas sortir comme il était entré. Qu'il ne partirait pas de Paris où tous les autres étrangers avaient la liberté de demeurer, et que si on lui envoyait répéter la même chose par telle personne que ce fût, il avait deux pistolets sur lui, l'un pour la personne chargée de l'ordre, l'autre pour lui-même.

Sur cette nouvelle publique, les politiques raisonnent, et cela en plein parterre d'Opéra. On sent bien que le roi d'Angleterre voudrait obliger le *prétendant* à se retirer à Rome ou sur les terres du pape pour le rendre toujours odieux à la nation anglaise. Les uns croient que ce compliment, de la part du roi, et la réponse du prince sont concertés pour montrer l'impossibilité où est le roi d'user de violence contre lui. D'autres prétendent qu'il serait avantageux pour ce prince qu'on fît ici quelque coup d'État et de violence pour l'enlever de Paris, parce que plus il aura à se plaindre de la France, plus il deviendra cher aux Anglais en général, qui nous haïssent et nous haïront toujours. Quoi qu'il en soit, il est peu à craindre à Paris pour le roi d'Angleterre, tant qu'il dépensera son revenu à tenir une maison et à soutenir dix ou douze Anglais qui sont à sa charge; tant qu'il passera son temps à être tous les jours aux spectacles, comme il fait, ou à la promenade l'été, ou à avoir quelque maîtresse.

— Le 26 de ce mois, on a exécuté, au Châtelet, l'arrêt du parlement, du 24 octobre, contre Marot, uniquement pour l'amende honorable, par ordre de la cour. On lui a sauvé la marque et les galères, que l'on change apparemment en une prison. On a trouvé mauvais, dans Paris, que l'on ait fait crier l'arrêt pendant deux jours de suite pour rendre d'autant plus publique sa condamnation, que bien des gens ignorent, et qui n'a pas dû être exécutée entièrement. On attribue cela au lieutenant criminel, qui est intime ami de M. de Fresnes, conseiller d'État, fils du chancelier d'Aguesseau.

— Jeudi, 28, le roi, pour faire plaisir à M. le maréchal de Saxe, fit la revue de son régiment de uhlans qu'il avait fait venir à Saint-Denis. Cette revue n'a point été faite dans la plaine des Sablons, du côté de Neuilly, à l'ordinaire, mais dans un terrain qui est à gauche de l'Étoile des Champs-Élysées, entre les derrières de Chaillot et de Passy et les murs du bois de Boulogne, au milieu de terres labourées et ensemencées, et de vignes qui ont été entièrement endommagées. Je ne crois pas que les propriétaires en retirent grande indemnité.

On avait envoyé, le matin, les régiments des gardes françaises et suisses, par gros détachements de chaque compagnie, sans drapeaux, pour faire et garder une enceinte très-étendue en carré, et pour empêcher les carrosses, et même les gens de pied, d'entrer dans ce carré dans lequel il ne devait y avoir que les carrosses de la cour, des princes et des princesses, des ministres et des ambassadeurs. Je ne crois pas qu'on y ait laissé entrer les carrosses des ducs et des gens de cour.

Pour empêcher même la trop grande affluence du public, à une heure après midi il y avait du guet posté qui arrêtait les fiacres à la grille des Champs-Élysées, à la barrière Saint-Honoré et à la montagne de Passy. Les bourgeois étaient obligés de descendre à pied dans la crotte, ce qui en a fait revenir une partie, surtout parmi les femmes, et c'était le plus sage. Malgré cela il y avait un nombre infini de carrosses bourgeois et de remise, mais ils restaient derrière et le long de la ligne dans laquelle il n'entrait que ceux des personnes amies de M. le duc de Biron, colonel des gardes françaises, ou du colonel des gardes suisses.

Tous les soldats qui formaient la ligne et l'enceinte avaient la baïonnette au bout du fusil, et, comme il y a toujours des gens du peuple ou autres téméraires et indiscrets qui veulent passer en courant, ils étaient très-embarrassés pour courir après. Il y a eu plusieurs personnes blessées, entre autres un homme comme il faut qui, au lieu d'un coup de bourrade, a attrapé un coup de baïonnette, et qu'on a remis dans son carrosse beaucoup plus mal qu'il n'était venu. On a dit depuis qu'il en était mort.

Après que madame la Dauphine, Mesdames, et toute la cour ont été arrivées, le roi, qui était dans son château de la Muette, est venu à cheval, accompagné de sa cour et de seigneurs aussi à cheval, et, entre autres, du maréchal de Saxe, qui était habillé en colonel de uhlans.

Cette troupe est composée de mille hommes à cheval, savoir de compagnies de uhlans et de compagnies de dragons¹. Chaque uhlan a un pistolet et une pique avec une banderole de couleur au bout, en sorte qu'il y a la compagnie blanche, jaune, etc. Les dragons ont un petit fusil et des pistolets, et il y a une compagnie de nègres qui ont des banderoles blanches et des chevaux blancs. On dit que c'est la compagnie de uhlans du colonel.

Ces uhlans ont non-seulement passé en revue devant le roi, mais ils ont fait tous leurs exercices et de petits combats par escadrons contre escadrons. Ils avaient aussi leur artillerie consistant en de petits canons longs, dans des boîtes de sapin, qui se tirent avec la main, comme des fusils, qui portent quatre livres de balles, et que l'on conduit dans de petits chariots. On les avait placés sur les buttes et hauteurs qui se trouvent dans ce terrain.

On dit que cette troupe est bien montée; que les dragons ont beaucoup de vitesse avec de petits chevaux, et que cela était fort curieux pour ceux qui ont pu le voir, ce qui était difficile à cause de la grandeur de l'enceinte. Cela a duré depuis deux heures et demie jusqu'à près de cinq, et les femmes qui étaient descen-

---

[1] Ce régiment, formé en 1743, était divisé en six brigades, composées chacune de quatre-vingts uhlans et de quatre-vingts dragons. L'uniforme des premiers était simarre et culotte verte, bottes à la hongroise, casque de similor garni d'un turban croisé de cuir de roussi, la queue du casque garnie de crins de la couleur de la brigade. Leur lance avait trois mètres de long. Les dragons portaient un uniforme analogue à celui des troupes régulières, seulement leurs chevaux étaient plus petits et plus légers que ceux des autres dragons. Après la mort du maréchal de Saxe, les uhlans furent réformés; on conserva cependant les dragons, dont on fit un régiment en faveur du comte de Frise.

dues de carrosses ou qui avaient été obligées de venir à pied, ont été régalées d'une pluie raisonnable qui a pris sur les quatre heures. Le régiment des gardes françaises murmurait et était très-mécontent de l'emploi qu'il avait, ne servant, pour ainsi dire, que d'archers pour garder les avenues et faire faire place.

Ce régiment de uhlans est retourné à Saint-Denis. Il en est parti le surlendemain pour se rendre à Chambord où il a son quartier d'hiver, ce qui cause jalousie des princes qui n'ont point ainsi leurs régiments dans leur gouvernement. Mais la raison en est simple. Nul risque à donner ce régiment à M. le comte de Saxe, à Chambord, au lieu qu'il pourrait y avoir grand inconvénient à donner aux princes du sang des régiments dont ils seraient maîtres, dans leurs gouvernements.

Autre sujet de jalousie. Ce régiment qui, je crois, est plus curieux qu'utile, doit coûter cher au roi, d'autant que les uhlans ont été annoncés comme étant sur le pied de gentilshommes. On dit que le roi donne directement la paye à M. le maréchal de Saxe, qui se charge, lui, de leur décompte et de les monter, sur quoi il n'est pas douteux qu'il gagne considérablement, et cela suffit pour faire crier.

Décembre. — On dit que le prince Édouard a pour maîtresse la princesse de Talmont[1], cousine de la reine, qui a cependant près de quarante ans, et que c'est ce qui le retient ici.

---

[1] Marie Jablonowski, fille de Jean, comte de Jablonowski, grand enseigne de la couronne de Pologne. Elle avait épousé, en 1730, Anne-Charles-Frédéric, prince de Talmont. Les princes de Talmont étaient une branche de la maison de La Trémoille.

—Histoire de Paris. M. Le Riche de La Poupelinière[1] est un fermier général très-opulent, qui a acheté à vie, du petit-fils de Samuel Bernard, la maison et seigneurie de Passy. Il a épousé, il y a plusieurs années, mademoiselle Deshayes, dont la mère était fille de Dancourt[2], comédien et auteur, et qui avait monté elle-même sur le théâtre. Madame de La Poupelinière, jolie, dans une maison riche, a vécu comme les petites-maîtresses de Paris. Entre autres galanteries, elle avait, depuis trois ou quatre ans, M. le duc de Richelieu, qui vient d'être nommé maréchal de France, et qui est à Gênes depuis plus d'un an. Cette intrigue avait un peu brouillé le ménage. Il y a eu des scènes, et le mari avait maltraité sa femme qui, du reste, a plus de trente-cinq ans. Pour donner un air de mystère à cette affaire et se voir commodément, M. le duc de Richelieu a fait louer une maison peu considérable, joignant celle de M. de La Poupelinière qui demeure rue de Richelieu, vis-à-vis de la Bibliothèque du roi, et voici ce qu'on a fait pendant quelques campagnes du mari.

On a percé le mur mitoyen dans une cheminée de l'appartement de madame de La Poupelinière, et on a accommodé la plaque avec des gonds bien effacés, de manière qu'elle s'ouvrait avec un secret par l'autre maison, du côté de laquelle l'ouverture et cette plaque étaient cachées dans une armoire apparente, en glace. Madame de La Poupelinière avait coutume, le soir, de

---

[1] Ce nom est écrit tantôt La Popelinière, tantôt La Poplinière. Nous avons adopté l'orthographe donnée par l'*Almanach royal*.

[2] Connue au théâtre sous le nom de Mimi Dancourt. Elle avait débuté en 1699, n'étant âgée que de treize ans, et se retira en 1728. Elle avait épousé le fils d'un lieutenant général d'artillerie nommé Deshayes.

fermer ses verroux, sous prétexte de craindre les voleurs, et, de cette façon, l'on passait de la maison voisine dans ledit appartement. Cela a duré ainsi du temps sans être su.

Madame de La Poupelinière avait une femme de chambre dans le secret, qui est sortie pour quelque raison, et à qui sa maîtresse a promis six cents francs de pension. L'absence de M. le maréchal de Richelieu, qui même, de Gênes, a passé en Languedoc pour y tenir les États, a ralenti madame de La Poupelinière qui, imprudemment, a refusé de payer la pension à sa femme de chambre. Cette fille, pour se venger, a écrit une belle lettre à M. de La Poupelinière sur la conduite de sa femme, et l'a instruit, particulièrement, du secret de la plaque de cheminée.

Le 28 du mois dernier, jour de la revue, madame de La Poupelinière y a été comme les autres; mais son mari lui a dit qu'il avait affaire et ne pouvait pas l'accompagner. Après son départ, il a envoyé chercher deux notaires, un maçon, peut-être aussi un commissaire, a fait travailler à la cheminée et dresser un procès-verbal de l'état de la plaque. Défense à sa porte de laisser entrer qui que ce soit, même sa femme.

Un laquais de madame, qui ne l'avait pas suivie, ayant vu du mouvement dans la maison, a couru vite l'avertir de ce qui se passait. Elle a attendu la fin de la revue, et a prié M. le maréchal de Saxe et M. le maréchal de Lowendal de la ramener à son mari. Ils l'ont fait, mais sans succès : il a été inexorable; point de rentrée dans la maison. Il lui a offert, devant les deux maréchaux, huit mille livres de pension avec quatre mille livres de rente viagère qu'elle a, et tous ses diamants, pour se retirer où elle voudrait. Les deux maréchaux l'ont conduite chez madame Deshayes, sa mère, qui est une femme d'esprit, et qui ne lui a pas conseillé d'accepter la proposition[1].

Aucuns ont blâmé le mari d'avoir fait cet éclat pour se déshonorer; d'autres disent que la conduite de sa femme est publique depuis longtemps; qu'il n'apprend rien de nouveau. Qu'il a tenté plusieurs fois de se séparer d'avec elle et de s'en débarrasser; mais qu'elle n'a jamais voulu y consentir, et qu'il a profité de cette aventure pour le faire et y être autorisé. On ne sait point encore ce que cela deviendra. Les uns prétendent qu'elle va plaider contre son mari, en disant que c'est lui qui a fait faire cette machine pour la perdre, ce qui paraîtrait pourtant difficile à cause de la location de la maison voisine par quelque particulier suspect. D'autres disent qu'elle veut vingt mille livres de pension, comme plusieurs autres maris le font à leurs femmes, car c'est tout commun à présent que ces séparations de maris et femmes par transactions. En attendant on a fait bien des vers sur cette aventure.

On a dit aussi que La Poupelinière était bien heureux d'être fermier général, parce qu'on l'aurait fait payer aux barrières comme *bête à cornes*.

— Autre histoire. M. le comte d'Egmont, colonel de dragons, de l'ancienne maison des comtes d'Eg-

---

[1] Madame de La Poupelinière, prit un appartement rue Ventadour, et y mourut peu de temps après, d'un cancer au sein, délaissée et dans un état voisin de la gêne. Richelieu ne l'abandonna cependant pas entièrement, et l'on dit même qu'il lui assura une pension qu'il lui fit exactement payer jusqu'à sa mort.

mont, ducs de Gueldre, de Berg et de Juliers[1], a épousé la fille du duc de Villars. Il est jeune et bien fait, et elle est jeune aussi. Depuis son mariage, il lui a donné deux ou trois fois la v.....; ils ont même eu un fils qui en est mort. Dimanche dernier, 1er de ce mois, il voulut aller coucher avec sa femme, laquelle s'y refusa tout net, ne voulant pas s'exposer à une pareille aventure. M. le comte d'Egmont a pris la peine de mettre sa femme hors de son hôtel, à minuit. On ne blâme point celle-ci[2].

— Événement d'État. Hier, mardi, 10 décembre, on a commandé vingt-cinq hommes par compagnie du régiment des gardes françaises, avec poudre et plomb, sans tambour. Ce jour-là, le prince Édouard avait la première loge à l'Opéra, à son ordinaire. Il y est arrivé sur les cinq heures, avec deux seigneurs anglais, et aussitôt qu'il a été descendu de carrosse pour entrer dans le cul-de-sac de l'Opéra, M. de Vaudreuil, major du régiment des gardes, lui a dit qu'il était chargé de l'ordre du roi pour l'arrêter. Dans le moment même, six sergents aux gardes qui étaient en habits bourgeois, l'ont saisi par les deux bras et les deux jambes, l'ont enlevé de terre, et lui ont jeté et passé sur-le-champ un cordon de soie qui lui a em-

---

[1] Guy-Félix Pignatelli, comte d'Egmont, né le 5 novembre 1720, s'était marié, le 5 février 1744, avec Amable-Angélique de Villars, née le 18 mars 1723. Il ne descendait de la maison d'Egmont que par les femmes, son grand-père, Nicolas Pignatelli, duc de Bisaccia, ayant épousé Marie-Claire-Angélique, sœur de François-Procope, dernier duc d'Egmont, mort sans postérité en 1707.

[2] A la mort du comte d'Egmont (3 juillet 1753), elle s'est faite religieuse du Calvaire, où elle est morte en odeur de sainteté (*Note de Barbier d'Increville*).

brassé et serré les deux bras : on lui a dit après que cela avait été crainte de quelque violence sur lui-même et pour sa conservation. Il s'est, dit-on, un peu trouvé mal. On l'a fait passer ainsi par la porte du fond du cul-de-sac qui ouvre sur la cour des cuisines[1] du Palais-Royal, et on l'a mis dans un carrosse de remise, après lui avoir ôté son épée et deux pistolets qu'il avait, dit-on, dans ses poches. M. de Vaudreuil est monté avec lui et l'a conduit de suite au château de Vincennes, escorté par des soldats aux gardes, la baïonnette au bout du fusil, et par du guet à cheval qui attendait dans la place des Victoires. Il y avait là neuf hommes à cheval, en redingotes, qui portaient des flambeaux. Les ordres avaient été donnés de façon à exécuter sûrement cet enlèvement. Nombre de soldats aux gardes étaient répandus autour du Palais-Royal; des corps de garde avaient été placés à la porte Saint-Antoine; le guet à cheval a conduit le prince le long du faubourg, et il y avait des soldats aux gardes de distance en distance, le long des allées de Vincennes.

A l'égard des deux seigneurs de sa cour, on les a fait entrer dans le corps de garde du cul-de-sac de l'Opéra. Ensuite on les a mis dans des fiacres et on les a conduits à la Bastille.

Pendant ce temps, l'hôtel du prince Édouard, au faubourg de la Madeleine-Saint-Honoré, où il demeurait, a été investi par des soldats aux gardes. M. Berryer, lieutenant général de police, y est arrivé et a mis le scellé partout, et il est resté un capitaine, avec un

---

[1] Où se trouve aujourd'hui la Cour des Fontaines.

détachement, pour garder la maison. A mesure qu'il arrivait soit des officiers du prince, soit des Anglais de sa cour qui ne savaient point cet événement, ou qui l'ayant appris dans Paris, venaient à l'hôtel sur cette nouvelle, on les arrêtait et on les conduisait à la Bastille.

Cette nouvelle s'est répandue sur-le-champ dans l'Opéra, où le monde était alors arrivé, par ceux qui y voulaient entrer dans le moment et qui ont été arrêtés dans la rue; cela a fait le sujet de bien des raisonnements, non-seulement dans le spectacle, mais aussi dans tout Paris, d'autant qu'on aimait et respectait généralement ce prince malheureux.

— On a dit, depuis, que M. de Vaudreuil n'avait point arrêté le prince au nom du roi de France, mais au nom du roi son père. Il est vrai qu'on a fait distribuer, dans Paris, des copies d'une lettre écrite de Rome par le chevalier de Saint-George au prince Édouard, son fils, par laquelle il lui ordonne d'obéir au roi de France, de sortir de son royaume et de se prêter aux circonstances du temps. Mais il est certain que l'arrestation a été faite au nom du roi de France, et cela ne peut pas être autrement.

Tout ceci est d'autant plus triste pour le prince, que s'il n'a pas grand appui dans ce bas monde, il devrait en avoir dans l'autre. Jacques second, son grand-père, est mort en odeur de sainteté, et sa mère, Clémentine Sobieska est déjà reconnue à Rome pour bienheureuse, en attendant qu'elle soit canonisée.

— Hier, vendredi, 13, il y avait soixante mousquetaires, gris et noirs, commandés pour se tenir prêts à marcher pour l'escorte du prince. Ce fait est certain, mais le départ n'a pas eu lieu. Le prince Édouard est toujours à Vincennes avec une garde du régiment des gardes. Il est dans le donjon et non dans les appartements. M. le marquis du Châtelet, gouverneur de Vincennes, qui même est de ses amis, mange avec lui.

— Dimanche, 15, le prince Édouard est parti de Vincennes à huit heures du matin, avec cinq chaises de poste et des gens à lui, à cheval. Il n'est accompagné que de M. de Pérussy, officier des mousquetaires gris et lieutenant général, qui va plus par honneur qu'autrement. Dans les autres chaises de poste, sont ses principaux officiers et gentilshommes, et on a attendu au 15, pour ordonner une quantité suffisante de chevaux de poste sur la route. Il a pris la route de Montargis, et l'on dit que M. de Pérussy l'accompagne jusqu'au pont de Beauvoisin; mais on ne sait pas encore s'il se retire en Suisse ou en Italie [1].

— Depuis dix jours que le prince est parti, on n'a aucune nouvelle de son voyage, et il n'est question, dans la *Gazette de Hollande*, que de son arrestation, sans aucun commentaire. On avait défendu de parler de lui, dans les cafés de Paris, parce que l'on se donnait la liberté de blâmer le roi sur ce qu'il a fait.

— On dit madame la Dauphine grosse, pourquoi, pendant six semaines, elle ne sortira point de son appartement, où elle reçoit chaque soir toute la cour. On la conduit d'un endroit à l'autre dans un fau-

---

[1] Le prince Édouard se retira d'abord à Fribourg, et ensuite à Rome, où il prit le nom de comte d'Albany. Il y mourut en 1788, adonné au vice honteux de l'ivrognerie qui déshonora ses dernières années.

teuil roulant. Cela est assez de conséquence pour prendre ces mesures, d'autant qu'on attribue à des vivacités de jeunesse si elle ne l'a point encore été avec succès.

— Madame de La Poupelinière est toujours chez sa mère. Elle n'est point encore d'accord avec son mari sur la pension qu'il lui fera. Mais ce qu'il y a de plus impertinent, c'est que le dernier jour de ce mois, veille du jour de l'an, et jour renommé pour l'affluence de monde au Palais[1], pour les étrennes, on avait étalé publiquement, dans les boutiques, de petites chemiminées en carton avec une plaque qui s'ouvrait, derrière laquelle on voyait un homme et une femme qui se quittaient; la femme rentrait chez elle. Cela m'a paru indécent, et si la police a été instruite de ces petits bijoux il aurait été plus sage de les défendre. M. de La Poupelinière n'effacera pas sitôt l'histoire de la cheminée.

— M. Crébillon, auteur connu par ses belles tragédies, d'*Électre*, *Rhadamiste et Zénobie*, *Atrée et Thieste*, âgé de soixante-quinze ans, a donné et fait représenter, le 20 de ce mois, la fameuse tragédie de *Catilina*, qu'il promettait depuis plus de vingt ans. Elle avait été annoncée comme devant avoir sept actes, mais elle n'en a cependant que cinq.

La chronique ancienne, était que le véritable auteur de ces belles tragédies était un père chartreux[2], qui

---

[1] Les galeries du Palais de Justice ont été occupées, jusque dans ces dernières années, par des marchands de toute espèce. On donnait même quelquefois à l'ensemble de ses galeries, à cause de leur destination, le nom de *Palais-marchand*.

[2] Voir t. II, p. 89, note 4.

avait fait les trois premiers actes de *Catilina* et qui était mort, il y a déjà plusieurs années, ce qui faisait croire que cette pièce ne paraîtrait pas.

Toutes les loges ont été louées, un mois avant, pour les trois premières représentations. Jamais assemblée n'a été plus brillante. A l'exception de la famille royale, tous les princes et princesses y étaient. Cette tragédie est fort belle en soi. Les deux derniers actes, ne sont pas, en effet, de la force des autres pour le style. C'est l'histoire simple de la conjuration sans aucune intrigue. Aussi on dit que les gens d'affaires ne continueront pas d'y aller, parce qu'il n'y a point d'*intérêt*.

— On prépare, à la place de Grève ou de l'hôtel de ville, un grand feu d'artifice. On y construit aussi une charpente étonnante dans l'étendue de ce qui descend à la rivière, pour faire, dit-on, une salle de l'invention de M. de Bernage, prévôt des marchands, de quoi on n'a pas grande idée jusqu'ici. On y travaille à force, le feu et la publication de la paix devant se faire le 25 janvier.

— Madame la marquise de Pompadour est toujours en grande faveur, et elle a tous les talents pour s'y maintenir; on croit même qu'on la verra duchesse incessamment.

On a dressé un théâtre dans les petits appartements du roi, pour représenter des opéras ou plutôt des ballets; théâtre qu'on enlève et qu'on remet en deux jours. C'est M. le duc de La Vallière qui a la direction de ces divertissements. Madame la marquise de Pompadour y joue avec des dames de la cour. Elle n'a pas une grande voix, mais très-agréable, beaucoup de goût et joue dans la grande perfection. Elle danse de même. Il y a plusieurs seigneurs qui dansent aussi à merveille. On y a joint des acteurs de l'Opéra et de la Comédie italienne, en sorte que cela compose, dit-on, le spectacle le plus charmant. Comme le lieu est petit il y a, au plus, quarante ou cinquante places à donner pour les spectateurs qui sont, après les princes et princesses, les favoris de la cour [1].

Les petits appartements, les voyages de Choisy et tous les bâtiments que le roi fait faire de côté et d'autre, forment des dépenses très-considérables sans qu'il en reste aucun monument.

— On compte à présent à madame de Pompadour cinquante mille écus de rente. Elle a pris pour intendant de toutes ses affaires, depuis un mois, M. Collin. C'était un procureur au Châtelet, garçon fort aimable, âgé de quarante ans, qui, par hasard, était depuis longtemps procureur des père et mère de madame de Pompadour, c'est-à-dire de M. et madame Poisson. Il était extrêmement employé et considéré dans Paris. Comme madame de Pompadour a beaucoup de confiance en lui, elle lui a demandé le sacrifice de son état avec toutes les grâces possibles, en lui disant qu'elle s'était adressée, à elle-même, toutes les objections qu'il pouvait lui faire, c'est-à-dire sur l'incertitude de la durée de la faveur où elle est. M. Collin était déjà connu directement du roi pour des affaires particulières de la marquise qui s'étaient traitées à Crécy, ou dans les petits appartements, en sa présence. Collin a

---

[1] On trouve à la Bibliothèque de l'Arsenal, parmi les manuscrits provenant de la bibliothèque du duc de La Vallière, de curieux détails sur ces représentations. Il en a été donné un extrait dans le *Magasin pittoresque*, tome X (année 1842), page 107.

de l'esprit, parle bien et est aimable de figure. Il n'a pas laissé que d'être embarrassé et de balancer s'il quitterait un état sûr et qui ne pouvait qu'augmenter. Mais, d'un autre côté, la manière dont cela lui a été proposé, la parole de l'indemniser, l'idée d'une fortune brillante si cela continue, l'ont déterminé à accepter, et il a vendu sa charge. On verra ce que cela deviendra, car il faut convenir que le crédit est au plus haut degré, quoique ménagé avec esprit et prudence, et que c'est à présent la porte pour toutes les grâces.

— Voici ce qui a été fait à l'occasion de la paix :

HISTOIRE DE FRANCE DEPUIS 1740 JUSQU'A PRÉSENT[1].

> Tel qui prétendit ne rien prendre,
> Prit deux étrangers pour tout prendre :
> Prit un étranger pour tout rendre,
> Prit le prétendant pour le rendre.

Il faut l'explication de cette énigme.

Le roi a déclaré, au commencement de la guerre, qu'il ne voulait rien pour lui.

Les deux étrangers dont il s'est servi pour prendre la Flandre, les Pays-Bas et une partie de la Hollande, sont les maréchaux de Saxe et de Lowendal.

Il a envoyé à Aix-la-Chapelle, en qualité de ministre plénipotentiaire, M. le comte de Saint-Séverin, Napolitain, qui a rendu tout ce qu'on avait pris.

Enfin, après s'être servi du prince Édouard pour faire la diversion d'Angleterre, il l'a fait ensuite arrêter pour le rendre, et le mettre hors du royaume.

Voilà, en quatre vers, l'abrégé de la guerre.

---

[1] La guerre avait commencé en 1740.

— Le public est ici fort singulier. On aurait beaucoup crié si le roi, par hauteur, avait continué la guerre encore deux ans par rapport à l'article du prince Édouard, et l'on a paru fort mécontent du procédé que l'on a tenu à son égard : de façon que cela a donné lieu à des vers très-hardis, tels que ceux-ci :

> Peuple jadis si fier, aujourd'hui si servile, etc.[1]

— On n'a plus parlé de la mort de M. le comte de Coigny[2] sur le grand chemin de Versailles, mais on ne doute point qu'il n'ait été tué en duel par M. le comte de Fitzjames qui, quoique blessé, peut-être après s'être fait sucer, partit dans la nuit même pour la Flandre, d'où il écrivit sur-le-champ aux uns et aux autres. Ce duel a été au sujet du discours qu'aurait tenu M. le comte de Coigny sur le compte de M. l'évêque de Soissons, frère du comte de Fitzjames,

---

[1] Cette pièce de vers et les autres qu'a recueillies Barbier, ont été imprimées plusieurs fois, et notamment parmi les pièces justificatives du second volume de la *Vie privée de Louis XV* (Londres, 1781), 4 vol. in-12.

Le régiment des gardes françaises, dont la conduite n'avait pas été exempte de reproches pendant la guerre (voir t. II, p. 368 et 450), ne devait pas non plus être épargné dans cette circonstance. Voici quelques-uns des vers qui furent dirigés contre lui :

> Cet essaim de héros. . . . .
> Vient, dit-on, d'arrêter le fils du *prétendant*.
> Il a pris un Anglais ; ah ! Dieu, quelle victoire !
> Muses, gravez bien vite au temple de mémoire
>   Ce rare événement.
> Va, déesse aux cent voix, va l'apprendre à la terre,
> Car c'est le seul Anglais qu'il ait pris dans la guerre.

[2] Voir ci-dessus, p. 29.

où il avait même été question de bâtardise, parce que le maréchal de Berwick, leur père, était bâtard du roi d'Angleterre.

ANNÉE 1749.

Janvier. — M. de Lamoignon de Blancmesnil, premier président de la cour des aides, marie son fils unique, M. de Lamoignon de Malesherbes[1], conseiller au parlement, avec mademoiselle Grimod de La Reynière, fille du fermier général intéressé dans les postes de France, à qui on donne en mariage cinq cent mille livres, argent comptant, deux cent mille livres assurées, et plusieurs années de nourriture et logement. M. Grimod de La Reynière a quatre enfants, ce qui fait voir la richesse de ces financiers. Il a marié sa fille d'un premier lit à M. Moreau de Beaumont, maître des requêtes, et intendant de Poitiers, fils de M. Moreau de Nassigny, président des requêtes du palais, et neveu de M. Moreau de Séchelles, intendant de l'armée de Flandre et des Pays-Bas dans la dernière guerre.

— Madame la Dauphine a eu le malheur de faire une fausse couche à la fin de ce mois. M. le Dauphin s'étant trouvé mal une nuit, d'une indigestion, cela a saisi la princesse, et il a fallu la saigner; mais on dit qu'elle l'a été une seconde fois depuis, et que, douze heures après, elle a fait la fausse couche. On lui a dit, pour la consoler, que ce n'était qu'un faux germe, mais mal-

---

[1] Chrétien-Guillaume, né le 6 décembre 1721, qui s'acquit dans la suite une si honorable célébrité par son courageux dévouement, lors du procès de Louis XVI, et qui périt sur l'échafaud, le 22 avril 1794.

heureusement il n'est que trop vrai que c'était un garçon. Le roi a été extrêmement touché, et tout le public est fort alarmé. On rejette la faute sur les médecins de la cour : peut-être ce bruit se répand-il de la part des chirurgiens. Il est certain, du reste, qu'on a fait venir MM. Puzos et Bourgeois, fameux accoucheurs de Paris, pour consulter avec M. Jard, accoucheur de madame la Dauphine, ce qui fait toujours tort, dans le public, aux médecins de la cour. Il est certain aussi que la princesse n'a provoqué cet accident par aucun mouvement indiscret, ce qui fait craindre que ce ne soit une disposition naturelle. Comme c'est la seconde fausse couche, cela a donné plus d'inquiétude, d'autant plus que M. le Dauphin est fort puissant, qu'il ne prend point d'exercice et mange beaucoup, et que, par ce moyen, nous n'aurons point de princes.

— A propos de médecins et de chirurgiens, ils sont toujours fort animés les uns contre les autres[1], ce qui ne contribue pas au soulagement du public dans les maladies. Leur procès n'est point encore jugé au conseil. On voudrait peut-être, par la difficulté de faire un règlement, qu'ils s'accommodassent entre eux, mais il n'y a pas d'apparence. Depuis plus d'un an, on ne reçoit point de chirurgiens à Saint-Côme, parce que les médecins prétendent présider ces réceptions : cela peut avoir des suites fâcheuses.

—Depuis le mois de novembre, il n'y a encore eu ni neige ni gelée, ce qui a fait dire, dans le public, comme nouvelle venant de l'Observatoire, qu'il n'y aurait pas

---

[1] Voir t. II, p. 365. — Un règlement du conseil du roi, du 4 juillet 1750, mit fin à ces contestations en fixant les droits respectifs des docteurs en médecine et des maîtres en chirurgie.

d'hiver parce que la terre avait fait un mouvement extraordinaire qui nous avait rapprochés du soleil de quelques degrés; conte que messieurs de l'Observatoire désavouent très-fort. Il a fait de très-grands froids dans le nord et il nous en viendra peut-être ici un peu tard; mais, en récompense, depuis un mois, il fait un temps détestable; de très-grands vents et des pluies continuelles.

— On dit que la publication de la paix sera pour le 13 février. La rivière est déjà très-grosse; si les pluies continuent, il pourrait bien arriver que la salle et le plancher que M. le prévôt des marchands a fait faire au niveau de la place de Grève, dans la partie du côté de la rivière où est ordinairement le charbon, et où l'on met les canons lors des feux de joie[1], ne soient pas praticables. La rivière est déjà très-avancée au-dessous de la salle. Celle-ci, dont on ne devine pas encore absolument la destination, coûte, à ce que l'on dit, vingt mille livres par la charpente qui la soutient.

Février. — Son altesse royale madame la duchesse d'Orléans, veuve de M. le duc d'Orléans régent, est morte le 1er de ce mois, à onze heures du soir, âgée de près de soixante et onze ans[2]. Cette princesse reçut les sacrements le 27 janvier, pour la seconde fois, en grande

---

[1] La place de Grève était loin d'avoir l'étendue de la place actuelle de l'Hôtel de Ville. Le quai Peletier faisait un retour sur cette place, jusqu'au delà de la rue de la Tannerie, et le mur du quai ne reprenait une direction parallèle à la rivière que presque en face l'ancien pavillon sud de l'hôtel de ville. Au-dessous de ce mur le terrain descendait en pente vers la Seine, et formait le port au charbon, où l'on plaçait les canons dont parle Barbier. On voit ces derniers représentés sur une *Vue de l'hôtel de ville*, etc., par Rigaud.

[2] Elle était née le 9 mai 1677.

cérémonie. Tous les princes de la maison d'Orléans allèrent à Saint-Eustache et vinrent à pied au Palais-Royal, en suivant le saint sacrement. Cela a donné lieu à une dispute entre les aumôniers qui voulaient lui administrer les sacrements, et M. le curé de Saint-Eustache qui a fait décider la chose en sa faveur, attendu que la duchesse d'Orléans n'avait que de simples aumôniers, c'est-à-dire point de premier aumônier qui fût évêque.

Cette princesse, après avoir donné sa bénédiction à M. le duc d'Orléans, son fils, et à M. le duc de Chartres, son petit-fils, les a fait embrasser pour les réconcilier; mais on dit que cette réconciliation n'a été sérieuse de part ni d'autre. Le duc d'Orléans, qui vit retiré à Sainte-Geneviève, dans une extrême dévotion, est mécontent de ce que le duc de Chartres, son fils, et madame la duchesse de Chartres, fréquentent souvent les spectacles, fassent de grandes dépenses à Saint-Cloud et y jouent souvent des comédies. On peut dire à cela, que le fils fait ce qu'un grand prince de son âge doit faire, et que le père ne remplit pas, aux saluts de Sainte-Geneviève, la place du premier prince du sang. On dit que le lendemain M. le duc de Chartres se rendit à l'appartement de M. le duc d'Orléans, qui résidait alors au Palais-Royal, pour lui témoigner sa joie de son raccommodement et le prier qu'il fût durable; mais son père le reçut très-mal, en lui disant qu'il ne l'avait fait que pour contenter sa mère.

—Madame la duchesse d'Orléans a demandé, par son testament, à être enterrée au couvent de la Madeleine de Traisnel, faubourg Saint-Antoine, où elle avait un appartement et où madame d'Orléans, abbesse de

Chelles, sa fille, a déjà été enterrée. Elle a demandé aussi beaucoup de simplicité dans sa pompe funèbre, ce qui a été exécuté. A peine l'a-t-on vue, pour le public, dans son lit de parade; les cours souveraines n'ont point été lui jeter d'eau bénite : point de tentures dans les cours du Palais-Royal. Jeudi, 6, sur les cinq heures du soir, on l'a portée à la Madeleine de Traisnel. Le cortége était simple; point de pauvres; une centaine de domestiques avec des flambeaux, les gardes de la duchesse, ses suisses, pages, gentilshommes et officiers à cheval. Son corps dans un carrosse de deuil, deux autres carrosses noirs pour les prêtres et les premiers officiers, deux autres carrosses ordinaires pour ses femmes. Ni son fils ni aucun prince ne suivaient le convoi en carrosse. Je n'en sais pas la raison.

On dit que la princesse a fait des legs considérables, soit pour les pauvres de Saint-Eustache, sa paroisse, soit pour les gens et domestiques de sa maison, et qu'elle a donné considérablement à la princesse de Modène, duchesse de Penthièvre[1], sa petite-fille, entre autres sa maison de Bagnolet[2], à condition de payer tous les ans la taille pour la paroisse.

— Comme le peuple ne témoignait pas une grande joie de la paix présente, par rapport aux impôts, le roi, par un édit du 4, qui n'a été publié que le 10, a supprimé les droits imposés, en 1745 et 1748, sur le cuivre, la chandelle, la cire, la poudre, le papier et les cartes, qui

---

[1] Marie-Thérèse-Félicité d'Est. Voir t. II, p. 377.

[2] Ce château, à environ quatre kilomètres à l'est de Paris, avait été acheté par le Régent. Il continua à être possédé par ses descendants, et fut vendu, vers 1780, par Louis-Philippe d'Orléans, aïeul du roi Louis-Philippe.

étaient effectivement des droits fort à charge au peuple!.... Une taxe qui pèse bien plus sur le public et sur le peuple particulièrement, est celle sur le bois, qui subsiste toujours. La voie de bois neuf coûte, dans le chantier, vingt livres dix sous, et celle de bois flotté dix-neuf livres deux sous.

— Aujourd'hui, 12, qui est le mercredi gras, a eu lieu la publication de la paix. La onzième publication, qui est à la place Maubert, s'est faite à quatre heures. Cette marche était assez belle et a duré vingt-cinq minutes à passer. M. de Bernage, prévôt des marchands, et M. Berryer, lieutenant de police, étaient montés sur de très-beaux chevaux, couverts de housses de velours cramoisi, très-longues, brodées en or. Ils avaient chacun six laquais habillés de neuf, en grande livrée. La troupe du guet à cheval était magnifique. Cela composait une marche de près de huit cents personnes, et cela méritait d'être vu. Ceux qui ont couru aux différentes places, ont remarqué qu'après la publication faite par le roi d'armes, quelque archer entonnait l'antienne *Vive le Roi!* ce qui n'était pas suivi d'un cri général. Le peuple n'est pas bien content de cette paix dont il avait cependant grand besoin; on dit que, dans les halles, les harangères, en se querellant, se disent : « Tu es bête comme la paix. » Ce peuple a son raisonnement. L'aventure du pauvre prince Édouard lui a déplu : il sait d'ailleurs que nous ne gagnons ni ne gardons aucune ville.

Quoique la seconde publication se fasse au palais, dans la cour du mai[1], au pied du grand escalier, le

---

[1] La cour actuelle du Palais de Justice. On la nommait ainsi parce que

parlement n'a point vaqué. On dit qu'autrefois on faisait enregistrer les traités de paix au parlement, et que depuis que cela ne se pratique plus, cette cour ne prend aucune part à la cérémonie de la publication. Il n'y avait rien eu d'ordonné pour la fermeture des boutiques ; elles étaient ouvertes à l'ordinaire. Il n'y avait point, non plus, assez d'ordre dans les rues : on dit qu'en plusieurs endroits, le passage s'est trouvé embarrassé de charrettes et de carrosses.

— Jeudi gras, 13, on a chanté un *Te Deum*, l'après-midi. Il n'y a jamais eu une si grande affluence de monde à Notre-Dame ; on s'y étouffait. Le soir, sur les huit heures, on a tiré un fort beau feu d'artifice dans la place de Grève, vis-à-vis l'hôtel de ville. Quoique le prévôt des marchands eût agrandi la grève par la salle qu'il avait fait construire au niveau du parapet, jusqu'à la rivière, il y avait tant de monde, et la place est si petite par elle-même qu'il y eu une douzaine de personnes, femmes et hommes, qui ont été étouffées. On les a portées à la morgue et l'on a porté aussi, dit-on, à l'Hôtel-Dieu, un grand nombre de gens blessés. Cependant il y avait eu beaucoup d'ordre pour l'arrivée des carrosses dont le monde descendait à l'hôtel de ville. Ils n'entraient en file qu'un à un par le quai Peletier, passaient par la rue du Mouton et tournaient du côté du cimetière Saint-Jean. J'ai vu le quai de la Tournelle et le pont pleins de carrosses remplis de monde pour voir le feu, de manière que le passage du quai de la Tournelle était bouché, et l'on ne voyait

---

la basoche, c'est-à-dire la juridiction des procureurs au parlement, y plantait tous les ans un *mai*. C'était un arbre de seize à dix-sept mètres de haut, portant des cartouches aux armes de la basoche.

de là que le feu d'artifice en grande fusée. Toutes les rues ont été assez bien illuminées par des lampions ou chandelles sur les fenêtres.

Dans tous les quartiers de la ville, en plusieurs endroits, il y avait des amphithéâtres assez grands, revêtus et couverts de décorations peintes, sur lesquels il y avait de la symphonie et d'où l'on a distribué au peuple des cervelas, des quartiers de dindon, du pain et du vin. Le peuple dansait dans ces endroits, et il a ainsi couru jusqu'à plus de minuit.

L'illumination de l'Hôtel de Ville n'était pas, au reste, plus belle qu'à l'ordinaire. Le peuple dansait dans la salle du côté de l'eau; mais, sur le minuit, il s'y est passé des indécences. Le bon bourgeois, les honnêtes gens se promenaient et entraient dans cette salle, où l'on dit qu'une troupe de laquais ou jeunes gens, qui dansaient en rond, entraînaient les femmes et filles et les lutinaient, ce à quoi il fallait mettre ordre.

Quoiqu'on dise, en général, que ces sortes de fêtes ne soient que pour le peuple ou, du moins, pour le petit bourgeois, depuis dix heures du soir jusqu'à deux heures, il y a eu, dans la Grève, une file continuelle de carrosses qui venaient voir l'illumination et les danses. Enfin, voilà donc la paix faite, publiée et exécutée pour les divertissements. Ce jour, les boutiques ont été fermées avec défense de travailler sous peine de grosses amendes.

— On appelle à présent Madame Infante[1], qui est toujours en cour, madame la duchesse de Parme.

---

[1] Louise-Élisabeth de France, femme de l'infant don Philippe (voir t. II, p. 217) qui venait d'être reconnu duc de Parme par le traité d'Aix-

— Madame la Dauphine se rétablit de jour en jour; il ne s'agit plus que de travailler plus efficacement et plus heureusement. On ne parle plus de la faute ni de la cause de la fausse couche.

— Le 25, le matin, les cours souveraines et l'Hôtel de Ville ont été à Versailles complimenter le roi sur la paix, et, l'après-midi, le grand conseil, l'Université et l'Académie française. Les femmes de la halle, marchandes de poisson, se sont mises sur le pied d'aller à Versailles dans les grandes occasions. Elles ne sont point dans les *Gazettes*, mais elles y sont allées aussi et elles ont été régalées à dîner, au grand commun, par M. de Livry, premier maître d'hôtel. Je le sais par un conseiller de la cour des aides dont la compagnie est pareillement régalée à dîner par M. de Livry, et qui les a vues. Pour le parlement, il revient toujours dîner à Paris, et la chambre des comptes a ordinairement quelques maîtres d'hôtel, parmi les maîtres des comptes, qui donnent à dîner à la compagnie. Je ne sais point ce qui se passe pour les autres qui vont le matin.

Mars. — Il y a eu plusieurs ordonnances pour la réforme des troupes qui est plus forte qu'on ne l'a jamais faite dans ce pays-ci. On a supprimé entièrement au moins douze régiments, et on a beaucoup diminué tous les autres. Cela met sur le pavé un grand nombre de jeunes gens qui servaient depuis quelques années dans les troupes en qualité de sous-lieutenants, lieutenants et même capitaines, et qui sont embarrassés, après avoir été officiers, de prendre aucun autre état : qui n'ont plus

---

la-Chapelle. Cette princesse était arrivée à Versailles, avec sa fille, au mois de décembre précédent, et y demeura jusqu'au 20 novembre 1749.

ni paye, ni qualité, et qui se trouvent sans bien. Cela doit apprendre aux jeunes gens de familles bourgeoises qui sont à portée de choisir différentes professions pour gagner leur vie, à ne pas se livrer si imprudemment au métier militaire qui les flatte par le brillant et la fainéantise, et dans lequel on obtient aisément des places en temps de guerre. Il n'y a pas le même inconvénient pour les soldats, qui peuvent plus aisément retourner dans leur village reprendre leur premier état et travailler aux terres qui deviennent incultes pendant la guerre.

Le roi donne un mois d'apppointements à tous les officiers réformés pour s'en retourner chez eux. On raconte, dans Paris, deux histoires à cet égard : l'une d'un lieutenant qui, n'ayant que trente-trois livres pour retourner dans son pays qui était fort éloigné, et n'ayant d'autre habit que celui d'ordonnance, s'est mis à vendre du fromage dans la ville où était son régiment. Sur le reproche qui lui a été fait par ses anciens camarades, et sur les réprimandes du commandant de la place, il a répondu tout simplement qu'il ne faisait rien contre l'honneur, qu'il aimait mieux faire ce petit commerce que de demander l'aumône en chemin ; qu'il n'avait point envie de voler, et que quand il aurait gagné quelque chose pour sa route, il partirait pour son pays.

L'autre histoire est celle d'un lieutenant bien bâti qui, ayant fait quelque action d'éclat, avait été honoré de la croix de Saint-Louis. Ne sachant où donner de la tête, il a caché sa croix et s'est adressé à un capitaine aux gardes françaises qui l'a reçu comme soldat. Étant en détachement pour monter la garde à Versailles, il a payé bouteille à son sergent et l'a prié de le poster dans l'endroit le plus apparent pour voir passer le roi et toute la cour, attendu qu'il n'avait jamais vu celle-ci. Ainsi posté, lorsqu'il entendit les tambours, parce que le roi allait sortir, il mit sa croix de Saint-Louis sur sa casaque. M. le duc de Chartres fut le premier qui s'en aperçut; il en fut surpris, attendu que cela ne doit pas être[1], et il en parla au roi. On fit demander au soldat de quel droit il portait la croix; il rendit compte de son aventure, de ce qui lui avait valu la croix et de son état présent. On dit qu'il a eu une pension de six cents livres.

Cette réforme est faite comme si on était sûr de n'avoir point de guerre pendant dix ans. Il y a apparence que le maréchal comte de Saxe a travaillé à tous ces arrangements. Ce qu'on a mieux fait, c'est d'avoir conservé quarante-deux compagnies de grenadiers, tant des régiments supprimés que des bataillons réformés, qui ne composent qu'un seul corps sous le nom de grenadiers royaux[2]. Ils seront commandés par des lieutenants, capitaines et colonels réformés, et, par-dessus cela, par deux officiers qui ne sont pas encore nommés : cela formera un corps redoutable.

— Les colonels réformés qui avaient acheté leurs régiments ont deux mille livres de pension et les autres mille livres.

— On montre, à la foire Saint-Germain, un animal rare et curieux que l'on n'avait jamais vu en France : c'est un rhinocéros. Il a été amené des Indes, à grands

---

[1] La croix de Saint-Louis n'était donnée qu'aux officiers, et lorsqu'ils avaient au moins dix années de service en cette qualité, sauf les actions d'éclat. Il fallait, en outre, qu'ils professassent la religion catholique.

[2] Ordonnance du 15 février 1749.

frais, par le capitaine d'un vaisseau hollandais qui l'a eu fort jeune. Cet animal, qui est une femelle, est doux, fort gros, noir, extraordinaire pour la peau, qui est par écailles et fort dure. Il y a peu de personnes qui ne le voient par curiosité, et le capitaine doit gagner beaucoup. Les places sont à trois livres, une livre seize sous, et douze sous. On dit que le roi voulait acheter cet animal, mais que le capitaine en voulait cent mille écus. Depuis qu'il l'a débarqué, il l'a montré dans plusieurs endroits, et il est arrivé d'abord à Versailles où toute la cour l'a vu. On le conduit par terre dans une espèce de caisse montée sur quatre roues et tirée par six ou huit chevaux. Cet animal mange par jour cinquante livres de foin, quinze livres de pain et boit quinze seaux d'eau. Je l'ai vu manger aussi des pelures d'oranges qu'on lui jetait dans un très-grand gosier. Il n'a, à ce qu'on dit, que onze ans et doit encore grossir beaucoup.

— Il est arrivé, il y a quelques jours, une singulière aventure. Vendredi, 7, on faisait, dans les charniers de Saint-Eustache, le catéchisme pour la première communion d'une quarantaine de filles qui sont des enfants du peuple des halles. Il y en a eu plusieurs qui se sont trouvées incommodées, mal de tête, vomissements, convulsions. Le dimanche, 9, pareil catéchisme, et il y en a eu encore plusieurs qui se sont trouvées attaquées des mêmes symptômes. Cela a paru extraordinaire. On avait remarqué une pauvre femme qui avait approché de ces filles, et qui avait tiré de sa poche et secoué un mouchoir. Les petites filles non malades ont dit qu'on avait déjà vu cette même femme le vendredi ; que c'était une sorcière et une empoisonneuse, et l'alarme a été jetée dans le quartier. Le curé de Saint-Eustache a gardé chez lui plusieurs de ces filles, et on a envoyé chercher des médecins qui les ont visitées. Cela s'est répandu dans Paris ; de façon que le lundi, 10, une pauvre femme montant les marches de la paroisse Saint-Sauveur, une petite fille cria que c'était la sorcière et l'empoisonneuse de Saint-Eustache. Sur le champ, elle a été entourée de deux cents femmes et hommes. Heureusement pour elle, la garde est venue, et on l'a menée chez un commissaire. C'était la femme d'un porteur d'eau, qui était même un peu saoule et qui ne savait ce qu'on lui voulait. Le commissaire aurait voulu la renvoyer, mais il y avait mille âmes à sa porte qui auraient brûlé sa maison. Il a fallu envoyer la femme au Châtelet pour la sauver de la fureur du peuple. Elle en est sortie le lendemain.

Cette aventure, qui ne s'était passée jusqu'ici que parmi le peuple, a fait bientôt la nouvelle dans toutes les maisons de Paris, sur un ton plus sérieux. Il a été question d'une empoisonneuse qui était venue à ce catéchisme des filles, pour faire l'essai de quelque poison subtil en secouant son mouchoir. C'était quelque femme de la cour qui était l'auteur d'une pareille tentative, et on promenait les conversations au plus grave et au plus fort. Il semblait déjà que le roi, madame de Pompadour et autres de la cour étaient en danger.

A force de faire du bruit, cette nouvelle s'est un peu ralentie, comme cela arrive toujours dans les nouvelles de Paris. Bien des gens, cependant, n'en sont pas encore revenus ; mais il se trouve qu'on a fait des caves dans l'église Saint-Eustache, qu'on a remué des terres et qu'on les a placées sous les charniers. On ajoute même qu'on en avait retiré des cercueils de plomb anciens pour vendre le plomb, qu'on avait mis aussi sous les charniers. Rien n'est plus dangereux que les effets de pareille terre et du plomb qui a été enterré longtemps. Il est certain que les médecins qui ont vu les jeunes filles, n'ont aperçu aucune marque de poison. C'est ainsi qu'est tombé ce grand événement qui aura été écrit de Paris dans les provinces avec les circonstances les plus graves.

Avril.—M. Bosc, depuis longtemps procureur général de la cour des aides et chancelier de l'Ordre de Saint-Lazare, qui avait été poussé par M. Bontemps, premier valet de chambre et favori de Louis XIV, à qui il s'était allié par quelque mariage, a vendu sa charge trois cent soixante mille livres, dont soixante mille livres de pot-de-vin, à M. Terray[1], maître des requêtes. Ce jeune homme, qui a beaucoup de mérite, a préféré cette charge à celle de maître de requêtes, où il travaillait avec réputation, ayant beaucoup d'esprit, mais trop de probité et de bonne foi pour faire son chemin du côté du conseil. Il est neveu de M. Terray, médecin du Palais-Royal, c'est-à-dire de la maison d'Orléans, qui a gagné beaucoup de bien dans le système, dont on ne connaît point la famille, et qui n'est pas même de la faculté de Paris. Son neveu a été poussé par lui. Cette vente servira à arranger les affaires de M. Bosc.

—Il y a quelque apparence que, pendant la semaine sainte, madame de Pompadour s'est retirée à quelque

[1] Pierre Terray de Rossière, né en 1714, frère aîné de l'abbé Terray qui devint plus tard contrôleur général des finances. Il avait épousé en 1743, Renée-Félicité, fille de Jean Le Nain, intendant de Languedoc.

maison de campagne. Sur cela, on a fait courir le bruit, dans Paris, que M. le duc de Richelieu, depuis son retour de Gênes, avait voulu mettre le roi dans la dévotion pour lui faire quitter madame de Pompadour que le duc n'aime point. D'autres ont dit qu'on voulait profiter de cette absence pour donner une autre maîtresse au roi. On a même jeté les yeux sur la comtesse de Forcalquier[1], qui est une des plus jolies femmes de la cour, sur la marquise d'Estrade et encore sur d'autres. Il faut convenir que le peuple est bien sot et bien amateur de nouveautés, sans savoir pourquoi; car il n'y a aucune apparence à ces bruits de Paris.

— Le roi a été passer huit jours à Choisy où il y a eu, le 15, un grand conseil de finances pour l'arrangement des affaires. On dit qu'il devait y être question du dixième[2] que le roi voudrait faire cesser, comme il a promis depuis deux ans, par la déclaration pour l'imposition des deux sous pour livre du dixième[3], qu'il cesserait à compter de la publication de la paix.

Cela a fait même une affaire dans le parlement de Bordeaux qui a jugé, dans une cause entre particuliers, que cette déclaration serait exécutée selon sa forme et teneur; en conséquence, défense à un débiteur de retenir le dixième sur un autre à compter de la publication de la paix. Il y a eu aussi des écrits imprimés

---

[1] On avait déjà parlé d'elle pour être opposée à madame de Mailly, en 1741. Voir tome II, page 309.

[2] Établi par la déclaration du roi du 29 août 1741, enregistrée au parlement le 7 septembre suivant. Voir tome II, page 308.

[3] *Edit du roy qui ordonne la levée pendant dix années des deux sols pour livre en sus du dixième, à compter du 1er janvier 1747, etc. Donné à Versailles au mois de décembre 1746.* (Rappelle la déclaration du 29 août 1741.)

anonymes envoyés aux chambres du parlement à Paris, où l'on marquait que le parlement n'avait aucun mouvement à faire sur la suppression du dixième, puisque cela était expressément ordonné, non-seulement par l'édit qui l'avait imposé, mais par la dernière déclaration.

Les gens sensés pensent, néanmoins, que, pour acquitter les dettes de l'État, il n'est pas possible de l'éteindre sitôt. Il est certain qu'on en a fait payer trois mois cette année dans les provinces; mais il n'y en a point encore d'avertissement pour Paris : cela a été suspendu jusqu'à présent. On dit qu'on le supprimera pour le mois d'octobre prochain, mais qu'au lieu du dixième on payera le vingtième du revenu des biens pendant douze ans, ce qui serait pis, parce que, d'ici à douze ans, il y aura certainement guerre, et quel impôt mettra-t-on alors ?

— L'on tire exactement les deux dernières loteries royales, dont les fonds sont mangés il y a longtemps, et les billets gagnent et se négocient sur la place; comme aussi les actions de la compagnie des Indes, qui ne rapportent que soixante-dix livres par an, sont, sur la place, à près de seize cents livres. Le public emploie aussi beaucoup d'argent aux cargaisons d'un grand nombre de vaisseaux que l'on charge, dans tous les ports, pour les îles. Les dépenses sont si fortes et le luxe à un tel point, que chacun ne sait comment se retourner pour gagner.

— Le bail général des fermes doit se renouveler au mois d'octobre prochain. Il est étonnant le nombre de gens qui font des fonds, comme ils peuvent, et qui remuent toutes les protections de la cour, à commencer par la reine jusqu'aux seigneurs et dames, pour entrer dans les sous-fermes que l'on regarde comme une voie pour faire fortune. C'est aussi une voie aux femmes de la cour pour vendre un peu leur protection. Ces projets empêchent la circulation d'argent; mais comme les quatre cinquièmes des prétendants n'auront rien, il faudra bien qu'ils fassent usage de leur argent d'un autre côté.

— Voici un événement de conséquence dans le ministère, auquel personne ne s'attendait. Jeudi, 14, à huit heures du matin, M. d'Argenson a porté à M. le comte de Maurepas une lettre du roi, écrite de sa main, par laquelle il lui mande qu'il a disposé de toutes ses places et lui ordonne de partir pour Bourges. Ce déplacement et cet exil ont fort surpris la cour et la ville. Il y a trente-six ans que M. le comte de Maurepas est secrétaire d'État de la marine, du temps de Louis XIV, ce qui fit dire alors que le roi de France était fort extraordinaire : qu'il avait une maîtresse de soixante-douze ans et un ministre de dix-sept ou dix-huit.

M. de Maurepas a été élevé à la cour, avec le roi dont il a toujours été fort aimé. Il a beaucoup d'esprit, et il faut que le roi, qui est naturellement bon, ait eu de fortes raisons pour faire une pareille chose; mais peu de gens savent ces causes secrètes. On a d'abord dit, dans Paris, que le roi et madame de Pompadour avaient été piqués des vilaines chansons qu'on a faites sur eux[1]; que M. Berryer a dit à madame de Pompa-

---

[1] Entre autres, la chanson que l'on attribue à M. de Maurepas lui-même, et dont un des couplets commence par ces vers :

> Une petite bourgeoise,
> Élevée à la grivoise,
> Mesurant tout à sa toise,
> Fait de la cour un taudis, etc.

dour qu'il n'avait la police que sur Paris, qu'il n'en avait pu découvrir les auteurs; mais qu'il n'avait pas la police de la cour d'où cela partait plus vraisemblablement, comme cela est certain. On croit, de là, qu'on soupçonnait M. de Maurepas de connaître les auteurs de tous ces méchants vers, qui étaient des seigneurs de la cour. Quoique cela puisse être, il n'y a pas d'apparence que cela seul soit la cause de ce changement. Il est plus à croire qu'il s'agit de quelques prévarications dans la marine. On dit que le maréchal duc de Richelieu, ennemi de tout temps de M. de Maurepas, a rapporté de Gênes des papiers et des instructions suffisants pour le perdre, et qu'il ne l'a pas épargné.

— Il est vrai aussi que M. de Maurepas ne faisait point sa cour à madame de Pompadour, et qu'elle n'avait pas lieu de l'aimer. Il est haut et en possession d'un grand crédit depuis longtemps, et un homme de ce caractère croit peut-être qu'on ne peut pas se passer de lui ou, du moins, que personne n'est en état de lui nuire. Quoi qu'il en soit, le voilà exilé et ses places sont distribuées.

M. le comte d'Argenson a le département de Paris, qui est le poste d'honneur à cause de la grande police de Paris qu'il fera en se jouant, ayant été élevé par M. d'Argenson, son père, et deux fois lieutenant de police. Ce département embrasse toutes les cours souveraines, les académies, les jardins du roi, l'Opéra, etc. Il y a, de plus, les haras de France, ce qui vaut, dit-on, quarante mille livres de rente.

M. le comte de Saint-Florentin a la maison du roi, qui est d'un grand détail, qui regarde toutes les troupes de la maison, tous les officiers, la chapelle, tous les trésoriers de la maison. On n'a fait que lui rendre ce qui lui appartenait, car le marquis de La Vrillière, son père, avait ce département, et, comme il était trop jeune quand il fut reçu secrétaire d'État[1], on le donna à M. de Maurepas qui, apparemment, malgré la parenté[2], avait été bien aise de garder toujours ce département. M. de Saint-Florentin a aussi le département de la généralité de Paris, qu'avait M. de Maurepas.

Pour la marine, qui est le poste le plus important, on l'a donnée à M. Rouillé, conseiller d'État, qui a été intendant des finances ou du commerce, et qui est actuellement à la tête de la compagnie des Indes comme commissaire du roi. C'est un de MM. Rouillé et Pajot qui avaient autrefois les postes. C'est un fort honnête homme et grand travailleur. Il avait refusé et avait grande raison. Il a, dit-on, cent quatre-vingt mille livres de rente, il a soixante et un ans, est infirme et il ne sait actuellement par où s'y prendre. Il faut qu'il demande avis à chaque pas à M. de Saint-Florentin qui se trouve, à présent, le doyen des secrétaires d'État et le plus jeune. Le roi a obligé M. Rouillé d'accepter, en sorte qu'il a la place de secrétaire d'État, et apparemment celle de ministre pour entrer au conseil. C'est une grande illustration pour cette famille.

—Ce grand événement doit un peu consoler M. Chauvelin, ancien garde des sceaux, qui est toujours dans sa terre de Gros-Bois et en bonne santé. Il a été longtemps exilé à Bourges, et un de ses plus grands enne-

---

[1] Au mois de septembre 1725. Il n'avait alors que vingt ans.
[2] Il était son beau-frère; voir tome II, page 187.

mis et qui s'est le plus opposé à son retour, était M. de Maurepas.

— M. de Maurepas est parti de Paris samedi, 26. M. le cardinal de La Rochefoucault, dont il a l'honneur d'être parent et ami, et qui est archevêque de Bourges, a demandé au roi la permission de l'y conduire et de l'y accompagner aussi quelque temps. Madame la comtesse de Maurepas est partie lundi, 28. Quelle tristesse pour ces gens-là, accoutumés au fracas de la cour, aux plaisirs de Paris, lui surtout qui avait une petite maison dans un faubourg, où il faisait souvent des petits soupers avec filles et seigneurs, de se trouver transplantés à Bourges, où il n'y a à voir que M. l'Intendant et où il faut faire et se contenter de nouvelles connaissances telles qu'elles se trouvent, pour ne pas s'ennuyer absolument.

— Ce n'est pas tout : M. l'abbé de Vauréal, évêque de Rennes[1], qui, pendant la guerre, a été notre ambassadeur en Espagne, et qui est rappelé pour être remplacé par M. de Vaugrenant, a eu ordre, dit-on, de se rendre tout de suite à son évêché sans venir en cour, ce qui est extraordinaire pour un ambassadeur, qui vient ordinairement rendre compte de sa mission. On se doute que c'est apparemment quelque plainte de la part de l'Espagne.

— M. de Rastignac, archevêque de Tours, est aussi renvoyé à son archevêché. On dit que c'est pour un mandement qu'il a fait au sujet du livre du père Pichon, jésuite, sur la fréquente communion[2].

---

[1] Voir tome II, page 205.
[2] Voir ci-dessus, page 27.

— Dans la *Gazette de France*, il y a seulement que M. le comte de Maurepas a donné au roi la démission de ses emplois, et qu'il est parti le 26 pour Bourges.

— M. de Maurepas avait dit au roi en conversation, peut-être dans le temps de la prise du Cap-Breton[1] sur nous, et des bruits que cela faisait répandre, qu'il avait bien des ennemis, et que si Sa Majesté était mécontente de ses services, il la priait de le lui annoncer elle-même.

Le mercredi soir, 23 avril, à minuit, le roi écrivit trois lettres dans ses petits appartements. L'une à M. d'Argenson, à qui tout le paquet était adressé, l'autre à M. le comte de Saint-Florentin, et la troisième à M. le comte de Maurepas. A cinq heures du matin, on porta ces lettres chez M. d'Argenson avec ordre de l'éveiller. Dans la lettre qui lui était adressée, le roi l'instruisait de sa commission. MM. de Saint-Florentin et de Maurepas étaient à Paris, et ce dernier était d'un souper de noce de M. le comte de Laval-Montmorency qui avait épousé mademoiselle de Maupeou, nièce de M. le président. Pendant le souper, il avait été de fort bonne humeur.

M. le comte d'Argenson vint d'abord, à sept heures du matin, chez M. de Saint-Florentin, qui n'était pas à son hôtel. On lui dit qu'il était chez le baigneur. Il fallait pourtant lui parler; on alla l'avertir où il était, et il vint recevoir la lettre dans laquelle le roi lui mandait : « Les services de M. de Maurepas ne me

---

[1] L'île du Cap-Breton, ou île Royale, dans le golfe de Saint-Laurent, dont les Anglais s'étaient emparés en 1745. On avait imputé la perte de cette île à M. de Maurepas, pour n'avoir pas envoyé assez promptement à Louisbourg les secours dont le commandant de cette ville avait besoin.

conviennent plus; je lui demande sa démission et je vous donne ordre de la retirer. Je donne le département de Paris à M. d'Argenson et à vous celui de ma maison. »

M. d'Argenson alla tout de suite chez M. de Maurepas, qu'il fallut absolument réveiller, et lui remit sa lettre qui porte : « Je vous ai promis de vous avertir quand vos services ne me conviendraient plus, je vous tiens parole. Vous remettrez la démission de vos emplois à M. de Saint-Florentin, et, dans deux fois vingt-quatre heures, vous partirez pour Bourges, attendu que Pontchartrain[1] serait trop près de moi. *Signé* Louis. »

M. de Saint-Florentin suivit de près M. d'Argenson, se rendit chez M. de Maurepas et on exécuta la démission. M. de Saint-Florentin ne s'attendait pas plus que M. de Maurepas à cette nouvelle, et il en fut extrêmement touché par la liaison de sang et d'amitié qui était entre eux. Voilà comment cela s'est passé. Tout le monde a été fort surpris de cette nouvelle, et une grande partie de la cour, amis ou parents, ont été très-touchés. On dit même que la reine a pleuré. On raisonne fort, dans le public, sur la cause de ce changement et de l'exil de M. de Maurepas, à qui le roi n'a pas permis de se justifier. On dit bien qu'il y avait de la négligence de sa part, qu'il s'en rapportait trop à ses commis, mais on ne croit pas qu'il y ait de la malversation, par la raison qu'on n'a point mis le scellé sur ses papiers, ce qui est conséquent. On croit absolument que les vers et les chansons dont le roi a été piqué, et

[1] Le château de Pontchartrain est situé sur la route de Dreux, à environ trente-huit kilomètres de Paris et, par conséquent, à vingt kilomètres de Versailles.

que l'on dit avoir été chantés devant lui, à des soupers, en sont la cause. On dit que depuis, on a fait encore de nouvelles chansons dans lesquelles on tire sur les appas[1] de madame la Marquise, ce qui est encore plus grave que sur la naissance. Il faut avouer que cela est bien imprudent et bien insolent. Il suffit que le roi soit attaché à une femme telle qu'elle soit, pour qu'elle devienne respectable à tous ses sujets.

Mai. — Le roi, pendant un voyage de Marly, a envoyé au parlement deux édits qui font du bruit, l'un pour l'imposition du vingtième denier sur tous les biens, au lieu du dixième, sans limitation de temps, et un autre pour un emprunt de trente-six millions. Ces édits déconcertent fort le public. Le parlement n'a point enregistré, et il s'est assemblé plusieurs fois pour nommer des commissaires et faire des remontrances. On regarde cet impôt comme à perpétuité, et c'est ce qui effraye. Mais qu'attend-on des remontrances? Le roi est le maître; qu'il consente à limiter le temps de cet impôt à douze ans, dans le temps il le continuera s'il en a besoin. Au fond, il faut considérer

---

[1] Barbier veut, sans doute, parler ici du quatrain attribué à M. de Maurepas et qui fut le motif de sa disgrâce :

La marquise a beaucoup d'appas, etc.

Déjà, dans la chanson dont il a été parlé ci-dessus, le couplet suivant avait dû vivement blesser madame de Pompadour.

La contenance éventée,
La peau jaune et truitée,
Et chaque dent tachetée :
Les yeux fades, le cou long,
Sans esprit, sans caractère,
L'âme vile et mercenaire,
Le propos d'une commère.
Tout est bas dans la Poisson.

que les biens, comme maisons et biens de campagne, rapportent un tiers de plus depuis le système de 1720; tandis que toutes les rentes anciennes, dont le fonds a servi au soutien et à l'augmentation de l'État, sont diminuées ou retranchées de moitié, à la vérité, sans réparations.

— M. le maréchal de Belle-Isle a été reçu duc et pair, au parlement, au commencement de ce mois[1]. Il était accompagné de tous les officiers généraux qui ont servi sous lui, et il y avait grand nombre de ducs et pairs, et M. le comte de Charolais, à sa réception. Ainsi, voilà le petit-fils du grand Fouquet, à qui M. Colbert voulait faire couper la tête, bien plus illustré pour l'avenir que les descendants de ce même M. Colbert[2] !

— Il y a eu de grands débats, au parlement, sur l'édit du vingtième denier. On dit que M. Thomé, conseiller de grand'chambre, M. de La Fautrière et même M. Gilbert, président à mortier, ont parlé très-vivement, surtout les deux premiers; jusqu'à dire que le roi faisait bien des dépenses que l'on pourrait retrancher, et qu'il était triste que le public, qui s'attendait à jouir des fruits de la paix, non-seulement ne fût pas déchargé des impôts mis pendant la guerre sur le bois et sur les entrées, des quatre sous pour livre, et autres, mais fût encore sujet à l'imposition violente du vingtième. On dit que le premier président, voyant que cela s'échauffait, prit la parole : il annonça qu'il s'était donné des mouvements en cour pour arrêter cet édit, et qu'il pourrait, du moins, obtenir du roi d'y fixer un terme de douze

---

[1] Le comté de Belle-Isle avait été érigé en duché en 1742, et en pairie le 9 juin 1748.

[2] Les membres de cette famille n'avaient que le titre de marquis.

ans. Là-dessus, quelqu'un lui demanda de quoi il s'était mêlé et qui lui avait donné ce pouvoir.

— Le parlement a été, le 17, à Versailles, chercher la réponse aux remontrances qu'il avait données. Le roi a répondu qu'il n'avait été touché d'aucun des motifs qui y avaient été employés; qu'ils n'avaient qu'à s'assembler pour finir cela incessamment et qu'on lui en rendît réponse lundi, 19, à Choisy. Ce jour-là, l'édit pour l'imposition du vingtième, à commencer de ce jour, sans limitation de temps, a été enregistré par le parlement, du très-exprès commandement du roi, ainsi que l'édit pour création de dix-huit cent mille livres, au capital de trente-six millions, que le roi emprunte.

De cette façon, le roi, en temps de paix, touchera des sommes considérables : 1° le dixième pendant l'année 1749; 2° tous les nouveaux droits, les quatre sous pour livres, etc. ; 3° le dixième du dixième qui a été imposé pour douze ans; 4° le vingtième qui sera considérable et qui renferme l'industrie, qu'on n'a point ôtée.

— On dit que dans les différents conseils de finances qui ont été tenus pour l'arrangement des dettes de l'État, M. le contrôleur général de Machault n'a rien pris sur lui : qu'il a présenté un état de la recette, des dépenses et des dettes, et qu'il a soumis tous les mémoires et projets qu'on lui avait proposés, pour que le conseil choisît le plus convenable. L'avis a été pour le vingtième. Après quoi il a été dit à M. le premier président que si sa compagnie avait quelque chose de moins onéreux à présenter au roi, qu'on les écouterait.

— M. Bourgeois de Boynes, maître des requêtes, fils du sieur Bourgeois, caissier de la banque en 1719 et 1720, temps de Law et du système, homme de fortune et qui a été à portée de gagner beaucoup sur les actions et les billets de banque, qu'on a eu peine à recevoir maître de requêtes, mais qui est homme d'esprit et de travail, épouse mademoiselle Parat de Mongeron, fille du receveur général des finances, aussi homme de fortune et très-riche.

Juin. — Le parlement a enregistré un édit pour la suppression des prévôtés et autres juridictions royales dans les villes que l'on réunit aux bailliages, pour ôter un degré de juridiction. On ferait encore mieux de supprimer toutes les justices des seigneurs dont les officiers sont des paysans. Car tous ces degrés de justice mangent en frais les gens de la campagne; mais cela n'arrivera pas, parce que tous les gros seigneurs qui ont des terres sont jaloux de leur qualité de hauts justiciers.

Dans d'autres pays, on travaille à abréger les procédures : on aurait besoin ici de pareil arrangement.

— Le roi fait continuellement des voyages à Marly, à Rambouillet, à Crécy, chez madame la Marquise. On la nomme ainsi, sans dire la marquise de Pompadour.

— Madame la Dauphine doit partir avec toute sa maison, à la fin de ce mois, pour aller aux eaux de Forges, afin de rétablir le dérangement que pourraient avoir causé ses fausses couches; car enfin nous avons bien besoin d'un prince!

— M. Coffin, principal du collége de Beauvais[1] depuis quarante ans, est mort, le 20 de ce mois, âgé de soixante-douze ans. C'était un très-grand janséniste, des

---

[1] Charles Coffin, ancien recteur de l'Académie de Paris et élève du célèbre Rollin. Le collége de Dormans ou de Beauvais était situé rue Saint-Jean de Beauvais, et avait été fondé, en 1370, par Jean de Dormans, évêque de Beauvais, cardinal et chancelier de France.

plus accrédités, homme savant et d'esprit, de manière que le collége de Beauvais était fort en vogue, et que la plupart des gens de robe, un peu entichés de jansénisme, y mettaient leurs enfants. A ce métier, le bonhomme Coffin, qui n'avait rien, a gagné environ quatre cent mille livres de bien. Il a été question de le confesser, et l'on se doutait bien qu'il n'aurait pas plus de respect pour la constitution *Unigenitus* à la mort que de son vivant. Un bon père Carme, qui avait été son confesseur pendant trente ans, n'a pas voulu le confesser, parce que, pour lui donner l'absolution, il fallait exiger de lui une soumission à la *Bulle*, et il craignait quelque punition. Ceux de ses amis, gens notés, qui l'auraient bien confessé, n'ont plus les pouvoirs qu'on leur a ôtés. Il a été question de lui donner les sacrements. Le curé de Saint-Étienne [1], sa paroisse, les a refusés faute de *billet de confession* [2]. Cela a fait du bruit dans Paris. M. Coffin, son neveu, qu'il a fait conseiller au Châtelet et qu'il avait marié, depuis deux mois, avec une fille de madame Étienne, libraire, a été se plaindre chez M. le premier président, lequel l'a renvoyé à M. l'archevêque [3] qui a opposé le défaut de preuve de confession. A force d'aller et venir, M. le principal est mort sans confession ni sacrements. Il est regardé dans

---

[1] Pierre-François-Joachim Bouëttin, curé de Saint-Étienne-du-Mont depuis 1744, dit le frère Bouëttin parce qu'il était chanoine de l'abbaye de Sainte-Geneviève.

[2] Ces billets devaient constater que le porteur s'était réellement confessé à un prêtre constitutionnaire, c'est-à-dire qui avait accepté la bulle *Unigenitus*. Ils avaient été dirigés, dans l'origine, contre les protestants et employés, ensuite contre les *appelants* de la Constitution. L'archevêque venait d'en ordonner la stricte exécution.

[3] Christophe de Beaumont.

Paris, par un très-grand nombre de gens, comme un saint, et par les prélats et le parti contraire presque comme un hérétique. On doutait même de la suite pour la sépulture en terre sainte, et, ce qu'il y a de plus plaisant, c'est qu'il a fait quantité d'hymnes[1], tant bonnes que mauvaises, qui sont toutes dans le bréviaire de Paris et que l'on chante tous les jours à l'église. Cependant, il a été enterré dimanche, 22, le soir, parce que le curé de Saint-Étienne, père de Sainte-Geneviève, bon moliniste, n'a pas voulu, dit-on, dire une messe sur son corps. On l'a présenté à Saint-Étienne et on l'a ramené à la chapelle de Saint-Jean de Beauvais, où il a été enterré en grande pompe. Il y avait, à ce qu'on dit, quatre mille personnes de toutes sortes d'états, docteurs de Sorbonne, gens de l'Université, et quantité de magistrats du parlement et autres qui avaient été élevés par lui.

Quoi qu'il en soit, saint ou hérétique, son neveu le conseiller est son légataire universel et profitera également du bien qu'il a acquis dans les deux qualités.

— Cette affaire de jansénisme n'est pas près de tomber[2]. M. l'archevêque, qui paraissait dans le commencement ne vouloir se mêler de rien, lâche tous les jours des lettres de cachet pour éloigner des ecclésiastiques et ôte des pouvoirs à d'autres, de concert avec l'évêque de Mirepoix[3]. Mais comme il y a de la res-

---

[1] On a publié un *Recueil des œuvres de M. Coffin*, Paris, J. Th. Hérissant, 1755, 2 vol. in-12.

[2] Le refus de sacrements fait au professeur Coffin fut, en effet, l'origine de la lutte acharnée qui s'engagea entre la magistrature et le clergé à l'occasion des billets de confession, et qui causa tant de troubles en France pendant le dernier tiers du règne de Louis XV.

[3] Boyer. Voir tome II, page 351.

source dans ce parti janséniste qui a de l'argent, les ecclésiastiques et autres gens qui n'ont point d'autres ressources, se renouvellent toujours dans cette société. Aussi celle-ci ne finira pas de sitôt, parce que ces gens-là y entraînent du public, hommes et femmes, qui prennent parti de bonne foi et sans intérêt.

— Presque tout ce mois-ci, il a fait froid de façon que l'on a été obligé de refaire du feu dans toutes les maisons. Heureusement que cela n'a pas fait grand dommage pour les biens de la terre.

— Le roi, le 3 de ce mois, a fait la revue des deux compagnies de mousquetaires seulement dans le bois de Boulogne, au rond de Mortemart. Les portes du bois étaient fermées pour le peuple à pied et pour les fiacres. Il y avait, malgré cela, une grande quantité de carosses, quoiqu'il eût plu toute l'après-midi. Le roi, en faisant la revue et passant dans les rangs à cheval, a été bien mouillé ainsi que M. le Dauphin et toute sa suite. Mesdames de France, madame Infante de Parme[1] et plusieurs dames de cour ont passé dans les rangs, en carrosses à huit chevaux.

Après la revue, le roi, à cheval et en redingote, a été souper et coucher au château de la Muette, et le vendredi, 4, il est parti à quatre heures de l'après-midi pour Compiègne. La reine et Mesdames sont parties deux jours après.

---

[1] Marie-Élisabeth-Louise-Antoinette, née le 31 décembre 1741, fille de Louise-Élisabeth de France et de l'infant don Philippe, duc de Parme. Bien que ces noms soient les seuls que contiennent l'*Almanach royal*, l'*Almanach généalogique*, etc., les auteurs du *Mercure de France* ainsi que le *Journal historique du règne de Louis XV*, désignent constamment cette princesse sous le nom d'infante *Isabelle*.

Juillet. — Aventure extraordinaire. M. d'Hilaire, ayant servi dix-huit ans dans les troupes, même en qualité de capitaine, et ayant ou quitté ou été réformé depuis la paix, s'est avisé de vouloir se décorer de la croix de Saint-Louis qui ne lui avait point été donnée. Il a commencé par escroquer une somme de douze cents livres au commandeur de Malte de Trenche, qui est de la maison de Grimaldi, à qui il a fait entendre que pour cette somme, dont il avait besoin pour donner à un premier commis du bureau ou autre, il se ferait donner la croix de Saint-Louis. Pour justifier son emprunt et aussi, dit-on, pour se marier, il a acheté une croix de Saint-Louis et l'a portée. Un jour, un officier de son régiment, qui était son ancien et qui n'avait pas pu obtenir la croix, l'ayant rencontré, en alla porter ses plaintes à M. d'Argenson, qui lui répondit que cela n'était pas et qui fit vérifier le fait sur les registres. On a approfondi l'affaire, et l'homme a été arrêté et conduit en prison.

Il y a eu, à ce sujet, un grand conseil de guerre, à l'hôtel des Invalides, composé de onze lieutenants généraux et de quelques maréchaux de camp, où présidait M. le maréchal duc de Belle-Isle. Le sieur d'Hilaire a été condamné à avoir la croix arrachée, par un major des invalides, à la tête de la garde doublée; en dix ans de prison; déclaré incapable de servir dans les troupes du roi, même en qualité de soldat, et défense à lui, après les dix années, d'approcher du roi et de la cour de trente lieues. Ce jugement-là est sévère, mais aussi le cas est grave.

— Autre aventure. Le sieur La Hure, maître tailleur, à Paris, après vingt-cinq ans de mariage avec une femme qui a aujourd'hui cinquante ans, vient de former sa demande en nullité et cassation de son mariage, sur le fondement d'impuissance de sa femme. Il prétend que celle-ci est mal conformée et demande qu'elle soit visitée. Cette affaire se plaide à l'officialité, et il y a des mémoires de part et d'autre. On le soutient non recevable dans sa demande par le laps de vingt-cinq années de mariage. Il prétend, de son côté, que depuis vingt-cinq ans il n'a point de femme, et que c'est par pudeur qu'il n'a point intenté d'action. Il fait assez entendre que, jusqu'ici, il a pu se pourvoir d'un autre côté, mais qu'à présent, par piété et par religion, il ne veut plus mener la même conduite et qu'il veut se marier légitimement.

Cette affaire sera jugée incessamment en l'officialité. M. l'official a pris deux avocats en matière bénéficiale, M. de Laverdy et un autre, pour juger avec lui. Pendant les plaidoiries, il n'entre que des gens en robe.

— On arrête tous les jours, pour trois cas différents, une grande quantité de personnes, ecclésiastiques, gens de lettres et autres, que l'on met à la Bastille ou au For-l'Évêque.

1° On dit qu'il a paru, il y a trois semaines, des vers épouvantables contre le roi, on prétend même une histoire de sa vie, et on fait des recherches très-vives pour tâcher d'en découvrir les auteurs de main en main. On dit qu'un jeune homme qui avait une copie de ces vers, ayant été pris, a déclaré que M. Sigorgne, professeur de philosophie au Plessis [1], les lui avait dic-

---

[1] Voir tome Ier, page 250, note 3. Ce collége avait été fondé, vers 1322, par Geoffroi du Plessis-Balisson, notaire apostolique et secrétaire de

tés par cœur, et l'on a arrêté ce professeur. Ainsi de plusieurs autres qu'on interroge. On ajoute que le bourreau est entré à la Bastille, et l'on compte que c'est pour le sieur Sigorgne, qui était un homme dangereux. En effet, on ne parle plus de lui[1].

On a arrêté aussi M. Diderot, homme d'esprit et de belles-lettres, que l'on soupçonne être l'auteur d'une brochure qui a paru sous le titre de *Thérèse philosophe*, et qui contient l'histoire du père Girard et la demoiselle La Cadière[2], qui a fait tant de bruit[3]. Dans ce livre, qui est charmant et très-bien écrit, il y a des conversations sur la religion naturelle qui sont de la dernière force et très-dangereuses. On accuse aussi M. Diderot d'autres livres de cette espèce, comme les *Pensées philosophiques*[4]. A l'égard de ces écrits, qui

---

Philippe le Long. Il fut réuni à la Sorbonne en 1647, et prit alors le nom du *Plessis-Sorbonne*.

[1] Cette supposition était complétement erronée. Pierre Sigorgne, né en 1719, docteur de la maison et société de Sorbonne, devint grand vicaire du diocèse de Mâcon et mourut dans cette ville en 1809, honoré du titre de correspondant de l'Institut que lui avaient mérité ses travaux en physique, en astronomie, etc. Par un contraste assez bizarre avec le motif qui avait motivé sa détention à la Bastille, il prononça, à Provins, en 1774, une *Oraison funèbre de Louis XV*.

[2] Sous les noms de *D. Dirrag* et de mademoiselle *Eradice*, leur anagramme. Cet ouvrage n'est point de Diderot, mais d'un sieur Montigny, commissaire des guerres, qui resta huit mois à la Bastille a cette occasion. La cause de l'emprisonnement de Diderot fut sa *Lettre sur les aveugles à l'usage de ceux qui voient*, Londres, 1749, in-12. MM. Dupré de Saint-Maur et Réaumur, qui s'y trouvèrent attaqués, portèrent plainte et firent mettre l'auteur au donjon de Vincennes.

[3] Voir tome Ier, pages 357 et 368.

[4] *Pensées philosophiques*, La Haye, 1746, in-12. Cet ouvrage fut condamné au feu par arrêt du parlement du 7 juillet de la même année. Il fut imprimé, dans la suite, sous le titre de : *Étrennes aux esprits forts*,

n'ont d'autre crime que l'esprit et la police sur les mœurs, comme cela n'est lu que par peu de personnes, le crédit et la protection peuvent sauver ces sortes de gens ; mais pour les auteurs des vers outrageants contre le roi, il ne devrait point y avoir de pardon, et l'on devrait les punir sévèrement. Cela est, à tous égards, épouvantable.

2° On arrête des jeunes gens pour débauche entre eux ou avec gens plus âgés.

3° On poursuit vivement les jansénistes déclarés. M. l'évêque de Mirepoix, qui a la confiance du roi, et M. l'archevêque de Paris voudraient bien détruire cette secte. Mais ils auront bien de la peine, et les vexations ne feront qu'augmenter et fortifier ce parti.

— M. Coffin, conseiller au Châtelet, a fait imprimer, et distribuer dans tout Paris, deux consultations [1] signées de quarante et un avocats, des 2 et 16 de ce mois, sur un mémoire donné en son nom, pour savoir s'il n'était pas en droit de demander, contre le curé de Saint-Étienne-du-Mont, la réparation du refus des sacrements fait à M. Coffin, son oncle, sous prétexte qu'on ne rapportait pas un certificat de confession, et à quel tribunal il pouvait s'adresser. La consultation décide qu'il est bien fondé, et qu'il doit s'adresser au parlement comme protecteur et conser-

---

Londres, 1757, in-12. Enfin, Naigeon le publia de nouveau, en 1770, dans le *Recueil philosophique*, avec une addition de Diderot qui renferme soixante-dix pensées nouvelles.

[1] La première, du 2 juillet, ayant pour titre : *Mémoire à consulter*, était signée de Guillet de Blaru, Visinier et de vingt-six autres avocats. La seconde, du 16, portait les signatures de treize avocats, en tête desquels figurait Prévost.

vateur des droits des citoyens et des sujets du roi. L'on y établit que cette nécessité d'un certificat de confession, par rapport à un homme connu, est absolument contraire au rituel de Paris et à toutes les règles. M. Coffin, dans son mémoire, rend compte de la conversation qu'il a eue avec M. l'archevêque de Paris, d'où il résulte que le refus des sacrements doit être fait à ceux dont on a quelque soupçon sur la soumission à la Constitution comme doctrine universelle de l'Église.

— On dit que ce M. Coffin n'est nullement janséniste outré; il doit même être ennuyé d'en avoir trop entendu parler. Mais plusieurs de messieurs du parlement, gens du parti, l'ont forcé de faire cette démarche sous prétexte de venger la mémoire de son oncle. Ils lui avaient fait dresser une requête pour la présenter à la cour; mais on a craint de le trop compromettre, et on a pris le parti du mémoire à consulter qui serait dénoncé par plusieurs de Messieurs, à une assemblée. On voit la malignité de ce mémoire, pour rendre ces faits publics et pour indisposer sur la conduite de l'archevêque, par la consultation des quarante et un avocats. Il eût été plus prudent à M. Coffin de se contenter de la réputation de son oncle et de son legs universel, plutôt que d'attacher le grelot dans une matière aussi intéressante et qui peut avoir des suites.

— Mardi, 22, il y avait assemblée de chambres pour la réception d'un conseiller au parlement. Plusieurs conseillers, au nombre de vingt ou vingt-cinq, se sont levés pour parler de ce mémoire et pour envoyer chercher les gens du roi afin de le leur remettre. Mais le premier président, qui ne s'attendait pas à cela, a eu la présence d'esprit d'arrêter cette vivacité, en disant qu'il était trop tard, et il a fait remettre l'assemblée des chambres, pour cela, à mardi, 29. Pendant ce délai, il aura le temps d'instruire la cour de ce qui s'est passé pour prendre un parti. Nous verrons ce qui arrivera de cette affaire.

— Je ne sais si j'ai marqué ci-dessus que M. de Caumartin, marquis de Saint-Ange, maître des requêtes, fils de M. de Caumartin, conseiller d'État, décédé il y a près d'un an, neveu, à la mode de Bretagne, de M. le vicomte d'Argenson, ministre, et neveu, par sa mère, de M. Gilbert, conseiller d'État, ci-devant avocat général, a épousé, il y a un mois, la fille de M. Moufle de La Thuilerie, qui était trésorier de la marine, et qui a fait une espèce de banqueroute par ses folles dépenses. Elle a, du chef de sa mère, sept à huit cent mille livres de bien. M. de Caumartin, qui n'est pas si riche, et qui est d'une ancienne maison de robe, a été obligé, pour se soutenir, de faire ce mariage.

— Le roi a mandé, à Compiègne, le premier président et les gens du roi, auxquels il a dit : « L'objet de la délibération de mon parlement, dont vous m'avez rendu compte, est si important, et il intéresse tellement le bien commun de tout mon royaume, que l'on doit se reposer sur moi d'y pourvoir. C'est sur quoi je prendrai les mesures les plus convenables à mon respect pour la religion, et à l'attention que je donne à maintenir la tranquillité publique. Je vous charge donc et vous ordonne de dire, de ma part, à mon parlement, qu'il suspende toutes poursuites sur la matière dont il s'agit, et qu'il attende que je lui fasse savoir mes intentions sur ce sujet pour s'y conformer avec le respect et la soumission qui me sont dus. »

— Mardi, 29, le parlement s'est assemblé ; le premier président a rendu compte de la réponse du roi, qui a été enregistrée. Le parlement s'est séparé, et on compte que cela n'aura aucune suite : c'est le plus sage.

— La Hure, tailleur, a perdu sa cause et a été déclaré non recevable par jugement de l'officialité, apparemment sur le laps de vingt-cinq années de mariage. Cela a paru extraordinaire, d'autant que c'est autoriser cet homme, qui n'a guère plus de quarante-cinq ans, à vivre dans le désordre.

Août. — Arrêt du conseil, du 1er de ce mois, qui supprime quatre consultations[1] sur le mémoire à consulter, comme renfermant des questions et des propositions dangereuses et capables de troubler la tranquillité publique. Point de règlement, par conséquent, sur cette matière, au moyen de quoi les évêques seront libres d'agir chacun à leur fantaisie, dans leurs diocèses, pour faire refuser les sacrements, ce qui pourrait produire un schisme dangereux.

— Le roi est revenu de Compiègne[2], et, aussitôt son retour, il n'est question que de petits voyages à la Muette, à Choisy, à Rambouillet, chez madame la comtesse de Toulouse, et à Crécy, chez madame la

---

[1] Les consultations mentionnées plus haut (page 90), et deux autres qui portaient la date du 19 juillet. L'une de celles-ci, ayant aussi pour titre *Mémoire à consulter*, portait la signature de Pothouin et de huit autres avocats; la seconde n'était signée que de quatre avocats seulement. L'arrêt est imprimé dans les *Nouvelles ecclésiastiques* du 18 septembre 1749.

[2] Il y était depuis le 4 juillet. Voir ci-dessus, page 86.

marquise de Pompadour. Le seul inconvénient de tous ces voyages, sont les affaires qui remplissent les portefeuilles des ministres et qui ne finissent pas. Peut-être y a-t-il un coup de politique à engager le roi dans tous ces voyages qui se succèdent, pour lui faire sentir la nécessité d'un premier ministre, ou, au moins, de quelqu'un qui, sans en avoir le titre, en fasse les fonctions et en ait le crédit. M. d'Argenson, qui a toute la confiance du roi, serait bien capable d'avoir ces vues, d'autant que l'on dit qu'il ne vise point à la place de chancelier de France. Celle-ci peut, en effet, devenir vacante tous les jours par la mort de M. d'Aguesseau, qui a plus de quatre-vingts ans, et c'est, sans difficulté, la plus grande place du royaume ; mais elle est si belle et si grave que le chancelier n'approche du roi que pour les conseils. Il ne marche qu'avec dignité et ne mange jamais avec le roi parce qu'il est de robe. Il n'est pas non plus des parties de voyage ni des petits appartements ; au lieu que la place de ministre est bien plus propre à la faveur et à la familiarité.

— M. de Bernage, prévôt des marchands, qui est cousin de M. le comte d'Argenson, est continué dans cette place pour trois ans. Ce qui sera d'autant plus avantageux que, suivant les projets, la Ville fera faire des ouvrages considérables, dont les marchés produisent toujours au prévôt des marchands. On dit qu'il a, de droit, le sou pour livre.

— Le 16, jour de Saint-Roch, lendemain de la Vierge, on a procédé, comme tous les ans, à l'élection de deux nouveaux échevins. Cette élection n'est que pour la forme : on sait, plus de quatre ans devant, qui seront les échevins nommés, dont l'un est officier de la Ville, conseiller ou quartinier, et l'autre un bourgeois.

On mande, pour cet effet, quatre notables de chacun des seize quartiers de Paris, qui vont signer un premier procès-verbal chez le quartinier de leur quartier[1]. On donne à chacun une livre de bougie, et, par le procès-verbal, il leur est enjoint, par le quartinier, d'attendre le jour de Saint-Roch, et de se tenir prêts, chez eux, jusqu'à midi sonné. Le matin de ce jour-là, on les tire au sort à l'Hôtel de Ville, et il y en a deux de brûlés des quatre. C'est encore de forme, car les amis des échevins et des quartiniers sont conservés. Ensuite, un huissier de la Ville, dans un carrosse, va prendre les deux notables dans chaque quartier, ce qui fait trente-deux, lesquels se rendent à l'Hôtel de Ville.

Quand tout est assemblé, on nomme quatre scrutateurs pour recevoir les billets ou bulletins cachetés, que le quartinier donne à ses notables, où est le nom de celui qui est désigné pour être échevin, et celui des deux qui a le plus de voix est le premier échevin.

---

[1] On donnait le nom de *Quartinier* à un officier royal et municipal préposé à l'un des quartiers de la ville de Paris pour y faire exécuter les ordonnances et mandements du bureau de la Ville, et y exercer certaines fonctions de police. Ces places étaient, dans l'origine, des commissions à vie. Par édit du mois de juillet 1681, il fut créé seize offices de quartiniers, auxquels le roi attribua le titre de ses conseillers, répondant aux seize quartiers entre lesquels la ville se trouvait alors partagée. Plus tard, en 1702, lors de la nouvelle division en vingt quartiers, il fut aussi créé quatre nouveaux offices de quartiniers; mais les anciens en obtinrent la réunion à leur compagnie l'année suivante. En conséquence, il continua à n'y avoir que seize quartiniers en titre, qui eurent chacun leur quartier suivant l'ancienne division.

Ordinairement, c'est un officier de Ville : les quartiniers s'arrangent, pour cela, avec le prévôt des marchands. Le premier scrutateur est toujours un magistrat, jeune homme, qu'on appelle le *scrutateur royal*. C'est lui qui porte la parole devant le roi, en lui présentant les échevins ; le second est un conseiller de Ville, le troisième un quartinier et le quatrième un des plus notables des mandés.

Il y a ensuite un discours du prévôt des marchands et un du procureur du roi. Les quatre scrutateurs prêtent serment sur le crucifix, entre les mains du prévôt des marchands, et ensuite le scrutateur royal prend le crucifix et reçoit le serment de tous les notables mandés qui donnent leur bulletin. Quand l'élection est faite, on ôte ses robes et l'on se met à une grande table longue, d'environ cent couverts, où il y a toujours un magnifique dîner, et chacun des conviés a devant lui une belle corbeille de confitures sèches qu'il emporte.

Le lendemain, 17, on se rend à l'Hôtel de Ville à huit heures, où l'on déjeune. Le prévôt des marchands, les deux anciens échevins, le procureur du roi, des conseillers et quartiniers, avec les deux nouveaux échevins, montent dans des carrosses de la Ville à quatre et à six chevaux. Le scrutateur royal mène les trois autres scrutateurs dans son carrosse, et tout cela part pour Versailles, en grand cortége, à huit ou dix carrosses, accompagnés d'officiers et gardes de la Ville à cheval. Cela arrive à Versailles pour l'heure que le roi a indiquée pour cette cérémonie. Ils se rendent d'abord dans une grande salle par bas, que l'on dit être la salle des ambassadeurs. Ils vont rendre visite au gouverneur de Paris, qui est logé dans le château, et ils reviennent dans leur salle, où le grand maître des cérémonies vient les prendre et les conduire, avec le gouverneur de Paris à leur tête, au cabinet du roi.

Le roi est au fond, assis dans un fauteuil, son chapeau sur la tête, entouré de ses ministres, cardinaux, évêques et seigneurs. On avance vers lui avec de grandes révérences, puis toute cette bande, prévôt des marchands et autres, se mettent un genou en terre. Le scrutateur royal, à genoux, fait un discours au roi, lui remet un double du procès-verbal d'élection, et lui présente les deux nouveaux échevins, lesquels prêtent serment entre les mains du roi sur la formule qui est lue par le secrétaire d'État de Paris[1]; après quoi cette bande se lève. Le roi ne dit mot et reste couvert. On se retire à reculons jusqu'à la porte; on fait de profondes révérences, et l'on sort.

On va de même chez la reine, laquelle est assise dans un fauteuil, avec toutes les mêmes cérémonies, à l'exception du discours du scrutateur royal et du serment. C'est le prévôt des marchands qui lui fait un petit compliment, à genoux, et l'on sort en reculant.

On va de là chez M. le Dauphin qui est assis dans un fauteuil, couvert, mais qui ôte son chapeau. Le prévôt des marchands lui fait un petit discours d'une phrase, auquel il répond une politesse. Toute la bande reste debout, et, après une profonde révérence, se retourne pour s'en aller.

[1] C'était, à cette époque, le comte d'Argenson qui avait Paris et toute l'Ile de France, etc., sous sa direction, comme étant chargé du département de la maison du roi, etc.

De même chez madame la Dauphine. Ensuite chez Mesdames de France, qui reçoivent la présentation debout. Il n'y a plus de grand maître des cérémonies, et elles répondent chacune un remercîment au compliment du prévôt des marchands.

Comme cette cérémonie est longue, quand on est sorti du château, on va, dans des chaises à porteur, à l'hôtel de M. le gouverneur de Paris, dans Versailles, où il n'est pas, mais où il fait préparer un rafraîchissement de langues, biscuits et fruits. Ensuite, dans les chaises à porteur, le prévôt des marchands et toute la Ville, ce qui fait environ vingt personnes, vont rendre visite dans le château à tous les ministres et à tous ceux qui composent le conseil royal. Après quoi la Ville remonte dans ses carrosses et revient à l'hôtel de ville, où il y a un bon dîner-souper, et les quatre scrutateurs ont encore un présent de bougies ou de sucre pour les remercier de leur peine.

— Dans la *Gazette* du 23, on a déclaré que le roi a déterminé la place où il permet à la Ville de lui faire ériger une statue, entre la rue de Seine, le carrefour Bussy, la rue des Grands-Augustins et le quai. Ce n'est pas dire, cependant, qu'on prendra absolument tout ce terrain, car il faudrait abattre le collége des Quatre-Nations, etc., ce qui ferait un furieux fracas dans ce quartier, mais seulement que la place est désignée dans cet espace de terrain. Cela est si vrai que, comme M. le prince de Conti est reçu grand prieur de France et qu'il a pris possession du Temple, qui est le grand prieuré, et qui est un très-beau palais, le roi lui fait vendre l'hôtel de Conti à la Ville, pour bâtir un hôtel de ville magnifique[1]. On n'en sait pas positivement le prix, mais on dit seize ou dix-huit cent mille livres, dont moitié pour M. le prince de Conti, pour payer ses dettes, et l'autre moitié à madame la duchesse de Chartres, sa sœur.

— Le 26, messieurs les ducs de Biron[1], colonel du régiment des gardes, et de Gramont[2], ont été reçus ducs et pairs au parlement. Tous les sergents aux gardes étaient en habit dans la grand'chambre, et il y avait M. le comte de Charolais ainsi que dix ou douze ducs et pairs.

— Autre nouvelle à quoi on ne s'attendait pas. Mercredi, 27, M. le prévôt des marchands, les quatre échevins et le procureur du roi, allèrent, à cinq heures du matin, au magasin de l'Opéra, mettre le scellé chez le sieur Tréfontaine[3], directeur de l'Opéra, qui y a son logement; chez le sieur Berthelin de Neuville, caissier, et ensuite au théâtre. Le roi a donné la direction de l'Opéra à messieurs de Ville, toujours sous la dépendance du secrétaire d'État de Paris. On a fait des procès-verbaux de tout.

— Vendredi, 29, le prévôt des marchands et les

[1] L'hôtel de Conti fut effectivement acheté par la Ville, en 1751, mais on ne donna pas suite au projet d'y construire un nouvel hôtel de ville. On renonça également à y établir la comédie française, comme cela avait été proposé. L'hôtel de Conti resta sans destination jusqu'en 1758, que le garde-meuble de la couronne y fut transféré. Enfin, en 1768, cet hôtel fut démoli, et on éleva, sur son emplacement, l'hôtel des monnaies actuel.

[1] Louis-Antoine, né en 1701, pair par démission de son frère Jean-Louis, abbé de Moissac.

[2] Antoine-Antonin, né le 19 avril 1722.

[3] Les sieurs Tréfontaine et Saint-Germain avaient été chargés de la régie de l'Opéra en 1747, après la mort du sieur Berger qui en avait eu le privilége en 1744.

quatre échevins assistèrent à la représentation de l'Opéra, dans le second balcon du côté du roi[1]. Au banc de derrière étaient le procureur du roi, le greffier et le receveur. M. le duc de Gèvres était dans une petite loge du théâtre avec M. d'Argenson, secrétaire d'État.

Le public paraît content de ce changement. L'Opéra a beaucoup de dettes [2] et de pensions qu'on ne payait point. Les acteurs étaient mal payés, aussi bien que les fournisseurs, de tout ce qui est nécessaire pour ce spectacle. Les directeurs, qui ne cherchent qu'à gagner, ménageaient sur tout, et ce spectacle aurait sans doute manqué à la fin. Au lieu que la Ville ayant cette direction, tout sera en règle, et l'on travaillera à mettre ce spectacle, qui doit être le plus beau de l'Europe, à sa perfection, même à bâtir une salle de spectacle, car il est honteux, pour une ville comme Paris, que la salle de l'Opéra y soit plus petite et moins ornée qu'aucune de celles des villes de l'Europe. Ce qu'il y aura de plus difficile pour le corps de Ville, sera la police et la manutention des acteurs et actrices, qui sont un genre de peuple très-embarrassant à mener.

Septembre. — On continue de travailler à force au château de Bel-Air, au-dessus de Sèvres et au-dessous de Meudon. Cela ne sera qu'une très-petite maison de plaisance, ayant une très-belle vue et dans une très-belle situation. Ce bâtiment, que l'on disait être pour

---

[1] On croyait que ce second balcon serait affecté à la Ville; mais, par la suite, ces messieurs ont pris une petite loge aux troisièmes, de celles qui sont louées à l'année. (*Note de Barbier.*)

[2] A la mort du directeur Berger, les dettes de l'Opéra se montaient à quatre ou cinq cent mille livres.

madame la marquise de Pompadour, a fait un peu crier les gens qui trouvent à redire à tout. Mais on a bien payé les terres et on paye bien les ouvriers. Cette dépense ne fait pas grand tort à l'État.

— Mercredi, 10, le roi part de Versailles pour aller passer quelques jours à Crécy[1], chez madame la Marquise. Il va de là, avec nombre de favoris, à Navarre, chez le duc de Bouillon, et ensuite au Havre pour voir la mer. C'est un voyage de treize à quatorze jours, qui est une complaisance du roi pour madame la Marquise qui n'a jamais vu la mer[2]. Cela est très-naturel et ne peut être critiqué que par les gens de mauvaise humeur. M. le comte de Saint-Florentin, secrétaire d'État, est du voyage comme n'ayant jamais vu la mer.

— On a beaucoup parlé d'un dessein de faire payer aux ecclésiastiques le vingtième de leurs biens et de leurs revenus, ce qui avait plusieurs bons objets. Le premier, de connaître, au vrai, en quoi consistent les revenus ecclésiastiques, qui font une partie trop considérable des biens du royaume. Le second, de les faire contribuer, comme les autres sujets, aux charges de l'État, ce qui serait juste : d'autant que, par leurs différents dons gratuits, pour lesquels même ils font des emprunts, ils payent peu de chose en comparaison des autres. Le troisième, de soulager le bas clergé qui

---

[1] Nous saisirons cette occasion pour rectifier la note de la page 490 du tome II qui, développant l'assertion de Barbier, place en *Brie* le marquisat de Crécy, tandis que le château acheté par madame de Pompadour était celui de Crécy-Couvé, sur la rivière de Blaise, à 11 kilomètres au sud-ouest de Dreux, et à 92 kilomètres de Paris. Cette terre de Crécy devint plus tard, en 1757, la propriété du duc de Penthièvre.

[2] On dit que cette prétendue complaisance n'est qu'un prétexte pour voir l'état de la marine (*Note de Barbier*).

est opprimé par les évêques. Les curés de tout le royaume, et tous les petits bénéficiers, sont accablés de décimes par la répartition qui se fait dans chaque diocèse, au lieu qu'ils ne payeraient, par l'imposition du vingtième, qu'à proportion de leur revenu effectif.

— On a parlé aussi d'un édit pour ne plus recevoir de novices dans les communautés qu'à vingt-six ans pour les hommes, et à vingt-deux ans pour les filles, ce qui est conforme aux anciennes ordonnances, et diminuerait bien le nombre des religieux et religieuses qui s'engagent par mécontentement, paresse ou autre raison, mais sans connaissance de cause, à quinze ou seize ans. C'était un coup de politique, attendu la diminution de l'espèce dans le royaume par les guerres, et, de plus, par le luxe qui empêche presque tous les gens sensés de se marier, par la dépense d'un ménage, dans toutes sortes de conditions. On n'entend plus parler, non plus, de cet édit.

— Il paraît, cependant, qu'on n'a pas absolument abandonné le projet de réforme sur les ecclésiastiques. Un nouvel édit du mois d'août[1], enregistré au parlement le 2 de ce mois, défend toutes nouvelles fondations de chapitres, colléges, séminaires, de toutes maisons ou communautés religieuses, et de tout corps ecclésiastique, à peine de nullité, sinon par permission expresse, en vertu de lettres patentes; déclare nuls tous les établissements faits avant l'année 1666, qui n'ont point été autorisés par des lettres patentes; défend à tous les gens de mainmorte d'acquérir, posséder ni recevoir, à l'avenir, aucuns fonds de terre, maisons, rentes foncières même con-

[1] Cet édit est l'un des plus importants du règne de Louis XV.

stituées sur particuliers, sans lettres patentes, etc., etc. Le motif de cet édit, est la conservation des biens dans les familles et l'intérêt des seigneurs dans la mouvance desquels pourraient être les biens donnés aux gens de mainmorte ou acquis par eux.

— Jeudi, 28, madame Victoire, quatrième fille du roi, revenue depuis quelque temps de Fontevrault, a fait une espèce d'entrée à Paris, qu'elle n'avait jamais vu. Elle est venue à Notre-Dame, entendre la messe. Ses trois sœurs, madame Infante, duchesse de Parme, madame Henriette et madame Adélaïde, étaient du voyage qui leur a fait une partie de plaisir. Mais, comme elles sont déjà venues à Paris, les honneurs étaient pour madame Victoire.

Cette jeune princesse, qui a seize ans, est venue la première, seule, dans un carrosse du roi, avec ses dames. M. le duc de Gèvres, avec le prévôt des marchands et la Ville, a été la recevoir au bout du quai des Tuileries, lui a fait un compliment et lui a présenté les clefs de la ville. Quoique les terres de M. le duc de Gèvres soient saisies réellement, ce seigneur avait un train magnifique, à son ordinaire: quatre ou cinq carrosses à six chevaux, des pages, ses gardes, et plus de soixante personnes de livrée. La princesse est venue ainsi à Notre-Dame, où il y avait des gardes du corps et des Cent-Suisses. Le canon a tiré. M. l'archevêque, à la tête du clergé, en habits pontificaux, en crosse et en mitre, avec la croix, a été la recevoir au bas de la nef, et l'a conduite dans le chœur, pour faire sa prière, ensuite dans la chapelle de la Vierge pour y entendre une messe en musique, sans violons cependant. Pendant cette cérémonie, les trois autres princesses sont arrivées ; mais l'archevêque n'a point été les recevoir. Après la messe, elles sont toutes sorties, en ordre de naissance. Elles sont remontées, toutes les quatre, dans un même carrosse et ont été faire une prière à Sainte-Geneviève. De là, elles sont venues au palais des Tuileries, où elles ont dîné avec toutes leurs dames. Il y avait une table de vingt-cinq couverts.

Elles se sont promenées ensuite dans le jardin des Tuileries où il y avait une grande affluence de monde pour les voir. Au soleil, elles étaient comme d'autres soleils. Elles étaient toutes les quatre, en effet, magnifiquement vêtues et toutes chargées de diamants et pierreries à la tête, sur l'estomac, les épaules et sur leurs robes. Madame Victoire est la plus jolie des quatre ; elle est fort grasse et très-formée pour son âge.

Après avoir fait plusieurs tours dans le jardin, elles sont montées en carrosses, sur les six heures ; elles ont fait le tour des places des Victoires et de Vendôme, après quoi elles ont passé par le Petit-Cours, qui était ouvert [1]. Il y avait, dans toute la longueur, deux files de carrosses bourgeois ou de remises [2] rangés pour les voir. Mais il était tard ; elles n'avaient point de flambeaux, et on n'a vu passer que cinq carrosses à huit chevaux avec des gardes et la suite.

—La maison du roi ne l'a pas suivi dans son voyage, et il n'avait point les officiers de la bouche, mais ceux qui lui préparent à manger à Choisy. Ce

---

[1] Le Cours-la-Reine (voir tome II, page 399, note 3). Habituellement les princes du sang avaient seuls le privilége de s'y promener en voiture.

[2] Les fiacres n'y entraient pas. (*Note de Barbier.*)

sont des cuisiniers et officiers de Paris qui sont choisis par le gouverneur de ce château, et à qui on donne cent écus au plus par an, pour se trouver à tous les voyages; ce que l'on trouve mal par deux raisons. La première, que ces extraordinaires coûtent infiniment, n'y ayant point d'ordre, ni maîtres d'hôtels, ni contrôleurs, ni pourvoyeurs ordinaires, et, par conséquent, bien du pillage. La seconde, qu'il n'est pas trop séant que la personne du roi mange autrement que par les officiers en charge de sa maison; mais cela est plus commode ou moins embarrassant. D'ailleurs, les cuisiniers ayant charge ne sont pas trop habiles; les autres, pour les extraordinaires, sont les plus fins de Paris.

Octobre. — Le roi est parti pour Fontainebleau avec toute sa cour, à l'exception de madame la Dauphine qui est restée à Versailles avec M. le Dauphin, parce que si elle était devenue grosse, il aurait fallu qu'elle fût restée à Fontainebleau pour ne pas risquer le mouvement du voyage.

— Pendant le séjour de Fontainebleau, il a été question du bail des fermes générales qui est à cent un millions et quelques cent mille livres; elles étaient auparavant à quatre-vingt-quinze millions. L'augmentation est pour se rembourser, par les fermiers généraux, de trente millions qu'ils ont prêtés au roi, à raison de cinq millions par an pendant chacune des six années du bail, et des intérêts à proportion.

Les sous-fermes ont aussi causé de grands mouvements par le nombre considérable de prétendants, car tout le monde veut faire fortune, et l'on compte que c'est là la porte la plus sûre. Toutes les puissances de la cour se sont intéressées pour leurs créatures, et surtout pour en tirer des pots-de-vin ; mais beaucoup d'appelés et peu d'élus. Le contrôleur général est roide, et cette liste s'est faite secrètement et en connaissance de cause. Les sous-fermes ont été adjugées à l'enchère par les différentes compagnies, et elles ont aussi augmenté. On dit que le contrôleur général s'est informé, par des faux frères, du véritable profit, tant dans les fermes générales que dans les sous-fermes. On ne cherche qu'à augmenter le revenu du roi. Dieu veuille que cela soit employé utilement et pour le bien de l'État.

— Le sieur Collin, qui a quitté sa charge de procureur pour se livrer aux affaires de madame de Pompadour[1], a eu quatre ou cinq sous d'intérêt dans les sous-fermes, dont madame de Pompadour a fait les fonds. Voilà un commencement de fortune fort honnête. Il est logé dans le château à Versailles, et a tous les agréments possibles.

Décembre. — M. le comte de Charolais fait encore des siennes. Il a quitté madame de Courchamp, femme du maître des requêtes et mère du conseiller au parlement, qu'il avait enlevée et qu'il tenait enfermée depuis nombre d'années, comme une esclave, dans une petite maison, au bas de Montmartre[2]. Ce prince a pris du goût pour une madame Breton, veuve d'un homme d'affaires, jolie femme de vingt-deux ans, riche et petite maîtresse de Paris. Son mari avait été attaché à la maison de Condé par des fermes, et M. Ménage, son père, homme d'affaires très-riche, tient aussi

---

[1] Voir ci-dessus, page 55.
[2] Voir tome II, page 301.

à ferme des biens de M. le comte de Charolais. Ce prince a fait une réception marquée à madame Breton, aux dernières fêtes de Chantilly, à la prise de possession de M. le prince de Condé, et, depuis ce temps, il la suit partout, aux promenades publiques et aux spectacles, et il voudrait avoir accès chez elle. Le petit amour-propre de la jeune veuve a été flatté de laisser entrevoir cela au public, en se montrant partout, sans néanmoins aucun dessein, parce que l'esclavage connu de madame de Courchamp n'est pas un appât séduisant pour donner envie à qui que ce soit de lui succéder.

La famille, qui s'est aperçue de cette poursuite, en a craint les conséquences, et le père a retiré sa fille dans sa maison. Cette femme tient aujourd'hui à quelqu'un. M. Ménage est frère de madame de Villemur, depuis peu veuve du garde du trésor royal et une des plus riches veuves de Paris. Il est, par là, oncle de madame la comtesse de Saint-Séverin d'Aragon, femme du ministre d'État, et d'un grand seigneur; grand-oncle de madame la marquise de Chazeron, fille du marquis d'Yvetot et de mademoiselle de Villemur, aujourd'hui madame de Saint-Séverin : le marquis de Chazeron est lieutenant général et cordon bleu; sans compter des receveurs généraux des finances, des conseillers au parlement et autres personnes faisant figure.

Le père gardant sa fille chez lui, M. le comte de Charolais a été trouver M. le contrôleur général pour le prier de rayer M. Ménage de toutes les sous-fermes où il était. Ce ministre lui a répondu, avec bien du respect, qu'il n'en était pas le maître; que M. Ménage était grand travailleur, que c'était un homme utile au roi. M. le comte de Charolais a fait dire alors à M. Ménage qu'il se tînt chez lui un tel jour, et qu'il avait à lui parler. Il l'a fait demander à sa porte, l'a fait descendre dans la rue, le prince n'étant accompagné de qui que ce soit, et lui a dit que s'il songeait à entrer dans quelque sous-ferme et qu'il n'amenât pas sa fille à un bal chez le prince de Condé, il aurait affaire à lui. M. Ménage n'a su que lui répondre. Il a été saisi de crainte de quelque insulte et de quelques coups de bâton. On a mis la jeune veuve dans un couvent, pour être plus en sûreté, et on a cherché à la marier. Enfin elle vient d'épouser M. le marquis de Monchi[1], fils de madame de Monchi, dame d'honneur de feu madame la duchesse de Berri, qui a épousé, en secondes noces, un lieutenant général[2], gouverneur d'Aire en Flandre. M. de Monchi est parent de la maison de Noailles, de celle de La Force; c'est un homme de condition. Ils sont partis de Paris pour aller se marier dans le gouvernement du beau-père, et doivent revenir le 20 de ce mois. Elle sera présentée en cour et au roi, comme femme de qualité, dans le mois de janvier.

— On a dit pour bon mot, que madame Breton était allée prendre le *petit-lait* en Flandre, parce que le marquis de Monchi est, dit-on, petit et laid. On s'étonne fort de ce mariage et de l'embarras où peut tomber le marquis de Monchi après les bruits qui se

---

[1] Charles-Germain de Bournel, baron de Monchi, de Thiembronne, etc., mestre de camp de cavalerie, fils de Jean-Charles de Bournel, lieutenant général, maître de la garde-robe du duc de Berri, et de Catherine, nommée dame d'atour de la duchesse de Berri, en 1717. Il mourut le 1ᵉʳ mars 1752, à l'âge de trente ans, laissant un fils de son union avec madame Le Breton.

[2] N. Ceberet, nommé gouverneur d'Aire en 1742, et qui mourut dans cette ville le 25 avril 1756, âgé de quatre-vingt-quatre ans.

sont répandus, et en cas que les poursuites du prince continuent [1].

— Depuis un mois, on enlève du monde dans Paris, filles et garçons. Cela se fait à la chute du jour. Un exempt déguisé et trois ou quatre hommes se saisissent principalement de filles, comme servantes ou filles qui rôdent dans les rues. Ils ont un fiacre à quelques pas d'eux où on les met. On les mène cependant chez le commissaire qui a les ordres de la police, et on les conduit à la prison de Saint-Martin [2] ou à l'hôpital Saint-Louis que l'on a apparemment préparé. Ce bruit s'est répandu dans tous les quartiers et a mis l'alarme, en sorte que les servantes n'osent plus trop sortir seules. On dit même qu'on a pris ainsi quelques filles d'artisans et de bourgeois; mais je ne crois pas trop cela; ou, du moins, l'exempt peut avoir dépassé ses ordres, ce qui serait contre le droit des gens.

Il est vrai que la grande recrue s'est faite par des visites de nuit des commissaires dans tous les quartiers. On a enlevé beaucoup de p...... dans les mauvais lieux; de filles qui viennent à Paris pour servir, chez des femmes qui logent, et des domestiques sans condition ou gens sans aveu, dans de petites auberges. On a pris aussi les pauvres dans les rues ou dans les maisons des faubourgs où ils se retirent ainsi que dans les hôpitaux. Cela s'entend des jeunes et qui se portent bien.

L'objet de ces recrues, que l'on fait apparemment de même sur les grands chemins pour les vagabonds,

---

[1] On serait porté à croire que le prince conserva, au moins, de la rancune contre M. Ménage, car celui-ci, qui se remaria lui-même avec une demoiselle de Moulins, en 1750, fut exilé l'année suivante à Pau.

[2] Cette prison, située rue Saint-Martin au coin de la rue du Vertbois, était plus spécialement alors affectée à la détention des filles débauchées.

et dans les autres villes du royaume, est pour envoyer au pays de Mississipi, pour peupler. On engage aussi volontairement toutes sortes d'ouvriers à qui on fait un bon parti.

— On a voulu dire, dans Paris, que tout ce monde que l'on prend était pour envoyer à l'île de Tabago [1], que le roi donnait à M. le maréchal de Saxe pour la posséder en souveraineté ; mais c'est un conte du peuple.

On avait déjà envoyé du monde pour peupler le Mississipi, en 1720 [2], et même, à l'occasion de ces enlèvements, il y eut une émeute dans le quartier Saint-Martin des Champs, où le peuple assomma tous les archers.

— On a fait, au sujet de ces enlèvements, une histoire singulière. On a pris un homme qui demandait l'aumône ; il a demandé à être conduit chez un commissaire à qui il a déclaré qu'il n'était point mendiant de profession, qu'il était depuis quinze ans le domestique d'un officier, chevalier de Saint-Louis, qui avait mangé son bien au service du roi et qui avait été réformé dans la dernière réforme : que cet officier et le domestique ayant vendu tout ce qu'ils avaient à mesure, pour vivre, et n'ayant plus de quoi avoir du pain, il n'avait pas voulu abandonner son maître et lui avait offert de demander l'aumône dans les rues, ce que l'officier ne pouvait pas faire, pour subsister. Le commissaire, pénétré de ce récit, se fit conduire chez l'of-

---

[1] Ile des Antilles, au nord de la Trinité. Le maréchal de Saxe l'avait, en effet, obtenu de Louis XV ; mais l'Angleterre et la Hollande s'opposèrent à ce qu'il y fît un établissement.

[2] Duclos, *Mémoires secrets*, etc., tome II, page 166. — Des enlèvements du même genre avaient également été l'occasion de troubles, en 1663. Le parlement, par un arrêt du 18 avril, fit défense d'entreprendre sur la liberté des sujets du roi, etc. Félibien, *Histoire de Paris*, tome II, page 1487.

ficier pour savoir la vérité. Le tout était vrai : l'officier était sur un grabat, avec de la paille; il lui dit que son laquais, la veille, lui avait apporté, de son aumône, quatre sous qui était tout ce qu'il avait : que sans son secours il serait mort de faim. Le commissaire alla rendre compte de ce fait à M. Berryer qui a été en rendre compte au roi. On a été tellement touché de l'attachement et du zèle de ce domestique, chose très-rare, qu'on dit que le roi a donné une pension à l'officier, réversible, après sa mort, au domestique.

— Autre histoire. Pendant le voyage de Fontainebleau du mois dernier[1], madame la Dauphine est restée à Versailles pour éviter le mouvement du retour en cas qu'elle devînt grosse. M. le Dauphin et elle étant un jour à rire et à badiner dans leur appartement, en présence de leurs officiers, M. le Dauphin lui dit que puisqu'elle ne faisait point d'enfants il voulait en choisir un pour en prendre soin, et qu'il voulait prendre une fille. La princesse dit qu'elle en ferait autant, mais qu'elle choisirait un garçon. En faisant cette conversation, le Dauphin se promenait dans ses appartements qui sont par bas du château, et il vit, au-dessous de ses fenêtres, une femme qui faisait prendre l'air, dans le jardin, à cinq enfants de quatre à cinq ans. C'était la femme d'un petit menuisier de Versailles, soit qu'elle fût mère de tous ces enfants, soit qu'elle les eût pour les sevrer. M. le Dauphin dit en riant : « Il n'est pas besoin d'aller plus loin : voici mon affaire toute trouvée, » et il désigna une petite, du nombre des enfants, qu'il donna ordre de lui amener. Cet ordre fut exécuté, et on introduisit cette petite fille qui était

---

[1] Le roi n'était revenu de Fontainebleau que le 16 novembre.

très-crottée et très-sale. On la regarda bien, elle était assez gentille et M. le Dauphin donna ordre à sa nourrice, qui est première femme de chambre de madame la Dauphine, de la faire décrasser. Il ajouta : « Je lui ferai faire une généalogie ; ce n'est pas la première enfant dans la pauvreté qui ait une extraction : j'en aurai soin et ne l'aura pas qui voudra. » Il s'agissait de lui donner un nom, et il l'a nomma mademoiselle de Tourneville.

Tout cela a été exécuté. La petite fille a été bien décrassée et bien habillée, et, après être restée quelques jours à Versailles, elle a été menée au couvent des Ursulines, à Saint-Germain-en-Laye, pour y être élevée et y avoir toutes sortes de maîtres. M. le Dauphin et madame la Dauphine ont envoyé et envoient exactement à Saint-Germain savoir de ses nouvelles. Toutes les dames et seigneurs de leur cour vont aussi voir mademoiselle de Tourneville, en rendent compte et en parlent, pour faire plaisir au prince.

— Au surplus toutes choses sont dans le même état à la fin de cette année. M. de Maurepas est en bonne santé, mais il est toujours dans la ville de Bourges, où, en faisant bonne mine, il doit s'ennuyer cruellement. On est persuadé qu'il ne reviendra jamais en place et en cour[1]. On ne parle plus de lui, et on s'accoutume à s'en passer : on sait que le roi ne revient pas. On voit l'exemple de M. le duc de La Rochefoucault[2], qui est toujours relégué dans sa terre de Liancourt, aussi bien que le duc de Châtillon[3], qui est toujours dans ses terres.

[1] On sait qu'il ne sortit, en effet, de sa disgrâce qu'à l'avénement de Louis XVI au trône.
[2] Voir tome II, page 421.
[3] Voir tome II, page 413.

ANNÉE 1750.

Janvier. — Histoire singulière ! Le jour de Saint-Étienne dernier, fête de Noël et de la paroisse Saint-Étienne du Mont, pendant la messe, se présente une fille de dix-sept à dix-huit ans, assez jolie, ou, pour mieux dire, ni laide ni jolie, passablement habillée d'une grisette[1] de soie avec coiffe et mantelet, et chaussée en souliers blancs qui n'étaient nullement crottés, fait intéressant. Elle s'avance dans l'église et se trouve par hasard, ou autrement, à côté de deux lingères de la paroisse, filles très-dévotes. Cette jeune fille ne se met point à genoux; mais elle demande naïvement à une de ses voisines quel est et que fait cet homme rouge qu'elle voit. Or, cet homme rouge était le prêtre. On lui dit que c'est le prêtre qui dit la messe. Elle demande ce que c'est que la messe. Cette réponse devint un cas sérieux : les dévotes l'entourèrent et la questionnèrent. Elle leur dit qu'elle avait été enfermée toute sa vie dans une maison; qu'elle en avait trouvé, par hasard, la porte ouverte, qu'elle s'était évadée; qu'après avoir marché, elle avait vu bien du monde dans cet endroit, et qu'elle y était entrée.

Ces lingères trouvant cette aventure singulière, conduisirent cette fille chez les sœurs de la charité de la paroisse. On avertit ensuite le curé et même un commissaire, qui vinrent interroger cette fille. Celle-ci leur répondit qu'elle ne pourrait pas reconnaître la

---

[1] Habits de petite étoffe grise, appelés ainsi du nom de l'étoffe.

maison d'où elle était sortie, ni le chemin qu'elle avait fait; qu'elle était dans cette maison avec son papa, sa grande sœur et une bonne; que son papa ne la laissait point sortir de sa chambre; qu'il la maltraitait quelquefois; qu'elle ne voyait de sa chambre que des arbres; qu'elle n'avait jamais vu ni parlé à aucun homme; que de sa fenêtre elle voyait seulement un jardinier; que son papa n'avait qu'un lit pour lui et sa grande sœur; qu'elle avait entendu dire à son père qu'il tuerait sa grande sœur et qu'il l'épouserait après; qu'elle se ressouvenait être venue dans un coche, à l'âge de quatre ans, et avoir été conduite dans cette maison. Sur ce qu'on lui demanda en lui montrant une montre et une épée, si elle savait ce que c'était, elle dit que oui, parce que son papa en avait beaucoup dans sa chambre; qu'il ne sortait guère dans la journée; qu'il était quelquefois en noir et d'autres fois en habit galonné; qu'elle ne savait pas écrire; qu'elle chantait des chansons et qu'elle lisait des romans avec sa grande sœur. Toutes ces réponses ont été faites à différents temps, sur toutes les questions qu'on lui faisait, parce que cette nouvelle s'étant répandue dans les quartiers, plusieurs dames et hommes de la paroisse ont eu la curiosité d'aller voir et de faire causer cette fille, chez les sœurs de la charité.

Comme ses souliers blancs étaient très-nets, on soupçonnait qu'elle devait venir du faubourg Saint-Marceau; que ce prétendu papa était quelque fameux voleur caché qui ne laissait sortir personne de sa maison; qui couchait avec la grande sœur, et qui devait en faire autant avec celle-ci qui ne savait point le nom de son papa. Cela a donné lieu à bien des recherches.

Enfin, cette aventure a duré huit jours. Le lieutenant général de police ne s'en est point mêlé, parce qu'on dit que cela avait été porté d'abord à M. le procureur général : le curé de Saint-Étienne en rendait compte seulement au lieutenant général de police. Mais, pendant huit jours, la maison des sœurs de la charité n'a pas désempli de monde de toute espèce. Cela a fait une histoire dans tout Paris ; les hommes et les femmes de condition y venaient, jusqu'aux princesses du sang : madame la comtesse de Charolais et mademoiselle de Sens. Chacun lui faisait des questions sur ce qu'on pouvait imaginer ; elle y répondait avec la même ingénuité et présence d'esprit, et on lui faisait des charités, de manière qu'elle reçut plus de mille livres dans cette huitaine.

Enfin, cette fille s'étant familiarisée dans cette maison des sœurs de la charité, elle montait et descendait librement. Il y avait un porteur d'eau dans cette maison avec qui elle avait fait connaissance, et qu'elle avait gagné. Elle avait trouvé le moyen d'écrire. On a découvert une lettre qu'elle avait donnée à ce porteur d'eau, adressée à son véritable père, à qui elle envoyait quelque argent, et à qui elle mandait que, si cela continuait, elle serait en état de le secourir. On a su, par là, qu'elle était fille d'un nommé Le Mire, un pauvre ouvrier du côté du palais. On dit même qu'elle était coiffeuse ; qu'elle avait été dans une boutique, contre le palais, et qu'un jeune homme, qui était venu là par curiosité, l'avait reconnue. On a reconnu la supercherie et la fourberie de cette jeune personne, qui espérait peut-être que M. le duc d'Orléans lui ferait une pension ; mais il n'en a pas été question. Car il n'y a pas de contes qu'elle n'ait fait, jusqu'à dire que, la veille, elle avait vu une grande femme blanche qui lui avait conseillé de sortir de la maison où elle était et qu'elle en trouverait le moyen; en sorte que cela mettait du merveilleux dans l'histoire.

Cette aventure, dont presque tout Paris a été la dupe et qui a donné lieu à bien des discours, a fini par faire mettre cette fille dans les prisons de Saint-Martin[1]. Il a été quelque temps incertain si on ne la mettrait pas à l'Hôpital[2] pour avoir ainsi trompé tout le public; mais enfin, grâce à des recommandations des personnes qui l'avaient vue, mademoiselle Le Mire a été envoyée dans la maison des filles pénitentes de la ville de Saumur, où le roi paye apparemment sa pension. La hardiesse et la présence d'esprit de cette fille sont fort singulières.

— La grossesse de madame la Dauphine, qui garde la chambre depuis très-longtemps, se confirme toujours. Elle doit être grosse à présent de deux mois, ce qui cause une très-grande joie à la cour et à la ville. Si c'était un garçon qui vînt à bien, quelles réjouissances dans ce pays-ci !

— On a débité, cette année, un almanach généalogique des maisons souveraines et des principales maisons de France[3], fait par l'abbé Lenglet, homme de lettres et de réputation, avec approbation d'un cen-

---

[1] Cette prison, qui dépendait du prieuré de Saint-Martin des Champs, était située à l'angle de la rue Saint-Martin et de la rue du Vertbois. Il en subsiste encore une tour où est une fontaine.

[2] La Salpêtrière. Voir tome II, page 82, note 1.

[3] *Calendrier historique pour l'année 1750, où l'on trouve la généalogie de tous les princes de l'Europe.* Paris, 1750, in-12.

seur de la chancellerie et permission pour l'impression.

Par arrêt du conseil[1], cet almanach a été supprimé, et l'abbé Lenglet et le libraire-imprimeur ont été mis à la Bastille. L'imprimeur n'y est resté que huit jours ; l'abbé Lenglet y est encore. Il aurait été plus naturel et plus juste d'y faire mettre le censeur, qui est l'abbé Sallier, homme très-distingué. Cela a été fait sur les plaintes et pour satisfaire l'ambassadeur d'Angleterre.

C'est à l'occasion de l'article sur la maison des Stuarts. L'abbé Lenglet ne s'est pas contenté de rappeler la très-grande ancienneté de cette maison ; il dit que le royaume d'Angleterre appartient à cette maison de droit, et qu'il a été usurpé par les princes de la maison de Brunswick-Hanovre ; c'est-à-dire par le père du roi régnant actuellement. Il dit encore que le prince Édouard a donné des preuves d'une grande bravoure et d'une grande fermeté, et qu'il a toutes les qualités requises pour faire un grand roi. Tout ceci est connu de tout le monde ; mais il ajoute ensuite, par réflexion de lui-même, que les Anglais ne seront jamais heureux et tranquilles qu'ils n'aient remis sur le trône leurs véritables et légitimes souverains. Or, cette réflexion et cette espèce de conseil qu'il donne aux Anglais est naïf et trop hasardé, surtout le lendemain, pour ainsi dire, d'un traité de paix avec l'Angleterre.

— A propos de cela, je suis étonné que l'ambassadeur d'Angleterre ne se soit pas plaint de la manière

[1] Arrêt du conseil d'État du roi, du 3 janvier, qui ordonne la suppression du *Calendrier historique* et du *Calendrier des princes et de la noblesse* pour l'année 1750.

dont on s'explique, dans le détail des États de l'Europe, dans notre petit almanach, appelé *Collombat*[1], et surtout dans l'*Almanach royal* de Paris. L'article de la Grande-Bretagne est court. Il y a uniquement . Georges-Auguste, roi d'Angleterre, *voyez* Électeur de Hanovre; Jacques Stuart, chevalier de Saint-Georges, fils de Jacques second, roi d'Angleterre; Charles-Édouard, etc., fils aîné du chevalier de Saint-Georges, et Henri-Benoît, etc., second fils du chevalier de Saint-Georges, cardinal en 1747. Voilà tout l'article d'Angleterre, et c'est à l'article de Hanovre, qu'après Georges-Auguste, duc de Brunswick, électeur de Hanovre et roi d'Angleterre, on nomme toute sa famille, en sorte qu'il paraîtrait, à l'article de la Grande-Bretagne, qu'on ne parlerait du roi d'Angleterre que comme d'un simple usufruitier, et ensuite des princes de la maison de Stuart comme ayant droit à la couronne. Cependant, il y a apparence que, dans le dernier traité de paix, la France a été obligée de reconnaître le roi d'Angleterre et tous ses enfants pour légitimes souverains de la Grande-Bretagne, auquel cas toute la famille royale devrait être placée à cet article. Il y a, sur cela, quelque raison de politique, car l'*Almanach royal*, pour ce qui regarde les puissances étrangères, doit être examiné par le ministre des affaires étrangères[2].

---

[1] Ainsi appelé du nom du libraire qui en était éditeur. Son véritable titre était : Le Calendrier de la cour, etc., avec la naissance des rois, reines, princes et princesses, imprimé pour la famille royale et la maison de Sa Majesté. Paris, J. F. Collombat, 1750, petit in-12, avec privilége

[2] Cette rédaction ne subit aucune modification jusqu'à la mort de Georges-Auguste; c'est seulement après l'avénement de son petit-fils Georges-Guillaume-Frédéric, proclamé roi le 26 octobre 1760, sous le nom de Georges III, qu'on trouve dans l'*Almanach royal* de 1761, l'indication

— A l'égard du pauvre prince Édouard, qui fait l'admiration et la curiosité de toute l'Europe, il n'en est plus parlé dans aucune *Gazette;* il n'est ni à Rome ni à Avignon, et l'on ignore absolument où il peut être. Quelque incognito qu'il garde, ce silence et ce secret, pour un prince de cette importance, sont fort singuliers.

— Il est mort, ces jours-ci, à soixante ans environ, un homme rare et extraordinaire dans son état, M. Potier, procureur au Châtelet, dont l'étude, comme procureur, était ordinaire ; mais c'était un homme d'un si bon sens et si consommé dans toutes les affaires de famille, comme partages, comptes, etc., qu'il avait place, avec les avocats, dans tous les plus grands conseils de Paris, princes, ducs et autres grands seigneurs, comme consultant. Il n'arrivait rien, dans les grandes maisons, qu'on ne consultât M. Potier : c'était l'homme à la mode. Il laisse un fils unique et quatre cent mille livres de bien, à ce qu'on dit.

Si Collin, qui s'est attaché à madame la marquise de Pompadour, pour être à la tête de toutes ses affaires, et qui a un logement dans le château de Versailles et dans l'appartement ou logement de madame la Marquise, n'avait pas quitté sa charge de procureur au Châtelet, il aurait pu espérer de remplacer en partie et, peu à peu, M. Potier, quoique moins habile que lui. Mais madame de Pompadour lui ayant fait avoir un intérêt considérable dans plusieurs sous-fer-

---

des membres de la maison de Hanovre à l'article *Angleterre.* Jacques Stuart et ses fils viennent ensuite immédiatement après ceux-ci.

mes, sa fortune sera plus rapide et plus grande qu'avec les conseils de Paris et moins pénible.

Février. — Le prince de Condé est entièrement rétabli de sa petite vérole. C'est une tête chère.

— On tient les États dans la province de Languedoc, où est M. le maréchal duc de Richelieu, commandant de la province. Il y a grands débats pour le vingtième denier que M. le contrôleur général voudrait faire lever en nature dans tout le royaume. Les pays d'États n'ont payé le dixième que par abonnement, et ils prétendent se maintenir dans leurs droits. Le contrôleur général paraît vouloir persister dans son projet, et il est entier.

— A l'égard du clergé, on s'attend à de grands débats dans l'assemblée qui se tiendra ici dans quelque temps. M. le cardinal de La Rochefoucault est nommé par le roi pour y présider. Il a demandé au roi la grâce de travailler à ce sujet avec lui directement, et de ne point passer par ses ministres; ce qui lui a été accordé. Le clergé ne veut point donner de déclaration des biens qu'il possède.

— M. de Monthulé, conseiller au parlement, fils de M. de Monthulé, conseiller de grand'chambre et chef du conseil de madame la princesse de Conti, a épousé, ces jours gras, la fille de M. Haudry, fermier général, avec quatre cent mille livres de dot. Mais ce M. Haudry, qui est parvenu par son grand travail, a un frère boulanger dans le faubourg Saint-Antoine, lequel a nombre d'enfants. C'est se jeter avec un oncle et des cousins germains bien bas pour un peu plus d'argent. Le marié est arrière-petit-fils d'un procureur au parlement, dont j'ai vu le fils conseiller aux requêtes du palais.

— Mademoiselle de Moras dont il a été tant parlé[1], qui a été enlevée par M. de Courbon à l'âge de quatorze ans, et mariée avec lui par un prêtre qui avait été gagné, vient de se marier ces jours gras.

M. de Courbon s'est enfui et a été condamné à mort. Mademoiselle de Moras a été deshéritée par sa mère, dont on prétendait que M. de Courbon était l'amant. Le testament de madame de Moras a été confirmé, assez injustement parce qu'une fille subornée à quatorze ans n'a point de consentement et n'est pas bien coupable. M. de Courbon est mort et elle est restée comme veuve : elle est aussi restée dans un couvent jusqu'à sa majorité. Elle a deux frères, l'un maître des requêtes et l'autre conseiller au parlement, fort riches. Nonobstant l'exhérédation de sa mère, elle a, dit-on, trente mille livres de rente; mais, avec toutes ses histoires, elle aurait eu peine à trouver un parti sortable pour le bien.

Mademoiselle de Moras, à l'insu de toute sa famille, comme maîtresse de ses droits, a épousé M. le chevalier de Beauchamp, qui était chevalier de Malte et qui est de la maison de Choiseul. Ce chevalier n'avait que trois cents livres de rente. Il avait gagné, en Italie, trente mille livres au jeu; il en a sacrifié quinze cents pour venir faire figure à Paris. Il a fait connaissance de mademoiselle de Moras, il lui a plu et l'a épousée. On dit qu'elle lui a donné dix mille livres de rente par le contrat de mariage, en cas de mort sans enfants. Ses frères sont piqués de ce mariage.

— Il a fait, ce mois-ci, un temps humide et chaud qui cause bien des maladies. S'il vient de la gelée au

---

[1] Voir tome II, pages 175 et 223.

mois de mars, elle pourra faire du tort aux biens de la terre.

Mars. — Les États de Languedoc ont été rompus par ordre du roi, c'est-à-dire que les vingt-deux évêques qui sont les barons de la province et qui sont les maîtres dans les États, ont eu ordre de se retirer dans leurs diocèses. L'archevêque de Narbonne[1], qui présidait, s'étant trouvé fort incommodé, l'archevêque de Toulouse[2] a pris sa place. L'archevêque d'Albi[3], neveu du cardinal de La Rochefoucault, a été le premier opinant et a fait un discours assez fort pour maintenir les droits de la province et pour faire, à ce sujet, des représentations au roi. M. le maréchal de Richelieu s'est tiré en homme de cour, en soutenant cependant les volontés du roi, et M. Le Nain, qui était intendant de Poitiers et qui a été nommé à l'intendance de Languedoc[4], a eu besoin de tout son esprit et de sa douceur pour jouer un rôle fort difficile, car c'est lui qui est chargé de l'exécution des ordres du roi. Il sortait d'une longue maladie, à Paris, dont on ne l'a tiré qu'en lui coupant le bras droit. Quoi qu'il en soit, les ordres du roi sont exécutés. Ce ne sont point les États qui lèvent l'imposition du vingtième, comme cela s'est toujours fait pour tous les impôts, ce sont des commis préposés par le contrôleur général, etc.

[1] Jean-Louis de Berton Crillon, nommé à cet archevêché en 1739.

[2] Charles Antoine de La Roche Aymon. Il avait été pourvu de cet archevêché en 1740.

[3] Dominique de La Rochefoucault Saint-Elpis, sacré le 29 juin 1747.

[4] Jean Le Nain, maître des requêtes, nommé intendant de Poitiers en 1731, y avait été remplacé, en 1743, par M. Berryer et nommé à l'intendance de Languedoc. Il portait le titre de baron d'Asfeld, à cause de son mariage avec Thècle-Félicité Bidal, baronne d'Asfeld, nièce du maréchal de ce nom. Voir tome II, page 64.

Avril. — Il s'est ici renouvelé des bruits pour des changements de gens en place. On a dit que M. le chancelier d'Aguesseau donnait sa démission de cette place en faveur de M. de Machault, contrôleur général, qui lui donnait six cent mille livres en argent et lui faisait quarante mille livres de rente. On donnait les sceaux à M. de Maupeou, premier président, etc. ; mais tous ces changements se font à Paris, et il n'en est nullement question : quelque indisposition du chancelier a donné lieu à ces bruits.

— L'ambassadeur de Venise[1] a fait son entrée à Paris le 26. Comme il faisait beau, il a vu dans sa route un furieux concours de peuple et de carrosses.

Mai. — Le roi devait faire un voyage de huit jours à Crécy, terre de madame la marquise de Pompadour, avec les seigneurs de sa cour qui y ont des petits appartements. On disait même qu'il s'y tiendrait des conseils; mais ce voyage n'a pas eu lieu, parce qu'il y avait de la petite vérole et des maladies à Crécy et aux environs. Le roi a été passer quatre jours à Choisy. Il fait aussi des voyages et séjours de deux à trois jours à Trianon, dans le parc de Versailles, où l'on a fait de petits appartements que l'on a meublés à la nouvelle mode. Trianon était abandonné auparavant et n'était fait, même, que pour quelques fêtes, ou pour faire collation après la promenade, pour Mesdames. Mais à présent cela fait maison de campagne. On les multiplie autant qu'on peut afin de diversifier les objets et les voyages, attendu que le roi a une grande disposition à s'ennuyer partout, et c'est le grand art de madame de Pompadour de chercher à le dissiper.

[1] Le chevalier Morosini.

— Depuis huit jours, on dit que des exempts de la police déguisés rôdent dans différents quartiers de Paris et enlèvent des enfants, filles et garçons, depuis cinq ou six ans jusqu'à dix ans et plus, et les mettent dans des carrosses de fiacre qu'ils ont tout prêts. Ce sont des petits enfants d'artisans et autres qu'on laisse aller dans le voisinage, qu'on envoie à l'église ou chercher quelque chose. Comme ces exempts sont en habits bourgeois et qu'ils tournent dans différents quartiers, cela n'a pas fait d'abord grand bruit. Mais, aujourd'hui samedi matin, 16 de ce mois, on a pris un enfant dans le quartier de la rue de Fourcy et du port aux Veaux[1], rue des Nonaindières. L'enfant qu'on jetait dans un fiacre a crié. Quelque commère est survenue et a crié aussi; le peuple est sorti des boutiques et, dans Paris, en plein jour, sur les dix ou onze heures du matin, l'assemblée devient bientôt considérable. Cette sorte d'enlèvement, qui blesse la nature et le droit des gens, a révolté le peuple avec raison. Comme on ne sait jamais au juste les choses qui se passent, les uns disent qu'on voulait enlever l'enfant d'un artisan des bras de sa mère qui le conduisait; d'autres qu'on en avait déjà mis plusieurs dans le fiacre, et que le peuple voulant les tirer du fiacre avec violence, il y en aurait eu deux d'étouffés. Quoi qu'il en soit, le peuple, les gens du

---

[1] On donnait ce nom à la portion du quai des Ormes qui commence au bout du Pont-Marie et au coin de la rue des Nonaindières, et qui se termine à la rue Geoffroy-l'Asnier, depuis qu'on y avait transféré le marché aux Veaux, en 1646. Ce marché se tenait auparavant dans une rue qui porte encore aujourd'hui le nom de *rue de la Vieille Place aux Veaux*. Il demeura sur le quai des Ormes jusqu'en 1774, qu'il fut établi dans une halle construite à cet effet, près du quai de la Tournelle, et qui subsiste encore.

port, les laquais se sont assemblés en fureur. Les exempts et archers ont voulu fuir, quelques-uns sont entrés dans des maisons; on les a poursuivis, maltraités et estropiés. Cette émeute est devenue plus générale par la poursuite des archers, et elle s'est répandue dans tout le quartier Saint-Antoine, jusqu'à la porte[1]. Cela s'est ensuite dissipé.

La nouvelle s'est ensuite bientôt répandue dans toute la ville, ce qui a occasionné les discours du peuple, car il s'est débité que l'objet de ces enlèvements d'enfants était qu'il y avait un prince ladre pour la guérison duquel il fallait un bain ou des bains de sang humain, et que n'y en ayant point de plus pur que celui des enfants, on en prenait pour les saigner des quatre membres et pour les sacrifier, ce qui révolte encore plus le peuple. On ne sait sur quoi sont fondés de pareils contes; on a proposé ce remède-là du temps de Constantin, empereur qui ne voulut pas s'en servir; mais ici nous n'avons aucun prince ladre, et, quand il y en aurait, on n'emploierait jamais une pareille cruauté pour remède[2]. Le plus vraisemblable, est qu'on a besoin de petits enfants pour envoyer à Mississipi; mais, malgré cela, il n'est pas à présumer qu'il y ait aucun ordre du ministre pour enlever ici des enfants à leurs père et mère. On peut avoir dit à quelques exempts que s'ils trouvaient des petits enfants sans père ni mère ou abandonnés, ils pourraient s'en saisir ; qu'on leur ait promis une ré-

---

[1] La porte Saint-Antoine, près de la Bastille, à l'entrée de la rue du faubourg Saint-Antoine.

[2] C'était une opinion généralement admise dans le peuple, que les malades attaqués de la lèpre ne pouvaient se guérir qu'en prenant un *bain de sang d'innocents*.

compense et qu'ils aient abusé de cet ordre comme ils ont déjà fait quand il a été question de prendre tous les vagabonds et gens sans aveu, dont il était avantageux de purger Paris[1]. D'ailleurs, on ne conçoit rien à ce projet : s'il est vrai qu'on ait besoin de jeunes enfants des deux sexes pour des établissements dans l'Amérique, il y en a une assez grande quantité tant dans les enfants trouvés du faubourg Saint-Antoine, que dans tous les autres hôpitaux, pour remplir cette idée. Ces enfants appartiennent au roi et à l'État : on peut en disposer sans blesser personne.

Si la police agissait prudemment, ce serait de faire mettre, du moins, quelques-uns de ces exempts pendant plusieurs jours de suite au carcan pour apaiser le peuple et lui donner satisfaction.

—On a fait ici des carrosses superbes pour l'entrée du duc de Nivernais, ambassadeur de France dans la ville de Rome. Ces carrosses ont été placés dans une grande loge de planches que l'on a construite dans la cour du Carrousel, vis-à-vis le Louvre, pour les laisser voir au public. Il y a trois carrosses; mais surtout les deux premiers sont de la dernière magnificence. Ils sont d'abord d'une grandeur considérable; la caisse parfaitement sculptée et dorée, aussi bien que les roues; les panneaux d'une très-belle peinture; les mains de ressort et boucles de soupente travaillées au mieux et dorées en or moulu. L'un, en dedans, est garni d'un velours cramoisi tout relevé en bosses d'or et d'une très-belle broderie avec les galons et les franges; l'autre est tout en bleu et or, caisse et train, velours

---

[1] En 1720. Voir Duclos, *Mémoires secrets*, t. II, p. 106.

bleu, tout brodé d'or. On dit qu'on n'en a point vu d'aussi grand goût. Aussi a-t-on mené les deux beaux carrosses, bien couverts, à Choisy, dans le dernier voyage du roi, pour les lui faire voir, et on doit les embarquer incessamment pour les envoyer à Rome.

— Le printemps s'est passé cette année dans le mois de février et une partie de mars, qu'il a fait un si beau temps et si doux, que tout le monde était aux promenades. Le mois de mai est froid et venteux, d'un vent du nord; malgré l'envie générale de prendre l'air, il faut revenir au coin du feu.

— Le bruit de l'enlèvement des enfants continue et cause une fermentation dans le peuple. Bien des gens ont peine à croire ce fait et s'imaginent que c'est quelque homme qu'on a voulu prendre pour dette et qui ce sera avisé de crier qu'on lui avait pris son enfant, ce qui aura occasionné tout le tumulte ; mais le fait est pourtant très-constant. L'établissement des vers à soie et d'une manufacture de cire verte [1] à la Nouvelle-France, en Amérique, est certain. Le mémoire pour faire connaître l'avantage de ces établissements, a été annoncé dans le *Mercure* de cette année [2]. L'Angleterre fait actuellement de grands préparatifs pour un pareil établissement dans quelque autre partie de l'Amérique que l'on nomme la Nouvelle-Ecosse. Cela s'est proposé ouvertement, en vertu d'un acte du parlement, pour recevoir et enregistrer ceux qui vou-

---

[1] Sorte de cire que fournissent les fruits du Ceroxylon (*myrica cerifera*), arbrisseau de l'Amérique septentrionale.

[2] *Mémoire présenté à M. Rouillé, secrétaire d'État de la marine, par M. Jahan, natif de Tours et habitant de la Louisiane, pour l'établissement des vers à soie dans cette colonie. Mercure de France*, février, 1750, p. 56.

draient s'y établir, etc. Mais ici, comme la politique est plus cachée, on a apparemment voulu peupler plus secrètement notre Mississipi, et, pour cet effet, indépendamment de ce qu'on peut prendre d'enfants dans les hôpitaux, on a donné des ordres secrets d'enlever tous les petits vagabonds libertins qui jouent dans les carrefours et sur les ports. Comme il y a effectivement nombre d'enfants de cette espèce, on a promis une certaine récompense aux exempts, archers, mouches, qui savent rôder dans Paris, pour chaque enfant des deux sexes, afin de peupler dans la suite. On les conduit à l'hôpital Saint-Louis, hors la ville[1], où, faute de police, on les fait mourir de faim.

Tous ces exempts, archers et agents de cette espèce, qui sont des coquins par état, pour gagner la rétribution promise que l'on dit être de quinze livres et même plus par chaque enfant, ont cherché à attraper par finesse, caresse et autrement, toutes sortes d'enfants, garçons et filles, dans la ville, indistinctement, même en présence de leur père ou mère, dans les rues ou au sortir des églises. Cela paraît certain par tous les rapports que j'en ai entendu faire. On a même battu la caisse pour des enfants perdus, en sorte que depuis deux mois il faut qu'on en ait enlevé un grand nombre, de façon ou d'autre, sans que le peuple s'en soit aperçu et en ait deviné la cause. Mais enfin cela s'est répandu ; le peuple s'est animé, et l'on dit qu'avant le tumulte du quartier Saint-Antoine, il y en avait déjà eu dans le faubourg Saint-Marcel.

---

[1] Les boulevards formaient alors les limites de Paris, sur la rive droite de la Seine, de l'Arsenal à la porte Saint-Honoré.

Ceci n'a cependant point empêché ces espions de la police de continuer leurs captures, et les officiers de police n'y ont point mis ordre. Ce qui est de plus mal, c'est qu'on dit que, dans le commencement, pour retirer et ravoir un enfant de bourgeois, il en coûtait de l'argent, comme cent livres, et qu'on disait que c'était pour en payer d'autres.

Vendredi, 22 de ce mois, il y a eu une émeute considérable dans quatre différents quartiers de Paris.

Le premier tapage du matin a été dans le cloître de Saint-Jean de Latran[1], mais sans grand fracas. Le second, à la porte Saint-Denis, qui a été plus tumultueux : il y a eu quelques archers maltraités. Cette émotion est venue jusque dans la rue de Cléry, où demeure le commissaire Desnoyers, et où, apparemment, un des gens de la police s'était réfugié. Sa maison a été saccagée par le peuple, à coups de pierres. Le troisième, à la place de la Croix-Rouge, faubourg Saint-Germain. On dit qu'on a voulu prendre le fils d'un cocher qui était à une porte : deux hommes l'ont attiré et emmené. L'enfant a crié; le père a couru après avec des domestiques de la maison. Ils ont appelé le peuple à leur secours, et, ensuite, la livrée qui y est venue. Un des archers s'est réfugié dans la boutique d'un gros rôtisseur qu'il connaissait : on ne sait même s'il ne demeurait pas dans la maison. On a voulu entrer pour le suivre; un garçon rôtisseur s'y est opposé

---

[1] Saint-Jean de Latran était une commanderie qui appartenait à l'Ordre de Malte. Son enclos ou cour, qui avait ses issues sur la place Cambrai et la rue Saint-Jean de Beauvais, était un lieu de franchise où une foule d'artisans de toute espèce venaient habiter, parce qu'ils pouvaient y travailler sans être inquiétés par les jurés des métiers de la ville.

et a pris une broche. Cela a animé tellement le peuple qui s'était amassé en grand nombre, qu'on a pillé et saccagé la maison du rôtisseur, depuis la cave jusqu'au grenier. On a jeté dans la rue toute la batterie de cuisine, la viande, la vaisselle d'argent, les meubles; on a enfoncé deux pièces de vin; on a cassé toutes les vitres. On dit qu'il y a eu deux hommes de tués dans les caves. Le guet y est venu et n'a rien osé tenter pour faire cesser ce tumulte, qui a duré jusqu'à dix heures du soir. Le peuple arrêtait les carrosses qui passaient avec des flambeaux pour en avoir et s'éclairer; ils en ont pris même chez un épicier. On dit que ce rôtisseur perdra considérablement, d'autant plus que, dans ces émeutes, il se mêle quantité de voleurs qui sont charmés de l'occasion pour piller impunément, et qui sont même capables d'exciter l'émeute. Il paraît, cependant, qu'on a rapporté à ce rôtisseur quelques pièces de sa vaisselle qui avaient été jetées dans la rue.

Le même soir, on dit qu'on a voulu prendre et qu'on a pris un écolier des Quatre-Nations [1], sur le quai des Morfondus [2], rue Harlay. Les écoliers ont suivi et

---

[1] Par son testament, en date du 6 mars 1661, le cardinal Mazarin avait fondé un collége et une académie pour l'instruction des enfants des gentilshommes ou des principaux bourgeois des provinces nouvellement réunies à la France, c'est-à-dire : 1° de Pignerol et de son territoire, et de l'État ecclésiastique, en Italie; 2° d'Alsace et pays d'Allemagne contigus; 3° de Flandre, d'Artois, de Hainaut, etc.; 4° de Roussillon, etc. Ce collége, pour lequel on construisit le palais qu'occupe aujourd'hui l'Institut de France, devait porter le nom de collége Mazarin, mais il fut plus souvent désigné sous celui de *Collége des quatre Nations*, à cause de sa destination spéciale.

[2] Nom que l'on donnait autrefois au quai de l'Horloge, à cause de sa situation exposée au vent du nord.

ont fait attrouper un peuple infini. Un des archers, déguisé, s'est sauvé dans la maison du commissaire de La Fosse, rue de la Calandre, près le palais. Le peuple a tendu les chaînes [1] de cette petite rue, pour empêcher apparemment le guet à cheval d'y entrer. Toutes les boutiques ont été fermées, ainsi que dans le faubourg Saint-Germain et à la porte Saint-Denis, le long de la rue et aux environs, car c'est la première chose que fait le bourgeois. Tout le quartier du palais était rempli d'un peuple innombrable ; la maison du commissaire a été assiégée ; on a cassé toutes les vitres du haut en bas. Du guet à pied, qui était entré dans la maison, a tiré quelques coups de feu par les fenêtres, ce qui n'a fait qu'animer. Ils avaient préparé du bois devant la maison pour y mettre le feu. Cela a duré jusqu'à près de onze heures du soir. Ils couraient pour enfoncer la porte d'un fourbisseur pour avoir des armes : le guet à cheval qui est survenu a pourtant un peu dissipé le tumulte, sans tirer, et en agissant le plus prudemment. Il y a eu quelques archers de tués pour les apaiser, car, ce jour-là, on en a porté deux à la Morgue du Châtelet, où il y a eu, le jour et le lendemain, un peuple considérable pour les aller voir.

Le commissaire de La Fosse avait été saigné le matin par précaution. Il a été obligé de se sauver avec sa femme et ses enfants par dessus les toits, aussi bien que la mouche de police. Plusieurs maisons à côté

[1] Les rues de Paris étaient autrefois fermées par de fortes chaînes de fer scellées, par un bout, à l'une des murailles et s'attachant, par leur autre extrémité, à un long crochet en fer fixé dans le mur opposé. On tendait ces chaînes dans les moments d'alarmes, et elles jouèrent un grand rôle durant la Fronde. On en voyait encore plusieurs sous Louis XVI, au moment où la révolution commença.

de la sienne ont aussi été endommagées par contre-coup.

Le plus grand malheur, c'est que dans leur fureur ils ont très-maltraité des particuliers qu'ils ont pris pour des exempts; entre autres, un ingénieur qui était avec un bijoutier du roi, et qui avait un habit d'ordonnance singulier, que je sais avoir été saigné pour la onzième fois; mais je ne sais pas ce qui en est arrivé.

Dans les autres rues de Paris, on était par pelotons, aux portes et à chaque coin de rue, à ne parler que de ces malheurs.

— Samedi, 23, la sédition a été plus forte. L'affaire a commencé à la butte Saint-Roch, où l'on dit qu'on a voulu prendre un enfant. La populace y est accourue et s'est assemblée en très-grand nombre. Un espion de la police, mouche d'un exempt [1], que l'on a reconnu, s'est sauvé chez le commissaire de La Vergée, vis-à-vis Saint-Roch, rue Saint-Honoré, laquelle a été bientôt inondée de peuple. Les boutiques et les maisons ont été fermées jusqu'à la rue de la Ferronnerie. Ce peuple a trouvé des bâtiments et des moellons qu'il a cassés pour avoir des pierres. Il a demandé qu'on lui livrât cet espion, qui se nomme Parisien, et qui était un très-grand coquin de l'aveu de tout le monde. Le commissaire a dit qu'il ne l'avait pas. Un archer du guet, qui était à la porte, soit de l'ordre du commissaire ou non, a tiré un coup de fusil dans le ventre d'un homme; cela a mis le peuple en fureur. A

---

[1] « Entre les sergents il y en a un qui fait la *mouche*, qui suit tous les pas de celui qu'ils veulent prendre, etc. » *Dictionnaire de Trévoux.*

coups de pierres, ils ont brisé et enfoncé une grande et forte porte cochère du commissaire; ils ont cassé toutes les vitres de la maison; ils ont menacé de mettre le feu à la maison; ils ont même, dit-on, été chercher des armes. La fureur du peuple était si grande, que le commissaire et les escouades du guet à pied ont été obligés de leur promettre cette mouche pour les apaiser. En effet, on a livré le pauvre Parisien au peuple qui, en une minute, l'a assommé, et ils l'ont traîné par les pieds, la tête dans le ruisseau, à la maison de M. Berryer, lieutenant général de police, qui demeure un peu plus haut que Saint-Roch, après les Jacobins. Ils ont voulu l'attacher à la porte. On a cassé toutes les vitres du devant de la maison de M. Berryer, avec imprécations épouvantables contre lui, menaçant de lui en faire autant si on pouvait le trouver. Sa porte était fermée [1], et on a été obligé d'y envoyer plusieurs brigades du guet à cheval et à pied pour seulement garder la maison de M. Berryer qui, dès le commencement de ce tapage, était sorti de sa maison par une porte qui donne dans les Jacobins [2].

Beaucoup de gens ont trouvé le parti du commissaire bien dur d'avoir ainsi sacrifié un homme, quoiqu'il eût crainte du feu et d'être saccagé lui-même; d'au-

[1] Le peuple est entré dans la cour de M. Berryer; son suisse a ouvert la porte et a parlé au peuple fort éloquemment. (*Note de Barbier.*)

[2] Il est vraisemblable que Barbier a voulu dire les *Feuillants*, car M. Berryer demeurait auprès de l'hôtel de Noailles, sur l'emplacement duquel la rue d'Alger a été ouverte. Il était dès lors difficile qu'il eût une porte donnant sur les Jacobins qui se trouvaient de l'autre côté de la rue. D'ailleurs, Barbier lui-même dit, un peu plus loin, que M. Berryer demeurait *vis-à-vis* M. de Savalette, et la maison qu'occupait ce dernier porte aujourd'hui le n° 350.

tant que l'on dit qu'il y avait une douzaine d'archers du guet dans la cour qui pouvaient le protéger. Mais d'autres disent qu'il a livré Parisien au guet pour le faire sortir dans la rue, et que le guet, ne se trouvant pas en force, l'a livré au peuple. On dit encore que Parisien a demandé à se confesser et que le peuple n'a pas voulu y entendre [1].

Cette sédition a duré jusqu'au soir, et comme, indépendamment de la maison du lieutenant général de police, il y a, vis-à-vis, la demeure M. de Savalette, garde du trésor royal en exercice, et qu'on a appréhendé quelque pillage, on a commandé, le soir, des détachements des soldats aux gardes françaises et suisses qui se sont portés, à tout événement, dans la place Vendôme.

Sur les neuf heures du soir, le commandant du guet [2] à cheval est venu à la porte de M. Berryer avec des détachements. Il a, dit-on, parlé très-prudemment au peuple, le rassurant sur ses craintes et lui promettant justice. Il était pâle comme un noyé. Cependant, il les a un peu apaisés et l'on paraît fort content de sa conduite. Il est venu par le bas avec son monde, quatre à quatre. Quand il a été près de Saint-Roch, il se sont rangés huit de front, ce qui tenait la rue, et alors ils ont pris le grand galop, l'épée à la main, jusqu'à la maison de M. Berryer. Cela a fait un écart pour éviter d'être écrasé, qui a dissipé tout le peuple. Il n'y avait plus personne à dix heures du soir.

On dit que, dans l'après-midi, M. le premier prési-

---

[1] Barbier dit un peu plus loin que ce fut un nommé Labbé et non Parisien, qui fut ainsi massacré.

[2] Il se nommait Duval.

dent du parlement et M. le procureur général ont envoyé chercher M. le lieutenant général de police, et que celui-ci a été de suite à Versailles. On dit aussi que, sur cette nouvelle, il s'était détaché plus de deux mille personnes sur le grand chemin, le long du Cours, pour attendre M. Berryer à son retour ; apparemment qu'il a été informé de cette marche.

— Aujourd'hui dimanche, 24, tout est assez tranquille. La rue Saint-Honoré, du côté de Saint-Roch, a été seulement remplie de monde allant et venant, à ne pouvoir passer, pour aller voir les vitres cassées des maisons du commissaire et de M. Berryer. Il y avait quelques escouades du guet à pied pour garder sa porte, et quelques soldats aux gardes cachés dans la maison ; mais il n'y en avait plus dans la place Vendôme, et, pour prévenir tout accident de la part de cette populace animée, surtout ce soir, en revenant des guinguettes avec du vin dans la tête, on a commandé trente hommes par compagnie des soldats aux gardes françaises et suisses, pour être sous les armes à leurs différents corps de garde, prêts à marcher au premier coup de tambour, et on a commandé tout le guet tant à pied qu'à cheval, ce qui s'exécutera, je crois, encore quelques jours, quoique, suivant les apparences, il y ait des ordres bien précis de ne plus s'amuser à aucun enfant.

Il y a eu, dans ces différentes émotions, quinze ou vingt personnes tuées, ou d'archers ou du peuple, sans compter ceux qui ont été bien blessés.

Cet événement est d'autant plus singulier que le peuple de Paris, en général, est doux et assez tranquille, et l'on convient que, depuis quarante ans, on n'a point vu de pareille sédition. Même dans les années du pain cher, les émotions qu'il y a eu ont été dissipées en peu de temps et plus aisément. Apparemment que ce fait d'enlèvement de leurs enfants leur a été plus sensible et les a plus irrités.

— Il s'agit de savoir, à présent, ce que l'on fera, car on dit qu'on a arrêté quelques particuliers dans la rue Saint-Honoré, et, entre autres, un laquais de M. Bouret, fermier général, homme de confiance du contrôleur général. On fera quelque exemple, parce que, d'un côté, il est à craindre de faire naître une sédition plus générale, et que, d'un autre côté, il est dangereux de laisser cela tout à fait impuni et de laisser connaître au peuple sa force et qu'il peut être redoutable ; car, dans tout ceci, il a toujours eu le dessus et l'on a été obligé de le ménager.

Pour M. Berryer, lieutenant général de police, il n'est pas possible qu'il reste en place. Il était, dès auparavant, détesté du peuple pour ses duretés et la grande quantité d'amendes qu'il impose sans miséricorde. On dit même qu'on a fait des feux de joie dans son intendance [1] quand il en est sorti. Mais quand il ne serait pas coupable au fond, il n'osera plus se montrer de longtemps, et ses ordonnances seront méprisées. D'ailleurs, on sent bien que cette manœuvre pour avoir des enfants, vient, dans sa source, de M. d'Argenson, ministre et secrétaire d'État de Paris. Il faudra que le ministre en rejette la faute sur quelqu'un pour se disculper, et M. Berryer sera la victime de cette infâme politique. On dit, cependant, qu'on ne

---

[1] L'intendance de Poitiers. Voir ci-dessus, p. 15.

doit pas sitôt le faire sortir de sa place, pour ne pas donner au peuple cette satisfaction, et le mettre dans le cas de ne plus craindre et respecter, selon sa fantaisie, ceux qui occuperaient cette place.

— Lundi, 25, la grand'chambre du parlement étant en place, comme à l'ordinaire, le lieutenant général de police et le procureur du roi du Châtelet se sont rendus au parquet, et ont demandé à entrer pour rendre compte de ce qui s'était passé dans ces différentes émeutes, pendant les vacations du parlement, depuis le samedi de la Pentecôte jusqu'à la Trinité. Ils ont déclaré à la cour que les bruits d'enlèvements d'enfants étaient sans fondement : qu'il n'y avait eu aucune ordonnance de police ni aucun ordre particulier donné à cet effet, que cela venait de gens malintentionnés, pour troubler la tranquillité publique ; sur quoi, après un discours des gens du roi, la cour a rendu un arrêt par lequel elle a commis M. Severt, conseiller de grand'chambre, pour informer, etc. Cet arrêt a été expédié et imprimé [1] tout de suite, et, à onze heures du matin, il était affiché à tous les coins des rues, pour tranquilliser le peuple. Il était concerté de la veille, car ordinairement le lieutenant de police ne vient point d'office au parlement ; il n'y vient que mandé par la cour ; mais on n'a pas voulu perdre de temps.

— Bien des gens croient encore que les bruits d'enlèvements sont faux, parce qu'aucun de ceux qui raisonnent ainsi n'en ont vu enlever. Ce n'est pas une rai-

---

[1] *Arrest de la Cour du Parlement du* 25 *mai* 1750. — Imp. de P.-G. Simon, 4 p. in-4°.

son : il faudrait, pour cela, s'être trouvé à point nommé dans ces rues. Mais il faut observer que de tout temps on prend les petits libertins et fainéants qui jouent sur les portes et dans les carrefours, sans que le peuple s'en plaigne et se révolte; et que les gens de la police préposés pour ces captures, à qui on donne une rétribution par personne, abusent de leurs ordres pour arrêter du monde.

Il y a ici un fait : tous les tumultes qui sont arrivés ont commencé à un endroit et pour une cause. Le peuple ne s'est assemblé, multiplié et répandu qu'en poursuivant ceux que l'on accusait d'avoir pris ou voulu prendre des enfants. Ces gens poursuivis se sont tous réfugiés chez des commissaires, comme un lieu d'asile pour la police, et tous ces gens, soit ceux qui qui n'ont pas pu s'échapper et qui ont été assommés ou maltraités, soit ceux qui se sont réfugiés dans des maisons, et surtout chez des commissaires, se sont trouvés être des archers, mouches, espions. Pourquoi se trouvaient-ils là ? Il est donc vrai que c'était à dessein de surprendre les enfants [1].

— Cela est arrivé de même en 1720. Après la suppression de la rue Quincampoix, qui avait effective-

---

[1] Il est cependant vrai qu'il y a eu des personnes prises pour des exempts qui n'en étaient pas, et qui ont été très-maltraitées : qui auraient même été assommées si elles n'avaient pas été reconnues par quelqu'un. Dans l'affaire de la porte Saint-Denis, un maître à danser, qui demeurait rue Poissonnière, et, dans celle de la rue de Cléry, le comte de Maurienne, machiniste du roi qui, après avoir été conduit chez le commissaire Desnoyers, a été conduit à neuf heures du soir par plusieurs escouades du guet à l'Hôtel-Dieu, pour y être plus en sûreté que chez lui. Il avait été saigné chez le commissaire, où l'on a dressé un procès-verbal. (*Note de Barbier*).

ment attiré un nombre infini de fainéants, vagabonds et gens sans aveu, pour ce vilain commerce de papier, il y eut, au mois de mars, une déclaration du roi pour arrêter toutes sortes de gens et pour les envoyer aux colonies. Il fut fait, pour cet effet, trois bandes d'archers qui marchaient publiquement dans les rues avec un sergent à leur tête. Ils avaient cent sous par personne qu'ils arrêtaient : le dessein et l'exécution se faisaient ouvertement. Cela s'exécuta pendant près de deux mois, à la vue du peuple qui ne remua pas. A la fin, ces vagabonds se dissipèrent. Ces archers n'ayant plus de proie, commencèrent à prendre indistinctement des bourgeois et du peuple; cela fit du bruit; les artisans empêchèrent leurs enfants de sortir. Au commencement du mois de mai, ces archers s'avisèrent d'aller dans le faubourg Saint-Antoine et voulurent arrêter quelqu'un. Tout le peuple sortit, s'ameuta, armé de bûches et d'autres instruments : on tomba sur ces archers qui portaient des pistolets et tirèrent. On les assomma, et on en porta douze à l'Hôtel-Dieu pour être trépanés.

Il y eut alors une seconde déclaration du roi qui ordonna l'exécution de la première, pour n'avoir pas le démenti, et qui, en même temps, mit un ordre pour ne point troubler le peuple mal à propos, et ordonna que tous les artisans porteraient sur eux un certificat des maîtres et bourgeois chez qui ils travaillaient. Mais quinze jours après on supprima les bandes d'archers; il ne fut plus question de rien, et il n'y eut aucune information ni punition de la révolte du faubourg Saint-Antoine. M. le comte d'Argenson, aujourd'hui ministre, était alors lieutenant général de police.

Aujourd'hui, qu'on avait besoin d'enfants vagabonds, libertins, presque abandonnés de père et mère hors d'état de les nourrir, comme il y en a beaucoup, on n'a pas voulu suivre la même route. On a cru qu'une déclaration du roi, que des archers, causeraient de l'alarme; on a pris le parti de la surprise et d'agir secrètement. L'avidité des gens de police préposés pour cela a tout gâté, et causé les désastres qui sont arrivés.

— Il y a apparence que cela dure depuis longtemps[1], et qu'on a enlevé beaucoup d'enfants, indépendamment de ce qu'on en a pris dans les hôpitaux. Il y en a, dit-on, beaucoup à cet âge qui ont la gale et qu'on ne peut emmener. On m'a dit qu'une lettre de Marseille avait été reçue, il y a plus de quinze jours, par un particulier à qui un homme écrivait : « Mandez-moi si l'on sait à Paris ce que l'on veut faire de tous les enfants qui arrivent ici. On en a amené plus de deux mille, et on en attend encore. »

— On dit que le roi n'a été informé de toutes ces émotions populaires que samedi, 23, jour du tapage de la rue Saint-Honoré, parce qu'il a été question de faire marcher le régiment des gardes, et que cela pouvait devenir grave. Comment aura-t-il pris ce silence ?

— Il y a eu aussi, dit-on, des émotions pour pareille cause, dans cette huitaine, à Vincennes, à Ba-

---

[1] Je sais, de bonne part, qu'il y a près de trois mois, sur le Mont-Parnasse, derrière les Chartreux, où les écoliers vont se promener et jouer, on en prit trois ou quatre, entre autres le fils d'un bourrelier, et que les père et mère de cet enfant, s'étant donné bien du mouvement, un exempt leur fit rendre en donnant vingt écus. (*Note de Barbier.*)

gnolet, à Vitry et à Saint-Cloud, où les archers ou espions ont été très-maltraités.

— On ne sait absolument point dans quelle partie de l'Europe habite le prince Édouard. On dit qu'il a parcouru tout le Nord. C'est un homme extraordinaire et infatigable : il fait vingt lieues à pied, avec deux hommes de confiance.

Juin. — L'impôt des quatre sous pour livre que l'on prend sur tous les droits devait finir. Le roi en a ordonné la continuation pour six ans. Cet impôt est des plus extraordinaires. Un homme n'est qu'à vingt livres de capitation, et il en paye, par ce moyen, vingt-quatre ; ainsi du dixième passé, du vingtième présent et de tous les droits sur toutes les denrées. C'est un cinquième en sus, qui est un objet considérable. Le parlement a voulu s'opposer à cette continuation en temps de paix. Il a fait des remontrances, que les gens du roi ont portées à Versailles, dimanche, 7 ; ils demandaient, en même temps, la suppression du droit de centième denier, nouvellement établi. La réponse du roi n'a pas été satisfaisante : les droits subsistent toujours.

Cela a fait une petite altercation dans le parlement. Messieurs des enquêtes prétendaient que les remontrances, avant d'être portées, devaient être lues à toutes les chambres assemblées ; mais, comme les commissaires nommés pour les dresser sont pris tant dans la grand'chambre que dans les enquêtes, il a été décidé, à la pluralité des voix, qu'elles ne seraient lues qu'à la grand'chambre, qui a toujours exclusivement l'exercice d'autorité et de supériorité.

— Lundi, 8, le roi est parti pour Compiègne pour

un voyage de six semaines, jusqu'aux couches, à peu près, de madame la Dauphine. La reine et Mesdames sont aussi du voyage, ainsi que le conseil, les ministres et tous les bureaux, à l'ordinaire. Il ne reste à Versailles que M. le Dauphin, madame la Dauphine et leur cour.

Le roi était venu dimanche coucher à la Muette, dans le bois de Boulogne, d'où il est parti lundi, à quatre heures du matin, pour chasser dans la forêt, en arrivant. Il a cinq relais ; il y a dix-huit lieues : il lui faut six heures.

Ordinairement, il vient par les remparts de Paris pour gagner la porte Saint-Denis, et messieurs de Ville l'attendent sur son passage. Cette fois-ci, il est sorti du bois de Boulogne par la porte Maillot, pour traverser la plaine et gagner Saint-Denis à travers les terres[1]. Cela a fait tenir des discours ; les uns ont dit qu'il n'avait pas passé par Paris par crainte, à cause des dernières émotions populaires ; les autres qu'il avait voulu marquer du mépris au peuple à cause de la sédition. Le premier motif est plus vraisemblable.

— M. Severt et M. Roland, son adjoint, conseillers

---

[1] En raison du motif qui avait déterminé ce changement à l'itinéraire habituel, la route que suivit Louis XV, à sa sortie de la porte Maillot, prit le nom de *Chemin de la Révolte*, sous lequel on désigne encore quelquefois la route départementale n° 11, qui conduit du bois de Boulogne à Saint-Denis. Mais c'est à tort que l'auteur de la *Vie privée de Louis XV*, tome II, page 354, avance que : « l'on construisit à la hâte un chemin de la route de Versailles à Saint-Denis. » Cette route existait depuis longtemps. Elle est indiquée sous le nom de route ou chemin de Versailles à Saint-Denis *par où passent les convois*, sur le *Plan de Paris et de ses environs*, de Roussel (1730). Enfin, on la retrouve dans le bois de Boulogne, où une allée sinueuse qui se rend de la porte de Boulogne au carrefour d'Armenonville a conservé le nom de route de Saint-Denis.

de grand'chambre, continuent toujours à force les informations. Ils ont quitté les procès particuliers dont ils étaient chargés, et ne travaillent qu'à cela. On a entendu un très-grand nombre de témoins. On a arrêté beaucoup de bourgeois, du peuple, qui ont excité le tumulte, et en même temps plusieurs exempts, mouches ou gens de police. On commence à dire que les exempts avaient des ordres, et qu'ils les ont montrés par écrit, pour arrêter des enfants vagabonds; mais non pas pour en prendre et les rendre pour de l'argent. Comment condamnera-t-on ces exempts? Comment, d'un autre côté, condamner les séditieux sur l'enlèvement d'enfants? Il est curieux de voir l'effet de ces informations. Je pense assez que cela n'aura pas grande suite.

— On a arrêté, dit-on, un serrurier chez lequel s'était d'abord réfugié le nommé Labbé, mouche de police, qui s'était enfermé dans une chambre au haut de la maison. Le serrurier, intimidé par le peuple, a ouvert la chambre avec un rossignol pour le faire sortir et le livrer. Labbé s'est pourtant sauvé des mains du peuple cette fois, car c'est lui qui s'est retiré chez le commissaire vis-à-vis Saint-Roch, et qui, enfin, a été assommé par le peuple, et non pas le nommé Parisien, comme on avait dit[1].

— On a crié dans les rues, avec grand bruit, un arrêt du parlement confirmant une sentence du Châtelet qui a condamné au fouet et au fer chaud, une femme qui avait dépouillé un enfant dans une allée. Le tout pour amuser le peuple sur l'aventure des enfants à laquelle ceci n'a aucun rapport.

[1] Voir ci-dessus, page 134.

— On a aussi distribué un jugement de M. l'intendant d'Orléans, comme commissaire du roi, qui a condamné au fouet et aux galères un homme qui a dit avoir eu ordre d'enlever des enfants. Mais cela ne prouve pas qu'il n'en eût pas l'ordre. On a bien fait de le punir pour s'être vanté de cet ordre, surtout dans la circonstance, pour apaiser le peuple.

— Cette frayeur d'enlèvement aurait gagné dans les provinces. On dit qu'à Toulouse on a presque assommé des hommes qui vendaient des poupées, comptant que c'était un prétexte pour prendre des enfants, et l'on convient, à présent, que tous ceux qui ont été tués ou bien maltraités dans les tumultes de Paris, l'ont été par méprise et par soupçon; car l'on dit que, par les informations, il ne s'est présenté personne qui se soit plaint que, dans cette histoire des tapages, on leur ait enlevé des enfants. Les véritables enlèvements s'étaient faits depuis longtemps, avant que la méfiance et la frayeur fussent dans le peuple.

— Depuis que le clergé est assemblé, il s'est répandu un livre dans le public, en forme de Lettres; avec un texte *Ne repugnate*, etc.[1], imprimé à Londres, qui a pour objet de répondre à des remontrances du clergé faites, il y a déjà quelque temps, et de faire voir que le clergé n'a aucun droit ni aucun privilége pour être exempt de donner la déclaration de ses biens et de payer le vingtième, ainsi que les autres sujets du roi.

---

[1] *Lettres : Ne repugnate vestro bono*. Londres (Paris), 1750, in-8° et in-12. Ainsi appelées d'un passage de Sénèque qui leur sert d'épigraphe.

Par arrêt du conseil du 1ᵉʳ juin, qui a été bien affiché au coin des rues, le roi a ordonné la suppression de ce livre comme contenant des déclamations contraires à l'honneur du clergé de France, qu'il voudrait faire passer pour le corps le moins utile à la société. Voilà tout ce qu'on en a relevé ; ce qui n'a été fait que pour satisfaire le clergé sur un livre qui n'a point de nom d'auteur et qui est imprimé sans permission ; mais, dans le fond, pour prévenir, contre le clergé, le public qui ne lit point ces sortes de livres.

On dit publiquement que ce livre a été composé de l'ordre de M. le contrôleur général, et que M. le chancelier n'ayant pas voulu donner la permission de l'imprimer, il ne l'a pas moins été, et même par une seconde édition depuis l'arrêt du conseil [1]. Il ne s'est pas même vendu aussi cher que le sont ordinairement les livres défendus.

Au reste, c'est un traité des plus savants sur l'établissement de la monarchie, sur l'ancien état du clergé en France, sur son agrandissement et ses usurpations. C'est un livre très-curieux, qui traite à fond de l'antiquité pour arriver à la preuve de son objet et pour prévenir le public, ou, pour mieux dire, le désabuser de ses préventions à cause du crédit du clergé. Ce coup, en rendant ce dernier égal à tous les autres

[1] Cet ouvrage, généralement regardé comme un travail profond et érudit, fut, en effet, composé à l'instigation de M. de Machault, contrôleur général, par un avocat nommé Bargeton, dont il a déjà été question comme ayant été compromis dans l'affaire de la conspiration Cellamare. (Voir tome Iᵉʳ, page 19.) Bargeton mourut à l'âge de soixante-quinze ans, avant la publication de son livre, dont la seconde édition, qui parut la même année, sous la rubrique d'Amsterdam, contient l'arrêt du conseil qui en ordonne la suppression.

corps de l'État, et en prouvant qu'il possède le tiers des biens du royaume, tend à faire connaître que ceci est pour le soulagement public.

Si l'on voulait tirer parti de toutes les recherches qui sont dans ce livre, on serait en état de réformer bien des abus sur les justices, les fiefs et sur ce qu'on appelle noblesse.

— On dit qu'il y a bien du mouvement et de la fermentation à Compiègne dans le ministère, et l'on parle d'une grande cabale contre M. d'Argenson, ministre de la guerre et de Paris. Ce ministre est néanmoins dans un grand crédit auprès du roi et de madame de Pompadour, par son esprit et sa légèreté. On dit qu'il a le talent, plus que personne, de parler hardiment et au mieux, même de ce qu'il ne sait pas, qui en est un très-grand, surtout devant gens qui ne sont pas profonds en connaissances.

On lui reproche de ne s'occuper que de manéges de cour, et beaucoup de négligence dans les affaires; qu'on ne peut pas parvenir à avoir des signatures, et, par une conséquence nécessaire, trop de confiance et de détail à ses premiers commis pour les lettres et les affaires. On dit que M. le maréchal de Saxe lui avait écrit une grande lettre circonstanciée sur la différence de nos exercices militaires avec ceux des étrangers; sur la supériorité des derniers, et sur la manière de réformer les nôtres, ce qui devenait une affaire de secret : que, néanmoins, il s'est répandu beaucoup de copies de cette lettre dans le public, ce dont le maréchal s'est plaint, et ce qui ne peut être arrivé que par l'infidélité de quelque commis. On lui reproche aussi le peu d'ordre dans ce dernier projet des enlèvements d'enfants, dont les suites auraient pu être fâcheuses. Voilà bien ce qui se répand dans Paris; mais il y a bien des choses de la politique secrète qu'on ignore ici!

— M. le chancelier d'Aguesseau est toujours incommodé : il a une rétention d'urine et plus de quatre-vingts ans. Il n'a point été à Compiègne [1]; le roi l'a dispensé du voyage, et le conseil des parties [2] se tient ici, ainsi que le sceau. Les conseils se tiennent à Compiègne sans lui. Il y a sûrement bien des mouvements secrets pour cette grande place dont la vacance est prochaine, suivant les apparences.

— On dit qu'un homme attaché à monseigneur le Dauphin dès son enfance, nommé Petigny, on ne sait s'il n'est pas un des valets de chambre, lui demanda la permission de faire un petit voyage en Berri pour y voir toute sa famille. Bourges est bien en Berri. Notre homme étant à Bourges a été faire une petite visite à M. le comte de Maurepas, qui y est toujours en exil. Au sortir de sa visite, en tournant la rue, il a été arrêté et conduit prisonnier au château de Saumur. Cette aventure fait du bruit. On dit qu'il avait porté à M. de Maurepas une lettre de M. le Dauphin, lequel on dit avoir été très-fâché, ainsi que la reine, de sa disgrâce. Cela marque l'attention du ministère sur ce qui se passe; qu'on était instruit du voyage de ce particulier; qu'on a eu quelque soupçon par rapport à M. le Dauphin, et qu'on a prévu ce qui est arrivé par des ordres à l'intendant de Moulins, qui ont

---

[1] Voir ci-dessus, page 142.

[2] Le conseil d'État ou simplement le *Conseil*, était aussi désigné sous le nom de *Conseil privé* et de *Conseil des parties*.

prévenu le voyageur. On dit aussi que dans le voyage de M. le Dauphin à Compiègne, le roi ne lui a parlé de rien, ni lui au roi ; de cette façon, notre homme pourra rester quelque temps à Saumur.

— Madame la duchesse de Penthièvre est accouchée lundi, 22 de ce mois, d'un garçon. Voilà trois princes dans la maison de Toulouse [1].

— On a condamné, après une assez longue prison, un pauvre cabaretier de Charenton à la question ordinaire et extraordinaire, qu'il a soufferte, pour vol sur le grand chemin, dont il était innocent, suivant la déclaration du véritable voleur, qui a été pris et qui a été rompu. Ce qui fait voir la délicatesse des fonctions de juge dans les affaires criminelles.

Juillet. — Aujourd'hui lundi, 6, on a brûlé en place de Grève, publiquement, à cinq heures du soir, deux ouvriers, savoir : un garçon menuisier et un charcutier, âgés de dix-huit et vingt-cinq ans, que le guet a trouvés en flagrant délit, dans les rues, le soir, commettant le crime de s......; il y avait apparemment un peu de vin sous jeu pour pousser l'effronterie à ce point. J'ai appris, à cette occasion, que devant les escouades du guet à pied, marche un homme vêtu de gris qui remarque ce qui se passe dans les rues, sans être suspect, et qui, ensuite, fait approcher l'escouade. C'est ainsi que nos deux hommes ont été découverts. Comme il s'est passé quelque temps sans faire l'exécu-

---

[1] N. de Bourbon, prince de Lamballe, né le 6 septembre 1747.

N. de Bourbon, duc de Château-Vilain, né le 17 novembre 1748.

N. de Bourbon, comte de Guingamp, né le 22 juin 1750.

Un fils aîné du duc de Penthièvre, le duc de Rambouillet, né le 2 janvier 1746, était mort le 13 novembre précédent.

tion, après le jugement, on a cru que la peine avait été commuée à cause de l'indécence de ces sortes d'exemples, qui apprennent à bien de la jeunesse ce qu'elle ne sait pas. Mais on dit que c'est une contestation entre le lieutenant criminel du Châtelet et le rapporteur, pour savoir à qui assisterait à cette exécution, d'autant que le rapporteur n'était plus de la colonne du criminel[1]; mais M. le chancelier a décidé que le rapporteur irait, quoique n'étant plus du criminel. Bref, l'exécution a été faite pour faire un exemple, d'autant que l'on dit que ce crime devient très-commun et qu'il y a beaucoup de gens à Bicêtre pour ce fait. Et comme ces deux ouvriers n'avaient point de relations avec des personnes de distinction, soit de la cour, soit de la ville, et qu'ils n'ont apparemment déclaré personne, cet exemple s'est fait sans aucune conséquence pour les suites. Le feu était composé de sept voies de petit bois, de deux cents de fagots et de paille. Ils ont été attachés à deux poteaux et étranglés auparavant, quoiqu'ils soient étouffés sur-le-champ par une chemise de soufre. On n'a point crié le jugement pour s'épargner apparemment le nom et la qualification du crime. On avait crié celui du sieur Deschauffour, en 1726[2].

— Il y a eu samedi, 11 de ce mois, une autre exécution dans Paris, moins terrible et plus divertissante. La nommée Jeanne Moyon, m......... publique, a eu le fouet et la fleur de lis[3], et a été conduite de-

[1] Voir la note de la p. 163, tome Ier.
[2] Condamné pareillement à être brûlé, pour un crime semblable.
[3] *Arrest de la Cour du Parlement, contre la nommée Jeanne Moyon, veuve Jean Lesur, et autres, accusées de prostitution publique, du 7 juillet 1750.* Paris, imp. de P. G. Simon, 4 p. in-4°.

puis le Grand-Châtelet jusqu'à la porte Saint-Michel, où s'est faite l'exécution du fer chaud, sur un âne, avec un chapeau de paille, la tête tournée vers la queue, avec un écriteau : *M......... publique*. Elle n'a point été fouettée dans les différents marchés, mais seulement en sortant du Grand-Châtelet, d'où elle a été conduite à la porte Saint-Michel, qui était son quartier, par le Pont-Neuf, la rue de la Comédie et les Fossés-de-Monsieur-le-Prince. On dit que dans la marche, elle avait le visage couvert d'un mouchoir, ainsi que ses complices qui l'accompagnaient, ce qui se souffre par grâce. Après avoir eu la fleur de lis à la porte Saint-Michel, elle a été mise dans un fiacre pour être conduite hors de Paris, à cause du bannissement. Ordinairement, ces sortes de femmes sortent de Paris par une porte, y rentrent par une autre, changent de quartier et continuent leur commerce. Cette exécution a beaucoup diverti le peuple.

Cette femme n'a point été condamnée pour tenir un lieu public de débauche. C'est pour avoir enlevé et voulu débaucher une petite fille de dix ans [1].

— Madame la duchesse de Chartres est accouchée d'une princesse [2] la nuit du jeudi au vendredi 10 de ce mois. M. le duc d'Orléans avait été, il y a trois semaines, chez M. Joly de Fleury père, ancien procureur général, lui dire qu'il ne reconnaîtrait pas plus

---

[1] Barbier consacre plus d'une page au récit de cette affaire, dont les détails n'offrent aucun intérêt particulier.

[2] Louise-Marie-Thérèse-Bathilde, dite *Mademoiselle*, qui épousa, en 1770, Louis-Henri-Joseph, duc de Bourbon, et fut mère de l'infortuné duc d'Enghien, fusillé à Vincennes, en 1804. Elle mourut subitement à Paris, le 10 janvier 1822, au milieu d'une procession à laquelle elle assistait à Sainte-Geneviève.

cette grossesse que la première, où madame la duchesse de Chartres est accouchée du prince de Montpensier[1], et cela, sur un cérémonial qui n'a pas été observé. Il prétend que madame la duchesse de Chartres étant première princesse du sang, le chancelier de France doit assister à ses couches comme commissaire du roi : les gens dévots connaissent mieux leurs droits que les autres !…. M. le procureur général en a rendu compte à la cour, sur quoi il a été nommé commissaire du roi pour remplacer et représenter M. le chancelier, qui ne peut pas y vaquer à cause de ses infirmités et même de ses occupations.

En conséquence, plus de huit jours avant les couches, et apparemment aux premières douleurs, M. l'ancien procureur général s'est transporté et s'est établi à Saint-Cloud, où il est resté jusqu'aux couches. On lui servait une table de douze couverts où il y avait toujours trois ou quatre dames de la cour de madame de Chartres. M. Joly de Fleury a soixante-quatorze ou soixante-quinze ans ; mais, outre la supériorité de génie qui lui est connue de tout le monde, il a été galant toute sa vie et a fort aimé les filles. Il a l'esprit très-enjoué et il a fait les plaisirs de la cour de Saint-Cloud. En sorte qu'il s'y est amusé et a beaucoup amusé, et madame de Chartres et toute sa cour.

On croit qu'il pourrait bien avoir la même fonction aux couches de madame la Dauphine. Il est cependant à présumer que le chancelier ne cédera sa place, en pareille occasion, qu'en cas de nécessité.

---

[1] Louis-Philippe-Joseph d'Orléans, né le 13 avril 1746, père du roi Louis-Philippe.

Par la naissance de cette jeune princesse, mademoiselle de Charolais doit perdre le titre de Mademoiselle attaché à la première princesse du sang, fille, lequel est accompagné d'une pension.

— Le bruit se répand encore que M. de Maupeou, premier président du parlement, veut se démettre de sa place, qu'il n'est pas en état de soutenir parce qu'il doit beaucoup. Il n'est pas riche par lui-même, et il a pris un grand état de maison, surtout pour la table, tant à Paris qu'à sa terre de Bruyères [1], à neuf lieues de Paris, pendant les vacances. Il avait des vues sur la place de chancelier. On dit qu'il voudrait s'accommoder avec M. le président Molé qui se chargerait de payer le brevet de retenue dû à M. le premier président Le Peletier [2], et lui donnerait, pour pot-de-vin de sa démission, deux cent mille livres qui lui serviraient à payer ses dettes; le tout en faisant agréer cet arrangement par le roi.

— On dit aussi que M. de Puisieux, qui est assez infirme, voudrait se démettre des affaires étrangères, et qu'on ne laisse pas de parler sourdement, en cour, de M. Chauvelin qui, malgré son exil, a conservé toute sa tête et tout son génie. Il n'a plus pour ennemi, en cour, M. le comte de Maurepas.

— Il y a, à Compiègne, un camp de douze mille hommes pour amuser le roi et sa cour, ce qui fait qu'on ne sait pas bien l'époque de son retour qui était fixé au 20 de ce mois [3].

---

[1] Château situé dans une belle plaine, près de la rive droite de l'Oise, à 4 kilom. N.-E. de Beaumont.

[2] Il était de deux cent mille livres. Voir tome II, p. 371.

[3] Le roi et la cour revinrent effectivement à cette époque.

— Le parlement a arrêté un sursis de quinze jours au jugement criminel de la dernière émeute populaire à l'occasion de l'enlèvement des enfants. Il y a, dit-on, plus de quarante personnes dans les prisons : le procès est presque instruit. Les exempts de police qui sont impliqués dans cette affaire ont, dit-on, rapporté et représenté leurs ordres pour prendre des enfants vagabonds ; mais non pas pour en tirer de l'argent en les rendant aux pères et mères. Le sursis expiré, on verra ce que cela deviendra.

— On ne parle plus de tous les bruits de querelle et de changement dans le ministère qu'on faisait courir dans Paris pendant le voyage de Compiègne. Le clergé continue ses assemblées, mais il ne transpire rien de ses résolutions.

Août. — Depuis quelques jours, le parlement, c'est-à-dire la grand'chambre et la Tournelle assemblées, a repris le travail de l'émotion populaire. Aujourd'hui, samedi 1er, on a fait monter les prisonniers pour être interrogés sur la sellette : il y a dix-neuf ou vingt accusés. Cela a fait assez de bruit dans Paris, d'autant que tous ces prisonniers, exempts de police ou autres, sont gens du peuple. Il y avait des archers à toutes les issues de la grand'chambre, pour empêcher l'affluence de ceux qui étaient intéressés et qui étaient à crier et à pleurer. Les régiments des gardes françaises et suisses étaient commandés. On a vu des escouades de guet à cheval. On disait qu'il devait y avoir trois ou quatre personnes pendues ; il y avait aussi trois exempts, mais on ne parlait pas de mort à leur égard. Cette affaire intrigue, non-seulement le petit peuple, mais les honnêtes gens. On convient que ces séditieux sont criminels, que c'est fort à craindre dans le peuple, qu'il faut faire des exemples, qu'il ne faut pas laisser connaître au peuple sa force et que le ministère le craint; mais on sent, en même temps, que la cause de ces tumultes diminue beaucoup du crime et n'a point de rapport au roi.

Le parlement est resté assemblé à travailler jusqu'à cinq heures du soir, et il n'y a point eu d'exécution. On avait toujours fait prudemment d'avoir main-forte, crainte que le bruit de l'exécution n'occasionnât quelque assemblée populaire.

— Lundi, 3, toutes les chambres du parlement se sont assemblées pour entendre la réponse du roi [1], qui n'a, dit-on, accordé que la suppression du centième denier, pour les immeubles fictifs, pour le 1er janvier prochain. La taxe de quatre sous pour livre, qui est considérable, aura son effet encore pendant six ans.

— Au surplus, il n'y a eu aucune grâce pour les séditieux qui ont été pris [2]; le jugement était rendu dès le samedi. Aujourd'hui lundi, 3, l'arrêt, qui condamne trois de ces particuliers à être pendus, a été affiché aux coins des rues, même crié par quelques colporteurs, et il a été exécuté en place de Grève, où tout le monde était. Le régiment des gardes était commandé, ou du moins par détachements qui étaient postés dans les marchés, surtout aux environs de la Grève, et qui, en cas de besoin, auraient barré toutes les rues pour empêcher la communication du peuple.

[1] Les députés du parlement avaient été la veille, à Versailles, recevoir la réponse du roi aux remontrances qu'ils y avaient portées le 7 juin précédent. Voir ci-dessus, p. 141.

[2] On avait espéré que la Dauphine solliciterait leur grâce.

Cette expédition a été faite sur les cinq heures après midi. Le charbonnier, qui est un homme très-bien fait, est celui qui, ayant été frappé par un archer dans une bagarre, avait cassé la jambe à l'archer. Urbain, le brocanteur, était un jeune homme qui avait été chercher de la paille pour mettre le feu à la maison du commissaire de La Fosse, rue de la Calandre [1], et frappé à la porte d'un fourbisseur, sur le Pont-Saint-Michel, pour avoir des armes : on croyait même qu'il serait brûlé, après être pendu, comme incendiaire. Il n'avait que dix-sept ans ; c'était le fils de gens de métier dans l'Abbaye Saint-Germain. Lorsque le charbonnier fut monté à l'échelle, tout le peuple, dans la place, a crié grâce, ce qui a fait arrêter le bourreau qui a fait descendre quelques échelons au patient. Cela a causé un mouvement d'espérance aux deux autres ; mais il n'y avait point de grâce. Le guet, en ce moment, tant à cheval qu'à pied, la baïonnette au bout du fusil, a fait un grand rond dans la place et fait reculer le peuple, dont il y en a eu même plusieurs blessés et renversés les uns sur les autres, et l'exécution a été faite. Le peuple, qui était dans la Grève, a eu si peur de se trouver environné de soldats aux gardes, qu'il s'enfuyait avec confusion et crainte le long du quai Le Peletier et de la Ferraille [2], jusque par delà le Pont-Neuf, ce qui fait voir qu'avec un peu d'ordre, le peuple de Paris est facile à réduire. La garde dans Paris a continué la nuit, et tout a été tranquille. Telle

---

[1] Voy. ci-dessus, p. 131.

[2] Nom vulgairement donné au quai de la Mégisserie, en raison des marchands de vieux fers qui étalaient autrefois leurs marchandises le long du parapet.

est la fin de cette malheureuse affaire qui a causé la mort et des blessures à plusieurs personnes, des maisons pillées et ravagées, et qui aurait pu être prévenue par un peu de soin de la part des magistrats de police.

Mais il est vrai de dire que cet événement, qui a fait l'histoire du jour et la conversation de tout Paris, y avait mis une certaine consternation. On plaignait ces malheureux, quoiqu'on sentît bien la nécessité d'un exemple, parce que tout le monde est convaincu que dans le fait on a pris grand nombre d'enfants, et que les gens de police avaient des ordres pour le faire, sans que ces ordres ni la volonté du prince aient été manifestés à cet égard, et qu'il est très-naturel au peuple de s'opposer à l'enlèvement de ses enfants ou de ceux de ses voisins. Il est certain que ces exécutions ne déshonoreront point la famille de ceux qui ont été pendus.

— Ce qu'il y a de plus singulier, c'est que, trois jours après l'exécution, le corps des charbonniers de Paris a fait dire des messes de *Requiem* et un service dans l'église des Carmes de la place Maubert, pour le repos de l'âme du charbonnier qui a été pendu. On dit qu'ils n'étaient que trois à la fois à ces messes ; peut-être leur avait-il été défendu par la police, qui avait été instruite de ce service, de s'y rassembler tous en corps.

— M. le prince de Soubise, petit-fils et petit-neveu du prince de Rohan et du cardinal de Rohan, morts il n'y pas longtemps, a une petite maison charmante à Saint-Ouen[1], sur le bord de la rivière. Le roi s'y est arrêté

---

[1] Village situé sur la rive droite de la Seine, entre Clichy et Saint-

en revenant de Compiègne. Le prince de Soubise faisait travailler et accommoder les appartements, que l'on dit être du meilleur goût pour les peintures en vernis et les meubles sans dorures. Le roi dit au prince qu'il y viendrait souper un jour quand le tout serait achevé. C'est une faveur, quoique coûteuse, que les courtisans ne négligent point. Lundi, 10 de ce mois, le roi est venu coucher à la Muette ; mardi, 11, il a été chasser dans la plaine de Saint-Denis pour souper après à Saint-Ouen.

Le prince avait fait préparer une illumination du plus grand goût dans le jardin, avec des lustres et des lampions dont tous les arbres étaient garnis, et un feu d'artifice magnifique dans une île que l'on voit du salon. L'île était entourée de grands ifs de fer-blanc, tout en lampions. Le feu a été fort bien exécuté, tant pour les boîtes que pour l'artifice qui était recherché et extraordinaire ; car, à présent, l'artifice est varié et les feux qui en sortent sont de différentes couleurs.

Mais il s'est élevé un vent indiscret qui a soufflé la plus grande partie de l'illumination, tant du jardin que de l'île, dans la rivière. Quelque nombre d'hommes qu'on ait placés à chaque if pour rallumer à mesure les lampions, il n'a pas été possible de les tenir allumés. Voilà les inconvénients qui sont au-dessus du pouvoir et de la dépense des hommes.

Les appartements étaient ornés et éclairés avec la dernière magnificence. Le souper du roi a été sur le même ton. A ce souper il n'y avait que trois femmes :

Denis. La maison du prince de Rohan fut achetée par M. Necker, peu de temps avant la révolution, et elle est devenue plus tard, la propriété de M. Ternaux, qui avait établi une filature dans ses dépendances.

madame la marquise de Pompadour, la marquise d'Estrade et la comtesse de Clermont. Les hommes qui avaient quelques connaissances dans la maison sont entrés pour voir le souper du roi; mais il était défendu de laisser entrer aucune femme ni fille. C'était une galanterie politique du prince de Soubise pour madame la Marquise. Il aurait pu venir à ce souper de très-jolies femmes de Paris qui, peut-être, auraient attiré les regards du roi.

Le duc de Gèvres, gouverneur de Paris et premier gentilhomme de la chambre, a une grande maison et de grands jardins à Saint-Ouen, sur la rivière[1]. Comme il est grand en tout et extrêmement gracieux pour le public, il n'était point dans sa maison, et il ne lui aurait pas même convenu d'y être; peut-être était-il d'ailleurs du souper; mais il avait donné ordre que sa maison fût ouverte pour le public. Il y avait même trois salles pour les personnes plus distinguées, lesquelles étaient éclairées, et il y avait des officiers de sa maison pour avoir soin de tout.

Mademoiselle de Charolais, qui était à sa maison de Madrid, en est partie le soir avec quelques femmes de sa cour, a fait mettre de quoi faire son souper dans son carrosse, a fait partir un de ses cuisiniers, et est ainsi descendue dans la maison de M. le duc de Gèvres. Les officiers lui ont livré les cuisines et ou-

---

[1] C'était le château seigneurial de Saint-Ouen, que mademoiselle de la Seiglière avait apporté en dot, en épousant le duc de Gèvres. Ce château devint ensuite la propriété de madame de Pompadour; mais l'anecdote rapportée par Barbier, relève une erreur commise par les divers historiens des environs de Paris, qui placent en 1745, l'époque où le duc de Gèvres fit la vente de ce château à la favorite.

vert les appartements, qui ont été éclairés. Ce n'est pas tout : madame la duchesse de Modène y est aussi venue et M. le duc et madame la duchesse de Penthièvre. Je ne crois pas que cette curiosité ait été bien convenable pour des princesses du sang. N'osant pas et ne pouvant pas se trouver avec le roi, il fallait, ce semble, laisser faire cette fête sans elles, ou du moins ne la voir que dans leurs carrosses, de l'autre côté de la rivière. La maison du duc de Gèvres n'était bonne que pour des femmes distinguées, soit de cour, soit de Paris, comme dans la maison de M. Castanier d'Auriac, maître des requêtes, qui a acheté celle de M. le comte d'Evreux à Saint-Ouen, qui est encore une maison charmante.

A l'égard du public de Paris, malgré le vent, il y avait dans Saint-Ouen une affluence très-grande de monde et un concours considérable de carrosses, de manière qu'on dit qu'il y en a eu sept ou huit de brisés et de renversés au retour. Tous les petits maîtres et petites maîtresses d'épée, de robe et de finances, ne manquent point ces sortes de fêtes. C'est une occasion de courir, ce qui est du bel air.

Au reste, cette fête et cet honneur doivent coûter, à ce que l'on dit, environ deux cent mille livres à M. le prince de Soubise, parce qu'il y avait des tables pour tous les officiers des gardes du corps et la suite du roi ; pour tous les gardes, les pages, etc. Ce qui est toujours très-nombreux et entraîne un grand dégât. Il ne faudrait pas beaucoup de fêtes de cette espèce pour incommoder et déranger les affaires du seigneur prince de Soubise.

— Il y a eu des mariages ces jours-ci à Paris. M. le

marquis de La Salle[1], lieutenant général des armées du roi, homme de trente-cinq ans, qui est de la cour et des plaisirs particuliers du roi, a épousé mademoiselle de Clermont de Chaste, fille du second lit de M. de Clermont, comte de Roussillon, qui est d'une ancienne maison, et de mademoiselle de Butler, Irlandaise, et de grande maison d'Irlande, dont les père et mère avaient suivi en France le roi Jacques Stuart. Une sœur de mademoiselle Butler avait épousé M. de La Guillaumie, conseiller au parlement. Elles n'avaient point de bien, et le vieux comte de Roussillon avait épousé par inclination la cadette, qui était belle et bien faite.

M. Le Prêtre, neveu du receveur général, à qui son oncle a assuré sa charge en mariage, a épousé mademoiselle Grimaudet, fille du commissaire général des gardes françaises. Ce sont gens riches et de fortune. Comme c'est l'usage d'aller à l'Opéra le premier vendredi après le mariage, surtout pour les gens de conséquence, ces gens-ci y étaient, avec bien des diamants, à la première loge du côté de la reine, loge consacrée ordinairement pour les gens titrés et de condition. Mais tel est aujourd'hui le luxe et l'impertinence : il suffit d'être riche pour jouer à la grande !

— Le lundi, 17 de ce mois, s'est faite à l'hôtel de ville la cérémonie pour l'élection[2] du prévôt des marchands et de deux échevins. Cela se fait ordinairement le jour de Saint-Roch, lendemain de la Notre-Dame ;

---

[1] Le mariage de Marie-Louis Caillebot, marquis de La Salle, sous-lieutenant des gendarmes de la garde du roi, avec Marie-Charlotte de Clermont, etc., se fit le 4 août.

[2] Voir ci-dessus, p. 94 et suivantes, le compte rendu d'une élection précédente.

mais quand le jour de Saint-Roch est un dimanche, cela se remet au lundi.

J'avais été appelé, comme notable, pour procéder à l'élection, et, comme je n'avais point été brûlé, j'ai assisté à la cérémonie et au dîner de la Ville. Cette cérémonie est longue; comme un huissier de la Ville va chercher, dans les carrosses de la Ville, les trente-deux notables mandés, on n'est guère rassemblé qu'à plus de midi et demi. Il y avait, dans les mandés, M. de Blair, conseiller de grand'chambre; plusieurs magistrats de différentes juridictions; M. Moreau, procureur du roi au Châtelet; des curés de Paris et autres notables; ce qui est bien la preuve que les magistrats de cour souveraine ne sont autres que notables bourgeois. Quoiqu'ils aient la noblesse, cela ne fait que de la noblesse bourgeoise, ainsi que celle des échevins et secrétaires du roi.

M. le prévôt des marchands et les quatre échevins en place sont assis en haut de la grande salle, sur un banc. Le procureur du roi de la Ville est dans un fauteuil, vis-à-vis une table, et le greffier de la Ville dans un fauteuil, vis-à-vis de lui.

A la droite du prévôt des marchands sont, sur un banc, en longueur, les conseillers de Ville, officiers de cour souveraine; ensuite les conseillers de Ville bourgeois; et, après les quartiniers, sur un banc, à gauche, tous les mandés.

Le prévôt des marchands a fait un discours adressé aux notables sur l'élection qui était à faire, sur l'honneur qu'il avait eu à remplir sa place pendant plusieurs prévôtés, sur l'éloge des échevins dans leurs fonctions, un peu sur le roi, sur l'espérance des couches de madame la Dauphine. Il a lu son discours, qu'il tenait à la main, et qui a duré près d'une demi-heure.

Le premier et le second échevin ont fait chacun un discours moins long, et le procureur du roi de même, sur les règles, les usages de la Ville et les fonctions et droits de la juridiction. Après cela, on a lu les ordonnances de la Ville et la lettre de cachet du roi, qui était de l'année passée, pour continuer M. de Bernage, prévôt des marchands, pour deux années, jusqu'à la Notre-Dame 1752; ce qui a fait aussi la matière d'un remercîment dans le discours du prévôt des marchands et d'un éloge dans les autres.

On appelle ensuite ceux qui doivent être présents, pour savoir s'ils y sont.

Le prévôt des marchands et les quatre échevins quittent leurs places et passent derrière le banc qui est occupé par quatre scrutateurs, dont le premier est le scrutateur royal : c'est, cette année, M. Feydeau de Brou, avocat du roi au Châtelet, et fils du conseiller d'État. Ce scrutateur royal tient un crucifix pour recevoir le serment de bien fidèlement procéder à l'élection, ce que le scrutateur demande à chacun en particulier; à quoi on répond : « Oui, monsieur. » Le scrutateur après lui tient un sac de velours cramoisi où chacun jette son billet. M. le prévôt des marchands va le premier au serment, à genoux sur un carreau de velours, la main sur le crucifix, et donne son billet, puis les quatre échevins et tous les conseillers de Ville. Ensuite, on appelle, par ordre de réception, chaque quartinier et les deux mandés. C'est le greffier, debout, qui fait cet appel, et chacun fait la même cérémonie. On met son billet dans le sac : sur ce billet est écrit M. de Bernage, prévôt des marchands, et pour échevins, M. un tel et M. un tel. C'est le quartinier qui, avant toutes les cérémonies, donne un pareil billet à ses deux mandés. Ces billets préparés sont arrangés de façon que la pluralité des voix se trouve tomber sur ceux qui sont désignés pour être échevins. L'on voit, par là, que toute cette grande et longue cérémonie d'élection n'est que de forme et de nom, et, dans le fait, c'est le plus simple et le plus convenable ; car, si l'élection se faisait sérieusement, comme dans l'origine, cela causerait bien de l'abus et de la prévarication : de la part des mandés qui, dans le temps où nous sommes, vendraient leurs suffrages, et de la part du quartinier qui a le choix de mander dans les notables de son quartier.

Il y a tous les ans pour nouveaux échevins, un officier de Ville, soit conseiller ou quartinier alternativement, et un bourgeois, comme marchand, notaire, avocat ou autre. Les échevins de cette année sont M. Gaucherel, quartinier de Ville, gros et riche marchand d'étoffes de soie, à la *Couronne d'or*, rue des Bourdonnais, qui est une belle et ancienne maison [1] bien bâtie, que l'on dit avoir été une maison de campagne de Philippe le Bel, roi de France, laquelle était alors dans les bois ; l'autre est M. Bontems, notaire.

Toute la façon du scrutin finie, M. le prévôt des marchands et les quatre échevins sortent de la

---

[1] L'hôtel de La Trémoille, autrement dit la *Maison des Carneaux*, démolie vers 1842. Gaucherel devait être le successeur de Gauthier et Dupré, marchands de soieries qui mirent à cette maison l'enseigne de la *Couronne d'or*. Voir la Notice sur l'hôtel de La Trémoille, par M. Troche, *Mém. de la Soc. des Ant. de France*, tome VI, nouvelle série, page 207.

salle et se retirent dans leur bureau pour dresser le procès-verbal de l'élection que l'on envoie sur-le-champ au roi. Pendant qu'on dresse ce procès-verbal, tous les officiers de Ville et mandés vont et viennent dans l'hôtel de ville, boivent un coup s'ils le veulent, et l'on met le grand couvert dans cette même grande salle, où il y a encore nombre de gens derrière les bancs, que l'on a fait entrer par amis, pour voir toute la cérémonie ci-dessus et pour voir aussi le coup d'œil du repas. Tout cela dure de façon que nous ne sommes qu'à trois heures et demie.

C'est une grande table longue, d'un bout de la salle à l'autre, contenant quarante-huit couverts, à peu près, de chaque côté. Il y a au milieu, tout du long, vingt et un ou vingt-deux plateaux contenant chacun quatre corbeilles de confitures sèches, valant au moins dix francs chacune, que chacun des assistants emporte à la fin du repas.

M. le prévôt des marchands est au bout de la table, en face, au haut de la salle, avec le scrutateur royal. A droite, sont tous les mandés à qui on fait les honneurs; à gauche, les échevins, officiers de Ville, conseillers, procureur du roi, greffier et quartiniers; et au bout, en face, le colonel de la Ville. Derrière M. le prévôt des marchands, est un buffet en pyramide garni de vieille vaisselle de vermeil doré qui ne sert à rien et qui a un air d'antiquité; à côté, sont les trompettes et hautbois de la Ville qui jouent par intervalle.

Chaque service est annoncé par des trompettes et tambours qui sont dans la cour. Il n'y a rien de bien extraordinaire pour les mets : c'est une soupe et trois entrées servies entre quatre personnes, deux de chaque côté, et ainsi répété le long de la table; deux plats de rôt, viande blanche et noire, deux salades, un melon, des bouteilles de vin et carafes d'eau dans des seaux à la glace, de même pour l'entremets. Pour le dessert, des tourtes, compotes et corbeilles de pêches magnifiques; du vin de Champagne, de Mulleseau[1], et vin de Chypre. On y boit très-modérément et très-décemment. Au dessert, M. le prévôt des marchands boit, et porte à toute l'assemblée différentes santés : de M. le gouverneur de Paris, Mesdames de France, madame la Dauphine, M. le Dauphin, la reine. La dernière est du roi, à laquelle tout le monde se lève pour sortir de table, et chacune de ces santés est célébrée par des fanfares de trompettes et hautbois.

Le coup d'œil de ce service, surtout à cause de ces corbeilles de taffetas de différentes couleurs, et de confitures sèches, est magnifique et auguste par ce nombre de quatre-vingt-dix personnes à table, qui toutes ont chacune leur laquais derrière leur chaise.

On a fait, cette année, pour la première fois, un changement pour les domestiques, et on a introduit un usage fort sage. Ci-devant, on donnait avec profusion des assiettes pleines de toutes les viandes à ses domestiques, avec des bouteilles de vin presque entières. Ils emportaient les assiettes à chaque service, mangeaient malproprement; quelques-uns se soûlaient. Ils donnaient même à manger à nombre de gens du peuple qui sont là à regarder, ce qui causait de la

[1] Il n'existe aucun vignoble en Champagne qui porte ce nom. Barbier veut dire, sans doute, qu'on servit du vin de Champagne et du vin de Meursault, vin blanc renommé des environs de Beaune, en Bourgogne.

confusion, du dégât et du désordre. Cette année, avant le premier service, un officier des gardes de la Ville a fait tout le tour de la table et a prié tous les conviés de ne rien donner aux domestiques, pour manger ni pour boire, et qu'à la fin du repas on leur distribuerait à chacun quarante sous. Quoique cela fasse au moins cent quatre-vingts francs, la Ville y gagne par l'ordre qui y était, et les domestiques, surtout les plus sages, aiment mieux avoir quarante sous de reste.

Chacun s'en va ensuite; les officiers de Ville, principalement, ont été rendre visite à M. le prévôt des marchands sur sa continuation, et aux deux nouveaux échevins.

— La charpente pour un feu est toute préparée, dans la place de Grève, pour la nouvelle de l'accouchement de madame la Dauphine. Si c'est un prince, les fêtes seront bien plus belles et l'hôtel de ville fera un feu sur la rivière. C'est à cette occasion que M. le comte d'Argenson, ministre, a fait continuer, pour deux ans (qu'il peut même y avoir une seconde grossesse), pour prévôt des marchands, M. de Bernage, lequel est son parent, parce qu'il retire un gros profit de toutes les dépenses que fait la Ville.

— Mercredi, 26, à six heures du matin, madame la Dauphine a commencé à ressentir des douleurs sérieuses. Il est parti de Versailles nombre de courriers, entre autres, de la part de la cour, un pour la Ville, où se rassemblent aussitôt le prévôt des marchands et les échevins pour attendre et pour donner les ordres nécessaires, comme pour faire jeter du sable depuis le Pont-Neuf, le long du quai de la Ferraille jusqu'à l'hôtel de ville, pour que le courrier qui doit apporter la nouvelle de l'accouchement, et qui vient vite, ne se casse pas le cou. Il y a eu aussi un courrier à Notre-Dame pour faire exposer le Saint-Sacrement, et un pour en donner avis au parlement.

Tous les princes, princesses, ministres et ambassadeurs, et gens de cour, d'épée, d'église et de robe, étaient à Versailles, dans les appartements de la Dauphine et dans la galerie, à attendre l'événement. Cette expectative a duré jusqu'à près de six heures du soir, que madame la Dauphine est accouchée d'une princesse seulement[1], au grand mécontentement de tout le monde. Le courrier est parti, le canon des Invalides a tiré, ainsi que celui de l'hôtel de ville, et on a allumé, sur les sept heures et demie, l'illumination qui était préparée à la façade de l'hôtel de ville; mais cela n'a fait aucun mouvement de joie et de plaisir dans Paris.

Madame la Dauphine a connu, dit-on, au visage des assistants que c'était une princesse; mais cela ne lui a fait aucune impression. Le roi, dit-on, pendant le travail, lui tenait une main et la reine l'autre. Le roi avait un mot avec le sieur Jarre, accoucheur, pour lui faire entendre si c'était un prince ou une princesse, ce que le sieur Jarre ayant fait, le roi est devenu blanc. On dit aussi que l'accouchée ne peut pas ignorer longtemps la qualité de l'enfant, parce qu'il est de règle qu'on lui présente à baiser quelque temps après. Si c'est un garçon, il a le cordon bleu et il lui est présenté par un seigneur de la cour qui obtient aussi, par là, dans la suite, le cordon bleu. Si c'est une fille, elle lui est présentée par une dame de la cour.

[1] Marie-Zéphirine, morte le 1ᵉʳ septembre 1755.

Il est certain que madame la Dauphine a dormi tranquillement sept heures la nuit suivante. La nourrice qui a été choisie est la dame Vata, femme de l'intendant de M. le comte de Saint-Florentin : c'est une femme de bonne santé, qui avait déjà nourri deux de ses enfants. La fortune du mari, qui est un homme d'esprit et de mérite, était faite si c'eût été aussi bien un prince.

La mère, l'enfant, la nourrice, tout est en bonne santé, et cet heureux accouchement donne l'espérance d'avoir par la suite des garçons.

— Dimanche, 30, il y a eu bien des fêtes et des cérémonies dans Paris.

1° La maison des chanoines de Saint-Maur [1], à deux lieues de Paris, a été réunie à l'église de Saint-Louis du Louvre. Il y avait, dans l'église de Saint-Maur, plusieurs reliques, entre autres la châsse contenant des os de saint Maur, fondateur et instituteur des Bénédictins de la congrégation de Saint-Maur. M. l'archevêque de Paris a fait rapporter toutes les reliques dans un carrosse. Pour ne point effaroucher les paysans, il a nommé des commissaires pour dresser un bon procès-verbal de toutes ces reliques. M. l'archevêque a donné la châsse de Saint-Maur à Messieurs de l'abbaye de Saint-Germain des Prés, et tous les

---

[1] Le chapitre de Saint-Maur des Fossés, qui avait succédé à l'abbaye de ce nom, avait été réuni au chapitre de Saint-Louis du Louvre, le 23 avril 1749. A la suite de cette réunion, confirmée par lettres patentes du 5 novembre 1750, les reliques que renfermait l'église de Saint-Maur furent apportées à Paris, le 27 janvier 1750, et déposées dans la chapelle intérieure de l'archevêché jusqu'au mois d'août où l'archevêque en fit la distribution entre plusieurs églises ou établissements religieux.

religieux de cette maison, accompagnés des Prémontrés de la Croix Rouge [1], sont venus en procession avec grande cérémonie et trompettes, et des ornements magnifiques, à Notre-Dame, pour prendre cette châsse et la transporter chez eux.

2° En même temps que cette procession passait d'un côté dans les rues de Paris, on y trouvait, d'un autre côté, des calèches et carrosses remplis de masques, et d'autres masques à cheval, parce que c'est la foire du Petit-Bezons, au-dessus des Champs-Élysées, qui est un jour marqué de promenade de Paris, tant pour le peuple que pour les gens à carrosses [2].

3° On a chanté, l'après-midi, un *Te Deum* à Notre-Dame, pour l'accouchement de madame la Dauphine, où le parlement et les autres cours ont assisté, à l'ordinaire. Le soir, on a tiré un feu d'artifice devant l'hôtel de ville qui était bien illuminé, etc., en sorte que cette journée a été en grand mouvement.

— Autre affaire. Pendant l'assemblée du clergé, les commissaires du roi, qui sont M. de Saint-Florentin, secrétaire d'État, ayant le clergé dans son département, et M. Feydeau de Brou, conseiller d'État, se sont rendus, le 17 août, aux Augustins [3], pour rendre compte au clergé des intentions du roi qui leur demande sept millions cinq cent mille livres, payables

---

[1] Ce couvent occupait l'extrémité de l'angle formé par les rues de Sèvres et du Cherche-Midi.

[2] Voir tome I*er*, page 50.

[3] A l'assemblée générale du clergé, qui avait été ouverte le 1*er* juin précédent. Ces réunions se tenaient habituellement dans le couvent des Grands-Augustins, où avaient lieu également les assemblées des membres de l'Ordre du Saint-Esprit. Voir tome I*er*, page 57.

en cinq ans, et, en même temps, pour lui annoncer une déclaration que le roi a envoyée à son parlement, par laquelle il ordonne que tous les archevêques, évêques, bénéficiers, chapitres, etc., généralement tout ce qu'on appelle gens de mainmorte, donneront, dans six mois, déclaration de tous leurs biens et revenus, etc. [1].

Cette déclaration a été enregistrée au parlement le 24 août, et elle fait la matière et la sollicitude du haut clergé qui faisait tomber tout le poids des impositions sur le clergé du second ordre. On sait qu'il y a des évêques qui payaient très-peu de chose, et qu'il y en avait d'autres qui gagnaient jusqu'à douze ou quinze mille livres par an sur la répartition des bénéficiers de leurs diocèses. Aussi, le roi loue-t-il le zèle et l'attention de certains évêques, en petit nombre à la vérité, qui ont exposé dans l'évêché un tableau de l'imposition du diocèse et de tous les bénéficiers d'icelui en particulier? En sorte que c'est dire tacitement qu'il y avait, dans les autres diocèses, un grand soupçon de fraude et de friponnerie.

Le clergé est fort embarrassé. Tout ce qui est prescrit par la déclaration du roi n'a rien de nouveau. On n'a fait que copier généralement, pour le fond et la forme des déclarations requises, tout ce qui avait été arrêté par le clergé lui-même dans une assemblée de 1726, et que le clergé avait fait confirmer et autoriser par des lettres patentes de 1727. Ce qui n'avait point eu jusqu'ici d'exécution, moins par l'impossibilité de

---

[1] Cette déclaration, donnée à Versailles le 17 août 1750, est imprimée dans la *Suite de la clef* ou *Journal historique* (*Journal de Verdun*), tome LXVIII (juillet 1750), page 230.

le faire que parce que le haut clergé a reconnu qu'il avait fait une sottise dans cet arrangement.

Dans la déclaration du roi, il n'est pas dit un mot du vingtième sur les biens ecclésiastiques, pour ne point effaroucher le clergé; mais celui-ci prévoit bien que toutes les déclarations particulières étant faites et vérifiées, la perception du vingtième ou du dixième, dans les cas pressants, sera aussi facile que sur tous les autres biens, et c'est ce titre d'imposition égale et commune à tous que le clergé ne veut point entendre. Mais, dans le fond, ce privilége prétendu, de même que tous les autres, ne sont que de pures visions. La taxe des impositions sur les biens doit être proportionnelle et répartie également sur tous les sujets du roi et membres de l'État, à proportion des biens que chacun possède réellement dans le royaume. En Angleterre, les terres de la noblesse, du clergé et du tiers état payent également, sans distinction; rien n'est plus juste.

Septembre. — Le clergé continue ses assemblées, déterminé à refuser tout arrangement qui pourrait le rendre contribuable. Il a fait des remontrances au roi par le cardinal de La Rochefoucault, président de l'assemblée. On dit que le roi avait été presque touché de leurs raisons, disant que son dessein n'était pas de leur ôter leurs priviléges; mais que le conseil a déterminé le roi à ne point se relâcher de son projet, représentant qu'il ne fallait pas reculer, surtout en faisant attention à la hauteur de la réponse du clergé, qui est en très-peu de mots :

« Sire,

« La justice et la magnanimité de Votre Majesté nous sont si connues, qu'elles nous autorisent à répondre que nous ne consentirons jamais que ce qui a été jusqu'ici le don de notre amour et de notre respect, devienne le tribut de notre obéissance. »

Cette réponse a été regardée comme insolente pour des sujets, et c'est réellement l'esprit du corps ; car les moindres prestolets, tous les écoliers, clercs, séminaristes, pour qui les arrangements que l'on prend ne peuvent être qu'avantageux, aiment mieux être écrasés par le haut clergé que de perdre l'idée et le préjugé d'une indépendance par rapport aux biens ecclésiastiques. Ils regardent à déshonneur d'être traités comme les autres sujets.

Sur cette réponse, M. le comte de Saint-Florentin s'est transporté à l'assemblée le 15 de ce mois, avec une lettre du roi qui ordonne à Messieurs du clergé de rompre leur assemblée et aux évêques de se retirer, dans huit jours, chacun à leur diocèse.

— Il n'y a pas un évêque à la cour. Les cardinaux mêmes n'ont point été exceptés.

— Le clergé avait fait imprimer un procès-verbal de ce qui s'est passé dans leur assemblée, sous prétexte d'en envoyer des exemplaires à tous les évêques ; mais il s'en est vendu dans le public, et il y a eu défense du ministre d'en distribuer, en sorte qu'on n'en trouve plus.

— La jeune princesse est à sa quatrième nourrice, ce qui n'est pas avantageux de changer ainsi de lait. Madame Vata, première nourrice, avait trop de lait :

la princesse ne tirait pas assez. On n'a pas voulu permettre à la nourrice de reprendre son enfant pour quelques jours, et son lait s'est jeté sur une cuisse. Cela a suffi pour changer cette nourrice, sans prendre la peine de goûter son lait, quoique elle soit restée encore huit jours à Versailles, à nourrir son propre enfant. Cela n'a pas eu de suites, car j'ai vu, plus d'un mois après, sa fille de quatre mois qui se portait à merveille et qui, depuis, n'a été nourrie que par elle.

— J'ai appris, à cette occasion, que tout se fait par forme à la cour, suivant un protocole des médecins, en sorte que c'est un miracle d'élever un prince ou une princesse. La nourrice n'a d'autres fonctions que de donner à teter à l'enfant quand on le lui apporte : elle ne peut pas lui toucher. Il y a des remueuses et femmes préposées pour cela, mais qui n'ont point d'ordres à recevoir de la nourrice. Il y a des heures pour remuer l'enfant, trois ou quatre fois dans la journée. Quand l'heure sonne, si l'enfant dort on le réveille pour le remuer. Si après avoir été changé, il fait dans ses langes, il reste trois ou quatre heures ainsi dans son ordure. Si une épingle le pique, la nourrice ne doit pas l'ôter : il faut chercher et attendre une autre femme. L'enfant crie, dans tous ces cas; il se tourmente et s'échauffe, en sorte que c'est une vraie misère que toutes ces cérémonies.

Octobre. — M. le maréchal de Brancas, des comtes de Forcalquier, est mort âgé de quatre-vingts ans. M. l'abbé d'Harcourt, duc et pair, commandeur des ordres du roi, ci-devant doyen du chapitre de Notre-Dame, est mort aussi, et a été fort regretté. C'était un des plus beaux hommes et fort aimé dans Paris.

— M. l'abbé de Nicolaï, chanoine de Notre-Dame, frère du premier président, qui était désigné pour être premier aumônier de mademoiselle Henriette, fille aînée de France, à qui on fait une espèce de maison, perd cette place. Il était ancien agent du clergé et assistait dans les assemblées. Il a parlé un peu trop haut sur ces affaires-ci à M. le contrôleur général; il n'en faut pas davantage pour l'empêcher d'être jamais évêque[1]. C'est M. de Fontenille, évêque de Meaux, qui aura cette place.

— La cour est très-brillante à Fontainebleau[2]. Les deux dernières dames de France qui étaient à Fontevrault, doivent y arriver. Des dames de la cour sont parties pour les aller retirer de Fontevrault, avec une suite très-nombreuse.

— M. le maréchal de Saxe est à Chambord, avec un très-grand nombre de femmes et de seigneurs. Mademoiselle de Sens, princesse du sang, de la maison de Condé, qui a à présent quarante-cinq ans[3], y est. C'est pour elle que se fait la fête. Le maréchal y a une troupe de comédiens, grande musique, des danseuses allemandes, des équipages de chasse considérables. On dit qu'il vit là, et qu'il représente en souverain.

— M. le chancelier d'Aguesseau est toujours fort incommodé. Il n'est point du voyage de Fontainebleau, n'étant pas en état d'y aller. Il y aura bien des

---

[1] Il a été cependant notre évêque de Verdun en 1754, et y est mort en décembre 1769. Il nous a fait beaucoup de bien (*note de Barbier d'Increville*).

[2] Elle s'y était rendue le 7 octobre et y resta jusqu'au 17 novembre.

[3] Élisabeth-Alexandrine, sixième fille de Louis, duc de Bourbon, était née le 15 septembre 1705.

intrigues dans ce voyage pour remplir cette première charge de l'État.

— Les bâtiments du roi vont toujours leur train. On travaille à force au château de Bellevue, de madame la marquise de Pompadour, au-dessus de Sèvres. Le corps principal du château est petit. Il n'a que neuf croisées de face, et le roi n'a pas voulu qu'il en eût davantage; mais il est extrêmement orné. Il y a, au dehors, des bustes de marbre attachés dans les trumeaux, d'une grande beauté. Les boiseries du dedans sont sculptées dans la dernière perfection et peintes d'un très-beau blanc des Carmes [1]. A tous les balcons, il y a une tour, qui sont les armes de Pompadour. Le suisse des appartements a une livrée jaune de Pompadour. Les terrasses viendront jusqu'au chemin, sur la rivière. Les jardins de derrière et les potagers seront charmants, avec de belles eaux qui viennent de la montagne au-dessus. C'est une situation unique pour la vue, et on ne croira jamais, quand cela sera fait, qu'on ait pu faire, dans une montagne aussi escarpée, un endroit aussi charmant. Tout se fait et se paye au nom de madame de Pompadour; mais, quoique cela ne soit pas grand, on verra aisément, par tous les autres bâtiments qui accompagnent le corps de logis, que cela n'a pu être que l'ouvrage d'un roi, par les dépenses excessives du remuage des terres; même que cela ne saurait convenir à un simple particulier. D'autant plus que cela est trop voisin de Meudon.

— Au château de la Muette, dans le bois de Bou-

[1] Le blanc des Carmes, préparé avec de la chaux éteinte, de la térébenthine, etc., est susceptible de recevoir un très-beau poli par le frottement.

logne, on fait aussi de grands travaux. On prend une fort grande enceinte, dans le bois, pour étendre le potager et faire des bosquets qui formeront une grande terrasse bâtie en pierres et moellons. Le dessein est même d'abattre plusieurs bâtiments, faits depuis trois ans, pour les remplacer et rebâtir d'une autre façon. On fera plusieurs percées dans le bois; on abattra tout ce qui est vis-à-vis le château, duquel on verra en plein celui de Bellevue.

— A Choisy, on travaille aussi considérablement pour changer ce qu'on y a fait et pour augmenter. Les dépenses des bâtiments sont très-considérables sans que l'on fasse néanmoins aucun monument respectable; mais, à le bien considérer, ces dépenses ne font pas grand préjudice à l'État; cela fait vivre et travailler un grand nombre d'ouvriers qui, d'un autre côté, répandent leur gain dans tous les villages voisins pour vivre. Cela fait vendre des pierres et des bois; c'est une circulation d'argent à un grand nombre de gens dans le royaume qui revient insensiblement dans les coffres du roi par les taxes et les impôts sur tout ce qui se consomme. D'ailleurs, le roi a beaucoup de princesses qui ne sont pas toutes mariées, à beaucoup près, et à qui, à un certain âge, il faudra des maisons de campagne.

— Les deux dames qui arrivèrent à Fontainebleau le 18, s'appellent l'une madame Sophie [1], et l'autre mademoiselle Louise [2]. Le roi les a embrassées l'une et

---

[1] Sophie-Philippine-Élisabeth-Justine, née le 17 septembre 1734, morte le 3 mars 1782.

[2] Louise-Marie, née le 15 juillet 1737. Elle prit le voile en 1771, dans le couvent des Carmélites de Saint-Denis, et mourut le 23 décembre 1787.

l'autre, pendant un quart d'heure même, en pleurant comme un bon père de famille, bourgeois de Paris.

— Histoire de Paris. Le sieur Lhomme, ancien échevin[1], ci-devant marchand, rue Saint-Denis, dont le frère y est encore, s'est retiré, dit-on, avec dix-huit ou vingt mille livres de rente, et a deux fils, dont l'un est dans le service. Cet homme, quoique âgé de soixante ans, est un étourdi et un impertinent. Il a une maison de campagne au village de Carrières, près Charenton, où il est fort haï. Dans ce même village, la dame et la demoiselle Mazarelli ont aussi une maison. C'est la veuve et la fille du limonadier de la Comédie-italienne; la fille a dix-huit ou dix-neuf ans et est très-jolie. Elle a, dit-on, dansé quelque temps sur le Théâtre-italien, et a été entretenue par un homme de qualité qui est mort depuis plusieurs mois. On lui donne même aujourd'hui pour amant un abbé, conseiller de grand'chambre. Quoi qu'il en soit, elles ont du bien, vivent, dans leur maison de Carrières, très-sagement et très-décemment, vont régulièrement à l'office, font des charités aux malades et aux pauvres, et sont aimées des habitants.

Le sieur Lhomme, joignant à la fierté ordinaire d'un marchand riche un caractère étourdi, comptait faire trop d'honneur à cette fille d'aller souper avec elle. Apparemment qu'avant la scène dont il s'agit, il y avait eu quelques propositions rejetées. On dit même qu'il lui avait fait plusieurs malhonnêtetés : qu'un jour, entre autres, elle étant assise dans les champs, le petit chien du sieur Lhomme alla la caresser; qu'elle lui

---

[1] Guillaume-Joseph Lhomme, conseiller du roi, quartinier, avait été nommé échevin en 1746.

donna une gimblette, et que Lhomme appela son chien, en disant qu'elle lui donnerait la v......

Un soir du mois d'août dernier, la mère Mazarelli était à Paris, et la fille était restée chez elle avec une femme de chambre et un laquais. Le sieur Lhomme avait chez lui une compagnie à souper : ses fils, on dit le chevalier de Breteuil, colonel, fils du défunt ministre de la guerre, assez mauvais sujet, et le sieur Martel, notaire de Paris, qui, dit-on, voulait épouser sa fille. Le sieur Lhomme, après avoir bien bu, forma le projet d'entrer chez la demoiselle Mazarelli malgré elle. Il alla d'abord, lui et un autre, à une heure après minuit, déguisés en femme de chambre et en laquais, cogner, sonner et faire bien du bruit aux portes. La femme de chambre réveillée et descendue à une grille du jardin, ils dirent qu'ils avaient une lettre à remettre en main propre à la demoiselle. Elle répondit qu'ils n'avaient qu'à la jeter dans le jardin et qu'elle lui rendrait le matin, à son lever. Nos gens s'en allèrent en raisonnant trop haut de leur dessein et disant bien des sottises. La femme de chambre qui les observait, sortit pour chercher du secours dans le village et mena deux hommes qui se levaient pour aller travailler à la rivière. Elle n'était pas rentrée que Lhomme revint, accompagné de plusieurs autres, sans déguisement, avec fusils et épées. Ils voulurent forcer la grille que la femme de chambre et le laquais défendaient : ils coupèrent les mains à la femme de chambre, lui donnèrent plusieurs bourrades de fusil, et autant au laquais, en jurant et disant mille injures. Les cris, le bruit, le jour qui venait ayant fait accourir du monde, ils furent obligés de quitter la partie, en tenant toujours les mêmes propos contre la demoiselle Mazarelli.

Le lendemain, la mère, qu'on alla apparemment chercher, rendit plainte au juge de Carrières, laquelle fut assez mal rédigée ; mais elle la renouvela plus amplement, après, devant un commissaire de Paris. Le juge de Carrières entendit quelques témoins seulement et décerna un décret d'assigné pour être ouï contre le sieur Lhomme. Appel, de sa part, du décret, et plainte, par lui, d'avoir été insulté par les domestiques. Demande au parlement, de la part de la dame Mazarelli, pour avoir permission d'informer de nouveau; plainte de prévarication du juge de Carrières, et pour la procédure être renvoyée et instruite au Châtelet de Paris (attendu que le parlement ne renvoie que devant des juges royaux), sur la plainte de fraction de porte, d'assassinat prémédité et d'un attentat horrible. *Nota*, que la femme de chambre surtout était grièvement blessée et très-mal.

Cette affaire a fait d'abord beaucoup de bruit à Paris. Tout le monde, d'une voix, criait contre le procédé du sieur Lhomme. Les uns disaient que ce dernier, à cause de sa qualité d'échevin, traitait cette affaire de simple galanterie. D'autres, qu'il offrait pour accommodement une somme assez considérable, soixante ou quatre-vingt mille livres. Mais il n'était rien de cela : le procès s'instruisait. Ce qu'il y a de certain, c'est que madame de Breteuil, la mère, a fait satisfaction apparemment, et on a envoyé le sieur de Breteuil, colonel, à son régiment. Pour le sieur Martel, notaire, il était parti pour revenir à Paris, après souper, avant la scène. Dans le *Mémoire* imprimé, de la dame Mazarelli, il n'est question que du sieur Lhomme et *ses complices*, sans qu'il y en ait aucun nommé.

Sur cela, on a plaidé ce mois-ci, au criminel, pendant la chambre des vacations, où il a été rendu arrêt qui a décrété le sieur Lhomme de prise de corps, permis d'informer plus amplement, etc. Depuis cet arrêt, le sieur Lhomme a été rayé du tableau des échevins et a disparu. Il est à Bruxelles, et la procédure s'instruit au Châtelet, par contumace. Il s'agit de savoir la fin, ou par jugement ou par accommodement; mais tout le public, grand et petit, convient qu'on ne devrait point avoir égard à la famille du sieur Lhomme, et qu'il faudrait un exemple aussi sévère que cela le demande. Tant pis si cela tombe sur un ancien échevin de soixante ans !

— Monseigneur le Dauphin est entré, pour la première fois, au conseil des dépêches à Fontainebleau; il a vingt et un ans faits.

— La cour est très-brillante à Fontainebleau, avec toutes les jeunes princesses; il y a de grandes parties de chasse. Madame Sophie, qui a seize ans passés, est grande, belle princesse, ressemble au roi et est assez sérieuse. Madame Louise a treize ans passés, est plus petite, moins blanche, fort jolie néanmoins, gaie, de l'esprit; c'est elle qui porte toujours la parole.

— Le comte de Kaunitz, ambassadeur de l'empereur, est arrivé à Paris; il loge au palais de Bourbon qu'il loue, dit-on, vingt-cinq mille livres par an. On y fait les préparatifs d'une nombreuse maison.

— Les tumultes populaires et les espèces de séditions qu'il y a eu au sujet de l'enlèvement des enfants, ont fait prendre au ministre des mesures pour la sûreté de Paris. On a mis cent invalides dans le vieux Louvre, avec une paye de dix à douze sous par jour, pour la garde du château des Tuileries; en sorte qu'outre les portiers ordinaires, il y a une garde et une sentinelle à toutes les portes et issues, soit des Tuileries, soit du Louvre : dans le besoin on aurait sur-le-champ cette troupe qui est bonne. On a aussi augmenté le guet de soixante-cinq ou soixante-dix hommes. Il y a, depuis longtemps, des corps de garde du guet à pied dans le jour, en différents quartiers de Paris. On a établi huit corps de garde nouveaux de cinq hommes chacun, à pied, et cinq corps de garde du guet à cheval, de cinq hommes aussi chacun, dans le jour. Ces nouvelles troupes pour la sûreté pendant le jour, sont habillées de bleu, mais différemment et plus simplement que les troupes du guet, soit à pied, soit à cheval. Il paraît même que ces troupes font quelques rondes dans la ville.

— Depuis cet établissement, il y a eu une déclaration du roi, du 20 octobre, qui renouvelle et ordonne l'exécution d'une ancienne déclaration du 18 juillet 1724, pour les mendiants dont on veut purger les villes du royaume et les grands chemins [1]; pour conduire les hommes et femmes dans les hôpitaux, y nourrir ceux qui sont invalides et faire une destination de ceux et celles qui sont en bon état, auxquels il est enjoint de se retirer dans le lieu de leur naissance, etc. Cet arrangement ressemble assez à continuer le projet de prendre tous les vagabonds, gens

---

[1] Il y avait eu aussi un arrêt du parlement pour obliger les pauvres à sortir de Paris en 1740, lors de la disette qui se fit sentir cette année-là. Voir tome II, p. 283.

sans aveu, pour envoyer dans les îles. Depuis cette déclaration, il n'y a point encore de changement dans les rues et églises de Paris, où l'on voit toujours autant de pauvres. Il y en a beaucoup, hommes et femmes, âgés et infirmes. Il faudrait, en les conduisant dans les hôpitaux, pourvoir à leur subsistance jusqu'à leur mort, et, comme l'on dit que les hôpitaux sont déjà très-chargés, je doute que cela soit exécuté bien exactement pour les vieux pauvres.

Novembre.—Il n'y a point eu d'évêque à la Saint-Martin pour la rentrée du parlement, parce qu'il n'y en a point à Paris. C'était un grand chantre de la Sainte-Chapelle [1].

— L'affaire du clergé est toujours dans la même situation, et paraît donner de l'inquiétude au public. Avant la séparation de l'assemblée, le roi a écrit deux lettres au clergé, et, dans la dernière, il leur a marqué que son intention n'était pas de les assujettir au vingtième, mais qu'il voulait être obéi par rapport aux déclarations de biens, etc. Le clergé, avant de se séparer, a protesté par un procès-verbal contre la déclaration, le contenu de la lettre du roi, etc. [2]

—En même temps que tout le clergé du royaume est indisposé et dans une espèce de révolte, on veut contraindre les pays d'états [3] à donner la déclaration des biens pour l'impôt du vingtième. Cela commence à

---

[1] C'était ordinairement un évêque qui officiait à la messe de rentrée, dite la *messe rouge*. Voir, pour l'origine de ce nom, tome Ier, page 59.

[2] Voir ci-dessus, page 172.

[3] On appelait *pays d'états*, les provinces qui jouissaient du privilége de régler par des assemblées de députés, les contributions qu'elles payaient au roi à titre de *don gratuit*.

s'exécuter dans la province du Languedoc; mais il y a plus de mouvement dans la Bretagne, dont la noblesse n'est pas facile à manier. On prétend que le contrôleur général entreprend tout à la fois des opérations bien délicates. A la vérité, c'est dans le commencement d'une paix dont il faut profiter dans l'incertitude de ce qu'elle durera.

— Dans les voyages de Compiègne et de Fontainebleau, le public attend toujours de grands événements et fait en conséquence des nouvelles. On en publie beaucoup ici. On parle d'un vice-chancelier. Plusieurs personnes sont sur les rangs : M. de Lamoignon de Blancmesnil, premier président de la cour des Aides, qui n'est pas riche; M. Gilbert, conseiller d'État, homme très-habile, très-honnête homme; mais il a contre lui un soupçon de jansénisme, qui est une tache à la cour; M. de Maupeou, premier président du parlement; M. Joly de Fleury, ancien procureur général, trop âgé et homme trop délié; mais principalement M. de Machault, contrôleur général, qui conserverait sa place, et aurait, sous lui, deux directeurs généraux des finances.

Pour le comte d'Argenson, ministre de la guerre, on dit qu'il ne veut point être chancelier, mais duc et pair, ce qui convient mieux à sa naissance.

— On crie toujours beaucoup contre les dépenses du roi, tant en bâtiments que dans ses extraordinaires de Choisy, Crécy, la Muette et autres lieux, où il y a une grande déprédation. On crie, surtout, parce qu'on n'a ôté aucun impôt dans un temps de paix, et que, au contraire, on veut établir un vingtième général qui sera considérable. Le roi a encore emprunté, il y a quelque temps, huit millions des receveurs généraux, et sept millions des fermiers généraux, à cinq pour cent, sans en indiquer l'emploi.

On crie fort, pareillement, contre madame la marquise de Pompadour, dont le crédit est extrême. On ne parvient, dit-on, aux charges et emplois, que par son canal et avec de l'argent. Cela indispose contre elle tous les grands de la cour, depuis M. le Dauphin et madame la Dauphine. Tous les gens de cour sont obligés de la lui faire. Si cela est, elle est mal conseillée. Elle devrait se contenter d'amuser et de dissiper le roi, qui s'ennuie partout, en le faisant changer de demeure comme elle fait, mais ne se point mêler à un certain point des affaires d'État, c'est-à-dire pour l'intérieur. Elle serait encore assez riche, et du moins elle ne se ferait pas de puissants ennemis.

— Mercredi, 25, le roi va prendre possession du château de Bellevue, que l'on a meublé et préparé à force; jusqu'à vendredi, il y aura, dit-on, illumination et feu d'artifice. La Marquise a fait présent aux hommes qui doivent être de la fête, d'un velours singulier tirant sur le pourpre, pour faire des habits uniformes que chacun sera obligé de faire broder en or, d'une broderie pareille, de valeur de mille à douze cents livres. On saura le détail de cette fête [1].

— Mademoiselle de La Roche-sur-Yon, princesse du sang, de la maison de Conti, est morte le 20 de ce mois, de la petite vérole, à l'âge de cinquante-quatre ans : elle était fort riche. Elle a fait légataire universel

---

[1] Il n'en est aucunement parlé dans le *Mercure de France*. La cour avait pris le deuil la veille, 24, pour douze jours, à l'occasion de la mort de mademoiselle de La Roche-sur-Yon.

M. le prince de Conti, son neveu, avec substitution au profit de M. le comte de La Marche, fils du prince de Conti, son petit-neveu. Elle a fait aussi un legs considérable à madame la duchesse de Chartres, sa nièce. Elle laisse, entre autres effets, un grand hôtel sur le quai des Théatins [1]; la terre de Sénonches, dans le Perche, qui est un objet de soixante mille livres de rente, à cause de la forêt, et des forges ; la terre de Vauréal [2], au-dessus de Pontoise, qui rapporte peu et où elle a dépensé douze cent mille livres pour l'embellir ; enfin un gros mobilier, surtout en pierreries. Cette princesse était laide, bonne et d'un génie fort borné. Elle ignorait d'abord sa maladie, mais quand elle l'a connue, elle a assez mal reçu la visite de M. le curé de Saint-André, et elle est morte sans cérémonie.

— La grande nouvelle dans Paris est la charge de chancelier. On ne sait pas encore sur qui tombera le choix de cette grande place. Il est cependant vrai que M. d'Aguesseau a donné sa démission, car il est certain que M. le comte de Saint-Florentin, comme ayant le département de la maison du roi, a été mercredi, 25, à Bellevue, recevoir les ordres du roi, et qu'aujourd'hui vendredi, 27, il a été, à huit heures du matin, prendre les sceaux chez M. le chancelier d'Aguesseau,

---

[1] L'hôtel de La Roche-sur-Yon, qui a été démoli, il y a quelques années, sans que de nouvelles constructions se soient encore élevées sur son emplacement, était situé quai Malaquais, n° 11, et non quai des Théatins, comme le dit Barbier. Cet hôtel, qui a souvent changé de propriétaires, et qui a pris successivement les noms de ceux auxquels il appartenait, a longtemps été occupé par le ministère de la police générale.

[2] Le château de Vauréal, situé sur la rive droite de l'Oise, à cinq kilomètres au-dessous de Pontoise, a donné son nom au village près duquel il est placé et qui s'appelait Lieux dans l'origine.

d'où il est revenu à son hôtel, faubourg Saint-Honoré, avec M. d'Aguesseau fils aîné, conseiller d'État, lesquels sont partis à neuf heures avec les sceaux et les hoquetons pour Versailles, attendre le roi qui doit y retourner ce soir. Naturellement, si la place de garde des sceaux avait été destinée pour MM. de Meaupou, de Blancmesnil ou Gilbert, M. le comte de Saint-Florentin aurait eu son ordre pour les porter directement chez celui qui aurait été nommé.

— Aujourd'hui, 30, il n'est point encore question de chancelier et de garde des sceaux. On avait parlé de M. Le Berthon, premier président du parlement de Bordeaux, qui a agi il y a quelque temps avec beaucoup de prudence dans une famine qu'il y a eu dans cette grande ville. Mais c'est une raison pour lui donner une pension et non pas pour le nommer chancelier. Cet homme ici n'est connu de personne. Le bruit général est pour M. Le Peletier, ancien premier président, qui est à Rosambo, en Bretagne.

— On dit que le roi a fait une réponse très-gracieuse à M. d'Aguesseau, sur sa démission, et qu'il lui a accordé cent mille livres de pension, savoir : soixante mille livres sur le sceau, et quarante mille livres sur le trésor royal, avec faculté à lui d'en transmettre et faire passer vingt-cinq mille livres sur la tête de celui de ses enfants qu'il voudra.

— M. Chauvelin, ci-devant garde des sceaux, se porte bien; il a pris le dessus des chagrins réels qu'il a essuyés. Il est à Grosbois et à Paris, à son choix. Il a quatre enfants, un fils de trente ans [1], fort mauvais

---

[1] Charles-Louis Chauvelin, marquis de Grosbois (voir tome II,

sujet, dont il n'a pu faire quoi que ce soit, ni dans l'épée ni dans la robe. Il y a sept ou huit jours que l'on a dit que le marquis Chauvelin avait été écrasé par son carrosse. Il est réellement mort; mais la vérité est qu'il s'est battu, bien à son corps défendant, avec un capitaine aux gardes, que l'on dit être M. Le Lièvre, frère de madame la procureuse générale Joly de Fleury, lequel lui a donné son affaire. Le père a soutenu cette nouvelle, ici, à Paris, ayant du monde chez lui, avec une fermeté sans pareille, et ne l'a dit à madame Chauvelin, sa femme, que le lendemain matin; mais elle a été très-mal du chagrin que cela lui a causé. M. Chauvelin a trois filles; l'une mariée à M. le comte de Maulévrier, l'autre à M. le marquis de la Suze, et la troisième qui est à marier.

— Par un édit donné à Fontainebleau et enregistré au parlement le 25 novembre, le roi établit une noblesse militaire, laquelle s'acquerra par les armes. Tout officier général, maréchal de camp ou lieutenant général, devient noble de droit et toute sa postérité, et jouira de tous les droits et priviléges de la noblesse. Tout officier inférieur, chevalier de Saint-Louis, qui aura servi trente ans, dont vingt ans de commission de capitaine, sera exempt de la taille sa vie durant, quoique ayant quitté le service : le même droit pour les capitaines, chevaliers de Saint-Louis, qui quitteront à cause de leurs blessures. Tout officier qui aura la croix de Saint-Louis, dont le père et l'aïeul auront acquis, par leurs services, l'exemption de la taille,

---

page 136), « mourut *sur la paroisse de Saint-Sulpice,* » se borne à dire le *Mercure de France,* du mois de décembre 1750, page 196.

sera noble de droit et sa postérité. Le capitaine qui sera tué au service sera censé avoir accompli le temps marqué pour acquérir l'exemption de la taille.

Cet édit est fort bien dressé : on voit qu'il part de M. le comte d'Argenson, ministre de la guerre, homme de qualité et de très-ancienne noblesse militaire, qui était anciennement la seule voie pour l'acquérir. Il paraissait ridicule que le fils d'un lieutenant général des armées du roi fût imposé à la taille dans les provinces, ou que le colonel ou capitaine qui avait passé toute sa vie à la guerre, et qui se retirait âgé, fût à la merci d'un paysan dans les rôles de taille, ce qui arrivait tous les jours; tandis que les enfants d'un secrétaire du roi et même des magistrats, souvent d'une naissance fort obscure dans le peuple, ont la pleine noblesse sans d'autre titre que l'argent que leur père a ordinairement très-mal acquis, et qu'il a employé à une charge.

— Le deuil, pour les princesses du sang, est ordinairement de onze jours, et il avait été annoncé tel dans la *Gazette de France*. Cependant, le roi ne l'a porté que huit jours, et le public aussi, pour mademoiselle de La Roche-sur-Yon.

— Le parlement met ordinairement le scellé chez les princes et princesses du sang. M. de Blair [1], conseiller de grand'chambre, chef du conseil de mademoiselle de La Roche-sur-Yon, a fait mettre le scellé par les officiers du Châtelet, parce qu'il en aurait trop coûté à appeler le parlement. Le parlement n'a droit de mettre le scellé que chez le premier prince du sang;

---

[1] M. de Blair a eu un legs de cinquante mille livres. (*Note de Barbier.*)

mais pour les autres princes et princesses, cela n'est plus de droit : il faut qu'il soit requis par une requête et alors il se transporte pour faire honneur au prince.

Décembre. — La France vient de faire une grande perte ; M. le maréchal comte de Saxe, maréchal général des armées de France, est mort dans le château de Chambord, le 30 novembre, âgé de cinquante-quatre ans, après huit jours de maladie : on dit une fluxion de poitrine, pour avoir entré dans l'eau en chassant, ou de l'hydropisie qui lui a repris : bref il est mort. Il avait été nommé duc de Courlande, en 1726, mais sans en être jamais entré en possession. Le comte de Saxe, fils naturel du roi de Pologne Auguste, électeur de Saxe [1], et frère du roi de Pologne actuel, était oncle, par conséquent, de madame la Dauphine. Il avait les ordres de Pologne et de Saxe ; la *Gazette de France*, peu exacte, fait entendre qu'il était chevalier des ordres du roi [2], mais cela n'est pas [3]. Elle fait, au surplus, son éloge tel qu'il le méritait, car c'était effectivement le plus grand homme de guerre qu'il y eût en France, et peut-être même, sans trop dire, qu'il y ait eu.

Comme il était protestant, son corps est resté en dépôt à Chambord, sur un lit de parade. On a envoyé en Saxe pour savoir les intentions du roi de

---

[1] Voir tome Ier, pages 121 et 305.

[2] C'est-à-dire de l'Ordre du Saint-Esprit. On disait *chevalier des ordres du roi*, parce que Henri III, en créant l'Ordre du Saint-Esprit, avait ordonné que les chevaliers de ce nouvel Ordre fussent auparavant reçus chevaliers de Saint-Michel.

[3] La religion du maréchal de Saxe ne lui permettait pas, en effet, d'être reçu dans l'Ordre du Saint-Esprit, dont les membres prêtaient serment de vivre et mourir dans la foi catholique.

Pologne, relativement au lieu où on le transportera, attendu qu'on ne peut pas l'enterrer ici en terre sainte. On croit qu'on le portera à Strasbourg, où il y a un cimetière pour les protestants. Il s'était fait naturaliser il n'y a pas deux ans [1].

Il a fait un testament : il fait légataire universel M. le marquis de Bellegarde, qui a épousé sa sœur [2], une fille naturelle du roi Auguste. Le maréchal avait de grosses pensions du roi, et était d'ailleurs fort riche en argent, peut-être en pays étrangers, d'autant qu'il doit avoir beaucoup amassé dans toutes ses campagnes.

Il avait à Chambord son régiment de uhlans, qui coûtait beaucoup au roi, et sur lequel le comte de Saxe gagnait considérablement. Ce régiment même tourmentait et pillait un peu trop tous les villages aux environs de Chambord. Le comte de Saxe, par son testament, prie le roi de conserver son régiment et le gouvernement de Chambord à M. le comte de Frise, son neveu [3], à qui, en ce cas, il lègue tous ses haras, chevaux et bagages de régiment. Mais il y a toute apparence que le roi cassera ce régiment qui est absolument inutile.

---

[1] Il avait obtenu des lettres de naturalité au mois d'avril 1746.

[2] Anne Ratouska, femme de Claude-Marie, comte de Bellegarde et d'Autremont.

[3] Auguste-Henri, fils de Henri-Frédéric, comte de Frise et de l'Empire, etc., et de la comtesse de Cosel, fille naturelle d'Auguste II, roi de Pologne. Le vœu du maréchal de Saxe fut exaucé : le roi donna au comte de Frise la jouissance du château de Chambord, et le commandement de la portion du régiment de son oncle qui fut conservée (voir ci-dessus, page 44, note 1). En 1755, à la mort du comte, son régiment passa sous les ordres du comte de Schomberg et prit successivement les noms de *Volontaires*, puis de *Dragons de Schomberg*.

— Les religieux de la Merci et ceux des Mathurins, destinés à la rédemption des captifs, ont racheté cette année, à Alger, près de deux cents esclaves français qu'ils ont ramenés à Paris, suivant la coutume, pour les montrer processionnellement dans tous les quartiers de la ville, et retirer des aumônes dans les rues, pour fournir soit à renvoyer ceux-ci dans leur pays, soit à faire de nouveaux fonds pour en racheter d'autres. Leurs processions doivent commencer le 9 de ce mois et se continuer pendant quatre jours.

— Après la démission de M. d'Aguesseau, M. de Fresnes, conseiller d'État, son fils cadet, a fait un état de réformation dans la maison. On a renvoyé, du 29 novembre au 1er décembre, tous les officiers de cuisine et d'office, des valets de chambre et laquais. On a réformé aussi l'écurie, en sorte que M. le chancelier d'Aguesseau reste avec un très-petit train, comme s'il n'avait pas beaucoup de bien, quoique avec cent mille livres de pension.

Les domestiques se sont plaints d'être ainsi renvoyés du jour au lendemain, sans leur donner le temps de se retourner. On a regardé cela comme vilainie de la part de M. de Fresnes, qui n'est déjà pas trop aimé dans le public. Mais il y a peut-être une raison de politique de sa part. Il se peut faire que M. d'Aguesseau eût fait, par un testament, des legs à chacun de ses domestiques en cas qu'il fût à son service à son décès. Si on avait conservé tous ces domestiques jusqu'à la fin de l'année, comme cela était naturel, il était à craindre que M. d'Aguesseau, dans l'état où il est depuis longtemps, et par la révolution que lui a causée sûrement cette démission, ne vînt à mourir dans l'intervalle, et on a voulu éviter les suites du testament.

— Enfin, l'affaire du chancelier qu'on attendait avec impatience, a eu son dénoûment, mercredi, 9. M. Lamoignon de Blancmesnil, premier président de la cour des aides, depuis deux ou trois ans[1], a la charge de chancelier de France, et M. de Machault, contrôleur général, a la commission de garde des sceaux, et sera tous les deux ensemble. La place de chancelier de France vaut au moins cent mille francs par an, et celle de garde des sceaux vaut cent vingt mille livres, plus ou moins, selon qu'il y a d'expéditions au sceau.

On dit que c'est la première fois, et qu'il n'y a point d'exemple qu'on ait divisé ces deux grandes places dans le cas de mort ou de démission d'un chancelier qui avait les sceaux. Il arrive souvent d'ôter les sceaux à un chancelier, auquel cas, arrivant la mort ou la démission du chancelier, on pouvait en nommer un et conserver les sceaux à celui qui les avait; mais ici on divise en même temps les deux places. Ainsi, on ne dira plus qu'un « chancelier sans les sceaux est un apothicaire sans sucre [2], » ce qui avait passé en proverbe. Ce sont toujours deux grandes places en cour : apparemment qu'on a aussi divisé leurs fonctions.

— Cette division donne lieu à bien des raisonnements : on pense qu'il y a plusieurs édits ou décla-

---

[1] Depuis le mois d'avril 1746. Voir tome II, page 487.
[2] Cela se disait de ceux à qui manquaient les choses le plus nécessaires à leurs professions, et n'avait plus d'application dès que la garde des sceaux devenait une charge tout à fait distincte de celle de chancelier.

rations concernant soit le clergé, soit d'autres systèmes nouveaux, à sceller, ce qui fait donner les sceaux à M. de Machault. On dit plus dans Paris : on croit que la charge de chancelier n'a été donnée qu'à condition, par M. de Lamoignon, de donner en même temps une démission, la date en blanc, pour laisser le roi le maître de changer de chancelier quand il le jugera à propos; tandis que jusqu'ici on tenait pour maxime du royaume qu'on ne pouvait faire sortir un chancelier de place qu'en lui faisant son procès. On ne pouvait faire autre chose, dans le cas de mécontentement de la cour, que de lui ôter les sceaux. On dit enfin que c'est à cause de cette condition que M. le premier président Peletier a refusé, s'il est vrai qu'on lui ait offert la place.

— Dans la *Gazette* du 12 de ce mois, il n'est parlé en aucune façon de M. le chancelier d'Aguesseau, ni d'une démission de sa part. Il est dit simplement que le roi a donné la charge de chancelier au sieur de Lamoignon.

— Tout le monde parle de la démission donnée par M. de Lamoignon, et on le blâme d'avoir accepté à cette condition. Voilà la planche faite, et il en sera de même dans la suite. On changera le chancelier toutes les fois que la cour sera mécontente de lui, et le roi ou les ministres seront bien plus les maîtres.

— On continue à parler différemment de la division de ces deux places. Les uns disent que c'est pour réunir les sceaux à la chancellerie, après les opérations du contrôleur général; d'autres pour donner, dans quelque temps, la charge de chancelier à M. de Machault, et le récompenser ainsi de ce qu'il aura fait. Peut-être aussi le système de la cour est-il de diviser dorénavant ces deux places, dont l'une est une charge et l'autre une commission [1], pour ne pas réunir tant de pouvoirs sur une même personne, et pour en gratifier et honorer deux personnes qui auront servi l'État dans d'autres places. D'autres prétendent que cette démission anticipée du chancelier est un conte de Paris [2].

— Quoi qu'il en soit, M. le chancelier de Lamoignon a demandé au roi, le 11, la grâce de laisser M. d'Aguesseau le reste de sa vie dans l'hôtel de la chancellerie, place Vendôme, pour lui éviter, dans l'état où il est, le chagrin de déménager avec toute sa famille, d'autant qu'il a une bibliothèque considérable. Par là, M. le chancelier de Lamoignon restant dans son hôtel, au Marais, rue Pavée [3], cela lui évitera pareillement la peine d'un déménagement pour meubler l'hôtel de la chancellerie qui est très-vaste [4].

M. de Lamoignon de Malesherbes, fils du chancelier [5], reçu en survivance de la charge de premier président de la cour des aides, a été installé dans cette place le lundi, 14 du mois, après avoir fait lecture d'une lettre de cachet du roi à cet effet. Après quoi il

---

[1] On appelait ainsi les charges non érigées en titre d'office et révocables à la volonté du roi.

[2] Barbier se livre ici à de longues considérations touchant la division des places de chancelier et de garde des sceaux, et les inconvénients qu'elle offrirait, entre autres, dans le cas d'une régence.

[3] Cet hôtel, qui porte aujourd'hui le numéro 24, forme l'angle de la rue Pavée et de la rue des Francs-Bourgeois.

[4] Voir tome I, page 32, note 1.

[5] Voir ci-dessus, p. 58.

a donné un dîner à la première chambre, et donnera successivement à dîner aux deux autres.

C'est un homme de trente ans, très-poli, qui a de l'esprit, qui s'est plus adonné aux sciences qu'aux exercices de magistrature, et à qui un peu plus de temps d'apprentissage aurait pu être utile. Mais il s'en tirera. Aussi, M. le chancelier, dans sa première audience du 12, pour recevoir les compliments, disait-il à tous les messieurs de la cour des aides qu'il leur demandait pour son successeur les mêmes bontés qu'ils avaient eues pour lui. Il a reçu, en général, tous ceux qui vinrent lui faire compliment avec une aisance, une présence d'esprit et une politesse infinies.

— Mardi, 22, M. de Beaumont, archevêque de Paris, a été reçu duc et pair au parlement : son duché n'est que laïque et non ecclésiastique[1]. Pour honorer, apparemment, sa réception, M. le duc de Chartres a choisi ce jour-là pour venir prendre séance dans la grand'chambre pour la première fois. Il y est venu en pompe, à cinq carrosses remplis de gens de qualité attachés, par des charges de chambellan, de premier écuyer, de gentilshommes, tant à M. le duc d'Orléans qu'à lui. Il y avait, derrière son carrosse, vingt-quatre pages. Le comte de Charolais et le comte de Clermont, princes du sang, ont assisté à cette cérémonie, ainsi que nombre de ducs et pairs qui ont été au palais. Le prince de Conti est indisposé et n'y était pas.

[1] Les pairs ecclésiastiques, au nombre de six, étaient l'archevêque de Reims, les évêques de Laon, de Langres, de Beauvais, de Noyon et de Châlons-sur-Marne. L'archevêché de Paris avait été érigé en duché-pairie par Louis XIV, en 1674, en faveur de François Harlay de Champvallon et de ses successeurs, et le titre avait été attaché à la terre de Saint-Cloud qui dépendait de l'archevêché de Paris.

Le soir, à cinq heures, M. l'archevêque de Paris a donné un grand dîner à cinquante personnes. Les princes du sang n'y étaient pas, mais plusieurs ducs et pairs, le premier président, des présidents à mortier et des conseillers de la grand'chambre. Le repas était très-magnifique.

— Un officier aux gardes, chevalier de Malte, s'est avisé de faire quatre mauvais vers sur le château de Bellevue, et en même temps contre le roi et madame la marquise de Pompadour. Ces vers ont d'autant mieux couru dans Paris que cela est facile à retenir :

> Fille d'une sangsue, et sangsue elle-même,
> Poisson, d'une arrogance extrême,
> Étale en ce château, sans honte et sans effroi,
> La substance du peuple et la honte du roi.

En bonne foi, que cela veut-il dire ? Ce château n'a coûté plus qu'un autre que par les travaux qu'il a fallu faire pour couper la montagne en dessous de Meudon, ce qui a fait travailler et gagner bien du monde ; car, du reste, on critique ce château pour être trop petit : un fermier général en ferait faire un plus grand.

A l'égard de *honte*, que veut dire le public qui, en général, doit être toujours regardé comme un sot par les gens sensés. Est-ce parce que le roi a une maîtresse ? mais qui n'en a pas, hors M. le duc d'Orléans qui est retiré à Sainte-Geneviève et qui est méprisé avec raison !

M. le comte de Charolais tient en chartre privée, depuis près de vingt ans, madame de Courchamp, femme d'un maître des requêtes, laquelle il a enlevée et tient en captivité malgré elle, et qui aurait été bien plus heureuse dans sa maison.

M. le comte de Clermont, abbé de Saint-Germain des Prés, a publiquement mademoiselle Le Duc[1], qui était une danseuse de l'Opéra. Elle passe les trois quarts de l'année à Berny[2], maison de plaisance de l'abbé, où elle tient et fait les honneurs de la table. Elle a une belle maison dans la rue de Richelieu, où le prince passe quelquefois huit jours. On y fait des concerts, et les pères de l'abbaye qui ont affaire au prince viennent l'y trouver le matin, car il ne loge point au palais abbatial. Cela se passe au vu de tout le monde et l'on ne dit mot! De vingt seigneurs de la cour, il y en a quinze qui ne vivent point avec leurs femmes et qui ont des maîtresses. Rien n'est même si commun à Paris, entre particuliers. Il est donc ridicule que le roi, qui est bien le maître, soit de pire condition que ses sujets et que tous les rois ses prédécesseurs[3]. Le roi a parfaitement fait la guerre; qu'il profite du temps de la paix pour ranger le dedans de son royaume, pour prévenir les événements d'une guerre, les desseins et les alliances de ses ennemis. Qu'il fasse des établissements utiles et glorieux à la nation, comme il y a quelque apparence qu'on y travaille, et c'est le moyen d'être un grand prince dans l'histoire.

— L'officier aux gardes a été pris, et il est convenu d'être l'auteur des vers. Il a été condamné à un an et un jour de prison au château de Pierre-Encise, et ensuite relégué dans l'île de Malte, attendu sa qualité de chevalier de l'Ordre. Ce châtiment doit paraître doux!

[1] Voir tome II, p. 316.
[2] *Ibidem*, p. 315, note 4.
[3] Barbier avait déjà manifesté des principes de morale aussi peu rigides en 1742, à l'occasion du comte de Clermont. Voir t. II, p. 399.

— Un autre officier aux gardes, nommé de Gaville, dont le père était un peu dur pour l'argent, a voulu faire augmenter sa pension. Il s'est adressé à sa mère d'abord, un matin qu'elle était encore au lit. La conversation s'est échauffée ; un valet de chambre a voulu raisonner, le fils l'a battu jusqu'à vouloir le tuer. Le père est venu au bruit ; le fils s'est jeté à la gorge de son père jusqu'au dernier excès. Le père a envoyé chercher le commissaire Lecomte pour lui rendre plainte. Celui-ci, après l'avoir reçue, a laissé passer la première fureur du père, et lui en a prudemment représenté les suites, si la justice était une fois saisie. On a jeté la plainte au feu. Le père a obtenu une lettre de cachet, et l'officier aux gardes, après avoir été cassé, est exilé et enfermé pour toute sa vie aux îles Sainte-Marguerite.

— Deux comédiens se sont battus en duel, il y a huit à dix jours, au sujet d'un rôle : l'un nommé Ribou [1], fils d'un libraire de la rue Saint-Jacques, et l'autre Roselly [2], assez bons acteurs tous les deux. Roselly, qui savait la supériorité de Ribou dans les armes, ne voulait pas se battre. Une actrice, nommée mademoiselle Gautier [3], l'a piqué d'honneur. Il s'est battu, quoique les premiers gentilshommes de la chambre eussent réglé le différend sur le rôle en question, ce qui rend l'affaire bien plus grave pour Ribou.

---

[1] Il avait débuté au Théâtre-Français, le 6 novembre 1747, par le rôle d'Oreste dans *Électre*.

[2] Raissouche Montel ou Montet, dit Roselly, avait débuté en 1742, par le rôle d'Andronic dans la tragédie de ce nom.

[3] Mademoiselle Gautier, reçue au Théâtre-Français, en 1742, y jouait les rôles de soubrettes et ceux de caractères avec beaucoup de goût et d'intelligence.

Celui-ci a donné deux coups d'épée à Roselly, qui a été d'abord mal pansé. Il a même voulu paraître dans les chauffoirs de la comédie pour assoupir la chose : la gangrène s'est mise dans sa plaie, et il est mort le lendemain. Les comédiens ont donné vingt-cinq louis à Ribou, qui est parti pour les pays étrangers.

— Autre histoire entre deux procureurs au parlement, l'un nommé Monfeuillard et l'autre Huet, pour des papiers que celui-ci ne voulait pas rendre à son confrère. Après des altercations et querelles réitérées à ce sujet, la veille des fêtes de Noël, les deux procureurs étant au palais, en robe, Monfeuillard, qui est un grand homme de quarante-cinq ans, a guetté le sieur Huet dans les galeries, derrière la grand'chambre, qui vont aux chambres des enquêtes. Il avait un nerf de bœuf dans son manchon [1] ; il est tombé sur Huet à grands coups sur la tête et sur le visage, et l'a mis tout en sang, ce qui a fait grand bruit, d'autant que cela devient assassinat prémédité. Huet a, dit-on, rendu plainte au lieutenant général, bailli du palais [2], qui a permis d'informer. Les fêtes ont tout suspendu. Il s'agit de ce que cela deviendra. On dit qu'on a vu Monfeuillard à la messe aux Grands-Augustins, dans une contenance fort tranquille.

— Il y a eu quelques difficultés au parlement sur les lettres de M. de Machault, garde des sceaux, en ce qu'elles contenaient : « Aux mêmes droits, honneurs

---

[1] A cette époque, les hommes portaient des manchons aussi bien que les femmes.

[2] Le bailliage du palais était une juridiction qui connaissait de toutes les causes, tant civiles que criminelles, dans l'étendue de son ressort comprenant les cours, salles et galeries du palais.

et prérogatives que le chancelier¹. » Messieurs du parlement, dans cette nouveauté, ont fait attention qu'ils ne connaissaient qu'un chef de la justice, et qu'ils n'avaient pas deux supérieurs. Ils ont communiqué ces lettres à M. le chancelier pour en conférer avec lui. L'on dit que M. de Machault s'en est rapporté à tout ce qu'ils arrangeraient à cet égard.

— On a fait des plaisanteries dans le public. On dit que le chancelier n'aura pas besoin de *lunettes*, parce qu'il a été formé à *Bellevue*, bon mot sur le château de madame la Marquise.

On dit encore que M. de Machault a étrillé et bridé le clergé, et qu'il va le *seller*, à cause des sceaux.

En tout cas, on attend, au mois de janvier prochain, plusieurs édits et déclarations.

— Le roi est parti de Versailles, aujourd'hui 28, au soir, pour aller coucher au château de Bellevue jusqu'à jeudi au soir. Ils y auront du froid de la première main. Ils y sont, tant hommes que femmes, vingt ou vingt-cinq au plus, en comptant les *poliçons*. C'est ainsi qu'on nomme ceux qui vont y souper et qui ne restent point à coucher. Comme le logement n'est pas grand, le roi nomme tour à tour ses favoris pour être de tout le voyage, et les ministres en sont les uns après les autres. Cela roule principalement entre M. le comte d'Argenson et M. le comte de Saint-Florentin, car le contrôleur général, aujourd'hui garde des sceaux, ne peut plus manger avec le roi comme homme de robe ².

---

¹ Le droit du chancelier est de présider dans tous les parlements et tribunaux du royaume. (*Note de Barbier.*)

² Voir ci-dessus, p. 94.

— J'ai vu l'habit d'ordonnance de ce château de M. le comte de Saint-Florentin. C'est un drap très-fin pourpre, avec une fort belle broderie d'or en bordé et en boutonnières assez larges, doublé d'un satin blanc, avec une veste d'un satin gris blanc, travaillé d'un dessin chenillé en pourpre, et un grand bordé de quatre doigts d'une broderie d'or mat sans fleurs ni dessin. Les femmes ont des robes de la même étoffe que ces vestes, tout unies, sans or. Tous les valets de chambre des seigneurs sont habillés d'un drap vert avec un bordé et des boutonnières d'or. Madame la Marquise n'a donné que le drap et l'étoffe de la veste, et, apparemment, le dessin de la broderie qui est uniforme et qui revient, pour l'habit et la veste, à près de onze cents livres. Les habits des valets de chambre sont aussi aux dépens des maîtres. Elle a également donné l'étoffe des robes aux dames.

— Autre histoire dans Paris. Le jeune Coffin, conseiller au Châtelet, neveu de M. Coffin, dont l'histoire est ci-devant[1], est tombé malade depuis quelque temps, et cette maladie est devenue si grave, qu'il a été question des sacrements. M. le curé de Saint-Étienne du Mont[2], sa paroisse, a été appelé pour le confesser, mais il a voulu lui faire reconnaître la constitution comme article de foi et règle de l'Église et de l'État, pour réparer le scandale qu'il avait causé à la mort de son oncle. M. Coffin a prétendu que lui laïque, n'était point obligé à cela. Refus des sacrements par M. le curé. Plainte à M. l'archevêque de Paris. Le curé a soutenu

---

[1] Voir ci-dessus, p. 83 et 90.
[2] Le sieur Bouëttin. Voir ci-dessus, p. 84, note 1.

son refus devant deux grands vicaires, dont l'un était ouvertement pour le curé et l'autre pour la douceur. M. l'archevêque les a, dit-on, laissé dire et n'a rien décidé.

Des conseillers du Châtelet instruits de ce fait, en ont rendu compte à M. le lieutenant civil. Celui-ci a été voir M. l'archevêque, lequel a promis au magistrat d'envoyer, dans la journée, un ecclésiastique pour confesser le sieur Coffin, et dit qu'il ne fallait qu'un certificat de confession pour administrer les sacrements. Mais l'archevêque n'a pas tenu parole; personne n'est venu pour confesser, et les fêtes se sont passées, non pas sans des menées secrètes des deux parties; la maladie est devenue plus sérieuse, quoique le malade n'ait que vingt-huit ans; cela a fait du bruit et du scandale et a fait murmurer les officiers du Châtelet de Paris.

Ce matin, mardi 29, le parlement étant assemblé pour les lettres de M. le garde des sceaux, on a vu arriver au palais, M. d'Argouges, lieutenant civil, à la tête du Châtelet, pour porter plainte au parlement sur le refus des sacrements à un conseiller du Châtelet. Comme le parlement était encore assemblé à plus d'une heure, on ne sait pas ce qui aura été fait.

— Le plus singulier de cette affaire, est que ce M. Coffin a été fort débauché dans sa jeunesse, et qu'il est public et notoire, dans le quartier, qu'il meurt de la v....., dont on ne l'a pas, dit-on, traité convenablement ou trop tard. En sorte que, en même temps qu'on lui refuse les sacrements comme grand janséniste qui refuse d'accepter la constitution, il se trouve

que ce bon janséniste n'est autre chose qu'un v.....
et un débauché, qui a couru toutes les catins de Paris.
Cela est fort plaisant.

On dit que dès le commencement du mariage, il y a eu du bruit dans le ménage pour cette maladie. On cache et on désavoue cela autant qu'il est possible, principalement pour l'honneur du jansénisme; on dit que c'est abcès dans la poitrine.

— Les lettres et provisions du garde des sceaux ont été enregistrées mardi, 29, en la grand'chambre, toutes les chambres assemblées. On dit qu'il est de style, dans ces lettres, d'y employer : « les mêmes droits et prérogatives que dans celles de chancelier pour présider à tous les conseils, etc. » Cependant il y a de la modification dans l'arrêt d'enregistrement : « sans que tous les droits y énoncés lui donnent le titre et le droit de chef de la justice, » n'y ayant que le chancelier seul.

On dit aussi que quand, outre le chancelier, il y a un garde des sceaux, dont on présente les lettres, il est d'usage, avant de les enregistrer, que le parlement fasse une députation au chancelier pour l'avertir, pour ainsi dire, du fait, et lui demander son consentement, ce qui n'est, en ce cas, qu'une politesse de forme. Cela s'est fait ainsi à M. de Lamoignon qui a répondu, en remerciant le parlement de son attention, que le roi ne lui avait pas fait l'honneur de lui confier la garde de son sceau.

— L'affaire du sieur Coffin est bien plus sérieuse et pourrait avoir de grandes suites.

M. le lieutenant civil, à la tête du Châtelet en corps, est donc entré dans la grand'chambre, les chambres assemblées, a rendu compte du fait et a fait, à ce que l'on dit, un très-beau discours et fort pathétique, sur un objet aussi intéressant que le refus des sacrements à un magistrat laïque, à qui il ne convenait pas de demander un certificat de confession sous prétexte de la constitution.

On dit que M. Coffin avait fait faire trois réquisitions par des notaires, à M. le curé de Saint-Étienne pour venir le confesser, et qu'il avait refusé de se rendre à la maison du sieur Coffin.

Le parlement, après avoir entendu le discours et la dénonciation des officiers du Châtelet, a délibéré jusqu'à plus de trois heures. Il a été arrêté que les chambres demeureraient assemblées pour revenir à cinq heures précises : que Messieurs iraient dîner dans l'intervalle, et qu'un huissier de la cour irait avertir le sieur Bouëttin, curé de Saint-Étienne du Mont, et lui ordonner de se rendre en la grand'chambre.

On dit que ce curé a d'abord fait refus de se rendre au parlement, en disant, qu'il n'était pas son justiciable sur le fait dont il s'agissait, et que, sur cette réponse, on avait envoyé trois huissiers de la cour lui réitérer de se rendre en la cour, avec ordre de l'y amener.

Le sieur curé y est venu avant cinq heures.

On l'a fait entrer : le premier président lui a dit que la cour l'avait mandé pour lui rendre compte de sa conduite et lui déclarer les motifs qui l'avaient déterminé à refuser la confession au sieur Coffin.

Le curé a répondu : « Monseigneur, j'ai rendu compte à monseigneur l'archevêque, mon supérieur, des raisons qui m'y ont déterminé selon ma conscience.

Si monseigneur l'archevêque m'ordonne d'administrer les sacrements, j'obéirai sur-le-champ. »

Le premier président lui a répliqué qu'il ne répondait pas catégoriquement à la demande de la cour, qui lui demandait ses motifs. Le curé a répondu qu'il n'avait point d'autre réponse à faire, et qu'il attendrait, à cet égard, les ordres de son supérieur.

On l'a fait retirer.

Après avoir été aux opinions, on a dit à messieurs les gens du roi de prendre des conclusions, sur quoi ils ont demandé à se retirer dans leur parquet pour en délibérer.

Les gens du roi rentrés, M. d'Ormesson, premier avocat général, a parlé sur l'indécence du curé dans ses réponses à la cour, sur l'importance de la matière. Il a conclu au décret de prise de corps contre le curé, et, en même temps, qu'il croyait convenable que la cour se retirât devers le sieur archevêque de Paris, pour l'inviter à envoyer un ecclésiastique pour confesser et administrer les sacrements au sieur Coffin.

On a été aux opinions, et l'on dit que presque tout d'une voix, même de la part des conseillers clercs, on a été d'avis de décréter le sieur Bouëttin, lequel était, en attendant, dans le parquet des huissiers, à leur garde; et, sur-le-champ, des huissiers se sont emparés dudit sieur curé, et l'ont fait descendre dans les prisons de la Conciergerie, même au secret.

A l'égard de l'archevêque de Paris, la difficulté a été de savoir qui on enverrait de la part de la cour : un huissier, un greffier, un secrétaire de la cour, un de messieurs les conseillers. Enfin, la cour a chargé messieurs les gens du roi, pour cette fois seulement, et « sans tirer à conséquence, » attendu que c'était eux qui avaient ouvert cet avis, de s'y transporter sur l'heure pour l'inviter à ce que dessus. Et si on ne le trouvait pas chez lui, il a été décidé de le faire avertir pour s'y trouver le lendemain 30, à huit heures du matin ; les chambres restant assemblées.

L'archevêque de Paris ne s'est pas trouvé chez lui. Les uns disent qu'il avait fait mettre ses chevaux et s'en était allé à sa maison de campagne de Conflans, d'où il n'était pas revenu ; d'autres, qu'il était au bureau des pauvres. On l'a fait avertir pour demain mercredi.

Voilà ce qui s'est passé le mardi, 29, dont sans doute M. le comte d'Argenson et le roi même, quoique au château de Bellevue, ont été informés par des courriers, soit de l'archevêque, soit du premier président ; assurément ils ne s'attendaient pas à pareille scène au château de Bellevue.

— Tout le monde est curieux de la suite de cet événement, qui compromet le parlement d'un côté, et d'un autre l'archevêque de Paris, l'abbaye de Sainte-Geneviève et les curés de Paris. En voilà un dans les prisons.

— Toute cette affaire est suscitée par les jansénistes pour faire un coup d'État, car le petit Coffin n'est, dans le fond, ni janséniste, ni moliniste. On l'avait déjà fait agir dans l'affaire de son oncle. Il a deux tantes, sœurs du défunt Coffin, qui sont véritables jansénistes et dont il attend la succession. Ce n'est pas la confession qui les embarrasse, car, entre eux, ils se confessent et s'administrent, dit-on, les sacrements secrètement, sans s'embarrasser autrement des pouvoirs de l'archevêque, ce qui devient un manque de discipline et de subordination très-dangereux.

Il y a plus; on dit que le curé de Saint-Étienne a été plus d'une fois chez le sieur Coffin pendant sa maladie. Mais c'est un cerveau brûlé qui s'obstinait à lui faire accepter la constitution, sinon, qu'il ne pouvait pas, en conscience, le confesser. C'était pour se venger personnellement de ce que le sieur Coffin lui avait suscité à la mort de son oncle. Les jansénistes ont excité et piqué le lieutenant civil et les conseillers au Châtelet, sur l'affront qu'on faisait à leur confrère, et ils ont prévenu pendant les fêtes de Noël messieurs du parlement, dont une grande partie est entichée de jansénisme, qui est en horreur à la cour. Le roi regarde un janséniste, non-seulement comme un hérétique, mais comme un homme dangereux.

— Mercredi, 30, le parlement s'est assemblé. Les gens du roi sont partis à huit heures du matin pour se rendre chez l'archevêque, et n'en sont revenus qu'à dix heures. On a été étonné que les gens du roi aient accepté cette commission, d'autant qu'ils ne marchent que pour aller au roi de la part du parlement.

M. l'archevêque de Paris a fort bien reçu ces messieurs. Il a marqué bien du respect pour le parlement. Il leur a dit même que le certificat de confession ne s'exigeait ordinairement que dans les auberges, pour les gens que l'on ne connaissait pas, mais non pour les personnes domiciliées. Cela s'est passé en compliments; mais il s'agissait de commettre un ecclésiastique pour confesser.

Sur la réponse des gens du roi, le parlement a continué sa procédure.

Le curé de Saint-Étienne a été interrogé. Cet emprisonnement l'avait un peu troublé et radouci; il avait pleuré en descendant à la Conciergerie. Il a répondu, plus poliment, qu'il n'avait point eu intention de manquer de respect à la cour.

Le parlement est resté assemblé jusqu'à dix heures du soir. Il y a eu arrêt qui a ordonné que le frère Bouëttin, curé de Saint-Étienne, serait élargi, et qu'il lui serait fait injonction d'être, à l'avenir, plus circonspect envers la cour; qui l'a condamné en trois livres d'aumône; et, quant au fond de l'affaire, qui regarde le refus des sacrements, qu'il en serait informé.

Le curé est sorti de prison mercredi, à dix heures du soir, et s'en est retourné chez lui après avoir eu la petite réprimande de la cour. Le même jour, à dix heures du soir, M. Rolland, conseiller de grand'chambre, commis par l'arrêt pour informer, s'est transporté chez le sieur Coffin pour prendre sa déclaration sur ce qui s'était passé, et il n'en est sorti qu'à deux heures après minuit. Mais malheureusement, dans ce procès-verbal, M. Rolland a oublié de faire prêter serment à M. Coffin[1]. Jeudi, 31, quand ce procès-verbal a été présenté à l'assemblée des chambres, on a reconnu cette nullité et il a fallu recommencer toute la procédure.

— Pendant ce temps-là, le malade avait eu la complaisance de ne point mourir; mais point de confesseur. Le parlement a renvoyé M. Dufranc, greffier et secrétaire de la cour, auprès de M. l'archevêque pour mettre ordre à cela. L'archevêque a dit qu'il n'avait

---

[1] Suivant les *Nouvelles ecclésiastiques*, la déposition de M. Coffin se serait trouvée nulle par l'omission d'une ligne échappée au greffier.

pas d'autre réponse à faire que celle qu'il avait faite à MM. les gens du roi. Il ne voulait pas, apparemment, reconnaître les ordres du parlement.

Cependant M. le lieutenant civil allait chez le sieur Coffin et chez l'archevêque, par voie de conciliation; et apparemment de concert entre eux, M. Coffin a requis le curé de Saint-Paul [1] qui est un homme de conséquence et point suspect, de le venir confesser. L'archevêque a, dit-on, écrit à M. le curé de Saint-Paul. Quoi qu'il en soit, celui-ci est venu confesser, dans la journée, M. Coffin, et, le soir, un prêtre de la paroisse Saint-Étienne lui a apporté les sacrements. En sorte que l'objet du scandale a été levé. Voilà bien des cérémonies et de l'embarras pour un malade à l'extrémité.

— Le parlement, de son côté, en examinant le fond de l'affaire, qui regarde la confession, certificat et billet de confesseur, et les sacrements, a pris un tempérament. Il y a eu arrêté de la cour, par lequel il est dit, que MM. les gens du roi se transporteront à Versailles, pour rendre compte au roi de ce qui a été fait, etc.

— M. le chancelier a, dans son district, la librairie qui appartient plus volontiers au garde des sceaux qui scelle tous les priviléges, raison pour laquelle on lui donne un exemplaire de chaque édition.

M. Maboul, maître des requêtes, qui avait en sous-ordre le détail de la librairie, s'est démis de cette place depuis la démission de M. d'Aguesseau, avec qui il était fort lié. M. le chancelier de Lamoignon a donné

---

[1] M. Guéret.

cette place, qui est gracieuse, pour un homme qui aime les belles-lettres, à M. de Malesherbes, son fils, premier président de la cour des aides. J'avais entendu dire, dans le public, que cette commission valait douze mille livres par an; mais, dans le vrai, elle ne rapporte quoi que ce soit que les exemplaires dont les libraires lui font présent, encore sans y être obligés. Ils n'en doivent que deux pour la Bibliothèque du roi, et un pour le garde des sceaux.

— Le roi a accordé aussi à M. le chancelier deux hoquetons[1] à cheval, pour marcher devant son carrosse. Ils ne sont dus qu'aux gardes des sceaux, à cause des sceaux.

— Ce sont les secrétaires du roi qui donnent au garde des sceaux le tapis de velours violet, brodé en fleurs de lis d'or, pour tenir les sceaux; c'est le roi qui donne la tapisserie de garde des sceaux, et, dans cette occasion, il en donnera une aussi au chancelier.

— On pense, assez volontiers, qu'on avait offert la place de chancelier à M. le premier président Peletier, et qu'il l'a refusée étant séparée des sceaux. On n'approuve pas, en général, qu'un magistrat du nom de Lamoignon l'ait acceptée. Il n'entre pas en place avec un applaudissement public. On dit, dans Paris, qu'il a fait un assez mauvais discours au roi en le remerciant; qu'il ne savait à quel titre le roi avait jeté les yeux sur lui pour cette grande place; qu'il ne connaissait pas la cour; qu'il n'était point fait à ses tracasseries et à ses manéges; qu'il était un homme tout rond et qui allait droit son chemin. Sur quoi le

---

[1] Voir t. I, p. 30, note 1.

roi avait mis son doigt à sa bouche, et les seigneurs présents leurs mouchoirs pour cacher leur envie de rire; d'autant plus que, dans le fait, M. de Lamoignon n'est pas bien grand, assez gros et tout rond. On sait, d'ailleurs, qu'il est très-dévot et entièrement livré aux jésuites. Il a pour ami le père Tainturier, qui a prêché trois carêmes devant le roi [1], et avec distinction dans Paris : cette intimité avec les jésuites ne contribue pas peu à faire tenir sur lui certains discours. On sait, d'un autre côté, qu'il n'a pas de bien. C'est le tout si de lui personnellement il a dix mille livres de rente : le défaut de richesses est une mauvaise qualité dans ce temps-ci. On compte que pour donner un titre d'honneur dans sa famille, il achèvera de se ruiner par la représentation, la table et la dépense qu'il faut faire nécessairement dans cette place. Elle ne rapporte pas tout à fait cent mille livres par an, qui ne sont pas suffisantes, à cause de la table ouverte. Le repas qu'il a donné à Versailles, le premier conseil qu'il a tenu, a coûté six mille livres. Il y avait cinq tables; tous les ministres et plusieurs gens de cour y étaient invités, et il lui faut toujours, à Versailles et à Paris, une table environ de vingt couverts. Il a pris tous les officiers de cuisine de M. d'Aguesseau dont la table seule allait à quatre-vingt mille livres par an. Il y a les dépenses de tous les voyages de Compiègne, Fontainebleau, Marly; ces déplacements coûtent beaucoup. D'ailleurs, il a vis-à-vis de lui M. de Machault, garde des sceaux, qui est fort riche et dont la maison est toute montée. On lui compte

---

[1] Il a déjà été question de lui. Voir t. II, p. 39.

cent vingt mille livres de rente de son bien personnel, deux cent mille livres par an de son coutrôle général, et cent vingt mille livres de produit des sceaux, ce qui fait plus de quatre cent mille livres de rente.

On compte, dans le public, que M. de Lamoignon, qui a près de soixante-dix ans, ne gardera pas long-temps sa place de chancelier, et que M. de Machault, qui n'en a pas cinquante, après l'exécution de tous ses projets, réunira la chancellerie avec les sceaux.

— On parle de lui[1], comme d'un homme un peu dur, mais de beaucoup d'esprit et de grands projets. On lui fait dire que, d'ici à trois ans, les Parisiens baiseront ses pas et qu'on boira le vin de Bourgogne à six sous[2]. C'est annoncer de grandes diminutions sur les droits. Je ne sais si cette politique s'accorderait aisément avec l'intérêt du roi, d'autant que Paris, malgré la grande cherté de la vie, n'est déjà que trop peuplé. Il y abonde toujours une grande quantité de gens de toutes les provinces du royaume et beaucoup d'étrangers, ce qui fait, d'un côté, grande consommation de

---

[1] M. de Machault.

[2] Ce prix de six sous aurait fait descendre la valeur du muid de vin, contenant environ deux cent quatre-vingts pintes ou bouteilles, à quatre-vingt-quatre livres. Or, il n'est pas sans intérêt de remarquer qu'à cette époque chaque muid de vin, arrivant par eau, avait à payer, à son entrée à Paris, divers droits s'élevant ensemble à la somme de quarante-six livres un denier, si le vin était destiné à un *marchand à pot ou à assiette*, et seulement trente-huit livres douze sols cinq deniers s'il était *pour la provision d'un bourgeois*. Le même muid de vin arrivant par terre ne payait, dans le premier cas, que quarante-deux livres huit sols onze deniers et trente-cinq livres cinq deniers dans le second. On appelait marchands de vin *à pot* ceux qui le vendaient en détail, et marchands *à pot et à assiette*, ceux qui avaient, en outre, l'autorisation de donner à manger aux consommateurs, de couvrir la table d'une nappe et d'y servir des *assiettes*.

toutes choses et un grand produit pour le roi. Que serait-ce si tout était à bon marché? Il faut que l'étranger paye un peu le plaisir de venir à Paris et qu'il apporte son argent dans le royaume.

— M. le comte de Maurepas est toujours à Bourges, en assez bonne santé. On ne parle plus de lui, et on n'y pense plus.

— On disait que M. le comte d'Argenson songeait à être duc et pair; mais il n'en est pas question, et bien des gens pensent qu'il est la dupe de n'avoir pas pu ou voulu avoir la place de chancelier avec les sceaux.

— Le corps du maréchal de Saxe est toujours en dépôt à Chambord, dans un lit de parade, en attendant la réponse du roi de Pologne[1], son frère. Ce maréchal est, dit-on, mort de débauche[2]. Il avait à Chambord trois ou quatre p......; il s'est enfermé deux jours avec une nommée La Chantilly, et il s'est excédé. Il lui a pris une petite fièvre; au lieu de rétablir ses forces par de bons bouillons, il s'est traité à sa fantaisie. On l'a saigné, l'inflammation a suivi, et malgré la force de son tempérament il a péri en peu de jours.

On a fait plusieurs vers à sa louange, et voici un ouvrage difficile sur la mort du maréchal qui avait cinquante-cinq ans.

---

[1] Voir ci-dessus, p. 189. Le convoi du maréchal de Saxe partit de Chambord le 8 janvier suivant et arriva le 7 février à Strasbourg, où le corps fut déposé dans le temple protestant de Saint-Thomas.

[2] On lit dans quelques *Mémoires* du temps que le maréchal mourut à la suite d'un duel avec le prince de Conti; mais tout s'accorde à démontrer la fausseté de cette assertion.

Son courage l'a fait admirer de chac............	1
Il avait des rivaux, mais il triompha............	2
Les combats qu'il gagna sont au nombre de......	3
Pour Louis, son grand cœur se serait mis en......	4
En amour, c'était peu pour lui d'aller à..........	5
Nous l'aurions, s'il n'eut fait que le berger Tir.....	6
Mais pour avoir passé douze...., *Hic ja*..........	7
Il a cessé de vivre en décembre le................	8
Logeait entre le Pont-Royal et le Pont...........	9
Pour tant de *Te Deum* pas un *De profun*.........	10 [1]
	55

ANNÉE 1751.

Janvier.— Il est de fait, dans le quartier, que le premier jour de l'an, le curé de Saint-Étienne du Mont est venu voir M. Coffin dans son lit, qu'il lui a demandé son amitié, qu'il lui a dit qu'il ne lui en voulait point de tout ce qui s'était passé et qu'il l'a embrassé. Le curé de Saint-Étienne a officié ce jour-là à sa paroisse où il est bien haï.

— Le roi ne devant revenir du château de Bellevue à Versailles que le jeudi, au soir, les gens du roi se sont mis en chemin [2], de bon matin, le vendredi 1ᵉʳ janvier.

Ils ont été annoncés, et comme le jour de l'an est un jour tumultueux à Versailles, où le roi reçoit les visites de la reine, de toute la famille royale, des prin-

---

[1] L'idée exprimée dans ce vers appartient à la reine Marie Leczinska qui avait dit en apprenant la mort du maréchal : « Il est bien fâcheux qu'on ne puisse pas dire un *De profundis* pour un homme qui a fait chanter tant de *Te Deum*. »

[2] Pour remplir le message dont ils avaient été chargés par le parlement. Voir ci-dessus, p. 209.

ces et princesses du sang, de toute la cour, de tous les chevaliers du Saint-Esprit qui même accompagnent le roi à la messe, on a fait réponse auxdits gens du roi qu'ils n'auraient audience qu'à cinq heures du soir.

A ladite heure, ces messieurs ont été présentés au roi, à qui M. d'Ormesson, premier avocat général, a fait son discours suivant sa mission. Le roi leur a répondu qu'il approuvait fort la démarche de son parlement, de lui faire rendre compte de cette affaire, mais qu'il aurait dû le faire plus tôt, attendu qu'elle n'était qu'une suite de celle du sieur Coffin, oncle, dont il s'était réservé la connaissance; qu'il désapprouvait formellement l'emprisonnement du frère Bouëttin; qu'au surplus, il saurait pourvoir à la tranquillité de ses sujets et à maintenir la subordination qui était due aux ministres de l'Église.

— Samedi, 2 janvier, le parlement a été assemblé pour entendre la réponse dudit seigneur roi, dont il n'a pas été très-content; et, après avoir bien délibéré à ce sujet, il a été arrêté qu'on ferait de très-humbles remontrances au roi. On a nommé des commissaires et l'assemblée a fini[1].

— M. Coffin n'est point encore mort; on dit cependant qu'il n'en peut pas revenir. Il est certain que pour des gens du commun, ce nom-là, tant pour l'oncle que pour le neveu, aura fait bien du bruit et aura place, plus qu'un autre, dans les histoires.

[1] Sauf quelques points de détail insignifiants, ce récit des faits qui se rattachent à l'affaire Coffin est entièrement conforme à celui qu'on lit dans les *Nouvelles ecclésiastiques*, année 1751, p. 53 et suiv. Il n'est pas sans intérêt d'en faire l'observation, car les mêmes *Nouvelles ecclésiastiques* donnent leur version comme une rectification d'une brochure qui parut alors sous le titre de *Relation circonstanciée*, etc.

C'est ainsi qu'a fini l'année 1750.

— Le roi n'a couché que cinquante-deux nuits à Versailles, pendant l'année 1750. Ses voyages, dans ses différentes petites maisons de campagne, sont déjà arrêtés pendant la présente année, et l'on dit qu'il couchera soixante-trois nuits à Versailles.

— On a fait courir un bruit dans Paris qu'on allait diminuer les pièces de deux sous, et les réduire à un sou six deniers, ce qui causait de l'embarras dans les marchés où la monnaie a plus de cours, et même dans des payements. Il y a eu arrêt de la cour des monnaies par lequel il a été permis au procureur général de faire informer contre ceux qui faisaient courir ce faux bruit, pour les emprisonner et leur faire leur procès.

— Le 10 de ce mois, M. Coffin, dont la confession a fait tant de bruit, est enfin mort.

Le 11, on l'a porté à Saint-Étienne du Mont, sa paroisse, avec un grand clergé à la tête duquel était M. le curé, et il a été rapporté à Saint-Jean de Beauvais et enterré dans l'église, avec son oncle. Une partie des conseillers du Châtelet était en corps à cet enterrement et précédait le deuil. Il y avait environ cinq cents personnes à la suite du convoi qui s'est fait à six heures du soir; beaucoup de gens en robe et d'ecclésiastiques, tous bons jansénistes apparemment. Peut-être que la fin de cette affaire fera tomber les remontrances que le parlement devait faire.

— La cour a pris le deuil, le 10, pour trois semaines, pour l'impératrice douairière Brunswick Wolfenbutel, veuve de l'empereur Charles VI, âgée de cinquante-neuf ans. Le roi a pris le violet huit jours, en grand deuil, et le reste en blanc. Mais pendant les huit jours, le roi en a passé cinq au château de Choisy où l'habit uniforme est vert.

— Le parlement a été assemblé le 14, jusqu'à deux heures, pour les remontrances. On dit que le parlement de Toulouse a envoyé des députés en cour pour le même sujet, et même qu'il a décrété l'archevêque de prise de corps[1]. On dit aussi que des curés de Paris ont présenté, de leur côté, un mémoire au roi, pour soutenir de ne point accorder de confession aux mourants qu'en cas d'acceptation de la constitution. Si cela est ainsi, ces partis opposés occasionneront quelque règlement qui ne plaira pas.

— Nouvelle qui court dans Paris. On dit que M. le comte de Langeron, lieutenant général des armées du roi, a épousé, ces jours-ci, une demoiselle Julie, fille de chambre de mademoiselle de Sens, princesse du sang, ce qui surprend tout le monde et fait beaucoup parler. Mais on pourrait trouver quelque dénoûment secret à un pareil mariage : voici le fait.

M. le comte de Langeron est âgé de plus de cinquante ans, et est un homme très-raisonnable. Depuis plus de vingt ans, il est attaché à mademoiselle de Sens. On disait même qu'il était marié secrètement avec elle; et l'on dit qu'ils ont trois ou quatre enfants à qui la princesse ne peut pas donner d'état. Non-seulement il n'y a point mariage, mais quand il y en au-

---

[1] Barbier veut parler sans doute du refus de sacrements fait à M. de Chalvet de Rochemontoix, sous-doyen du parlement de Toulouse, affaire qui présente, en effet, de nombreux points de conformité avec celle de M. Coffin; mais il se trompe en ce qui concerne le décret de prise de corps contre l'archevêque. Le parlement de Toulouse ne s'immisça en rien dans cette contestation, et il est même sévèrement jugé à cette occasion dans les *Nouvelles ecclésiastiques* du 8 mai 1751 (p. 73 et suiv.)

rait, étant fait sans le consentement du roi, les enfants seraient toujours bâtards.

On veut donc faire entendre que pour donner un état à ces enfants, M. le comte de Langeron, qui est homme de condition, de concert avec la princesse, épouse une de ses femmes de chambre et sa confidente, laquelle consentira, au moyen du rang qu'elle acquerra, à reconnaître, en se mariant, ces enfants comme étant d'elle et de M. le comte de Langeron. Ces enfants, par ce moyen, auront un état de gens de condition et la princesse aura la liberté de leur faire le bien qu'elle voudra, par un testament.

Ce bruit s'est répandu sur des bans que l'on dit avoir été publiés tant à la paroisse de Saint-Sulpice, qu'à celle de la Madeleine Saint-Honoré, sur laquelle demeure le père de la fille de chambre, qui a été, dit-on, soldat aux gardes. On dit, d'un autre côté, que cela n'est pas possible, parce que, pour un pareil projet, M. le comte de Langeron, au lieu d'épouser une fille de rien, aurait trouvé dans les provinces quelque demoiselle sans biens, hors d'état même d'avoir des enfants, qui, pour sortir de la misère et avoir un rang, aurait accepté la proposition.

On dit, d'ailleurs, que cette femme de chambre Julie n'a guère plus de vingt-cinq ans, et que l'aîné des enfants qu'on dit la princesse avoir eu de M. de Langeron, en a dix-sept ou dix-huit, ce qui ne pourrait plus cadrer pour la reconnaissance par cette demoiselle Julie. Il y a apparence que cette nouvelle est fausse [1], quoique répandue dans toutes les maisons de

---

[1] Barbier avait raison de se refuser à croire à la réalité de ce mariage,

qualité, et qu'elle a été fondée sur quelque équivoque de nom dans les bans. M. le comte de Langeron continue de loger toujours à l'hôtel de Sens [1], avec la princesse; il paraît avec elle dans sa loge, à l'Opéra, et enfin, depuis huit jours, on ne parle plus de mariage [2].

— Nouvel établissement dans la France qui, suivi et bien exécuté, doit immortaliser Louis XV, et faire un honneur infini au ministère de M. le comte d'Argenson. Le roi, par édit du présent mois de janvier, enregistré au parlement, chambre des comptes et cour des aides, vient de fonder un hôtel de l'école royale militaire, à l'instar de l'hôtel royal des Invalides, pour loger, nourrir, entretenir et élever dans l'art militaire, et instruire dans tous les exercices et sciences qui y ont rapport, cinq cents gentilshommes jeunes et sans bien, depuis l'âge de neuf à dix ans, jusqu'à dix-huit ou vingt qu'ils sortiront de l'hôtel pour être placés dans les troupes, suivant les dispositions et les talents qu'ils auront, avec deux cents livres de pension pour les aider à se soutenir dans les premiers emplois qu'on leur donnera.

---

puisque ce même Louis-Théodore Andrault, comte de Langeron, chevalier de l'ordre royal et militaire de Saint-Louis, épousa, le 2 août suivant, Augustine-Marie de Menou, quatrième fille de François-Charles, marquis de Menou, etc.

[1] Cet hôtel, qu'il ne faut pas confondre avec celui des archevêques de Sens, formant l'angle des rues du Figuier et de l'Hôtel de Ville (anciennement de la Mortellerie), était situé rue de Grenelle Saint-Germain, au delà de la rue de Bourgogne. Il fut affecté, sous la Restauration, au logement des gardes de *Monsieur*, et plus tard, en 1826, on y transféra l'école d'application d'état-major qui l'occupe encore.

[2] On n'a plus parlé de cette histoire dans la suite. (*Note de Barbier.*)

Il faudra faire preuve de noblesse de quatre générations de père, au moins, etc.[1]

Il s'agit maintenant de l'exécution. Le terrain, pour bâtir cet hôtel, n'est point encore indiqué; mais comme on parle depuis quelque temps de ce projet, on croit que l'hôtel sera bâti à côté et sur le niveau de celui des Invalides, vers le Gros-Caillou. Cet hôtel ne demandera pas autant d'étendue que celui des Invalides qui renferme plus de trois mille personnes; mais il faudra néanmoins qu'il soit grand pour contenir non-seulement les cinq cents gentilshommes, mais tous les officiers de l'état-major, les officiers de la maison, tous les maîtres de chaque genre d'exercice et de science, une chapelle, les ecclésiastiques pour la desservir, un manége, des chevaux et tous les domestiques nécessaires. Cela sera considérable.

C'est M. Pâris Duverney[2] qui est à la tête de ce projet et qui en a dirigé le plan. Il est frère de M. Pâris de Montmartel, garde du trésor royal. Il était munitionnaire général des vivres de toutes les armées d'Allemagne et de Flandre dans la dernière guerre. C'est un homme de beaucoup d'esprit et d'un très-grand détail. On ne sait point si on a obligation de ce projet à des mémoires du feu maréchal comte de Saxe, ou aux grandes vues de M. le comte d'Argenson et de M. de Machault.

— Ce n'est pas tout; il faudra des fonds considérables pour l'achat du terrain, le bâtiment et l'ameublement de l'hôtel, la subsistance et l'entretien de

---

[1] Barbier analyse cet édit dont les dispositions sont trop connues pour qu'il soit utile de les reproduire ici.

[2] Voir t. 1, p. 145.

tant de monde, le payement de tous les différents maîtres, les appointements des officiers qui y seront employés et des pensions de deux cents livres, à mesure que les jeunes gens sortiront de l'hôtel.

Le roi, pour premier fonds de cet établissement, a abandonné et retiré de ses finances l'impôt qui était en ferme sur les cartes à jouer et qu'il a même augmenté par une déclaration du 13 de ce mois, enregistrée le 22; de manière que la taxe et l'impôt sur les cartes à jouer sera dorénavant d'un denier par chaque carte. Ce droit sera en régie, au profit de l'hôtel, à compter du 22 de ce mois. L'on dit qu'un jeu de cartes entier, composé de cinquante-deux cartes, coûtera six sols, deux livres huit sols le sixain [1], et ainsi à proportion tous les autres jeux où il y a moins de cartes. Ce produit, qui est considérable dans tout le royaume et qui a lieu dès à présent, servira pour la construction des bâtiments dont M. Pâris Duverney avance, dit-on, les fonds; car on compte que l'on commencera à travailler dès le mois de mars prochain.

— Cet établissement est admirable et plaît beaucoup à tout le public. On verra deux hôtels voisins, l'un le berceau et l'autre le tombeau des militaires. Les différentes provinces du royaume sont remplies d'une infinité de noblesse pauvre chargée d'enfants que les père et mère n'ont pas le moyen de faire élever dans une éducation convenable, encore moins de les faire entrer au service. Les enfants de cette noblesse pas-

---

[1] On doit supposer, d'après le prix du sixain, que Barbier a voulu dire *huit* sous le jeu; mais il y a *six* dans le manuscrit.

sent leur jeunesse avec des paysans dans l'ignorance et dans la rusticité, servent le plus souvent à l'exploitation de leurs biens, et ne diffèrent, au vrai, des paysans que parce qu'ils portent une épée et se disent gentilshommes. Ce sont des sujets perdus pour l'État.

D'un autre côté, la noblesse riche qui habite Paris, les grandes villes ou la cour, mettent leurs enfants au collége, de là à l'académie pour monter à cheval et faire des armes, ensuite mousquetaires, capitaines de cavalerie. Les plus en crédit ont, à dix-huit ou vingt ans, un régiment sans avoir aucune pratique du militaire. Ils passent leur jeunesse dans le luxe, les plaisirs et la débauche auprès des femmes; ils ont plus de politesse et d'éducation, mais aucune des sciences nécessaires; point de détail : ils ont beaucoup de valeur pour se battre, mais sont peu capables de commander. C'est ce qui fait que nous avons si peu de bons généraux ou même de bons officiers généraux. Au lieu que de cinq cents gentilshommes enfants qui se renouvelleront au moins tous les dix ans, qu'il en sorte seulement vingt qui, par des talents supérieurs et de l'application, excellent soit dans le génie soit dans les autres parties de la guerre, on sera sûr d'avoir de bons généraux, et, dans les autres, au moins de bons capitaines et commandants de bataillon.

— Le dessein est, dit-on, d'unir par la suite des abbayes à cet hôtel pour en assurer l'établissement. On parle déjà de l'abbaye Saint-Germain des Prés, que M. le comte de Clermont pourrait remettre au roi qui l'indemniserait par une pension, égale au revenu, pendant sa vie. On dit que ce qui appartient à l'abbé, est affermé quatre-vingt mille livres par an.

— Dans tout ceci, il faut examiner la politique du ministère. M. de Machault, comme contrôleur général, a entrepris un grand ouvrage qui est de faire payer le vingtième, tant aux pays d'état du royaume qu'à tout le clergé de France. Les pays d'état ont résisté et soutenu leurs priviléges, cependant il paraît qu'ils ont cédé et que le vingtième s'y établit peu à peu par l'attention des intendants et des seigneurs qui président ces états; mais le plus difficile est le clergé qui a refusé absolument en rompant l'assemblée, et protesté contre tout ce qui avait été fait. Il n'y a rien de réglé à cet égard; le terme de six mois donné par la déclaration, expire le 17 février, et il faudra que la cour prenne un parti. Ce corps du clergé, quoique méprisé, a néanmoins du crédit et des ressorts, soit à la cour, soit dans toutes les provinces, par les ecclésiastiques et les moines. Il est à craindre par ses prétendues armes spirituelles.

Dans cette position, voulant soumettre ce premier corps de l'État qui est très-puissant, il fallait s'attirer le corps des militaires et le corps de la noblesse du royaume pour lui opposer. C'est ce qu'on a fait, soit par la déclaration qui donne la noblesse des armes, qui est l'ancienne et la véritable, aux officiers et à leurs descendants après un certain temps de service, soit par l'établissement de cette école militaire.

— La grande affaire dont on parle à présent est celle de M. de La Bourdonnais[1], chef d'escadre, qui

---

[1] Bertrand-François de la Bourdonnais, né à Saint-Malo le 11 février 1699. Il avait pris une part active à la conquête de Mahé, en 1724, quoiqu'il ne fût que second capitaine sur les bâtiments de la compagnie des Indes, et de là lui vint le surnom de *Mahé*, ajouté plus tard à son nom.

commandait les vaisseaux du roi et de la compagnie des Indes, et qui a pris la ville de Madras sur les Anglais, pour le compte de la compagnie. Il est depuis près de trois ans à la Bastille et a, pour partie cachée, M. Dupleix, gouverneur général des Indes pour la même compagnie. Les conseillers d'État et commissaires du roi pour juger cette affaire à la Bastille, pour laquelle il y a eu bien des mémoires répandus dans Paris, s'assemblent actuellement et doivent la juger incessamment. Le rapporteur est M. Dufour de Villeneuve, qui était lieutenant criminel à Clermont, en Auvergne, et qui s'est fait maître des requêtes il y a six ans. C'est un homme de beaucoup d'esprit. Cette affaire qui est immense par les faits, les dépositions de témoins et trente-six interrogatoires de M. de La Bourdonnais, lui fait beaucoup d'honneur. Il a passé *deux mille heures* à la Bastille pour l'instruction.

Février. Enfin, cette grande affaire a été jugée à la Bastille par sept ou huit commissaires du roi, mercredi 3. M. de La Bourdonnais a été déchargé de l'accusation[1].

— M. Le Nain, conseiller d'État, intendant de Languedoc, y est mort depuis peu. Il y avait d'abord été adoré ; mais depuis l'assemblée des états où il a été question d'imposer le clergé et les peuples au vingtième, il était regardé d'une autre façon. Il ne pouvait guère éviter ce changement.

---

[1] Mahé de la Bourdonnais, dont la longue détention avait détruit la santé, ne survécut que peu de temps à la déclaration de son innocence et mourut le 9 septembre 1753. Son petit-fils, mort en 1840, s'est rendu célèbre par sa grande habileté au jeu d'échecs qui le fit surnommer le *roi des échecs.*

M. Le Nain s'est ruiné dans ses intendances, a mangé une partie du bien de sa femme, et ne laisse quoi que ce soit. Il a un fils, maître des requêtes, qui renoncera à la succession, sauf aux créanciers à se tirer avec perte. Sa place de conseiller d'État a été donnée à M. Berryer, lieutenant général de police, ce qui fait croire que ce dernier ne gardera pas longtemps cette place.

— L'intendance de Languedoc, qui est une des plus belles et qui vaut cinquante mille livres par an, au lieu que les autres n'en valent que dix-huit, a été donnée à M. Guignard de Saint-Priest, qui était conseiller au parlement de Grenoble, et qui avait épousé une nièce de M. le cardinal de Tencin, ministre d'État. Ce M. Guignard s'est fait maître des requêtes en 1745. Il n'est pas bien riche, mais il avait pour plus de dix-huit mille livres de bureaux [1], par le crédit du cardinal. Au surplus, c'est un homme d'esprit et qui travaille. Il sera moins à son aise intendant, par les dépenses qu'il faut faire, qu'il n'était ici où il vivait en particulier, d'autant qu'il a plusieurs enfants.

— Les chambres du parlement étant assemblées vendredi, 5 de ce mois, pour l'arrangement des remontrances au sujet de l'affaire du sieur Coffin, lesquelles remontrances tirent bien en longueur, par politique apparemment, M. Pasquier, conseiller de la première chambre des enquêtes, homme de mérite et fort ami de M. le garde des sceaux, a dénoncé au parlement le procès-verbal de la dernière assemblée

---

[1] C'est-à-dire de places ou emplois. *Bureau* se disait des lieux où l'on faisait la recette des impôts, etc.

du clergé qui contient le refus d'exécuter la déclaration du roi du 17 août, lequel procès-verbal le clergé avait eu la témérité, en se séparant, de faire imprimer et distribuer, et qui a été arrêté par ordre du ministre[1].

— Samedi, 6, le roi alla passer deux jours à son château de la Muette, au bois de Boulogne, voir ses nouveaux ouvrages. L'indisposition de madame la marquise de Pompadour n'était qu'un petit rhume[2].

Le 10, le roi va passer trois jours au château de Bellevue de madame la Marquise, où il y aura, le jeudi, comédie des petits appartements, c'est-à-dire des seigneurs et dames de la cour.

— Le chancelier de Lamoignon, quoique sans les sceaux, profite du crédit de sa place pour sa famille.

M. de La Reynière, fermier général, dont M. de Malesherbes, fils du chancelier, a épousé la fille, a un fils de quinze à dix-huit ans : le chancelier l'a présenté au roi qui lui a accordé gracieusement la survivance de la place de fermier général. Il est assez étonnant que M. de La Reynière, fort riche, qui a marié ses filles à des gens distingués dans la robe, ne destine pas son fils à être maître des requêtes. Cela est plus sage, parce que la place de fermier général est plus lucrative, et si cela prend ce train-là, cette place deviendra un état et sera moins méprisée qu'elle n'était.

— M. le chancelier, qui n'avait point de bien, a marié une de ses filles, presque sans dot, à M. Castanier d'Auriac, maître des requêtes et secrétaire des

---

[1] Voir ci-dessus, p. 172.
[2] Barbier n'avait rien dit jusque-là de cette indisposition.

commandements de la reine. Il est fils et neveu de gens de fortune du Languedoc, qui ont beaucoup gagné au système et, depuis, sur les vaisseaux. Il y a M. Castanier, son oncle, directeur de la compagnie des Indes, qui n'a point d'enfants; M. d'Auriac sera puissamment riche. Le roi vient de lui accorder la place de conseiller d'État vacante par la mort de M. Turgot, qui a été ci-devant prévôt des marchands et, avant, président des requêtes du palais.

— M. d'Aguesseau, chancelier honoraire, est mort le 9 de ce mois, âgé de quatre-vingt-deux ans et quelques mois. Il avait été avocat général du parlement à vingt-deux ans, procureur général à trente-huit, et chancelier de France à quarante-huit, en 1717. Il a eu bien des révolutions dans cette charge; on lui a ôté les sceaux plusieurs fois. C'était un homme très-savant dans le droit public et d'une mémoire supérieure; mais qui n'avait pas l'esprit de politique propre à la cour. Il a été enterré dans le cimetière de l'église d'Auteuil, près Paris, où était le corps de madame d'Ormesson, sa femme.

Il laisse deux fils conseillers d'État. L'aîné est assez aimé et estimé. Le cadet, M. d'Aguesseau de Fresnes, qui faisait depuis longtemps le petit chancelier, s'est fait haïr de tout le monde : son crédit est bien tombé.

— Voilà donc, à présent, l'hôtel de la chancellerie à la disposition de M. le chancelier de Lamoignon, et il s'agit de le meubler, ce qui est une affaire.

Au surplus je ne vois pas sur quel fondement cet hôtel paraît destiné à M. de Lamoignon. Ce n'est pas l'hôtel du chancelier, mais de la chancellerie de

France, qui est pour les sceaux. Dans l'*Almanach royal* de cette année, même, qui fournit le premier exemple de la séparation des deux places, à l'article chancellerie de France, il n'est parlé que de M. de Machault, garde des sceaux, qui en est le chef, et en suite des officiers de la grande chancellerie. Il n'est parlé de M. de Lamoignon, chancelier, qu'à l'article du conseil d'État des parties, comme étant le chef et le président des conseillers d'État et des maîtres des requêtes, etc.

— M. le duc de La Trémoille, qui n'a que quatorze ans, a épousé la fille du duc de Randan, qui est Durfort. Elle est plus âgée que lui, et elle restera dans un couvent jusqu'à la consommation. C'est un seigneur qui a plus de deux cent mille livres de rente en fonds de terre, et dont on a bien réparé les affaires pendant sa minorité. C'est le premier duc à la cour, et, outre cela, il a le rang et les honneurs de prince, après les princes du sang, par une concession de Henri IV [1].

— Mercredi, 17, il y a eu une fête superbe à l'hôtel de Soubise. Grand bal et grand souper. Il y avait, dit-on, trois cents personnes invitées. Les seigneurs et les dames y étaient d'une magnificence extraordinaire en habits et en diamants. M. le duc et madame la duchesse de Chartres en étaient. Il y avait cinq tables servies magnifiquement. Le dessert de la principale, qui est un grand fer à cheval, était de la dernière magnificence. Cela faisait une fête royale. Le prince de Soubise avait choisi douze gendarmes [2] des mieux

---

[1] Voir, à ce sujet, t. II, p. 54, note 1.

[2] Les gendarmes de la garde du roi dont le prince de Soubise avait le

faits pour donner la main aux dames en descendant de carrosse et les conduire aux appartements.

M. le prince de Condé était assis à table à côté de mademoiselle de Soubise [1], fille du premier lit du prince qui est déjà à sa troisième femme. Cette princesse, qui est unique et qui a quinze ans, a, dit-on, plus de quatre cent mille livres de rente. On dit que cette fête a pour objet un mariage avec le prince de Condé qui est du même âge [2].

On disait aussi que le roi avec sa cour et ses favoris devait venir masqué dans la nuit, à cette assemblée. Il est vrai que le souper finit à une heure après minuit, qu'on recommença la danse et que le prince de Soubise fit sortir, avec politesse, des appartements, quelques hommes particuliers qui étaient entrés par amis pour voir cette superbe fête.

— La dénonciation faite aux chambres assemblées par M. Pasquier, contre le clergé, est retirée. On dit que l'affaire du clergé est arrangée; que le clergé offre de donner dix millions par an pour son vingtième, etc. Il y a eu, dit-on, bien des débats pour dénommer l'imposition; la cour ne voulait point du terme de don gratuit. On a cherché les termes de subvention, subsides, aides, et l'on croit qu'elle sera dénommée : « pour le droit de vingtième. » Mais, mal-

---

commandement (voir t. II, p. 74), formaient un corps de deux cent cinquante gentilshommes.

[1] Charlotte-Godefride-Élisabeth, née le 7 octobre 1737, fille de Charles de Rohan et de Anne-Marie-Louise de La Tour de Bouillon (voir t. II, p. 74).

[2] Ce mariage se fit en effet, mais seulement au mois de mai 1753, comme on le verra plus loin.

gré cela, l'on compte que le haut clergé a gagné sa cause et que le ministère a eu le démenti de l'arrangement qu'il voulait faire. La répartition des sommes que le clergé aura à payer se fera toujours au préjudice du second ordre. Si cela est ainsi, voilà un beau coup manqué et on n'y reviendra pas aisément. On dit aussi que M. de Machault était malade ces jours-ci. Peut-être le chagrin y a-t-il eu part.

— Le roi a passé les jours gras au château de Bellevue. Son occupation est d'aller à la chasse tous les jours et de rentrer à la fin de la journée, jouer apparemment et souper. Les ministres y étaient. On y a joué aussi la comédie par les seigneurs et dames qui y sont; cela se réduit à vingt-cinq personnes ou trente, tout au plus. Le roi est retourné à Versailles, mardi gras, après le souper.

— Ce qui est singulier, c'est que pendant les jours gras il n'y a eu aucune fête ni aucun divertissement à Versailles. Tout s'est passé fort tristement : il n'y avait que jeu chez la reine. Cependant la cour de France devrait être la plus gaie et la plus brillante de l'Europe, puisqu'il y a madame la Dauphine et cinq Dames de France, toutes jeunes. Cela a étonné Paris. On rejette cela sur madame la Marquise qui veut tenir le roi en particulier et qui évite tout bal paré ou masqué où il pourrait venir des minois très-jolis. Mais, malgré cela, le roi pouvait être à Bellevue en son particulier et donner l'ordre à madame la Dauphine de faire des fêtes et des danses dans son appartement, pour amuser les Dames de France et toute la cour.

Mars. Le roi ne découchera pas de Versailles pendant tout le carême. Il ira seulement faire quelque dîner-souper dans ses maisons de plaisance.

— On compte ici avoir le jubilé de cinquante ans avant Pâques et après. On dit qu'il durera six semaines. Il est certain que le bref du pape à ce sujet est arrivé, et qu'il est entre les mains d'un secrétaire d'État. C'était ordinairement le secrétaire d'État des affaires étrangères qui avait cette besogne, attendu que cela vient des pays étrangers. Mais M. de Puisieux a déclaré qu'il n'entendait rien à cela, et ce bref a été remis à M. le comte de Saint-Florentin, comme ayant le clergé dans son département. Il n'attend plus que les ordres du roi pour lâcher ce bref et écrire, en conséquence, à l'archevêque de Paris et à tous les évêques du royaume.

— Tout le monde est fort attentif sur l'événement de ce jubilé. On dit que madame la marquise de Pompadour en craint les suites, et l'on croit que le roi fera son jubilé. On disait même qu'on préparait un appartement à l'Assomption [1] pour madame la Marquise, dont la fille, mademoiselle Alexandrine, est dans ce couvent. Il y a bien des gens à la cour, non-seulement les gens d'Église, mais femmes et hommes, qui attendent cet événement pour faire culbuter la Marquise qui, depuis un temps, se fait haïr de tous les grands par le grand crédit dont elle abuse.

[1] Couvent occupé par les religieuses de l'Ordre de Saint-Augustin primitivement connues sous le nom de *Haudriettes* et ensuite sous celui de Filles de l'Assomption. Ce couvent était situé rue Saint-Honoré, au coin de la rue Neuve du Luxembourg. Après la démolition de l'église de la Madeleine de la Ville-l'Évêque, la paroisse fut transférée dans l'église de l'Assomption qui est restée église paroissiale du Ier arrondissement, jusqu'à la dédicace de la nouvelle église de la Madeleine.

Le roi ne peut guère rester à Versailles sans faire son jubilé. Le préjugé du public est monté de façon à respecter plus le jubilé que les Pâques qui sont d'obligation. S'il fait son jubilé, il ne peut pas convenablement retourner quinze jours après au château de Bellevue. Une absence d'un mois sera dangereuse. Il y a des amis de cour qui, dès à présent, préparent au roi une nouvelle maîtresse pour lier la partie après le jubilé. Mélancolique comme il est, il lui faut un amusement, car s'il craint tout à fait le diable et qu'il prenne le parti de la retraite, ce ne sera pas amusant pour les seigneurs. C'est donc cet événement, qui n'est pas éloigné, qui fait raisonner le public haut et petit.

— La maladie de M. le garde des sceaux a fait dire un bon mot. Ordinairement il y a les prières des quarante heures, quand les princes sont malades. On dit qu'on lui a dit les prières des *trente-huit heures*, parce que le clergé, à son tour, lui a retenu le vingtième.

— Le parlement a obligé M. l'archevêque de donner, par un mandement, la permission de manger des œufs dans le carême, jusqu'au vendredi qui précède le dimanche de la Passion, à cause de la cherté du maigre[1]. Mais, en revanche, pour indemniser l'Hôtel-Dieu qui ne vend pas les œufs, la viande s'y paye huit sous et demi la livre[2]; encore est-elle mauvaise. Voilà comme tout enchérit dans ce pays-ci.

---

[1] L'usage des œufs, aussi bien que celui de la viande, était défendu dans le diocèse de Paris, durant tout le carême. Mais lorsqu'il y avait disette de *viandes de carême*, le parlement invitait l'archevêque à lever cette défense, soit pour les œufs soit pour la chair.

[2] Le débit des viandes de toute sorte était interdit aux bouchers, etc.,

— L'affaire du clergé est, dit-on, plus embrouillée qu'elle n'était. L'archevêque de Paris est un homme entêté, peu capable de l'accommoder, et M. le cardinal de La Rochefoucault est à Bourges. On prétend qu'à cause de cette brouillerie, nous n'aurons peut-être point ici de jubilé. On croit, du moins, que si on le publie, ce ne sera que dans le mois de juin, parce qu'alors le roi sera parti pour Compiègne qui est de l'évêché de Soissons. Si cela arrive ainsi, personne ne sera la dupe de ce retardement, et madame la Marquise aura gain de cause. Il est à souhaiter que cela s'arrange ainsi, car le Français a la sottise de vouloir toujours du changement, sans savoir pourquoi.

— Le parlement a présenté aussi, le 14 de ce mois, ses très-humbles et très-respectueuses remontrances au sujet de l'affaire de M. Coffin. Ces remontrances sont imprimées[1] et se vendent au palais, ce qui n'est pas ordinaire. Elles sont trop longues, d'un style guindé, des répétitions et trop d'affectation sur le pouvoir du parlement, émané cependant du roi, pour maintenir la discipline, l'autorité royale et les droits de la couronne. Cette affaire a donné lieu à plusieurs écrits sur la liberté de la confession et sur la suffisance de la déclaration faite par le malade, qu'il a été confessé.

Le roi a reçu, à l'ordinaire, ces remontrances pour

pendant le temps du carême. La vente en était exclusivement réservée à l'Hôtel-Dieu qui ne pouvait lui-même délivrer de viande qu'aux personnes apportant des certificats de médecins et permissions du pénitencier de l'église de Paris ou du curé de leurs paroisses. Une ordonnance du lieutenant général réglait, en outre, le prix de vente.

[1] *Remontrances du Parlement de Paris, du 4 mars* 1751 (sur le refus des Sacrements fait à M. Coffin, etc.), in-4°, 10 pages, et in-12, 39 pages.

les faire examiner dans son conseil. On verra quelle sera sa réponse. Le roi a une grande aversion pour le seul nom de janséniste, et M. le chancelier de Lamoignon est bon moliniste et franc jésuite.

— Pendant qu'on s'entretenait à Paris de l'affaire très-sérieuse de M. Coffin, il y avait, au Châtelet, une affaire très-comique, dans laquelle le sieur Pinterel, curé de Vanvres, a donné un certificat, et dont les petits mémoires ont couru et ont amusé tout Paris[1].

Il s'agissait de l'âne d'un blanchisseur de Vanvres qui, étant en chaleur, attaché à la boutique d'un épicier, porte Saint-Jacques, avait cassé son licol pour suivre une jolie ânesse, sur laquelle était une jardinière du faubourg Saint-Marcel, et qui, ayant été détourné dans ses caresses pour l'ânesse par des coups de ladite jardinière, avait pris la liberté de lui mordre le bras, et l'avait toujours suivie jusqu'à sa maison. Le blanchisseur demandait son âne avec des dédomma-

---

[1] *Mémoire pour Jacques Feron, blanchisseur, demandeur et défendeur, contre Pierre Le Clerc, jardinier-fleuriste, demandeur et défendeur*; signé : SÉGUIER, avocat du roi; LALAURE, avocat; LETOURNEUX, procureur. Paris, 1750, imprimerie de Le Breton, 7 pages in-4°. — *Mémoire pour Pierre Le Clerc, jardinier-fleuriste, demandeur, contre Jacques Feron, blanchisseur, défendeur*, signé : LECLERC; FOSSOYEUX, rapporteur; DESFORGES, procureur. Paris, 1751, imprimerie de Le Breton, 6 pages in-4°. — *Nouveau Mémoire signifié, pour l'asne de Jacques Feron, etc., contre l'ânesse de Pierre Le Clerc, etc., demanderesse et défenderesse* (S. l.), 12 pages in-4°, avec une vignette en tête. — *Lettre d'une asnesse (à une de ses amies, à Montargis), servant de réponse au Mémoire d'un asne*. De Paris, le 2 janvier 1751, sans nom d'imprimeur, 7 pages, in-4°. Ces deux dernières pièces sont des facéties.

Il parut aussi à cette occasion une estampe gravée, avec une chanson au bas :

> Connaissez-vous l'âne à Feron ?
> Jarny c'est un fort bon garçon, etc.

gements de deux mois d'absence. La jardinière demandait des dommages et intérêts et pansements, et la nourriture de l'âne. Sur quoi le blanchisseur a produit un certificat de son curé de Vanvres, attestant que son âne n'était point méchant, qu'il n'avait jamais blessé personne, et que le curé n'avait point entendu dire qu'il eût fait de malice dans le pays.

Ce contraste de l'affaire de ces deux curés, de Saint-Etienne du Mont et de Vanvres, tous deux religieux de Sainte-Geneviève[1], a donné lieu à ces six vers :

> De deux curés, portant blanches soutanes[2],
> Le procédé ne se ressemble en rien :
>   L'un met au nombre des profanes
> Le magistrat le plus homme de bien ;
> L'autre, dans son hameau, trouve, jusques aux ânes,
>   Tous ses paroissiens gens de bien.

— Samedi, 20, on a jugé en la grand'chambre, sur les conclusions de M. Joly de Fleury, une affaire très-grave, mais très-désagréable pour M. de La Hogue, curé de Saint-Jean en Grève.

Une femme du peuple, ravaudeuse, nommée Madeleine Baulan de son nom de famille, et mariée à un nommé Boron, étant au prône de Saint-Jean, le 29 décembre 1748, a entendu ou cru entendre qu'on y publiait que M. le curé avait entre les mains un dépôt de trente mille livres pour restituer à Madeleine Baulan, et que ceux qui pourraient la connaître eussent à l'avertir de se présenter. Cette femme, après le prône,

---

[1] Les religieux de l'abbaye de Sainte-Geneviève étaient seigneurs du village de Vanvres et en possédaient la cure.

[2] Les Génovéfains ou chanoines réguliers de Saint-Augustin, portaient une robe blanche, avec un rochet de toile, et une chape noire.

conta son histoire, et fut entourée de monde, qui aime assez les grands événements. Elle alla sur-le-champ à la sacristie demander au prêtre, sous-vicaire, qui avait prôné, à voir le billet publié. Il lui dit qu'il l'avait remis au bedeau; qu'il fallait s'adresser à M. le vicaire ou à M. le curé. Visite à ce dernier, qui répondit à cette femme et à son mari, qu'il n'avait aucun dépôt entre les mains; qu'il ne savait ce que c'était, et que cela n'avait point été publié. Conférence chez M. l'archevêque de Paris, entre les parties intéressées et M. le curé de Saint-Jean, qui persiste à nier le fait de la publication. M. l'archevêque ne pouvant rien décider, leur dit qu'ils avaient la voie de la justice.

Cette femme sollicite le prêtre de lui donner un certificat comme quoi il a publié ce fait; ce prêtre, après quelques difficultés, lui en donne un, le 3 février 1749, par lequel il certifie qu'il a publié le 29 décembre, un billet dans lequel il était fait mention d'une somme de trente ou trente-cinq mille livres; mais qu'il ne se souvient pas du nom de la personne, ni s'il s'agissait d'une restitution ou d'une aumône. Sur ce certificat, plainte rendue par cette femme au lieutenant criminel, sur laquelle permission d'informer pardevant le commissaire de La Fosse et de publier monitoires.

Le fait de cette femme était qu'une tante qui était couturière, qui avait amassé du bien et qui même en avait gagné au Système, lui avait dit, étant très-malade, en 1724, qu'elle avait confié à un particulier, homme de confiance, dont elle avait caché le nom, une somme de trente mille livres pour remettre à cette nièce après sa mort; que ce particulier avait jugé à propos de garder le dépôt, et qu'enfin, pressé par des remords, après vingt-quatre ans, il l'avait déposé à M. le curé de Saint-Jean pour le rendre à la personne indiquée.

Information de trente témoins; point de révélation par les monitoires; permission de faire une addition d'information. Appel, par le curé, de toute la procédure avec demande de trois mille francs de dommages et intérêts.

Le fait du curé : point de dépôt et point de publication d'un prétendu dépôt; que ce jour-là, 29 décembre, on avait seulement publié un billet envoyé par M. l'archevêque, pour recommander à la charité des paroissiens un marchand de Dijon qui avait fait une perte considérable de soixante mille livres, par le feu. Du reste, qu'une pareille accusation contre un curé de Paris, était vision, imposture et calomnie.

Mémoires respectifs.

Madeleine Baulan demandait que la procédure et l'instruction d'une affaire aussi grave fussent renvoyées au Châtelet. Elle articulait que ce particulier, premier dépositaire des trente mille livres, avait été trouver deux marchands connus, pour leur demander avis sur la manière de restituer cette somme à qui elle appartenait, et qu'ils l'avaient renvoyé et adressé à M. le curé de Saint-Jean, comme un homme sûr. Elle disait, de plus, savoir le nom des personnes qui avaient porté l'argent chez M. le curé, dans le temps, en 1748. Elle prétendait faire entendre ces personnes dans la nouvelle information.

Par l'arrêt, on a reçu le curé de Saint-Jean appelant; on a déclaré toute la procédure et la permission d'informer nulles; on a déchargé le curé de l'accusation avec trois mille livres de dommages et intérêts. Permis à lui de faire imprimer et afficher l'arrêt, et même on a ordonné la suppression du mémoire fait contre le curé par M. Martin, jeune, avocat.

Une affaire aussi délicate, quoique la gagnant, fera toujours beaucoup de tort à M. de La Hogue, qui était autrefois vicaire de Saint-Eustache. Il avait cependant pour lui une forte preuve, le certificat d'un conseiller au parlement et d'un substitut de M. le procureur général, marguillier d'honneur, et d'un autre paroissien, qui étaient au prône, déclarant qu'ils n'avaient point entendu publier ce dépôt, ni de restitution d'une somme de trente mille livres.

D'un autre côté, quelque réputation d'intérêt qu'aient en général les ecclésiastiques, il serait bien dangereux d'exposer un curé de Paris à une pareille réclamation sur l'imposture de gens de la lie du peuple. D'ailleurs, il y a eu ici de l'esprit de parti, non pas dans l'accusation même, mais dans la poursuite. M. de La Hogue est protégé par M. l'archevêque et il est du parti de la constitution. Cette ravaudeuse et son mari n'étaient point en état de suivre une pareille affaire au criminel. Ils ont trouvé sûrement des secours dans la bourse de quelques jansénistes, qui auront été intérieurement et charitablement charmés de cette triste aventure, pour le curé de Saint-Jean.

— Les spectacles continuent ordinairement jusqu'au dimanche de la Passion, qui sera le 28, et la foire Saint-Germain, danseurs de cordes et autres spectacles dans la foire, Opéra comique quand il y en a, ont la permission d'ouvrir et de jouer pendant toute la semaine de la Passion, jusqu'au dimanche des Rameaux.

Cette année, tous les spectacles, Opéra, Comédie et foire, finiront mercredi, 24, veille de la Vierge[1], à cause du jubilé qui commencera, dit-on, vendredi, 26. Sur les affiches des spectacles, il est bien dit que mercredi sera la clôture; mais par rapport au commencement et à l'ouverture du jubilé, il n'y a encore eu ni publication au prône, ni mandement de M. l'archevêque.

— Depuis un mois, au moins, il a beaucoup neigé dans ce pays-ci, fait des vents très-violents et des pluies continuelles. La fonte des neiges et les grandes pluies ont fait déborder ici la rivière de Seine. On va en bateau dans la rue de Bièvre et jusqu'à la fontaine de la place Maubert[2]; sur le quai des Augustins, vis-à-vis la rue Gît-le-Cœur, sur le quai du Louvre vis-à-vis les deux premiers guichets[3]. Tout le chemin de Versailles, le Cours et les Champs-Élysées, sont remplis d'eau. Il y a une ordonnance affichée pour obliger ceux qui demeurent sur les Pont-Notre-Dame, Pont-au-Change, Pont-Saint-Michel, de déménager crainte que la violence de l'eau n'endommage les ponts. Cependant il est certain que l'eau est encore de trois pieds moins haute qu'en l'année 1740[4]. Tel est l'état de la rivière le 22 de ce mois.

Les grandes eaux et les grands vents ont fait périr plusieurs bateaux de blé, d'avoine et de vin. Des marchandises, pour la consommation de Paris, sont arrê-

---

[1] La fête de l'Annonciation.

[2] Située au milieu de la place de ce nom.

[3] Dans la Grève, on entrait en bateau dans l'hôtel de ville (*Note de Barbier.*)

[4] Voir t. II, p. 278.

tées, ce qui est fort préjudiciable au milieu du carême. Point de poisson; les légumes, par conséquent, renchéris; les marais inondés, et, avec cela, défense de manger des œufs vendredi prochain, 25 de ce mois. Les grands vents ont cassé et jeté à bas beaucoup d'arbres en plusieurs endroits.

— Les eaux ont commencé à se retirer le 25 de ce mois.

— Il y a eu bien de la variation pour la fin des spectacles. Mercredi, 24, les comédiens ont affiché la clôture des théâtres français et italiens. Le 25, était le jour de la Vierge, qu'il n'y en a point; cependant le 26 et le 27, les spectacles ont joué. On dit que le mandement de M. l'archevêque de Paris n'était point encore imprimé. Cette incertitude, en matière aussi grave, a paru ridicule, d'autant qu'on n'affiche point une clôture et on ne recommence point les spectacles sans un ordre de la police. Enfin, dimanche, 28, on a publié, aux prônes de toutes les paroisses, le bref de notre saint-père le pape et le mandement de M. l'archevêque de Paris pour le jubilé qui a commencé lundi, 29, par une messe du Saint-Esprit. Il durera six mois à Paris et dans le diocèse, jusqu'au 27 septembre, qu'il sera clos par un *Te Deum* à Notre-Dame. On sera obligé de faire pendant quinze jours consécutifs ou interrompus, des stations dans quatre églises par jour, ce qui fera soixante stations. Toutes les églises feront cinq stations chacune à Notre-Dame et à trois autres églises, ce qui remplira les soixante stations, et les processions et cérémonies publiques ne dureront que deux mois.

— Dès le 29, il y a eu un grand concours de monde à

Notre-Dame qui est une station générale et même station de nécessité, chaque jour des quinze stations, ce qui fait murmurer contre M. l'archevêque pour les gens de travail qui demeurent aux extrémités et faubourgs de Paris. Ainsi il n'y a plus à raisonner sur le jubilé.

— Madame la comtesse de Mailly, ci-devant maîtresse du roi, a pensé mourir d'une fluxion de poitrine; mais on la croit réchappée. Comme elle est dans la haute dévotion, sous la direction du père Renaut, de l'Oratoire, fameux prédicateur, elle était regrettée assez généralement, d'autant plus que c'est une bonne femme qui n'a jamais fait mal à personne dans le temps de son crédit.

— Cette pauvre comtesse est morte à quarante et un ans, le 30 de ce mois. Le père Boyer[1], de l'Oratoire, ancien prédicateur, était mort aussi d'une fluxion de poitrine huit ou dix jours auparavant[1], ce qui avait d'autant plus frappé madame de Mailly, qu'il était, ainsi que le père Renaut, dans son intimité. Après les exercices de piété, ces gens-là ne se quittaient point, mangeaient très-souvent ensemble et faisaient, dit-on, très-bonne chère, ce qui faisait même plaisanter quelquefois.

Madame de Mailly a été enterrée, suivant ses dernières volontés, dans le cimetière des Innocents, où l'on enterre les pauvres gens par charité. Elle voulait même être enterrée dans la fosse commune, mais on

---

[1] Ce père Boyer ne doit pas être confondu avec Pierre Boyer, également oratorien, auteur de la *Vie d'un parfait ecclésiastique* (le diacre Pâris) et de divers écrits en faveur du jansénisme, qui fut successivement emprisonné au mont Saint-Michel et à Vincennes, où il mourut en 1755.

lui en a fait une particulière. N'y a-t-il pas un peu d'ostentation dans cette grande humilité?

ÉPITAPHE DE MADAME DE MAILLY.

D étester l'injustice aujourd'hui si commune ;
E nvers les malheureux partager sa fortune ;
M arquer tous ses instants d'édifiants dehors ;
A ller aux hôpitaux ensevelir les morts.
J oindre mille vertus à ce pénible office :
L oin du monde, à Dieu seul, s'offrir en sacrifice,
L ui consacrer ses jours, saintement les finir,
I ci gît cet objet d'éternel souvenir.

Cette dame laisse sûrement plus de dettes que de biens. Son mobilier suffira peut-être pour les payer. Le roi lui faisait vingt-cinq ou trente mille livres de pension. On lui rend la justice d'avoir aimé le roi pour lui-même, et de n'avoir jamais rien demandé ni songé à sa fortune. Ce qui fait faire un parallèle avec celle qui est aujourd'hui en place.

— La mort de madame de Mailly doit avoir frappé le roi. Les trois sœurs de ce nom qui ont été si bien à sa cour, madame la duchesse de Châteauroux, madame de Vintimille et madame de Mailly sont toutes trois mortes jeunes, puisque celle-ci était l'aînée. Elle laisse encore deux sœurs, madame la duchesse de Lauraguais et madame la marquise de Flavacourt, qui n'ont point été de la cour particulière du roi [1].

Avril.—M. le chancelier de Lamoignon vient d'avoir deux déboires et petits chagrins. Il en faut toujours dans cette vie.

---

[1] Si l'on en croit les Mémoires du temps, madame de Flavacourt mériterait seule cette louange, et Barbier oublie ce que lui-même avait dit de madame de Lauraguais (voir t. II, p. 405 et 407).

La présentation de ses lettres de chancelier devait se faire au parlement par M. de Reverseaux, avocat; à la cour des aides par M. Boudet; au grand conseil par M. du Vaudier, et à la chambre des comptes par M. Simon. On avait choisi ce qu'il y a de plus en crédit et en réputation dans les avocats plaidants. Ses lettres ont déjà été enregistrées au parlement et au grand conseil; le reste devait se faire après les fêtes de Pâques; M. Simon avait son discours tout prêt pour la chambre des comptes.

Le parlement, attentif à ses droits de supériorité, a observé qu'un pareil enregistrement ou présentation de lettres du chancelier à la chambre des comptes, dans une audience, n'était point d'usage; que la chambre des comptes n'était point une juridiction contentieuse; qu'il n'y avait point de chambre de plaidoyer et que, par conséquent, les lettres ne devaient point être ainsi présentées par un avocat au parlement avec un discours public; que cette nouveauté avait été imaginée par M. de Nicolaï, premier président de la chambre des comptes, neveu de M. de Lamoignon, qui voulait se faire un droit d'audience et de chambre de plaidoyer; d'autant que dans la présentation des lettres, l'avocat fait non-seulement un discours, mais prend des conclusions. Les gens du roi parlent et concluent pareillement, les juges se lèvent, vont aux opinions, et prononcent l'enregistrement. Ainsi c'est un jugement à l'ordinaire.

Sur ces réflexions, le parlement a défendu à M. Simon, de présenter les lettres à la chambre des comptes. M. Simon a été obligé de rengaîner son compliment, comme l'on dit, et de faire ses excuses à

M. le chancelier. On ne sait pas comment M. de Lamoignon et M. de Nicolaï feront à présent pour cette cérémonie. Cela fait une petite mortification encore plus réelle pour M. de Nicolaï qui est très-haut, que pour M. le chancelier.

— Voici la seconde affaire : M. le chancelier avait épousé mademoiselle Roujault, fille du maître des requêtes et de mademoiselle de Menou, fille d'un ancien fermier général, qui a apporté beaucoup de biens dans la maison. Cette madame Roujault est âgée et vit encore.

M. Roujault, président de la quatrième chambre des enquêtes du parlement, beau-père de M. le chancelier, est vieux garçon, et tout ce bien retombera aux enfants de M. le chancelier. M. le président Roujault cherche, depuis quatre ans, à vendre sa charge un prix raisonnable, d'autant qu'elles sont diminuées. Elles rapportent peu et engagent à dépense.

Le président Roujault a trouvé un acheteur, M. Frécot de Lanty, conseiller au grand conseil, à qui il a vendu sa charge deux cent mille livres, dit-on, quarante mille francs plus que la dernière vendue, à condition de l'agrément et des provisions scellées, ce qui n'était pas difficile par M. le chancelier. Cela a été fait; mais quand il a été question de la réception au parlement, cela a fait plus de difficultés.

Ce M. Frécot de Lanty est un homme d'esprit, estimé dans le grand conseil. Il a hérité de cent mille livres de rente du sieur Frécot, son père, qui était agent de change et secrétaire du roi, mais qui a été un grand agioteur, un usurier en très-mauvaise réputation, et qui, de plus, avait été laquais. M. le chancelier et M. le président Roujault, vendeur, ont remué leurs amis pour le faire recevoir. On dit même que M. le premier président et les présidents à mortier, s'étaient laissé fléchir par le crédit; mais tous les conseillers au parlement, principalement ceux de la quatrième chambre des enquêtes, s'y sont opposés absolument, et il a été refusé en pleine assemblée de chambres.

Une pareille aventure est capable de faire mourir de chagrin M. Frécot de Lanty qui, de là, va être méprisé au grand conseil, et c'est le prix d'une grande ambition et d'une grande imprudence. Il devait se contenter d'être conseiller au grand conseil, qui est toujours une belle place dans Paris quand on a plus de cent mille livres de rente, et songer à élever son fils plus haut, en cas qu'il en ait un : mais les hommes ne se rendent pas justice.

Ce refus est encore un désagrément pour M. le chancelier.

— On dit que M. de Lamoignon est indisposé contre Simon, sur le refus de présenter ses lettres à la chambre des comptes. Ce serait, en tous cas, sans raison, M. Simon, par son état, ne pouvant se dispenser de déférer aux intentions du parlement.

— Mardi, 6, les lettres de M. le chancelier ont été néanmoins présentées à la chambre des comptes par un jeune avocat, et enregistrées. C'est apparemment un jeune homme qui n'a pas dessein de suivre la profession au palais, ni de se faire mettre sur le tableau; qui songe, peut-être, à une charge à la chambre des comptes ou à quelque emploi par le crédit de M. le chancelier. Comment le parlement prendra-t-il cette entreprise et cette nouveauté[1]?

— M. l'archevêque a eu tort d'insulter les Parisiens, dans son mandement, en leur reprochant « un grand débordement de mœurs : » ce sont ses termes. On n'a jamais vu tant de dévotion que depuis l'ouverture du jubilé. Il y a tous les jours à Notre-Dame, pour les stations, un concours étonnant de carrosses, des princesses, de toute la cour et des principaux de la villes, tant en hommes qu'en femmes. Si l'intérieur n'est pas bien sincère, du moins les dehors de la religion sont remplis pour donner l'exemple au peuple. Il semble qu'il y ait une affectation de tous les gens de qualité, dans ce jubilé, par rapport à la circonstance où se trouve le maître.

— M. l'archevêque de Paris a fait plus d'une étourderie dans son mandement pour le jubilé. Il ne dit point, dans ce mandement, qu'il en a conféré avec les vénérables doyen et chanoines du chapitre de Notre-Dame, et il ordonne que le jubilé soit annoncé le 29 mars, à sept heures du matin, par le son des cloches de toutes les églises stationales; qu'il commence par le *Veni Creator* et une messe solennelle dans l'église métropolitaine, et dans toutes les églises stationales.

M. l'archevêque n'entendant point sonner à Notre-Dame comme ailleurs, a envoyé chercher le maître sonneur qui, après bien des respects, lui a répondu que non-seulement il n'avait point d'ordre de sonner, mais qu'il avait ordre du chapitre de ne point

---

[1] Il y a eu des protestations. (*Note de Barbier.*)

le faire. L'archevêque a fait prier quelqu'un du chapitre de passer chez lui, et on lui a dit et fait entendre que c'est le chapitre et non pas l'archevêque qui est maître des cloches et du chœur de l'église métropolitaine, en sorte qu'on ne sonnerait pas et qu'il n'y aurait pas même de messe du Saint-Esprit. Pour concilier ces choses, on dit que M. l'archevêque a été obligé de passer un acte en forme, par lequel il a reconnu tous les droits du chapitre, et que c'était par omission qu'il n'en avait pas conféré avec le chapitre. Après quoi, on a sonné.

— Dans le dernier jubilé [1], il n'y a point eu de processions, seulement de simples stations pendant quinze jours ou trois semaines. Mais dans toutes les occasions où il y a eu des processions générales, à Notre-Dame et à Sainte-Geneviève, comme pour la convalescence du roi [2] ou pour les biens de la terre [3], il est d'usage, dans le mandement, d'indiquer des jours à chaque église, pour aller en procession; c'est ce que M. l'archevêque n'a point fait dans son mandement, quoiqu'il ait ordonné cinq processions à toutes les églises, pour faire quatre stations à chaque jour, et à commencer, chaque fois, par visiter l'église Notre-Dame. Faute de cet ordre, les deux fêtes de Pâques, 12 et 13 de ce mois, plusieurs paroisses de Paris ont voulu se débarrasser les premières de ces processions

---

[1] Au mois d'avril 1729. Voir t. I, p. 289. Ce jubilé aurait dû avoir lieu en 1726, mais il avait été retardé par le refus que faisait alors le cardinal de Noailles, archevêque de Paris, d'accepter la Constitution.

[2] En 1744.

[3] Comme cela avait eu lieu, par exemple, en 1725. Voir t. I, p. 221 et suiv.

et faciliter, dans les fêtes, au peuple et aux gens de travail, le moyen de remplir les stations. Au moyen de ce, l'après-midi, après l'office, on s'est mis en marche. Il a fallu que toutes commençassent par Notre-Dame, pour aller ensuite à Sainte-Geneviève. Il y a eu une confusion épouvantable à Notre-Dame et dans tous ces quartiers-là. Il s'y est trouvé, un des deux jours, jusqu'à quinze processions de paroisses à la fois, avec une suite de peuple étonnante. Les unes entraient, les autres sortaient; on s'étouffait réellement, et il y a eu plusieurs personnes blessées dans le chœur de Notre-Dame. A Sainte-Geneviève, les bannières précédaient de fort loin le clergé de la paroisse. Par la multitude du peuple qui les suivait, elles se sont mêlées et confondues; on ne reconnaissait plus sa paroisse. Il y a eu aussi des batteries et des querelles pour le pas et pour entrer dans les églises pour les stations. Chaque paroisse était escortée de plusieurs suisses de la garde du roi; Saint-Germain l'Auxerrois en avait jusqu'à quarante pour mettre l'ordre dans la marche; mais cela était impossible. Ce désordre était d'autant plus grand que, les deux jours, il y a eu une pluie continuelle : on ne voyait en l'air que des parapluies. Cela était au point qu'au retour de Sainte-Geneviève, la bannière et une partie de la procession de Saint-Germain l'Auxerrois, ont fait une station à Saint-André des Arts, tandis que le curé et une partie des prêtres et des paroissiens en faisaient une à Saint-Séverin : ils s'étaient perdus et séparés. Or, ce grand tumulte a beaucoup fait crier dans Paris contre M. l'archevêque. Tous les honnêtes bourgeois prenaient le parti de ne plus aller à leurs processions et de faire leurs stations séparément. Mais on dit que sur les remontrances qui ont été faites à M. l'archevêque à ce sujet, il y a eu, depuis, un arrangement pour les jours de chaque procession. Quoi qu'il en soit, ç'a été un spectacle très-divertissant pour ceux qui étaient tranquilles à leurs fenêtres dans le quartier de Notre-Dame, que cette confusion et la multitude innombrable de peuple; car aux paroisses de Saint-Étienne du Mont, et surtout de Sainte-Marguerite du faubourg Saint-Antoine, la marche, avec foule de monde, tenait une demi-heure.

— Malgré toutes ces bonnes prières, il a plu continuellement dans ce pays-ci, depuis près de deux mois. On ne peut pas faire les mais[1]. Les marchandises ont peine à venir, d'autant que la rivière recommence à déborder comme auparavant. Il faut passer en bateau au premier guichet du Louvre, et il ne s'en faut que de deux pieds que l'eau ne soit aussi haute et aussi grosse qu'elle a été il y a quinze jours ou trois semaines. Cependant nous sommes au 17 avril. Cela serait bien honteux pour le jubilé s'il fallait, cette année, découvrir la châsse de Sainte-Geneviève pour les biens de la terre.

— Les pluies continuent toujours abondamment et les processions du jubilé ne laissent pas que de marcher, en sorte que les prêtres et le peuple qui y assiste en grand nombre, sont mouillés jusques aux os, ce qui est divertissant à voir promener dans les rues.

[1] Les menus grains, tels que les orges, les avoines, etc., que l'on sème au mois de mars, d'où est venu le nom de *marsèche* sous lequel l'orge est connue dans diverses parties de la France.

— Les affaires de ce monde sont curieuses. On ne parlait presque plus du procès criminel de la demoiselle Mazarelli avec le sieur Lhomme[1], ancien échevin, qui s'était, dit-on, retiré à Bruxelles, comme ayant été décrété. Ce sieur Lhomme s'est rendu depuis quelques jours en prison, et on a continué l'instruction. Il se trouve que, dans le récolement[2], deux témoins ont non-seulement rétracté leur déposition, mais ont déclaré qu'ils ne l'avaient faite telle qu'elle était contre M. Lhomme, que parce qu'ils avaient été gagnés par argent par la demoiselle Mazarelli ; sur quoi le sieur Lhomme a formé contre elle, une accusation en subornation de témoins. En conséquence, le sieur Lhomme est sorti de prison; son décret a été converti en décret d'ajournement personnel, et, sur les conclusions du procureur du roi du Châtelet, le lieutenant criminel seul a décrété de prise de corps la demoiselle Mazarelli qui a été arrêtée ces jours-ci, en sortant de la Comédie Italienne, très-parée et très-brillante. Il y avait deux commissaires, deux exempts et plus de vingt archers, pour rendre la chose plus éclatante. On l'a conduite d'abord à sa maison de Carrières, où on a mis les scellés, et on l'a conduite ensuite en prison, au secret.

Le public qui, généralement, était porté pour la demoiselle Mazarelli, parce que l'on connaît M. Lhomme pour un fou et un suffisant, ne sait plus que penser de cette affaire. Il paraît fort extraordinaire que cette fille ait corrompu deux témoins et il pourrait être que

---

[1] Voir ci-dessus, page 177.

[2] Lecture faite aux témoins, entendus dans une affaire criminelle, de leur déposition afin de voir s'ils y persistent.

ce fût M. Lhomme lui-même, qui l'eût fait. Quoi qu'il en soit, la demoiselle Mazarelli est à la Conciergerie, et cette affaire est évoquée à la Tournelle et devient grave. L'on dit même que la demoiselle Mazarelli prend à partie le lieutenant criminel, le procureur du roi et le procureur au Châtelet de M. Lhomme. On craint qu'il n'y ait eu malversation de la part de ces magistrats qui ne sont pas absolument bien famés dans le public. Actuellement même, et indépendamment de cette affaire-ci, la compagnie des conseillers au Châtelet est en procès au parlement contre le lieutenant criminel et le procureur du roi (M. Nègre et M. Moreau), pour des prévarications dans l'instruction des procès criminels. Cela ne nuira pas à mademoiselle Mazarelli, qui a son crédit particulier; mais nos conseillers travailleront pour elle s'ils peuvent découvrir quelques sujets de plaintes contre ces premiers magistrats.

Les deux témoins qui se sont rétractés au récolement n'ont pas senti apparemment toutes les suites de leur déclaration. De quelque façon que cela tourne, ils se déclarent faux témoins, corrompus par argent; ils devraient être punis. On trouve étrange aussi que sur cette déclaration, et sans autres preuves, on ait ainsi décrété et arrêté la demoiselle Mazarelli.

De quelque façon que cela finisse, la fille et M. Lhomme ont été mal conseillés de ne s'être pas accommodés.

Mai. — Lundi, 3, le roi a fait la revue, dans la plaine des Sablons, de ses régiments des gardes françaises et suisses, qui ont fait, devant Sa Majesté, l'exercice nouveau à la prussienne. Comme c'était le premier beau jour depuis longtemps, il y avait un grand monde, tant dans la plaine que dans le bois de Boulogne, le roi venant toujours à cette revue du château de la Muette. M. le Dauphin et Mesdames de France y étaient aussi.

— M. Orry de Fulvy, intendant des finances, frère de M. Orry, dernier contrôleur général, est mort âgé seulement de quarante-huit ans. Comme il a fait toujours une très-grande dépense, il laisse une veuve et des enfants avec très-peu de bien.

— Le roi fait, le 9 de ce mois, un voyage de Marly avec toute la cour jusqu'au 23; après quoi il prendra, dit-on, le deuil pour le roi de Suède [1]. Il a été auparavant, cette semaine, passer trois jours au château de Bellevue où il y a eu comédie et ballet par les dames et seigneurs de la cour.

— Mademoiselle Mazarelli a été élargie le 4 ou le 5 de ce mois, son décret converti en décret d'assigné pour être ouï.

Cette affaire a été plaidée sur l'appel de mademoiselle Mazarelli, en la Tournelle, où il y avait un monde surprenant, le 12 de ce mois. Le parlement a cassé toute la procédure faite au Châtelet. L'emprisonnement a été déclaré nul. On a ordonné que les commissaires lèveraient les scellés dans les vingt-quatre heures; sinon, permis à la demoiselle Mazarelli et à sa mère de les briser. On a enjoint au lieutenant criminel d'être plus exact à observer les ordonnances et règlements qui ordonnent d'interroger les prisonniers dans

---

[1] Frédéric, roi de Suède, landgrave de Hesse-Cassel, né le 28 avril 1676, était mort le 5 avril précédent.

les vingt-quatre heures. On a ordonné que l'instruction sur la subornation de témoins se ferait à la requête de M. le procureur général et que la procédure serait recommencée aux frais de M. le lieutenant criminel.

Cette décision est désagréable pour le lieutenant criminel[1]. C'est un soufflet dont les conseillers au Châtelet sont bien contents. Si cette affaire se poursuit vivement à la requête de M. le procureur général, comme cela pourra arriver parce que mademoiselle Mazarelli a du crédit[2], cela pourrait mal tourner pour M. Lhomme, qui est un étourdi. Les deux témoins qui ont avoué avoir été subornés, sont toujours en prison. Si on allait les mettre à la question ? Tout le monde est quasi persuadé que la subornation vient de M. Lhomme[3].

— Il paraît certain que M. le cardinal de Tencin a remercié de sa place de ministre d'État[4]. On n'en sait pas bien la raison. Les uns disent que c'est à cause de l'affaire du clergé dont il était obligé de prendre le parti dans le conseil; d'autres disent qu'il veut mettre

---

[1] Le lieutenant criminel est malade depuis longtemps et voudrait se défaire de sa charge. (*Note de Barbier.*)

[2] Claire-Marie Mazarelli, née à Paris, en 1731, que Bachaumont, dans ses *Mémoires secrets*, qualifie de « fameuse courtisane, » épousa dans la suite le marquis de La Vieuville de Saint-Chamond. Elle avait été pendant quelque temps, la maîtresse de Moncrif, et cette liaison lui ayant donné le goût de la littérature, elle s'essaya dans divers genres de compositions. On a d'elle : *Portrait de Mlle ****(le sien), inséré dans le *Mercure de France* du mois de mars 1751 ; les *Éloges de Sully* et de *Descartes;* le conte de *Camédris;* la comédie des *Amants sans le savoir*, jouée au Théâtre-Français, en 1771, etc. Madame de Saint-Chamond mourut à Paris vers 1804.

[3] Barbier fait connaître, au mois de juillet 1752, l'issue définitive de cette affaire.

[4] Il se retira en effet dans son archevêché de Lyon, au mois de juillet suivant.

un intervalle entre la vie et la mort. Il n'a cependant, suivant l'almanach, que soixante et onze ans. Il y a toute apparence qu'il a eu quelque désagrément qui le fait retirer.

On parlait, pour le remplacer dans le conseil d'État, du maréchal duc de Richelieu ou du maréchal duc de Belle-Isle. L'un et l'autre ont beaucoup d'esprit, mais le maréchal de Richelieu a moins de solidité et moins de connaissances et de travail que le maréchal de Belle-Isle, et il faut quelqu'un de prudent et d'un bon jugement. D'autres disent que ce ne sera ni l'un ni l'autre, et qu'on ne veut plus, dans le conseil, de maréchaux de France. On parlait de M. le comte de Saint-Florentin, qui est le plus ancien des secrétaires d'État, et qui a, depuis longtemps, la pension de ministre, qui est de vingt mille livres par an. Cependant, comme un véritable conseil d'État doit embrasser toutes les parties du gouvernement, il semblerait qu'il devrait y avoir des gens d'épée qui eussent été ambassadeurs et généraux d'armée, etc.

On dit aussi que M. le maréchal de Noailles, qui est fort âgé et qui est ministre d'État, demande à se retirer du conseil, d'autant qu'il a un chancre à la bouche et une mentonnière, et qu'il ne peut guère paraître en cet état.

Il n'y a encore rien de décidé sur ces objets.

— Le roi a envoyé deux édits à enregister au parlement : l'un pour faire trente millions de contrats à trois pour cent d'intérêt, remboursables tous les ans par voie de loterie sur les postes ; l'autre, pour créer deux millions de rentes viagères suivant les différents âges ; le tout pour employer à rembourser les fournisseurs de la dernière guerre, emploi qui a déjà été l'objet et le motif de l'établissement du vingtième [1] et d'un emprunt de trente millions sur la caisse des amortissements.

Le parlement s'est assemblé pour examiner ces édits. Il a paru extraordinaire qu'après trois ans de paix on soit réduit à faire des emprunts assez considérables, vu le dixième qui a duré un an depuis la paix et le vingtième qui y a succédé. Le tout sans aucune diminution des impôts qui sont considérables sur toutes les choses de la vie et de l'entretien. Tout le monde parle des dépenses extraordinaires que fait le roi qui, à la vérité, est pillé par tous les seigneurs qui l'environnent, surtout dans tous ses voyages à ses différents châteaux, lesquels sont fréquents. On dit qu'actuellement on mange l'année 1752 des revenus du roi. Toutes ces considérations ont frappé le parlement; il a été arrêté de faire au roi de très-humbles remontrances.

— Vendredi, 21, les députés du parlement ont été à Marly pour porter les remontrances. Le roi les a reçus très-gracieusement; leur a dit qu'il était toujours charmé de voir son parlement; qu'il écouterait même avec plaisir leurs remontrances, qu'ils ne faisaient que dans de bonnes vues et dans son intérêt; mais qu'il était dans des circonstances qu'ils ignoraient où il avait besoin de ce secours, et qu'il voulait que cela fût enregistré au plus tôt.

—Samedi, 22, on a rendu compte aux chambres de la réponse du roi et il a été arrêté qu'on ferait d'itéra-

---

[1] Voir ci-dessus, p. 80 et suiv.

tives remontrances. Ceux qui seront de la seconde députation ne seront pas si bien reçus.

— Voici un arrêt du conseil, du 21 de ce mois, qui supprime plusieurs écrits comme imprimés sans privilége ni permission, ce qui est contraire aux ordonnances et à la police de la librairie. Tous ces écrits énoncés et détaillés dans l'arrêt [1] ont été faits pour et contre le clergé, sans nom de libraire; il y en a même quelques-uns nommés qui ne sont point de l'affaire du vingtième. Dans le nombre de ces écrits, est un *Extrait des Procès-verbaux du Clergé.* Il y a eu deux extraits imprimés : l'un, l'*Extrait de l'assemblée du Clergé* de 1750 [2], dont on ne parle point dans l'arrêt du conseil; l'autre, dont il y est parlé, est un extrait d'anciens procès-verbaux, imprimés sans nom d'imprimeur, qui sont du temps de la Ligue et qui contiennent, entre autres, une protestation du clergé contre les impositions du 22 février 1577. Cette protestation est si forte et si odieuse qu'aucun historien ne l'a rapportée. C'est ce qui a fort choqué le ministère.

— L'arrêté du parlement du samedi 22, pour les itératives remontrances, porte que ledit seigneur roi sera très-humblement supplié de faire examiner dans son conseil, s'il n'y a pas quelques dépenses particulières qu'on puisse retrancher pour réserver les secours extraordinaires qu'il demande, pour des temps où l'on en aurait un besoin plus pressant, d'autant plus que

---

[1] *Arrest du conseil d'État du roy, qui supprime différents écrits imprimés sans privilége ni permission,* du 21 mai 1751. Paris, de l'imprimerie royale, 1751, 3 pages in-4°.—Cet arrêt est aussi imprimé dans le *Mercure de France* du mois d'août 1751, p. 178.

[2] Voir ci-dessus, p. 172.

le vingtième paraissait suffisant pour acquitter les dettes présentes. Cette remontrance a paru forte; on ne sait comment elle sera reçue.

— Voici comment les hommes se retrouvent. C'est le chancelier qui reçoit les députés du parlement, qui souvent leur rend compte de la réponse du roi, et qui en confère auparavant avec lui. Il se trouve aujourd'hui que le chancelier est un peu brouillé avec le parlement, soit à cause de l'enregistrement de ses lettres à la chambre des comptes, soit à cause du refus d'admettre M. Frécot de Lanty [1].

Le roi, en partant de Marly, le 24, devait aller tout de suite au château de Crecy, chez madame la Marquise. Mais ce voyage n'a pas lieu, soit à cause que le roi a été un peu indisposé à Marly pour quelque indigestion, pour quoi il a pris des eaux [2], soit sur ce que l'on dit que madame la Marquise avait été saignée.

— Jeudi, 27, les députés du parlement ont été à Versailles porter les itératives remontrances. Le roi leur a dit qu'il comptait que les édits étaient enregistrés, qu'il n'avait point de compte à rendre et qu'il voulait être obéi. Le 28, il a été rendu compte aux chambres assemblées de cette réponse. On a délibéré, et il y a eu bien des débats. Il a été arrêté qu'on ferait encore, dans le jour, de troisièmes représentations au roi, et que les chambres resteraient assemblées; au moyen de quoi le parlement n'a point été, comme à l'ordinaire, tenir la séance au Châtelet, pour les prisonniers [3].

---

[1] Voir ci-dessus, p. 244.

[2] Nom générique donné aux diverses préparations pharmaceutiques dont la destination spéciale est indiquée par des noms particuliers.

[3] Le parlement allait cinq fois par an tenir séance au Châtelet, sa-

Cette résistance du parlement paraît forte. On dit qu'ils veulent des lettres de jussion, ce qui donnerait un discrédit aux effets, c'est-à-dire à ces contrats pour trente millions, à trois pour cent, et aux rentes viagères, que l'on n'acquerrait peut-être pas si volontiers. D'autres disent qu'on veut forcer le roi à venir tenir un lit de justice, cérémonie qu'il n'aime pas, lors duquel lit de justice on peut lui représenter bien des choses. Enfin, il y a des gens qui prétendent qu'il y a, à la cour, un gros parti secret, tant contre madame la Marquise que contre le contrôleur général garde des sceaux, lequel excite, sous main, le parlement à tenir bon. Je crois que le chancelier, quoique fort honnête homme, ne serait pas fâché que la brigue déplaçât le garde des sceaux pour avoir sa place et cinquante mille écus de revenu de plus qu'il n'a, et dont il aurait grand besoin pour se soutenir dans sa place de chancelier.

— Le roi n'a voulu, dit-on, pour la députation, que deux présidents : le premier président et un autre. Vendredi, le parlement a renvoyé deux fois le premier président à Versailles. Il n'en est revenu, la seconde fois, qu'à onze heures du soir.

Samedi, 29, on a rendu compte aux chambres assemblées de ce qui avait été dit par le roi. On a délibéré, et enfin les édits ont été enregistrés : « De l'exprès commandement du roi. » On dit que l'enregistrement n'a passé qu'à douze voix. Mais il y a un

---

voir : le mardi de la semaine sainte, le vendredi avant la Pentecôte, la veille de l'Assomption, la veille de Saint-Simon Saint-Jude et l'avant-veille de Noël. La Pentecôte tombant, en 1751, le 30 mai, c'était le vendredi 28, que le parlement eût dû se transporter au Châtelet.

arrêté secret pour insérer dans les registres que le roi sera très-instamment supplié d'examiner et de mettre ordre à ses dépenses, parce que l'on est persuadé que dans les bâtiments que le roi fait faire de tous côtés, où l'on fait et défait sans cesse, il y a beaucoup de friponnerie de la part de ceux qui sont à la tête; de même dans les dépenses des menus qui regardent la chambre, et dans celles des extraordinaires pour les voyages.

Le roi avait chargé M. le premier président de venir samedi lui rendre compte de l'enregistrement. Le parlement a chargé aussi le premier président de porter au roi l'arrêté secret, et d'insister vivement pour qu'il y eût attention. Afin de savoir ce qu'avait dit le roi, les chambres sont restées assemblées, et comme alors il n'y a aucune fonction, le roi avait permis, malgré cela, de tenir samedi matin la séance des prisonniers au Châtelet. Après l'enregistrement, pendant que le premier président allait à Versailles, un président à mortier et des conseillers ont été au Châtelet tenir la séance.

— Ainsi, après ces fêtes, on publiera les deux édits, et l'on pense qu'il y a déjà, chez les notaires, des soumissions pour les deux millions de rentes viagères. C'est ce qui a fait dire au roi qu'il s'étonnait d'autant plus de la résistance du parlement qu'il n'exigeait rien de ses sujets, et que ce qu'il demandait était volontaire.

— On a publié l'édit enregistré le 29 mai[1]. L'en-

---

[1] *Édit du Roy portant création de deux millions de livres de rentes viagères sur l'Hôtel de Ville de Paris; et de neuf cens mille livres de rentes héréditaires sur la ferme générale des postes*, donné à Marly, au mois de mai 1751. Paris, de l'imprimerie royale, 1751, 7 pages in-4°. Il est dit, dans

registrement qui est au bas de l'édit, peut être regardé comme un peu libellé. C'est instruire tout le public que le roi mange au delà de ses revenus, par ses dépenses courantes, et que, pour les satisfaire, il a besoin, non-seulement de continuer les impôts sur les entrées, etc., mais encore d'emprunter.

— Lundi, 31, le roi a fait la revue, dans la plaine de Montesson[1], entre Chatou et le Pecq, de quatre compagnies de gardes du corps, gendarmes, chevau-légers, mousquetaires et grenadiers à cheval. Cette revue ne s'était pas faite depuis onze ans, et elle se faisait ordinairement à Marly, au Trou d'Enfer[2]. La reine et toutes les princesses ont assisté à cette revue, et il y a eu un très-grand concours de carrosses de Paris. Depuis six heures du matin jusqu'à deux heures, le chemin de Neuilly était en files.

M. le prince de Soubise et M. le duc de Chaulnes se sont distingués par les rafraîchissements qu'ils ont fait

---

l'enregistrement, que : « le roi sera très-humblement supplié, dès ce jour et en toutes occasions, de vouloir bien accorder un terme préfix, pour la suppression du vingtième, etc. » En conséquence, le premier président se rendit, le 18 juin suivant, à Versailles, pour supplier de nouveau le roi de retrancher quelques dépenses. Le discours de M. de Maupeou, mentionné dans la *Bibliothèque historique* de Lelong et Fevret de Fontette, sous le n° 33342 (Ms.), est rapporté par Barbier dans son *Journal* (t. V du manuscrit, p. 445 et suiv.), ainsi que la réponse faite par le chancelier, au nom du roi, et l'arrêté du parlement qui ordonne de faire registre de ces deux discours. Ces discours ne contenant aucun fait, et ne reproduisant que des arguments déjà connus, il n'a pas paru utile de les insérer ici.

[1] Village situé à douze kilomètres de Paris, au nord de la forêt du Vésinet.

[2] Ferme de la commune de Noisy-le-Sec, située dans une plaine au milieu de la forêt de Marly, à l'ouest de la route de Versailles à Saint-Germain, et qui était peu distante du château de Marly.

préparer sous des tentes pour leurs troupes de gendarmes et de chevau-légers, lesquels ont été très-bien servis.

Juin. — Depuis quatre mois, de bon compte, il pleut dans ce pays-ci presque tous les jours, et il fait un vent froid, de manière qu'il y a encore du feu dans toutes les maisons d'une certaine façon.

— M. de La Garde, payeur des rentes, fils du fermier général, homme très-riche, a obtenu du roi d'être adjoint à la place de son père, en faveur de son mariage avec mademoiselle de Ligneville[1], fille d'une très-grande condition de Lorraine, nièce de la princesse de Craon, parente, dit-on, de l'empereur. Son père et sa mère sont en Lorraine auprès du roi Stanislas. C'est une fille de trente ans, qui était ici dans un couvent et qui n'a aucun bien. Ses père et mère ont treize ou quatorze enfants[2]. Il est dit, dans le contrat de mariage, qu'elle a apporté en dot l'agrément de la place de fermier général pour M. de La Garde, son mari. Cela prouve combien cette place est lucrative.

On peut regarder ce mariage comme une folie de M. de La Garde, qui aura beaucoup de bien, et qui se serait bien passé de cette place, ou qui aurait pu l'avoir à la mort de son père, comme bien d'autres. Il épouse une fille sans bien, de grande qualité, qui pourra fort bien le mépriser, et il aura, à sa charge, nombre de

---

[1] Nicolas Dédelay de La Garde épousa, le 3 juin, Élisabeth de Ligneville dont la maison était l'une des quatre de l'ancienne chevalerie de Lorraine. M. de La Garde affectait une grande magnificence ; mais il était au fond d'une avarice sordide qu'il sut, dit-on, inspirer également à sa femme.

[2] M. et madame de Ligneville avaient eu jusqu'à vingt-deux enfants.

beaux-frères indigents, qui croiront l'honorer beaucoup en lui demandant de l'argent.

— Le second fils de M. de La Garde [1] est maître des requêtes et a épousé une fille de M. Duval, homme de fortune du Système et dans les affaires, dont il a eu cent mille écus en mariage. Celui-ci est plus convenablement marié.

— M. Helvétius [2], fermier général, fils de M. Helvétius, premier médecin de la reine et petit-fils d'un fameux médecin, a pensé autrement. Il est garçon, philosophe, homme d'esprit, et a, dit-on, cinquante à soixante mille livres de rente. Il vient d'abdiquer et de se démettre de la place de fermier général, comme métier qui l'ennuyait apparemment, malgré le profit. Cette démission fait entrer en place M. Bouret, à qui la première place vacante était promise, car à présent les expectatives de cette place sont données à trois ou quatre personnes, et il ne sera pas facile d'en avoir par la suite.

— M. Nègre, lieutenant criminel, a donné la démission de sa charge. On dit qu'il en a eu l'ordre, tant pour l'affaire de la demoiselle Mazarelli dont on

---

[1] François-Pierre Dedelay de La Garde de Saint-Vrain, dont le caractère généreux contrastait tout à fait avec celui de son frère, se maria, le même jour que ce dernier, avec Marie-Marguerite, fille de Duval de l'Épinois, secrétaire du roi, seigneur de la terre et du marquisat de Saint-Vrain. Sa femme étant morte quelques années après, il épousa, en secondes noces, la fille du marquis de Fénelon.

[2] Claude-Adrien Helvétius, né à Paris en 1715, auteur du livre *De l'Esprit*, et l'un des plus ardents défenseurs de la philosophie du XVIII° siècle. Il épousa, le 7 août 1751, Anne-Catherine de Ligneville, née en 1719, sœur de madame de La Garde, et nièce de madame de Graffigny, qui, sous l'anagramme du mot *Nièce*, la peignit, dit-on, dans le personnage de *Cénie* du drame de ce nom.

ne dit rien de nouveau, que pour la mésintelligence où il est avec les conseillers au Châtelet. On dit cependant qu'il se retire avec une pension de la cour de six mille livres. Cela est assez mal employé : c'est un homme fort riche par lui-même, pour un petit particulier comme lui, et qui est fort honoré d'avoir la qualité d'ancien lieutenant criminel. On dit que cette charge sera à l'avenir en commission, avec douze mille livres d'appointements, pour tâcher de la faire exercer avec désintéressement.

— M. le comte d'Argenson est attentif à favoriser et à élever l'état militaire, et il a grande raison. Le roi vient d'accorder le brevet de capitaine de cavalerie à tous les gardes du corps, gendarmes, chevau-légers et mousquetaires qui ont quinze ans de service dans ces corps, et cela sera ainsi dans la suite.

— On suit toujours l'exécution de l'hôtel de l'École Militaire. On a ouvert des carrières aux environs de Paris pour trouver de la pierre. Le terrain est désigné au niveau de l'hôtel des Invalides, et comme il faut du temps pour une pareille entreprise, on disait qu'on commencerait par recevoir des jeunes gens, tous fils de ceux qui ont été tués dans la dernière guerre, et qu'on les logerait, en attendant, dans le château de Vincennes[1].

— Le roi est parti vendredi matin, 25, de la Muette, pour Compiègne. On a dit qu'il avait passé et

---

[1] En attendant, en effet, que les bâtiments de l'École Militaire fussent en état de recevoir les élèves, on établit ceux-ci provisoirement au château de Vincennes. Ils s'y installèrent au mois d'octobre 1753, au nombre de quatre-vingts seulement. Trois ans après, ils prirent possession de l'École de Paris, au mois de juillet 1756.

s'était arrêté dans le château d'Arnouville[1], terre près de Gonesse, sur le grand chemin de Compiègne, qui appartient à M. de Machault, contrôleur général et garde des sceaux, et que le roi lui avait fait cette visite pour lui faire un honneur qui a peu d'exemples, d'autant que ce même jour, vendredi matin, M. de Machault a tenu le sceau dans son château d'Arnouville. Or l'on dit que le sceau où est le fauteuil du roi[2] ne peut se tenir qu'à l'endroit où est le roi, du moins, où il est présumé être, comme il se tient à Paris quoique le roi soit à Versailles. Mais il n'est pas vrai que le roi soit passé à Arnouville. Je le sais d'une personne qui y était ce jour-là. Il est vrai seulement que le sceau s'est tenu le 25 dans ce château. M. le garde des sceaux a demandé aux officiers du sceau s'il leur était indifférent de tenir le sceau à Arnouville qui n'est qu'à quatre lieues de Paris comme Versailles; on se doute bien qu'ils ont consenti. Il y a eu un pareil exemple du temps du chancelier Boucherat[3]. Cela était commode à M. le garde des sceaux qui partait le lendemain pour Compiègne. Cela fait voir que la remarque

---

[1] A seize kilomètres de Paris. Cette terre fut érigée en comté, en 1757, en faveur de M. de Machault. Louis XVIII habita ce château pendant les trois jours qui précédèrent son entrée à Paris, au mois de juillet 1815.

[2] Le *grand sceau* ou sceau du roi, qui était entre les mains du chancelier ou du garde des sceaux, et dont on scellait les édits, les provisions des offices, etc., et tout ce qui se faisait au conseil d'État, portait l'image du roi, revêtu de ses habits royaux. Le *petit sceau* était celui des chancelleries des parlements : ces petits sceaux ne portaient pas l'image du roi, mais seulement les armes de France.

[3] Louis Boucherat, né en 1616, avait été nommé chancelier et garde des sceaux le 1er novembre 1685; il mourut, revêtu de cette charge, le 2 septembre 1699.

que le sceau ne peut se tenir qu'où le roi est, n'est pas véritable.

— On parle fort, dans Paris, d'un accommodement avec le clergé de France. D'autres disent qu'on parle bien d'arrangement, mais qu'il n'y a encore rien de décidé. Il est certain que M. le cardinal de La Rochefoucault, président de la dernière assemblée du clergé, est toujours dans son archevêché de Bourges. Quoi qu'il en soit, on dit communément qu'il y aura une nouvelle assemblée du clergé au mois de septembre.

Juillet.—L'on s'ennuie mortellement à Compiègne, et le roi lui-même, qui est assez disposé à s'ennuyer partout, et qui n'a pas la facilité de se dissiper en changeant de lieu et de résidence comme il peut faire étant à Versailles. Il tient ses conseils, travaille avec ses ministres et chasse tous les jours, plutôt pour aller que pour s'amuser. La comédie y est jouée par une troupe de campagne qui est assez mauvaise.

— On commence à travailler pour l'établissement de l'École Militaire. Comme les fonds se font par M. Pâris du Verney, cela s'exécute. Les plans et les marchés sont faits. M. du Verney fournit lui-même aux entrepreneurs tous les matériaux et même les chevaux pour les voitures. On a acheté le château de Grenelle qui servira de bureau et d'assemblée pour les directeurs et entrepreneurs. On a fait des écuries très-considérables dans Vaugirard pour les chevaux et pour mettre tous les chariots. Cela représente bien un établissement royal.

— La nouvelle la plus intéressante de Paris, maintenant, est une querelle du parlement avec le conseil; M. l'archevêque de Paris en est la cause, parce qu'il veut se rendre maître de l'Hôpital-Général et des hôpitaux qui en dépendent.

Cette affaire a commencé il y a près de deux ans, au sujet de la supérieure de l'Hôpital-Général que M. l'archevêque a voulu ôter de place pour y mettre une veuve qu'il connaît et qui n'a jamais été de l'hôpital, appelée la dame Moysan[1]. Il proposa la chose dans une assemblée générale, en disant beaucoup de louanges de la dame Moysan. M. de Maupeou, M. le procureur général, les premiers présidents de la chambre des comptes et de la cour des aides et autres magistrats, faisant dix voix avec l'archevêque, eurent la complaisance de donner dans son avis. L'assemblée était composée de vingt-deux administrateurs. M. Guillet de Blaru, ancien avocat au parlement, doué d'une grande réputation à tous égards, qui est le doyen des administrateurs du second ordre[2], fut d'avis

---

[1] « Urbine Robin, fille d'un marchand de vin, mariée en premières noces à un nommé Mériel, teinturier; en deuxième noces à Herbert de Moysan, intéressé dans les mines de charbon de terre. En 1743, elle prit un petit appartement de deux ou trois pièces qui avait communication avec un cabaret nommé *le Cerceau d'or*, rue de Vaugirard, au bout des murs du Luxembourg, etc. » (*Nouvelles ecclésiastiques*).

[2] Lorsque le roi rendit l'édit du mois d'avril 1656, portant établissement de l'Hôpital-Général, il nomma en même temps vingt-six personnes de différentes conditions comme directeurs ou administrateurs perpétuels de cet hôpital, et, pour chefs de cette direction, le premier président du parlement et le procureur général. Plus tard, par une déclaration expresse du 29 avril 1673, il ajouta à ces chefs de l'administration du temporel, l'archevêque de Paris; puis, en 1690, les premiers présidents de la chambre des comptes et de la cour des aides, le lieutenant général de police et le prévôt des marchands. Il y avait en outre de ces chefs et des vingt-six administrateurs, un receveur et un secrétaire.

contraire et prit la liberté de remontrer le danger qu'il y aurait dans le changement de la supérieure[1] pour l'administration de cette maison. Son avis fut suivi des onze autres administrateurs qui étaient conseillers de cours souveraines, anciens avocats, et autres particuliers. Cela faisait douze voix contre dix. M. l'archevêque se leva et dit que la pluralité des voix ne faisait rien; qu'il fallait écrire ce qui avait été arrêté.

Les premiers magistrats le souffrirent, les autres administrateurs se retirèrent, et surtout les avocats qui ne voulurent plus retourner au bureau. Cela a fait de la brouillerie qui a duré du temps; mais enfin la dame Moysan a été mise en place de supérieure, de la main de l'archevêque. C'est le bruit commun que cette femme a été m......... dans le faubourg Saint-Germain, et les mauvaises langues ne manquent pas de dire qu'elle n'a pas tout à fait oublié son métier. Ce fait n'est pas vrai, mais ce n'est pas ordinairement une vestale qui devient supérieure de l'Hôpital-Général.

Quoi qu'il en soit, cela a causé du désordre dans la maison de l'hôpital, et l'administration allait très-mal. Il a fallu que le parlement, qui a la grande direction, en prît connaissance. On a nommé deux conseillers de grand'chambre, M. de Montholon et M. Thomé, pour faire la visite de la maison et se faire rendre compte. On a trouvé les choses en assez mauvais ordre. Il se trouve que l'hôpital, qui a cependant de gros revenus, doit douze ou quinze cent mille livres. D'autres disent trois millions cinq cent mille livres. On

---

[1] La sœur Michel, qui était depuis trente ans dans l'hôpital.

dit même qu'il n'y avait de provision de blé que pour trois jours, et cet hôpital est chargé, tant pour la maison principale que pour celles qui en dépendent[1], de la nourriture de plus de douze mille personnes.

Les commissaires ayant rendu compte de leur visite au parlement, celui-ci a rendu un arrêt par lequel il a cassé l'élection de la dame Moysan comme nulle, et ordonné qu'il serait procédé à une nouvelle élection.

Il faut dire qu'il y a un certain nombre d'ecclésiastiques dans cette maison, à la tête desquels est un recteur[2], tant pour le service divin que pour les sacrements et les instructions des pauvres. Ces prêtres, jusqu'ici, avaient été nommés et choisis par tous les administrateurs en corps. Il y a eu, tant contre la supérieure déplacée que contre une partie des prêtres, quelque soupçon de jansénisme de la part de l'archevêque, car il faut que le jansénisme entre toujours pour quelque chose dans les événements. Cela a fait que l'archevêque a voulu être maître de la nomination et de la déposition des prêtres. Cela lui a servi de prétexte pour suivre cette affaire en cour, et il a obtenu une déclaration du roi, au mois de mars dernier, contenant dix-huit articles, pour le règlement de l'administration de l'Hôpital-Général. Cette déclaration a

[1] L'Hôpital-Général (voir, tome I, p. 73, note 2) se composait des maisons de la Salpêtrière, de la Pitié, de Bicêtre, du Saint-Esprit et de Scipion, auxquelles avaient été joints la maison de Sainte-Pélagie, les deux hôpitaux des Enfants-Trouvés (du faubourg Saint-Antoine et de la rue Notre-Dame) et les Enfants-Rouges.

[2] L'administration spirituelle était placée sous la direction d'un recteur et de vingt-deux prêtres, répartis entre les diverses maisons dont se composait l'Hôpital-Général.

été envoyée au parlement pour l'enregistrement. Le parlement a nommé huit conseillers de grand'-chambre et deux de chaque chambre, pour examiner cette déclaration et les règlements qui y sont établis. On y a aisément connu le projet de supériorité en faveur de l'archevêque de Paris sur tous les autres chefs, tandis que, dans l'origine, le premier président et le procureur général étaient les chefs et les seuls directeurs de l'administration temporelle.

Le travail de MM. les commissaires de la cour a duré du temps, et ils ont rapporté leur ouvrage aux chambres assemblées le 20 de ce mois. L'assemblée a duré depuis le matin jusqu'à près de neuf heures du soir, et la cour a enregistré ladite déclaration aux charges, restrictions et modifications contenues dans l'arrêt d'enregistrement. Mais ces restrictions sont si considérables que des dix-huit articles il n'y en a pas un qui ne soit changé et rectifié. On ne sait point sur quoi cela tombe, parce que la déclaration et l'arrêt d'enregistrement ont été imprimés par l'imprimeur du parlement, sans aucun détail des changements. On dit cependant que le parlement a changé l'article 16, qui nomme douze directeurs, et a rétabli tous les anciens directeurs, entre autres les anciens avocats. Or, le roi ne veut point des avocats. M. Arrault, qui n'a point fait la profession d'avocat, faisait toute l'administration de l'intérieur. Il peut être un peu janséniste, il a eu quelque démêlé avec l'archevêque et l'on croit qu'il a donné lieu à la brouillerie.

La conduite du parlement n'a pas plu apparemment à la cour. Le lendemain, mercredi, il y a eu un arrêt du conseil qui, sans avoir égard aux charges, etc., posées par l'arrêt du parlement, ordonne que la déclaration sera exécutée selon sa forme et teneur, et porte que, en cas de contestation sur aucun desdits règlements, le roi s'en réserve la connaissance. Voilà, à ce que l'on dit, l'arrêt du conseil, car il n'est point imprimé ou, du moins, on ne le trouve point entre les mains des colporteurs.

On dit que le parlement a été outré de l'arrêt du conseil, après toutes les peines qu'il s'est données pour travailler à ces règlements et les rectifier, et que, piqué de la préférence que l'on donne ici à l'archevêque de Paris, il veut en avoir raison.

Par la déclaration du roi, on a nommé pour les directeurs et administrateurs électifs, sept de ceux qui l'étaient anciennement et cinq nouveaux, de tous lesquels il n'y a pas un des anciens avocats, qui se sont retirés dès 1749, dans le commencement de la dispute.

Voilà où en est cette affaire, qui fait bruit.

Août. — Samedi, 31 juillet, il y a eu une assemblée générale du bureau de l'Hôpital-Général chez M. l'archevêque de Paris. Il n'y avait que les administrateurs nommés et indiqués par la déclaration du roi. M. l'archevêque a proposé un bail, qui était à faire, d'un domaine de l'hôpital. M. le premier président a dit qu'il y avait quelque chose de plus pressé à délibérer, qui était de mettre sur le registre la déclaration du roi du 24 mars et l'enregistrement du parlement du 20 juillet, avec les restrictions et modifications y contenues. Sur quoi, M. l'archevêque a répondu que cela ne se pouvait pas, attendu que l'arrêt du conseil qu'il avait à la main, ordonnait l'exécution de la déclaration sans avoir égard auxdites restrictions. M. le pre mier président de Maupeou s'est levé, ainsi que M. le procureur général, en disant que cela étant ils n'avaient plus rien à faire, et ils se sont retirés. M. l'archevêque a demandé à M. Debonnaire, conseiller au grand conseil, si nonobstant le départ de ces messieurs ils ne pouvaient pas toujours délibérer. M. Debonnaire a répondu qu'il ne croyait pas que cela pût se faire et qu'il se retirait aussi. L'assemblée a été ainsi rompue; je n'ai pu savoir ce qu'avaient dit, à ce sujet, MM. les premiers présidents de la chambre des comptes et de la cour des aides.

— Lundi, 2 août, il y a eu assemblée des chambres au parlement, au sujet de ce bureau tenu samedi. On a envoyé chercher le greffier du bureau de l'Hôpital-Général, avec ordre d'apporter son registre. Il n'est venu qu'à midi et a représenté son registre, sur lequel il n'y avait rien de nouveau. On a délibéré, et il a été arrêté qu'il serait tenu une assemblée des administrateurs de l'Hôpital-Général, mercredi, 4, à la diligence de M. le procureur général; que le jeudi, 5, les chambres seraient assemblées pour entendre, par le premier président, le rapport de ce qui se serait passé à ce bureau [1].

Mardi matin, 3, il est arrivé au palais un courrier avec une lettre contenant ordre à M. le premier président et à M. le procureur général de se rendre à Compiègne. Sur cette lettre, M. le premier président a mandé les chambres; on a délibéré, et à midi

[1] Il fut, en outre, fait défense au sieur Reneux, greffier du bureau de l'Hôpital, d'inscrire sur ces registres aucunes délibérations qui pourraient avoir été prises en conséquence de cette convocation du 31 juillet, regardée comme non avenue.

et demi M. le premier président et M. le procureur général sont montés en carrosse à six chevaux, pour se rendre à Compiègne.

— En vertu de l'arrêté du 2 août, M. le procureur général a convoqué l'assemblée de l'Hôpital et a fait avertir tous les anciens administrateurs, avocats et autres. Le parlement même, en l'absence de M. le premier président et du procureur général, avait chargé deux des anciens de lui rendre compte de ce qui se serait passé ; mais ceux qui s'y sont trouvés n'ont voulu rien en faire. Il y a eu aussi une assemblée convoquée depuis chez M. l'archevêque. Les administrateurs, au nombre de dix ou douze, s'y sont trouvés et ont attendu plus d'une heure dans la chambre destinée pour cela ; mais ni l'archevêque, ni aucun des chefs n'ayant paru, tous ces administrateurs se sont retirés.

— M. le premier président et M. le procureur général ont eu audience du roi, le mercredi 4, à Compiègne.

Discours du roi :

« Je vous ai mandés pour vous dire que je suis très-mécontent des arrêts que mon parlement a rendus à l'occasion de ma déclaration du 24 mars dernier. Je défends qu'ils soient exécutés, et je veux que ma déclaration le soit purement et simplement. J'ordonne que l'Hôpital-Général soit régi, à l'avenir, et administré par les directeurs que j'ai nommés seulement, sans que, sous quelque prétexte que ce soit, aucuns autres des anciens directeurs puissent être appelés et admis à cette administration. »

On dit que M. le premier président a supplié le roi de lui donner sa réponse par écrit pour en rendre compte à sa compagnie sans en changer les termes. Ils sont revenus sur-le-champ, en poste, à Paris, où ils sont arrivés à dix heures du soir.

— Le lendemain matin, jeudi 5, les chambres ont été assemblées et on leur a rendu compte du discours du roi, qui a paru sec et absolu; on a délibéré en conséquence.

Arrêté du parlement du 5 août.

« La cour a arrêté qu'il sera fait au roi une députation en la forme ordinaire[1] pour exprimer audit seigneur roi, la douleur dont son parlement est pénétré, de voir que les démarches qu'il fait en toute occasion pour remplir ses devoirs et maintenir les règles, ont le malheur de lui déplaire, etc., etc. »

Cet arrêté fait grand bruit dans Paris, parce qu'il touche une grande question sur le fait des enregistrements. On trouve mauvais qu'on dépouille le parlement d'une administration qui le regarde essentiellement, d'autant qu'on ne pense pas avantageusement de l'archevêque, non pas par rapport à ses mœurs, on n'en dit rien; mais sur ses talents, son esprit et sa grande déférence pour M. Boyer, ancien évêque de Mirepoix, contre tout homme soupçonné de jansénisme. On doute cependant que le parlement réussisse dans cette affaire.

— Mais le parlement ne s'est pas ici bien conduit, et il y a une première faute du premier président et du procureur général. Dans l'origine, en 1749[2], les premiers magistrats ont déféré par complaisance

---

[1] C'est-à-dire en grande députation composée de trente-deux ou trente-six personnes tant de la grand'chambre que des enquêtes.
[2] Voir un peu plus haut, p. 266.

pour M. l'archevêque, et ils ont violé les règles en laissant l'archevêque maître de ce qu'il avait entrepris. Cela vient du caractère de supériorité des magistrats en chef, qui se croiraient déshonorés de déférer à l'avis d'avocats et autres administrateurs électifs.

La seconde faute est dans l'enregistrement de la déclaration du 24 mars, avec leurs modifications. Ils devaient simplement refuser d'enregistrer : au lieu de cela ils ont fait une nouvelle déclaration. L'autorité du parlement ne va pas jusqu'à faire des lois. Le roi est le seul législateur dans son royaume. Cela est embarqué de façon que cela forme affaire intéressante, et pour l'autorité du roi, et pour le droit de forme d'enregistrement et de publication du parlement.

— On ne considère pas trop, à ce qu'il paraît, M. le chancelier de Lamoignon, car ceci a donné lieu à un brocard qui court dans Paris. On dit que le roi lui a demandé ce que c'était que cette députation du parlement *dans la forme ordinaire*, à quoi M. le chancelier a répondu qu'il y avait si longtemps qu'il était sorti du palais qu'il ne s'en souvenait pas, lui qui a été néanmoins fort longtemps avocat général, et plus de six ans en place de président à mortier; qu'alors le roi a repris : « Eh bien ! je vais vous l'apprendre, monsieur le chancelier; je m'en ressouviens mieux que vous. Il y a tant de présidents et de conseillers de grand'-chambre et tant des enquêtes. » Que cela soit vrai ou non, cela est toujours fort désagréable pour M. de Lamoignon.

— La reine est revenue de Compiègne lundi, 9. Elle a passé à Neuilly, au lieu d'entrer par la porte

Maillot dans le bois de Boulogne, pour voir la maison[1] que fait bâtir M. le comte d'Argenson, ministre de la guerre, et les beaux jardins qu'il a faits d'abord sur la rivière. La reine a trouvé cela beau. Elle l'a dit même à Mademoiselle[2], princesse du sang, qui l'attendait à son passage dans le bois de Boulogne, à près de huit heures du soir, et qui l'a fait arrêter un demi-quart d'heure pour causer à sa portière.

— Le roi est revenu de Compiègne mardi, 10, au soir, à la Muette. Il y a passé le mercredi, 11, a chassé l'après-midi, aux perdreaux, à pied, dans la plaine derrière la Muette et les murs du bois de Boulogne, et devait aller le soir, après souper, à Versailles. En sorte que le parlement pourra avoir de ses nouvelles le 12 ou le 13.

— Le 2 de ce mois, il y a eu à Paris, entre minuit et une heure, un orage très-considérable de plusieurs tonnerres, de pluie violente et d'un très-grand vent. Heureusement que le grand ouragan, qui venait du midi, n'a pas été dans sa force sur Paris, où il ne serait guère resté de cheminées. Le grand vent a été vraisemblablement sur le bois de Boulogne : tout y est jonché de branches d'arbres rompues; dans une

---

[1] Cette maison, d'une architecture simple et élégante, située sur la rive gauche de la Seine, près du pont de Neuilly, et appelée autrefois le Château, est construite au sommet de plusieurs terrasses d'où l'on découvre une vue magnifique, et qui descendent en amphithéâtre jusqu'à la rivière. M. Radix de Sainte-Foix, surintendant des finances du comte d'Artois, en devint ensuite propriétaire, et lui donna son nom. Elle fait aujourd'hui partie du domaine de la famille d'Orléans.

[2] Mademoiselle de Charolais. Elle continuait à porter le titre de Mademoiselle malgré la naissance de Louise, etc., d'Orléans. Voir ci-dessus, p. 152.

infinité d'endroits, et surtout aux environs de la porte de Longchamps, on ne trouve que des arbres fracassés, brisés par la moitié et renversés par terre. Il y en a même de déracinés. J'en ai mesuré un de ces derniers qui a plus de six pieds de tour. On n'y a jamais vu un pareil ravage. Cela est si considérable que les officiers des eaux et forêts y sont venus, le 10, pour marquer tous les arbres cassés et renversés.

— Pour revenir au parlement, il semble, depuis un temps, qu'on cherche à l'abaisser, et les autres cours, telles que le grand conseil, la chambre des comptes et la cour des aides en sont flattées. Elles souffraient impatiemment cette supériorité que le parlement s'attribuait par la qualité de la chambre des pairs de France, par l'appareil des lits de justice qui s'y tiennent, et par ce droit d'enregistrement qui lui donnait la liberté de prendre part, pour ainsi dire, au ministère et aux affaires d'État, soit en refusant d'enregistrer, soit en faisant des remontrances.

Cet affaiblissement se voit par le prix des charges. Elles sont taxées à cent mille livres. Il fallait, il y a cinquante ans, consigner cent mille livres au trésor royal, dix ans avant, pour avoir une charge à son tour. Il y avait des anciens conseillers de grand'chambre qui avaient acheté leurs charges plus de cent cinquante mille livres, il y a environ quatre-vingts ans, dans un temps où l'écu était à trois livres, c'est-à-dire le marc d'argent à vingt-sept livres[1]. Aujourd'hui les charges de conseillers au parlement sont à trente-quatre mille

---

[1] Exactement à vingt-sept livres treize sols douze vingt-troisièmes. A l'époque où écrivait Barbier, la valeur du marc d'argent avait été portée à trente et une livres douze sols trois deniers trois onzièmes, par un arrêt

livres, et il y en a plusieurs à vendre. Il en coûte huit mille livres pour la réception; en sorte qu'un père, qui veut donner à un fils l'établissement le plus honorable pour un bourgeois qui prend le parti de la robe, le fait pour quarante-deux mille livres, et il trouve également un bon mariage.

J'étais surpris de cette médiocrité de prix, et qu'il restât des charges à vendre dans ce temps-ci, où l'ambition est plus marquée que jamais; où chacun ne songe qu'à sortir de son état et à s'élever; où il y a eu nombre de fortunes inconnues pendant les dix années de la dernière guerre, qui mettent des gens de peu de chose en état d'établir des enfants ou des neveux.

On me répondit que cela provenait : 1° de ce que le parlement a été barré dans ses arrêtés et, pour ainsi dire, un peu maltraité de la part du ministère depuis longtemps, tant dans les affaires du jansénisme qu'autres affaires publiques; 2° du dérangement de plusieurs jeunes conseillers que l'on a obligés de se défaire de leurs charges pour leur mauvaise conduite; 3° de ce que ces charges ne rapportent rien et demandent néanmoins un état : on n'y gagne quelque chose qu'après vingt ans de service dans les chambres et après trente ans, au moins, pour venir à la grand'chambre. Et même que pour ce gain, qui est de trois mille livres par an dans les chambres des enquêtes et de sept à huit mille livres à la grand'chambre[1],

---

du conseil d'État du 20 mars 1703; elle est aujourd'hui de cinquante-quatre francs.

[1] Ce gain de trois mille livres aux enquêtes était fort rare, si jamais il a eu lieu. Très-certainement, quand j'ai siégé à la grand'chambre, ma charge ne m'a jamais rapporté huit mille livres (*Note de Barbier d'Increville*)

il faut beaucoup travailler et avec peine ; 4° de ce que l'augmentation du luxe et même celle des dépenses ordinaires de plus d'un grand tiers, par la cherté de tout, à cause des droits, ne s'accommodent pas de cet état infructueux ; ce qui fait que tous les jeunes gens, qui naturellement n'aiment point le travail, se jettent dans les emplois et dans la finance. D'autant que le métier de financier, qui était autrefois méprisé, devient à présent un état réglé. Les places de fermier général se donnent en survivance, se promettent d'avance, pour les premières vacantes, par des *bons* du roi, de manière que voilà plusieurs fermiers généraux qui ont épousé des filles de grandes maisons. Une fille de la maison de La Tour du Pin[1], cette dernière de Lorraine, mariée à M. de La Garde, et autres. La robe tombera en discrédit par tous les avantages et prérogatives que l'on accorde à l'état militaire.

Enfin, la dernière charge de conseiller au Châtelet, qui était de trente mille livres il y a vingt ans, et que j'ai vue bien plus chère dans ma jeunesse, a été vendue cinq mille livres. C'est néanmoins une fort jolie charge pour des fils de marchands et autres bourgeois de cette espèce ; la réception est de sept mille livres.

Voilà le changement dans les charges qui ne produisent rien, car les charges de la chambre des comptes se soutiennent bien et sont même augmentées. Une charge de maître des comptes est de cent cinquante mille livres ; celle d'auditeur des comptes, que j'ai vue autrefois à quarante mille livres, est de soixante-dix

---

[1] Barbier se trompe sans doute ici et veut parler de mademoiselle de Ligneville dont il a rapporté le mariage précédemment. Voir ci-dessus page 261.

et quatre-vingt mille livres, encore n'y entre pas qui veut. Le premier président Nicolaï est difficile pour l'agrément, et les fils de maîtres ont la préférence. La raison est que ces charges, qui forment un établissement, rapportent au moins le denier de l'argent.

Les charges de la cour des aides se soutiennent un peu, quoique diminuées. Les charges de président valent environ quatre-vingt mille livres et rapportent trois mille cinq cents livres par an : celles de conseillers quarante-cinq mille livres et rapportent quatorze ou quinze cents livres.

Les charges des maîtres des requêtes, qui ne rapportent rien, à la vérité, mais qui, d'un autre côté, sont les charges à la mode pour être en cour, approcher des ministres, avoir des bureaux, des intendances de provinces, et pouvoir parvenir aux grandes places de conseiller d'État et même plus haut, ne valent pas, au plus, quatre-vingt mille livres. Je les ai vues à cent vingt, cent quarante mille livres.

Voilà donc le changement, en général, dans les charges de robe. Mais je m'étonne, par rapport aux charges du parlement, qu'étant à si bas prix, le roi n'en ait pas supprimé plusieurs, dans chaque chambre des enquêtes principalement, en les remboursant sur le pied de la dernière vendue, soit pour en diminuer le nombre, qui est trop grand, soit pour être en état d'en créer dans une guerre, à une finance bien plus haute. Peut-être cela paraît-il un trop petit objet, et aime-t-on mieux les laisser tomber d'elles-mêmes, ce qui en diminue le crédit.

— Il y a eu des gens à Paris affectionnés au parlement, et en relation avec quelques-uns de la compagnie, qui ont fait imprimer secrètement l'arrêt du parlement du 20 juillet dernier[1] portant enregistrement de la déclaration du 24 mars, avec toutes les modifications; et un ouvrage in-4°, intitulé : *Précis des motifs des modifications du parlement*[2], que j'ai eu bien de la peine à avoir. Messieurs les gens du roi ont dénoncé ces deux imprimés à la cour, comme étant sans noms d'auteur et d'imprimeur, et par conséquent contre les ordonnances. Dans l'assemblée du vendredi, 13, ils ont été supprimés par un arrêt[3], lequel a été crié et publié dans les rues.

— Lundi, 16, Messieurs du parlement sont partis par députation, à six heures du matin, au nombre de trente-six ou trente-huit, dont étaient le premier président, tous les présidents à mortier, et des conseillers de grand'chambre, des enquêtes et requêtes.

Ayant été introduits à l'audience, M. le premier président a fait un discours[4] qui, dit-on, ennuyait le roi.

Réponse du roi : « La soumission est le premier devoir de mes sujets. C'est à mon parlement à donner l'exemple de cette loi fondamentale de mon royaume. Lorsque je lui ai permis de me faire des remontrances

---

[1] *Extraits des registres de parlement* du 20 juillet 1751. (S. l.), 4 pages in-4°.

[2] Le titre exact est : *Précis des modifications contenues dans l'arrest d'enregistrement* du 20 juillet 1751. *Déclaration du 24 mars précédent.* (S. l.), 14 pages in-4°. Le sieur Butard, libraire, et la dame Villette, femme d'un autre libraire, soupçonnés d'avoir eu part à l'impression de ce *Précis*, furent conduits à la Bastille.

[3] *Arrest de la cour de parlement, portant suppression de deux imprimés. Extrait des registres de parlement du* 13 *août* 1751. Paris, P. G. Simon, 4 pages in-4°.

[4] Il est imprimé dans le n° du 13 novembre 1751 des *Nouvelles ecclésiastiques*, p. 182.

sur les édits et déclarations que je lui envoie pour enregistrer, je ne lui ai point donné le pouvoir de les anéantir ou altérer sous prétexte de les modifier. Je ne refuserai point d'écouter les représentations qui me seront faites, lorsqu'elles n'auront pour objet effectif que le bien de mes sujets, l'ordre public et l'indépendance de ma couronne. J'entends que ma déclaration du 24 mars dernier soit enregistrée purement et simplement. J'enverrai, à cet effet, mes ordres à mon parlement. »

Le parlement s'est retiré fort mécontent : ils sont revenus le soir chez le premier président ou, du moins, tous les présidents à mortier, pour en conférer; d'autant qu'il y avait une grande fermentation et beaucoup de vivacité dans tous les députés.

— Mardi, 17, le roi a envoyé au parlement l'arrêt du conseil qui casse et annule les modifications, avec des lettres patentes[1] portant jussion de procéder à l'enregistrement pur et simple. Le parlement a nommé des commissaires pour examiner les lettres patentes et en rendre compte. C'est la forme ordinaire.

Mercredi, on a plaidé une grande affaire à la grand'-chambre, pour une substitution de M. Croizat, dans laquelle M. d'Ormesson, avocat général, a parlé jusqu'à midi et demi; en sorte que le parlement, qui devait s'assembler à onze heures, ne l'a été qu'à trois, et ces Messieurs ne sont sortis du palais qu'à plus de huit heures du soir. Apparemment qu'il y a eu de grands débats.

On dit que M. de Nicolaï, premier président de la

[1] Elles sont imprimées dans le n° du 13 novembre 1751 des *Nouvelles ecclésiastiques*, p. 184.

chambre des comptes, qui en veut au parlement sur les droits de sa chambre[1], a poussé M. le chancelier de Lamoignon, son oncle, dans tout ceci. L'archevêque et les jésuites, qui n'aiment point le parlement pour d'anciennes raisons, auront aussi poussé d'un autre côté!

— Dimanche, 15, le roi a fait ministres d'État M. le comte de Saint-Florentin, secrétaire d'État, et M. Rouillé, secrétaire d'État de la marine. La veille, samedi, M. le comte de Saint-Florentin avait soupé avec le roi et madame la Marquise sans qu'on lui eût parlé de rien. Dimanche matin, après la messe, il alla faire sa cour au roi, et lorsqu'il voulut s'en aller, le roi lui dit : « Vous n'avez que faire de sortir, parce que le conseil d'État va se tenir. » Il n'y a point d'autre formalité pour être ministre d'État. Quand il fut question de prendre place, le roi dit en riant à M. d'Argenson : « Descendez d'un rang, » parce que M. le comte de Saint-Florentin, comme le plus ancien des secrétaires d'État, est le premier après M. de Machault, qui est ministre et qui l'était avant d'être garde des sceaux, car le chancelier n'est pas du conseil d'État.

Vendredi, 20, les chambres se sont assemblées, au sujet de la réponse du roi et des lettres de jussion :

« A été arrêté qu'il sera fait de très-humbles et très-respectueuses remontrances au roi, etc.[2] »

L'on voit, par cet arrêté, combien les esprits sont

---

[1] Au sujet de l'opposition qu'il avait faite à la présentation des lettres du chancelier de Lamoignon. Voir ci-dessus, p. 243.

[2] *Nouvelles ecclésiastiques*, année 1751, page 183. Il est dit, dans cet arrêté, que « la vraie fidélité et la vraie obéissance du parlement consistent à ne jamais consentir à rien qui soit opposé à l'ordre public, aux lois, aux maximes du royaume, etc. »

échauffés; le coup est hardi. Voici un refus formel d'enregistrer malgré les ordres donnés verbalement par le roi et les lettres de jussion.

— Depuis cet arrêté, tout est tranquille. Le parlement a travaillé, à son ordinaire, aux affaires de palais; il y a eu aussi des fêtes du côté de la cour[1] et il ne paraît non plus aucun mouvement, peut-être par politique pour laisser le cours aux affaires publiques sur une fin du parlement[2].

— Samedi, 28, les chambres ont été assemblées pour lire les remontrances. Dimanche, 29, les gens du roi ont été demander un jour au roi pour les lui porter, et il a indiqué le lendemain, lundi, pour les recevoir par M. le premier président, M. le président Molé et M. le président Novion seulement.

Lundi, 30, ceux-ci se sont rendus à Choisy, sur les onze heures du matin, d'autant que le roi y est sûrement du dimanche au soir. Ils ont été reçus bien plus doucement qu'on ne s'y attendait. Le roi leur a dit qu'il voulait bien recevoir les remontrances de son parlement; qu'il les ferait examiner dans son conseil et qu'il leur ferait savoir ses intentions.

On dit que c'est pour dimanche prochain, 5 septembre. Tout le monde augure bien de cette réception et, en général, on en est fort aise : le public n'est pas disposé pour l'archevêque. On se flatte qu'il y aura une nouvelle déclaration sur l'Hôpital-Général. Quel-

---

[1] Ces fêtes se bornent, du 20 au 27 août, à deux voyages que le roi fit à Bellevue, au divertissement de la pêche que madame la Dauphine prenait tous les soirs, et à une chasse au daim faite par Mesdames de France, dans les bois de Verrières.

[2] Il entrait en vacances le 7 septembre. Voir tome I, p. 51.

ques-uns disent que M. Gilbert, conseiller d'État, que le roi considère fort, avec raison, lui a parlé en particulier sur cette affaire.

Septembre. — Samedi, 4, le roi est revenu à Versailles. Il y avait eu vendredi, 3, un conseil d'État tenu à Choisy sur les dernières remontrances du parlement[1] que l'on dit être bien faites et très-pathétiques. On disait même que le roi et M. le Dauphin en avaient été touchés.

— Les choses ne paraissent pas tourner suivant le préjugé du public. Le roi a envoyé à son parlement de nouvelles lettres de jussion[2] pour enregistrer la susdite déclaration du 24 mars dernier, purement et simplement, sauf, après ledit enregistrement, à avoir égard aux représentations qui lui seront faites, soit de la part de son parlement, soit par le bureau de l'Hôpital-Général. Aujourd'hui, 6, le parlement a nommé des commissaires pour examiner ces lettres de jussion. Il n'y a pas de temps à perdre, car le parlement vaque et ferme de droit le 7, à midi.

— Les lettres patentes pour la chambre des vacations ont été envoyées et enregistrées à l'ordinaire. C'est M. le président Molé qui tient cette chambre et M. le président de Novion en second.

— Le parlement s'est assemblé mardi, 7, sur les onze heures, et s'est séparé à midi et demi. Ils ont été piqués de l'alternative pour les représentations, et le résultat

---

[1] Elles sont imprimées dans les *Nouvelles ecclésiastiques* du 20 novembre 1751, p. 185.

[2] Elles sont également imprimées dans les *Nouvelles ecclésiastiques*, p. 187, ainsi que la réponse du roi aux trois présidents nommés ci-dessus, lorsqu'ils retournèrent à Versailles le 5 septembre.

de l'assemblée et l'arrêté ont été de remettre la délibération au 24 novembre, après la rentrée du parlement[1].

Il y a des gens qui trouvent ce parti fort, après les deux lettres de jussion et les différents ordres donnés par le roi lui-même pour être obéi. C'est dire : « Nous nous en allons, on fera comme on voudra, mais la déclaration en question restera enregistrée d'ici à deux mois comme nous l'avons décidé. » On dit que la plupart des magistrats sont partis dès le jour même ou le lendemain pour leurs terres. Cependant, il y avait encore quelques présidents à mortier à Versailles, le 8, jour de la Vierge, apparemment pour employer toutes les voies de conciliation sans se rebuter, attendu que ce sont ces présidents qui ont le plus d'accès chez les ministres[2].

— J'ai appris bien des particularités sur l'affaire du parlement. Il y a longtemps que le roi est informé de la mauvaise administration de l'Hôpital-Général, et, pour parler un peu vrai, de la prévarication de quelques administrateurs. M. l'archevêque de Vintimille était trop vieux pour le charger de cette besogne; mais

---

[1] Bien que la rentrée du parlement se fît le 12 novembre, lendemain de la Saint-Martin, l'ouverture des grandes audiences n'avait lieu, à la grand'chambre, que le premier lundi après la semaine franche de la Saint-Martin, et les mercuriales n'étaient prononcées que le mercredi ou le vendredi suivant. La Saint-Martin tombant un jeudi, en 1751, la semaine franche portait au jeudi suivant, 18; par conséquent, l'ouverture des grandes audiences était rejetée au lundi, 22, et les mercuriales au mercredi, 24.

[2] Les détails dans lesquels entre Barbier touchant la lutte engagée par le parlement contre l'autorité royale, au sujet de l'administration de l'Hôpital-Général, concordent complètement avec la relation plus circonstanciée des mêmes faits, qui se trouve dans les *Nouvelles ecclésiastiques* des 12 juin, 6, 13 et 20 novembre 1751, p. 93 et 177-188.

quand M. de Bellefonds fut archevêque, le roi lui recommanda, entre autres choses, de mettre ordre aux affaires de l'hôpital. M. de Bellefonds n'ayant été que deux mois en place, le roi a recommandé la même chose, et avec vivacité, à M. de Beaumont, présent archevêque. Celui-ci, le premier président Nicolaï et M. de Lamoignon, alors premier président de la cour des aides, firent entendre au roi et lui remontrèrent les difficultés que M. l'archevêque pourrait trouver en voulant faire des changements. Le roi lui dit qu'il pouvait travailler avec assurance, parce qu'il le seconderait de toute son autorité royale.

En conséquence, l'archevêque a travaillé. Il a eu apparemment des instructions secrètes touchant l'intérieur de l'hôpital et la régie des administrateurs. Il y avait aussi un peu de jansénisme mêlé, c'est pourquoi l'archevêque a commencé par vouloir déplacer la supérieure. Depuis cette affaire, qui s'est passée en 1749, il a fait faire des dépouillements et des mémoires sur tous les détails.

Il en résulte : 1° que l'Hôpital-Général devait trois millions quatre ou cinq cent mille livres ; 2° qu'on soupçonne que l'ancien procureur général Joly de Fleury a joui pendant du temps de soixante mille livres de pension sur l'hôpital. Un fait certain, connu personnellement de celui qui me l'a dit, c'est que le boucher fournit à présent l'Hôpital-Général à quarante mille livres moins par an que par le passé. La fourniture du fromage de Gruyère coûtait dix mille livres par an, l'archevêque l'a pour quatre mille. Il y a une maison qui, par ses différents locataires, rapporte quinze cents livres de loyer : elle n'a jamais été employée dans les comptes que pour six cents livres. Sans d'autres détails sur toutes les dépenses d'une pareille maison, si tout est semblable aux trois articles ci-dessus, il n'est pas douteux que l'hôpital ne fût bien friponné par les administrateurs régisseurs. J'ai entendu dire qu'un homme eut de la protection auprès du premier président de Harlay pour avoir une place d'administrateur. M. de Harlay lui demanda s'il était venu dans son carrosse. L'autre lui répondit humblement qu'il n'en avait pas et qu'il n'était pas en état de cela; un carrosse était plus rare alors qu'à présent. M. de Harlay lui répondit : « Allez, vous en aurez bientôt un. » Comme aussi j'ai entendu dire dans ma jeunesse qu'il suffisait d'être administrateur des hôpitaux pour s'enrichir.

Voilà ce qui a donné lieu à la déclaration du 24 mars. Le roi a dans sa poche tous ces mémoires et éclaircissements, preuves de la dissipation.

Les administrateurs du second ordre ont donné, des fonds de l'hôpital, quarante mille livres aux Enfants-Trouvés, pour le bâtiment de leur hôpital [1], sans l'avis et le consentement des sept chefs de l'administration. On n'a pas voulu allouer cette somme pour la mettre sur leur compte; cela a fait grande dispute.

Dans la déclaration du 24 mars, on exclut entièrement tous les avocats, parce qu'on dit que, dans les délibérations, ils ne parlaient jamais que par lois, maximes, ce qui ne finit rien. Je crois que c'est aussi comme soupçonnés de jansénisme, tels que MM. de Blaru, Arrault, Visinier et Merlet. Quand il y aura des

---

[1] L'hôpital des Enfants-Trouvés de la rue Neuve-Notre-Dame, qui avait été reconstruit sur l'emplacement de l'église de Sainte-Geneviève des Ardents, en 1747.

affaires, on aura recours à des avocats, soit pour consulter, soit pour plaider, comme des particuliers. On n'a voulu aussi que douze administrateurs, quant à présent, parce qu'étant vingt-deux avec voix délibérative, les administrateurs du second ordre s'assemblant plus souvent et étant plus unis, les sept chefs ne pouvaient jamais avoir aucune part aux délibérations, étant quinze contre sept.

Quoiqu'on parle fort mal de l'archevêque, on m'a dit qu'il se réservait de ses revenus quatre-vingt mille livres par an pour vivre en archevêque de Paris, et qu'il donnait le surplus à l'Hôpital-Général[1].

Quoi qu'il en soit, le roi étant si fort instruit de tous ces faits, ayant lui-même excité et provoqué ce travail et cette réforme de l'hôpital, ceci est son affaire personnelle et deviendra grave au 24 novembre; car tous les conseillers et présidents qui sont dans leurs terres comptent revenir exactement, au plus tard le 23, pour se trouver au palais. Il y a apparence que les choses resteront tranquilles et que le roi ne dira rien d'ici là; mais ils seraient bien attrapés si, au 20 novembre, on leur ordonnait à tous, par lettres de cachet, de rester où ils sont pendant tout l'hiver, et si l'on continuait la chambre des vacations pour faire les fonctions de parlement[2].

— On a fait, au mois de mai dernier, au parlement, un nouveau règlement pour les avocats, savoir qu'au

---

[1] D'après l'*Almanach royal*, le revenu de l'archevêché de Paris était de cent quatre-vingt mille livres.

[2] La chambre des vacations ne durait que jusqu'au 27 octobre, veille de Saint-Simon Saint-Jude. Depuis ce jour-là jusqu'au 12 novembre, tout cessait au palais.

lieu de deux années qu'il fallait avoir fréquenté le barreau pour être inscrit sur le tableau, il en faudra quatre à l'avenir, avec des certificats de six anciens avocats, et qu'on n'inscrira sur le tableau que ceux qui feront réellement la profession d'avocat. On a fait aussi, en même temps, un nouveau tableau, sur lequel on a retranché plus de cent personnes qui étaient sur l'ancien, dont on a épluché la conduite. On a exclu les gens qui font des affaires de particuliers, qui travaillent pour des procureurs, qui ne font point dignement et avec honneur cette profession. Cela a fait bien du mouvement au palais. On a fait principalement cette recherche sur plusieurs avocats au conseil qui, ayant quitté lors du nouveau règlement du conseil[1], s'étaient réfugiés chez les avocats au parlement et avaient été inscrits sur le tableau. Comme ce nouveau tableau n'a été imprimé et rendu public que sur la fin du parlement, cela a rassemblé tous ceux qui ont connu leur exclusion. Ils ont fait du bruit; ils ont fait opposition au greffe de la cour, ce qui se verra après la Saint-Martin. Il est certain qu'on en avait admis un trop grand nombre, ce qui avilit la profession, y ayant bien des gens sans bien et sans emploi, et qui, pour soutenir leur état, sont obligés de faire bien des choses au-dessous de la profession. Malgré les plaintes, il y en aurait encore beaucoup à retrancher.

— Lundi, 13, grande joie à Versailles et grande nouvelle à Paris. Madame la Dauphine est accouchée la nuit, entre une et deux heures du matin, d'un prince, duc de Bourgogne[2]. Les canons des Invalides,

---

[1] Au mois de septembre 1738. Voir t. II, p. 202.
[2] Louis-Joseph-Xavier, duc de Bourgogne, mort en 1761.

de la Bastille et de la Ville ont annoncé cette nouvelle sur les trois heures et demie du matin, en réveillant bien du monde.

On ne s'attendait pas si promptement à cet événement. Le dimanche, madame la Dauphine avait pris même une légère médecine pour une petite indigestion. Elle n'a eu aucune douleur de préparation, point de mouches, comme l'on dit. Le roi était allé souper à Trianon, dans le parc de Versailles, avec ses fidèles. La reine avait soupé dans le château, chez madame la duchesse de Luynes, à son ordinaire, et elle était couchée. Les princes, princesses et ministres, qui étaient tous à Versailles, étaient aussi couchés ou dans leurs appartements, très-tranquilles.

Quand madame la Dauphine a senti quelques douleurs[1], qui n'ont duré que cinq minutes, il n'y avait, dans son appartement, que M. le Dauphin en robe de chambre, madame la duchesse de Brancas, sa première dame, ses femmes de chambre et de veille et madame Dufour, nourrice de M. le Dauphin, qui est sa première femme de chambre. M. Jarre, son accoucheur, était couché près de l'appartement. Le premier soin a été de l'avertir; mais cela n'a pas été long, madame la Dauphine est accouchée toute seule. M. Jarre, venu en robe de chambre et en pantoufles, est arrivé à temps pour recevoir l'enfant.

Ordinairement, à un pareil accouchement, il faut qu'il y ait les princes et princesses du sang, le chancelier et les ministres, et aussi les vidames d'Amiens et de Chartres, pour être témoins et dresser un procès-

[1] A une heure et demie après minuit, et à une heure trente-cinq minutes la besogne était faite. (*Note de Barbier.*)

verbal; mais ici il n'y avait personne. M. le Dauphin a eu la présence d'esprit d'appeler et de faire entrer tous les gardes du corps, les suisses, et tout ce qui s'est trouvé là, pour être témoins et voir le duc de Bourgogne. Il les a fait entrer en culottes seulement.

En même temps, on a dépêché un homme à Trianon, où le roi venait de sortir de table. C'était un suisse qui à peine savait se faire entendre du concierge, qui a demandé à parler au roi de la part du Dauphin, qu'à peine voulait-on laisser entrer, et qui a annoncé à Sa Majesté un duc de Bourgogne. Cela a surpris toute l'assemblée de joie et d'étonnement. Le roi n'avait là aucun équipage; il s'en est trouvé un, dit-on, du prince de Conti, dans lequel le roi est monté. Des seigneurs ont monté derrière, d'autres ont couru à pied au château. Pendant ce temps-là, on avait fait lever la reine et on avait averti princes, princesses et ministres dans le château; en sorte que dans la demi-heure, tout le monde a été rassemblé dans l'appartement de la Dauphine.

Il est toujours certain que le procès-verbal sera signé de tous les gardes du corps, suisses, officiers, domestiques qui sont entrés les premiers et qui ont été les vrais et seuls témoins. La naissance du prince n'en est pas moins solennelle, et il n'y a point ici de soupçon de supposition d'enfant.

— A Paris, le toscin de la Ville et celui de l'horloge du palais, sur le quai des Morfondus, ont commencé à sonner dès le matin et doivent sonner pendant trois jours et trois nuits. Ces tocsins, dont le son est fort lugubre, sonnent de même indifféremment dans les grands événements de joie et de tristesse: à la naissance du Dauphin et des enfants de France; à la mort des rois et des reines ; dans le cas d'un incendie général ou d'une sédition.

On a affiché le lundi même et le mardi, une ordonnance du prévôt des marchands, pour faire cesser tout travail sur les ports et pour faire des illuminations à toutes les maisons de la ville.

Lundi, il y a eu un feu de bois dans la place de l'hôtel de ville avec quelque artifice, et le soir les maisons ont été illuminées, ainsi que l'hôtel de ville. Le mardi, les commissaires et gens de police ont été dans les rues pour faire fermer les boutiques. Le soir, il y a eu pareillement un feu de fagots dans la place de Grève, l'hôtel de ville illuminé et les maisons de la ville.

— On avait préparé, secrètement, les décorations, charpentes et artifices pour tirer un feu à neuf piliers. M. le comte d'Argenson, secrétaire d'État de Paris, avait défendu de rien préparer en dehors, dans la place, dans la crainte que ce ne fût une princesse, auquel cas on n'aurait rien fait. Mais les ordres ont été donnés, et l'on travaille à force dans la Grève pour dresser le feu. Il se tirera quand il sera prêt, et le jour où l'on chantera le *Te Deum* à Notre-Dame.

Le lendemain, à midi, M. le gouverneur de Paris[1] a jeté de l'argent en pièces de vingt-quatre sous dans la Grève, où il y a eu quelques gens blessés. On a jeté de même tous les trois jours.

— La grande joie de Versailles y a occasionné, lundi, un malheur : des fusées qu'on a tirées dans la grande écurie du roi, il en est entré une, par une lucarne, dans un grenier à foin, qui a mis le feu. L'incendie a été si

---

[1] Le duc de Gévres.

considérable, qu'indépendamment de la garde qui est à Versailles, on a détaché de Paris dix hommes par compagnie du régiment des gardes pour y travailler. Le feu n'était pas encore éteint mardi, mais on a sauvé tous les chevaux, qu'on a envoyés dans les écuries, à Paris. Le feu, dans le foin, se conserve longtemps, et il a été difficile de tirer tout ce foin. On ne pouvait que jeter beaucoup d'eau[1].

— Le mercredi, 15, il y a eu de même un feu de fagots dans la Grève, auquel le gouverneur de Paris, le prévôt des marchands et les échevins ont mis le feu avec les cérémonies accoutumées. On fait trois fois le tour du feu et on donne des flambeaux au gouverneur, etc., qui mettent le feu. Comme le lieutenant général de police a ordonné aussi des illuminations pendant trois jours, on n'a pas compté lundi, et le jeudi, 17, il y a encore eu un feu de fagots dans la Grève, etc. Tout le peuple s'est promené dans les rues, le soir, jusqu'à une heure et plus, pour voir les différentes illuminations aux hôtels et maisons des gouverneur de Paris, prévôt des marchands, échevins et seigneurs. Tous les jours il y a eu aussi un dîner à l'hôtel de ville. Jeudi, M. le comte d'Argenson et M. le maréchal de Richelieu y dînèrent : ils n'étaient que vingt à cette table; mais il y a, après cela, les tables de tous les officiers de Ville.

Dans la semaine, l'Opéra et les comédies ont représenté gratis pour le peuple de Paris.

— Le premier témoin que M. le Dauphin a pu faire entrer était le garde du corps qui était en sentinelle

---

[1] Le dommage n'est pas si considérable qu'on l'a dit à Paris.
(*Note de Barbier.*)

et qui a eu peine à quitter son poste ; mais M. le Dauphin a pris la chose sur son compte. Le second témoin a été un porteur de chaise de madame de Lauraguais, qui était dans l'antichambre ; ils sont entrés les premiers. Le garde du corps a eu, dit-on, dix mille livres et une première compagnie vacante, à son choix : cela fait une bonne fortune. On dit même que ce garde ne devait pas être à ce poste et que son camarade l'avait prié de s'y mettre pour un moment. Cela serait bien triste pour celui qui aurait été obligé de quitter pour quelque besoin. Voilà l'étoile des hommes !... Le porteur de chaise a eu six cents livres de pension.

— Il est venu trois courriers à l'hôtel de ville, comme cela se fait ordinairement, et qui sont arrivés presqu'en même temps. Le premier est un page de madame la Dauphine, qui a apporté la nouvelle de la douleur qui prend pour l'accouchement. Il a eu une belle tabatière d'or. Le second est un gentilhomme de M. le duc de Gèvres, qui apporte la nouvelle de la couche ; c'est M. de Fienne. Il a eu une tabatière et une pension de quinze cents livres : cela est bon. Le troisième est M. le chevalier de Sommery, enseigne des gardes du corps, qui vient à la Ville de la part du roi : il a eu une belle tabatière d'or garnie de diamants.

— Dimanche, 19, il y a eu un grand *Te Deum* en musique, avec timbales, trompettes et violons, à Notre-Dame, où le roi, la reine, M. le Dauphin, les cinq dames de France, tous les princes et princesses du sang, tous les ministres, gentilshommes de la chambre, seigneurs, et toutes les dames de la suite de la reine et de Mesdames sont venus. Il est rare que l'on puisse voir une plus belle assemblée. Il y avait plus de vingt évêques, à qui on a permis apparemment de venir, car il y en avait peu à Paris, et M. le cardinal de Soubise, comme grand aumônier. De plus, la Ville, les trois cours souveraines, etc. Quoique le parlement n'ait à présent que la chambre de vacations, le premier président, tous les présidents à mortier et grand nombre de conseillers y étaient. M. le premier président avait écrit à tous les conseillers qui n'étaient qu'à dix lieues de Paris, pour les inviter à venir. Je ne sais comment tout ce monde pouvait tenir dans le chœur de Notre-Dame.

Le rendez-vous de la cour était à l'Étoile, au-dessus des Champs-Élysées, pour changer de relais, monter dans de beaux carrosses et marcher tous ensemble. Le roi est venu par les Champs-Élysées, le quai des Tuileries et du Louvre, le Pont-Neuf, le quai des Orfévres et le Marché-Neuf. On a trouvé extraordinaire qu'il ne soit point entré par la rue Saint-Honoré, pour se montrer mieux à la ville de Paris, quoique sa route ait été garnie d'une grande affluence de peuple.

Le roi était précédé des deux compagnies des mousquetaires, des chevau-légers et gendarmes, avec tous les carrosses de la cour et les gardes du corps. Il y avait dix-huit carrosses du roi, dont la plupart à huit chevaux. Le roi avait dans son carrosse M. le Dauphin et des princes du sang, et la reine était avec Mesdames de France. Il y avait, outre cela, devant le roi, des officiers du Vol et autres qui accompagnent le roi. Cela faisait une très-belle marche, aussi récréative à voir que son arrivée dans Notre-Dame où j'étais.

Dans le chemin, deux officiers des gardes du corps qui sont à la portière du carrosse du roi, ont jeté de l'argent au peuple, en écus de six livres et de trois livres, pièces de vingt-quatre et de douze sous, et même, parfois, de demi-louis en pièces d'or, mêlées avec de l'argent. Cela a fait bien du tumulte, à l'ordinaire, pour ramasser l'argent; mais, du reste, le peuple n'a point crié *Vive le roi*. Les officiers même étaient obligés de dire au peuple de crier : on les a entendus. Le peuple, en général, n'est pas content de ce que l'on n'ôte aucun impôt, d'autant plus, d'ailleurs, que le pain s'est trouvé augmenter ces jours-ci. Cela ne vient pas, néanmoins, de la faute du ministère, car il n'y a point de droits sur les blés, et même il y a grande police à Paris pour que le pain ne soit point augmenté, dans les temps de moisson, à proportion des environs de Paris. Le jour de Saint-Louis le pain était à quatre sous la livre à Montlhéry, et il n'est pas à beaucoup près si cher à Paris : le pain blanc à trois sous, le pain mollet à quatre sous.

Le roi et toute la famille royale sont arrivés à quatre heures et demie à Notre-Dame. L'archevêque avec son clergé, c'est-à-dire les chanoines, est venu le recevoir à la porte de l'église, à l'ordinaire, et ils ont marché ensemble pour gagner le chœur, le roi précédé de tous les princes du sang. Le roi marche sur une même ligne avec l'archevêque, en mitre et crosse, qui lui donne la droite. Après le roi, tous les seigneurs qui l'accompagnent; ensuite la reine et les cinq dames de France, l'une après l'autre avec leurs écuyers, les princesses du sang et toutes les dames de la cour.

Le roi avait un air triste et sérieux : tout le monde s'en est aperçu. Il n'aime pas les grandes cérémonies. Peut-être n'était-il pas content de son peuple, quoique l'affluence fût très-grande partout, comme à Notre-

Dame, qui était plein de monde. Quand le roi descend de carrosse, à la porte de Notre-Dame, il y a des oiseliers qui lâchent une grande quantité d'oiseaux. Tout le parvis en était rempli : il en est même entré dans l'église. Je ne sais à propos de quoi cet usage[1].

Le *Te Deum* était fort beau et il était six heures sonnées quand le roi est sorti après avoir fait sa prière à l'autel de la Vierge, ainsi que la reine et toutes les princesses, lesquelles, au surplus, étaient très-parées et chargées de pierreries. Le roi et toute la cour s'en sont retournés par le même chemin à la Muette, où il devait y avoir un grand souper et deux tables de quarante couverts chacune.

Le soir il y a eu un fort beau feu d'artifice dans la place de Grève et grande illumination à l'hôtel de ville. Les rues étaient aussi illuminées d'ordonnance de police, mais assez simplement[2].

— Ces fêtes ne devaient être que les préliminaires des réjouissances, car il n'y a eu ni vin distribué dans les carrefours, ni échafauds de musique, comme cela se fait ordinairement. L'on comptait que dans six se-

---

[1] Voir t. I, p. 281. Dans les lettres par lesquelles Charles VI confirme les oiseleurs dans le privilége d'exercer leur commerce sur le Grand-Pont (le Pont au Change), il est dit que c'est en considération de l'obligation qui leur est imposée de « bailler et délivrer quatre cents oiseaux, » lors des sacres des rois de France, et quand les reines font leur première entrée à Paris. Jaillot (*Recherches sur Paris*, quartier de la Cité, p. 174) porte ce nombre à deux cents douzaines.

[2] Le *Mercure de France* du mois de novembre 1751, p. 170 et suiv., contient une description plus détaillée de ces réjouissances. Il parut aussi, en janvier 1752, un second volume du *Mercure*, composé uniquement de pièces de vers et de prose ayant pour objet la naissance du duc de Bourgogne, et de relations des fêtes qui furent données à l'occasion de cet événement, tant en France qu'à l'étranger.

maines, après le rétablissement de madame la Dauphine, il y aurait des fêtes magnifiques ; mais cela a été changé. On dit qu'il a été présenté au roi, par le prévôt des marchands, plusieurs plans de réjouissances qui n'ont pas été de son goût, et qu'il a préféré quelque chose de plus solide et de plus utile. Pour cet effet, le roi s'est fait représenter la dépense que des fêtes coûteraient, qui se montait à une somme de quatre cent mille livres. Il a mieux aimé qu'on employât cette somme à marier six cents filles dans Paris, à raison de cinq cents livres chacune, à qui l'on doit donner, dit-on, une médaille d'or où seront, d'un côté, les armes de la ville, et, de l'autre, la figure du roi, et un louis de plus à chacune, pour un petit repas.

Les curés de Paris sont chargés de choisir dans leurs paroisses de pauvres filles et des garçons qui sachent gagner leur vie, et l'on doit, dit-on, les marier tous dans chaque paroisse, à une même messe. Ce n'est pas tout. On doit observer la même chose dans toutes les villes du royaume, pour employer la dépense qu'on y ferait en réjouissances, à proportion, à marier des filles ; les intendants sont chargés de l'exécution.

On ne sait qui a donné, au roi, ce projet qui, dans le fond, contribuera à donner des sujets à l'État; au lieu que des fêtes ne durent qu'un jour et causent souvent bien des désordres. Mais ce projet ne doit pas trop plaire au prévôt des marchands, qui a un bénéfice certain sur toutes les dépenses extraordinaires que l'on fait à l'hôtel de ville en pareille occasion. Le projet est au surplus très-réel ; il a été annoncé samedi, 18, dans la *Gazette de France* et publié dimanche, 19, au prône, dans les paroisses de Paris. Il ne s'agit plus que de voir comment cela sera exécuté.

— M. le marquis de Puisieux, lieutenant général, cordon bleu et ministre des affaires étrangères, demandait au roi, depuis longtemps, la permission de se retirer à cause de ses infirmités. Le roi la lui a enfin accordée, à la charge néanmoins d'assister toujours au conseil; il lui a donné, en conséquence, à Versailles, l'appartement qu'avait le cardinal de Tencin. Son éloge est au long dans la *Gazette de France*.

— Le roi a nommé à la place de secrétaire d'État des affaires étrangères M. Barberie de Saint-Contest, qui a été intendant de Bourgogne et qui est à présent ambassadeur du roi auprès des États-Généraux [1].

— Le lundi, 20, les gardes du corps ont donné un très-beau bal à Versailles, dans la grande salle des gardes de l'appartement de la reine. Il a été bal paré depuis sept heures du soir jusqu'à onze, et ensuite bal masqué jusqu'à sept heures du matin. Le roi, la reine même, M. le Dauphin, Mesdames de France et toutes les dames et seigneurs de la cour y sont venus; il y avait peu de dames de Paris. Il y avait aussi de grands rafraîchissements. Les gardes du corps en ont fait les honneurs au mieux; on en a fait l'éloge dans la *Gazette*.

— M. le comte d'Argenson, ministre et secrétaire d'État de la guerre et de Paris, est père temporel des Capucins comme était M. d'Argenson [2], garde des

---

[1] La république des Provinces-Unies.

[2] L'église des Capucins du Marais n'ayant été achevée que par la protection de M. d'Argenson, alors lieutenant général de police, ce fut sans doute la reconnaissance qui porta les Capucins à décerner le titre de père

sceaux, son père. En cette qualité, il donne tous les ans un grand souper, le jour de Saint-François[1], dans la maison des Capucins de la rue Saint-Honoré. Cette année, à cause de la naissance de M. le duc de Bourgogne, il a changé le jour et a donné une très-grande fête lundi, 27. Il y avait un *Te Deum* magnifique à grand chœur, avec cent vingt musiciens. L'église des Capucins était ornée avec des tapis du garde-meuble du roi. L'illumination de l'église était superbe : plus de trente lustres et plus de soixante girandoles, ce qui pouvait employer six cents livres de bougie. M. le comte d'Argenson en faisait les honneurs et il a eu grand monde : plus de douze cordons bleus. Le président Molé, qui tient la chambre des vacations ; M. Joly de Fleury, procureur général ; l'intendant de Paris ; le lieutenant général de police ; le prévôt des marchands et plusieurs seigneurs, conseillers d'État et maîtres des requêtes ; M. le comte de Saint-Florentin, ministre d'État ; les deux autres étaient indisposés. Ensuite un grand souper dans le réfectoire des Capucins, qui était bien illuminé. Deux tables, l'une de trente-neuf couverts, où étaient les seigneurs ; une autre de vingt-huit, où étaient les conseillers d'État, prévôt des marchands, lieutenant de police et autres gens de robe. J'ai été étonné de cette distinction et séparation. Tous les Capucins ont été bien régalés et ont eu chacun une bouteille de vin

---

temporel à leur bienfaiteur. Il paraît, au reste, que ce titre s'accordait assez facilement, puisque Voltaire lui-même en fut gratifié en 1770, à l'occasion d'une faveur qu'il avait obtenue du duc de Choiseul pour les Capucins de son pays. Voir la *Correspondance* de Voltaire, année 1770.

[1] Saint François d'Assise, dont la fête se célèbre le 4 octobre. Les Capucins étaient des religieux de l'Ordre de Saint-François de la plus étroite observance, réformés des Frères Mineurs dits communément Cordeliers.

de Bourgogne, une demi-bouteille de vin de Champagne et un verre de vin d'Espagne. On compte que cette fête, qui lui fera grand honneur auprès du roi, peut coûter à M. d'Argenson huit ou dix mille livres.

— Mercredi, 29, il y a eu un *Te Deum* chanté dans les paroisses et toutes les églises stationnales pour la fin du grand jubilé.

Octobre. — Au commencement de ce mois, le roi a fait un voyage de trois jours à son château de Choisy. Il a été, depuis, au château de Crécy de madame la Marquise. On y avait préparé un grand feu d'artifice en réjouissance de la naissance de M. le duc de Bourgogne, ainsi qu'il y en avait eu un déjà au château de Bellevue. Mais la fête a été interrompue par la nouvelle de la mort de M. Le Normant, père de M. Le Normant d'Etioles et beau-père de madame la Marquise. Étant chez elle, il ne convenait pas de tirer un feu d'artifice. Il s'agit de savoir si elle portera le deuil, parce qu'elle n'est point avec son mari, qu'elle n'en porte plus le nom et que c'est madame la marquise de Pompadour[1].

— Le roi a eu une petite attaque et indisposition de goutte ou de rhumatisme à Crécy, ce qui l'empêchait de marcher. Mais l'envie de chasser est si forte, que le roi s'est fait mener dans les champs, dans son fauteuil roulant, et qu'il a tué deux cents pièces de gibier.

— Lundi, 7, la reine est venue à Paris, aux Carmélites de la rue de Grenelle, faubourg Saint-Germain, donner le voile à madame la marquise de Rupelmonde[2],

---

[1] Madame la Marquise a pris et porté le deuil comme toute autre personne pour un beau-père. (*Note postérieure de Barbier.*)

[2] Marie-Chrétienne-Christine de Gramont, fille du colonel du régiment des gardes françaises, née le 15 avril 1721, mariée le 21 avril 1733

veuve, qui est Gramont en son nom et qui était dame du palais de la reine. Elle n'a que trente-trois ans et est belle femme.

La reine est arrivée l'après-midi, à trois heures, par la plaine de Grenelle. Elle avait, dans son carrosse, M. le Dauphin et quatre de mesdames ses filles, et un très-grand cortége de carrosses à huit et à six chevaux. M. le duc de Gèvres et tout le corps de Ville ont été l'attendre et la recevoir à la barrière de Sèvres, en grande cérémonie. M. le duc de Gèvres avait un grand cortége de carrosses, à son ordinaire. M. de Bernage, prévôt des marchands, a fait à la reine un compliment d'un quart d'heure à la portière de son carrosse, qu'il pleuvait à verse, et toute la Ville présente, nu-tête et sans parapluies.

— M. le comte d'Argenson a eu le crédit d'obtenir pour M. le marquis de Paulmy, son neveu, ambassadeur en Suisse, la survivance de sa charge de secrétaire d'État au département de la guerre. M. de Paulmy est fils du marquis de Paulmy d'Argenson, ci-devant secrétaire d'État des affaires étrangères, qui est l'aîné de la maison.

M. le comte d'Argenson a tout crédit auprès du roi. M. de Paulmy, son neveu, a beaucoup d'esprit, mais il n'a jamais été intendant de province : il est simplement maître des requêtes. A la vérité, M. le comte d'Argenson n'avait été intendant que de Tours, où l'on n'apprend pas la guerre. Son neveu sera plus avancé que lui, car il va l'apprendre sous son oncle. Il est re-

à Yves-Marie de Recourt de Lens et de Lucques, comte de Rupelmonde, tué le 15 avril 1745 au combat de Paffenhoffen. Elle était devenue dame du palais par la démission de sa belle-mère, en 1741.

venu de Suisse, le 2 de ce mois, et a remercié le roi le 3. M. d'Argenson lui a déjà donné et distribué des départements sur lesquels les premiers commis travaillent avec lui. Il l'enverra, sans doute, faire des tournées dans les villes frontières, où il y a de grosses garnisons, pour apprendre son métier et connaître les troupes.

Le dessein de M. le comte d'Argenson est apparemment de se faire duc et pair, ou bien son fils, le marquis de Voyer, qui est maréchal de camp. Au surplus, ils sont d'assez bonne maison pour cela.

— Le prince d'Orange et de Nassau, stathouder de la république de Hollande, est mort dans le mois d'octobre[1], à l'âge de quarante-un ans. On n'a point porté de deuil pour lui. Sa mort a cependant été annoncée dans la *Gazette de France*, avec la qualité de stathouder.

— Les *Te Deum* que toutes les académies, tous les corps des marchands et des communautés de Paris ont fait chanter pour la naissance de M. le duc de Bourgogne, n'ont pas discontinué pendant un temps considérable. L'Université de Paris, pour faire une petite promenade, a été chanter son *Te Deum* dans l'église des Invalides. M. de Beaumont, archevêque de Paris, y a célébré la grand'messe. Cela a fait une procession solennelle depuis les Mathurins, où l'Université s'assemble, jusqu'aux Invalides; et, comme l'esprit janséniste règne toujours dans Paris, on a saisi cette

---

[1] Guillaume-Charles-Henri Frison de Nassau-Dietz, né le 1er septembre 1711, mourut le 22 octobre. Il avait été revêtu du stathoudérat en 1747, et, peu de temps après, cette dignité avait été déclarée héréditaire dans sa famille.

occasion pour faire des vers sur notre pauvre Université :

> Vigoureuse, autrefois, et pleine de santé,
> Fille aînée de nos rois, dame Université
> Livrait mille combats, emportait mille palmes,
> S'attirait mille cœurs par l'éclat de ses charmes ;
> La risée, aujourd'hui, de ses fiers ennemis,
> Le mépris et l'horreur de ses plus chers amis,
> Par Ventadour[1], hélas ! par la bulle vaincue,
> Perclue, estropiée, honnie et confondue,
> Aux Invalides veut se faire recevoir,
> Pour y cacher sa honte avec son désespoir ;
> Mais comme tous les maux ne sont pas guérissables,
> Elle eût aussi bien fait d'aller aux Incurables.

— Madame la Dauphine, qui aime fort Fontainebleau, y est avec M. le Dauphin, du 25 de ce mois[2]. Elle n'est point venue auparavant, comme on le croyait, à Notre-Dame, parce qu'il n'y a point ici assez de gardes du corps pour venir à Paris avec un certain cortége. Elle y viendra, dit-on, après le retour de Fontainebleau, apparemment avec les dames de France qui l'accompagneront.

— Tout le public raisonne fort, dans Paris, un peu à voix basse, d'un événement, aussi triste qu'extraordinaire, arrivé à Versailles un peu avant le voyage de Fontainebleau, dans l'appartement du jeune duc de Bourgogne, dans le berceau duquel on a mis un paquet de papiers, tandis qu'on remuait le jeune prince. Le lit ou berceau est entre un lit de madame de Tallard, gouvernante, et celui de la sous-gouver-

---

[1] L'abbé de Ventadour, élu recteur en 1739, et qui fit révoquer l'appel de la constitution *Unigenitus*. Voir t. II, p. 221 et 230.

[2] Le roi était à Fontainebleau depuis le 12.

nante, le tout entouré d'un paravent. Le roi était lui-même dans la chambre avec sept ou huit personnes seulement qui l'avaient suivi, comme le maréchal de Noailles, le duc d'Ayen et autres.

Madame Sauvé, première femme de chambre du jeune duc de Bourgogne, avertit madame la duchesse de Tallard, qui était dans la chambre, qu'il ne fallait pas remettre le prince dans son berceau, parce qu'elle avait vu une main y jeter quelque chose. On dit que madame de Tallard la reprit de ce qu'elle n'avait pas averti sur-le-champ pour faire fermer la porte, et qu'elle s'excusa sur ce qu'elle avait eu peur que cela ne fît trop de bruit; que madame de Tallard prit apparemment le paquet et le porta au roi; que le roi fit venir sur-le-champ M. le comte de Saint-Florentin, qui ayant la maison du roi est le ministre pour tout ce qui se passe dans le château, pour ouvrir le paquet.

Personne ne sait et ne peut savoir, à dire vrai, les particularités de cette affaire, qui s'est passée entre le roi et le ministre; mais on a dit, dans Paris, qu'il y avait trois paquets, un de poudre à canon, un de poudre à poudrer et un autre de poudre de bois, et des vers très-forts contre le roi et le gouvernement[1]. On dit, en cour, qu'il n'y avait point de vers, mais cela n'est pas plus sûr. Comme on s'est tourmenté inutilement l'imagination pour expliquer le sens de ces trois paquets, le public a conclu tout de suite qu'on en voulait à la vie du jeune prince; mais cela n'est pas vraisemblable, non-seulement parce qu'il n'y a personne assez méchant pour un pareil attentat, mais

[1] On dit que le roi a souvent trouvé de pareils papiers critiques dans son cabinet. (*Note de Barbier.*)

parce que, s'il y avait le moindre sujet de soupçon, il ne serait pas naturel que toute la cour, surtout M. le Dauphin et madame la Dauphine, fussent partis aussi tranquillement pour Fontainebleau, et qu'on eût laissé le jeune prince seul dans Versailles avec une simple garde de cinquante hommes, madame de Tallard et les femmes qui sont auprès de lui.

La grande difficulté est de savoir qui a été assez hardi pour mettre un paquet dans ce berceau. Peut-être est-ce quelqu'un de si haut que madame Sauvé n'a pas osé faire éclat sur-le-champ, ni même le déclarer à madame de Tallard, et qu'elle se sera contentée de dire qu'elle s'était aperçue du fait sans avoir distingué la personne; elle ne dit même pas si c'est un bras d'homme ou de femme.

Quoi qu'il en soit, ce qui est certain, c'est que madame Sauvé, le jour même ou le lendemain, a été conduite de Versailles à la Bastille, et que sa femme de chambre [1] a été conduite au For-l'Évêque et mise au secret. Ces femmes ont été sans doute interrogées; mais on n'en sait et n'en saura pas sitôt davantage dans le public.

A l'égard de madame Sauvé, cela a fait dire son histoire : c'était une marchande de poisson [2], à Paris, riche, jolie, bien faite et de beaucoup d'esprit, qui était,

---

[1] Marie-Charlotte Anquety, femme Mézières. Barbier est dans l'erreur en disant qu'elle fut mise au For-l'Évêque, ou, du moins, elle y resta alors peu de temps, car elle figure au nombre des prisonniers de la Bastille. Comme elle était enceinte au moment de son arrestation, on lui permit de sortir de prison pour aller faire ses couches chez une sage-femme, puis elle fut ramenée à la Bastille.

[2] Son mari fait encore le commerce de poisson : il achète des étangs. (*Note de Barbier.*)

dit-on, fort aimée de M. le comte d'Argenson, qui avait une bonne maison où elle donnait à souper, non-seulement à M. le comte d'Argenson, mais à des seigneurs, et qui s'était un peu dérangée à ce train-là. C'est une femme qui a eu plusieurs intrigues. Pour raccommoder un peu ses affaires, elle avait eu d'abord une place auprès de Madame, fille de la première Dauphine, et ensuite celle-ci auprès de M. le duc de Bourgogne, le tout par le crédit de M. le comte d'Argenson. Cette madame Sauvé a une fille extrêmement jolie qui est mariée à un M. Dubois, premier secrétaire de M. le comte d'Argenson, dont la protection est connue pour toute la famille.

Il est presque indubitable que madame Sauvé est très-innocente et qu'on ne peut pas la soupçonner d'avoir mis elle-même aucun paquet dans le berceau, quoiqu'on dise, en cour, qu'elle a voulu, par cette manœuvre, se faire un mérite de son zèle et de son attention. Cependant la voilà perdue. On dit que M. Dubois, son gendre, sa fille, et une nièce qu'elle avait aussi placée en cour, ont eu, en même temps, ordre de quitter Versailles.

On n'en sait rien de plus actuellement; mais cette histoire, qu'on a voulu cacher dans les commencements, s'est répandue dans Paris de façon qu'elle est absolument publique et donne lieu à bien des discours [1].

— Ce qui fait encore plus murmurer, c'est que de-

---

[1] Madame Sauvé, entrée à la Bastille le 17 octobre 1751, ne recouvra sa liberté que le 6 mars 1757, et avec la condition de s'éloigner de Paris et de se retirer en province. On peut lire des détails plus circonstanciés sur cette aventure dans les *Mémoires historiques et authentiques sur la Bastille*, t. II, p. 323 et suiv.

puis un mois le pain augmente tous les jours de marché, même dans Paris. Le pain mollet vaut quatre sous la livre et le pain ordinaire trois sous et un liard. Cela indispose d'autant plus le peuple et tout le monde, que la récolte de cette année n'a pas été absolument mauvaise, et que l'on sait que, par la récolte précédente, il doit y avoir dans le royaume du blé pour plus de deux ans. On ne sait à quoi attribuer cette mauvaise administration. Cela fait dire, au peuple même, qu'il y avait du blé ancien et de provision dans les magasins publics, que le ministère a fait enchérir le blé, par la police sur les marchés, pour vendre ce blé; après quoi on le laissera diminuer pour remplir les greniers. Cela est d'autant plus triste que la cherté du blé fait augmenter foin, paille, avoine et toutes sortes de marchandises.

Novembre. — La cérémonie des six cents mariages que le corps de Ville de Paris fait faire pour la naissance de M. le duc de Bourgogne, est remise au 9 de ce mois. Les curés de Paris, qui sont chargés de l'exécution, ont eu de la peine à trouver des garçons natifs de Paris et ayant quelque métier. D'ailleurs, il a fallu que la ville eût de l'argent comptant.

La Ville a d'abord envoyé à chaque curé, suivant le nombre de mariages accordés à la paroisse, du drap pour les habits des garçons, et des étoffes rayées soie, fil ou coton, pour les robes des filles. Le tout de différentes couleurs, afin d'éviter un uniforme d'habillement reconnaissable dans les rues.

La Ville a ensuite délivré aux curés, en argent, une somme de trois cent soixante-neuf livres pour chaque mariage, pour le surplus des cinq cents livres, dont il y a soixante-neuf livres pour les frais de mariage, savoir : vingt-quatre livres pour le repas de chaque mariage, à raison de quatre livres par tête, sur le pied de six personnes, le garçon, la fille et deux personnes de chaque côté; pour des carrosses; la façon des habits aux tailleurs et couturières; les souliers, les bas, chapeaux, gants et bouquets. Le linge, chemises, garnitures, manchettes, avait aussi été fourni par la Ville. Ce sont les curés qui se sont chargés de ces petits détails; d'avoir une salle pour rassembler leurs noces, de commander le repas, et de tout le reste.

— Lundi, 8, les fiançailles se sont faites dans chaque paroisse dont toutes les cloches ont sonné.

— Mardi, 9, jour destiné pour cette cérémonie nouvelle et authentique, le canon de la ville a tiré à six heures du matin. Dans la matinée, on a procédé à la célébration des mariages dans chaque paroisse, et chaque curé a fait de son mieux.

Il y avait soixante-six mariages à Saint-Sulpice, cinquante à Saint-Paul, autant à Saint-Eustache; ainsi à proportion de la grandeur des paroisses; douze à Saint-Séverin, douze à Saint-Benoît. Tous ces mariages ont été célébrés à la même messe. Les mariés, qui étaient tous jeunes gens, étaient rangés deux à deux dans le chœur des églises. Les curés ont dit la messe et ont fait un discours arrangé, parce que les églises étaient remplies de monde que la curiosité y avait amené. Les mariés avançaient deux à deux à l'autel, pour la cérémonie du mariage. Dans les grandes paroisses, comme à Saint-Sulpice, plusieurs prêtres étaient employés à interroger les mariés, parce que cela aurait été trop long. Dans certaines paroisses, il n'y avait qu'un poêle sur le premier rang pour tous : dans d'autres, il y avait douze poêles, comme à Saint-Benoît, où j'ai vu la cérémonie.

Il y avait à chaque paroisse un député du corps de Ville, échevin, ancien échevin, conseiller ou quartinier de Ville, qui avait la première place dans le chœur, dans les hautes stalles, avec un tapis et un carreau de velours devant lui, et deux archers de Ville.

Saint-Roch a été le plus honoré : M. le duc de Gèvres, gouverneur de Paris, qui est de cette paroisse, y a été en grand cortége et a assisté à la messe et à la célébration ; il avait un fauteuil dans le chœur et ses gentilshommes sur des banquettes. Le prévôt des marchands aura été de même à sa paroisse.

A Saint-Paul, à Saint-Roch, à Saint-Sulpice, il y avait non-seulement des carrosses de remise, mais plusieurs carrosses bourgeois que les curés avaient demandés pour conduire les mariés au lieu du repas, après les messes qui ont fini tard.

Les curés, en général, avaient retenu des salles chez des traiteurs. A Saint-Roch, ils en avaient à l'hôtel des Ambassadeurs[1]. D'autres ont eu aussi des salles d'emprunt. Le curé de Saint-Benoît[2], qui est fort entendu pour tous les détails, avait loué un jeu de paume dans

---

[1] L'hôtel de Pontchartrain, situé rue Neuve-des-Petits-Champs, et sur l'emplacement duquel a été ouvert, en 1825, le passage Choiseul. Cet hôtel, construit pour Hugues de Lyonne, secrétaire d'État, après avoir appartenu à Louis-Phelippeaux de Pontchartrain, chancelier de France, avait été acheté par le roi pour y loger les ambassadeurs extraordinaires, lorsque le duc de Nivernais devint propriétaire de celui qui leur était affecté, rue de Tournon. Voir la note 1, t. II, p. 313.

[2] Il se nommait Jean Bruté.

la rue Hyacinthe[1], qu'il avait fait tapisser et orner de lustres, et qui était tout rempli de femmes et d'hommes pour voir la fête. Le curé de Saint-Benoît et ses clercs étaient debout, coupaient les viandes et servaient les mariés. Toutes ces noces ont été assez bien servies; ils étaient servis par six, avec deux entrées, du rôti, tourtes pour l'entremets, du dessert, du vin de liqueur et du café. Chaque curé, pour faire bien les choses, y aura mis un peu du sien.

Les députés de la Ville à chaque paroisse, n'ont point signé sur l'acte de célébration. On a fait attention qu'il ne fallait point laisser de vestiges, dans ces actes, que ces mariages avaient été faits par espèce de charité.

A six heures, plus ou moins, cela a fini, et les mariés ont été reconduits chacun chez eux. Chaque curé a assisté au repas des mariés, du moins pour être présent sans être à table, avec quelques-uns de leurs prêtres, pour maintenir le bon ordre. Il est certain que tout cela s'est passé avec beaucoup de décence et beaucoup de dignité.

Après toutes les messes, le gouverneur de Paris, le prévôt des marchands et tous les députés de la Ville, sont retournés à l'hôtel de ville, où il y a eu un dîner magnifique, qui a commencé à trois heures et fini à six. Ils étaient soixante personnes[2]. On y a bu à la

---

[1] La rue Saint-Hyacinthe Saint-Michel.

[2] Paris était divisé en cinquante-trois paroisses, en y comprenant les lieux exceptés de l'ordinaire, c'est-à-dire qui n'étaient pas sous la juridiction de l'archevêque. Il y avait, en outre, treize églises où se faisaient les fonctions curiales, telles que l'église de l'abbaye Saint-Antoine pour les habitants et domestiques de l'enclos, celle de l'abbaye Saint-Victor, etc.

santé de M. le duc de Bourgogne, de M. et de madame la Dauphine, de la reine, et, pour la dernière santé, à celle du roi, pour laquelle tout le monde s'est levé.

Après ce dîner, tout le corps de Ville est descendu à Saint-Jean, paroisse de l'hôtel de ville, qui était orné magnifiquement, tapissé en damas cramoisi avec des galons d'or, et plus de soixante lustres ou girandoles; pour terminer cette grande fête, on y a chanté un grand *Te Deum* en musique, qui n'a fini qu'à plus de huit heures du soir.

Les mariés, qui avaient été un peu honteux et gênés dans toutes ces cérémonies, auront été plus libres, le soir et le lendemain, pour danser entre eux.

Les curés de Paris, qui sont chargés de la somme de trois cents livres qui revient à chaque mariage, ne l'ont point donnée au mari qui aurait pu la dissiper. Il est réservé à leur prudence de l'employer en tout ou partie, soit en meubles, pour ceux qui n'en ont point, soit en outils, marchandises, pour partie de maîtrises, et à choses nécessaires et utiles pour l'établissement des mariés.

Cela a fait, le jour et le lendemain, la conversation de tout Paris comme nouveauté, et il n'en est plus question, en attendant autre nouvelle.

— Le roi et la cour sont revenus de Fontainebleau à Choisy, le 17 de ce mois. Il y a eu de grands plaisirs à Fontainebleau, comédie française et italienne, où le roi a souvent assisté; des ballets où il y avait des danseurs de l'Opéra; des soupers dans les petits appartements, et beaucoup de grandes chasses dans la journée.

— Il y a eu une scène, de la part de M. le duc de

Chartres. Depuis longtemps, milord Melfort [1] était de la cour de madame la duchesse de Chartres, sans que M. le duc de Chartres en fût autrement inquiet ; mais à une comédie, à Fontainebleau, milord Melfort était entré le premier dans la loge de madame la duchesse de Chartres. Lorsque la princesse arriva, milord Melfort, qui était assis et répandu sur les bancs, ne se leva pas et parla quelque temps à la princesse qui était debout. M. le duc de Chartres, qui était dans une loge vis-à-vis, avec madame la princesse de Conti, mère de son épouse, fut scandalisé de cet air de liberté et du manque de respect en public, dans un spectacle. Il appela tout haut milord Melfort, qui alla lui parler, et il lui dit qu'il lui défendait de mettre les pieds chez lui, et de se trouver où serait madame la duchesse. Au sortir de la comédie, il rendit compte au roi de ce qu'il venait de faire. Le prince a agi comme il le devait.

— Le 20 de ce mois, M. le Dauphin et madame la Dauphine sont venus entendre la messe à Notre-Dame, pour remercier Dieu de la naissance de M. le duc de Bourgogne. Le roi avait nommé plusieurs dames pour accompagner madame la Dauphine, en sorte qu'ils

---

[1] Louis-Hector, comte de Drumond Melfort, né en 1726, issu d'une très-ancienne famille d'Angleterre, et dont le grand-père, partageant la mauvaise fortune de Jacques II, était venu s'établir en France à la suite de ce monarque. Le comte de Melfort, fort bel homme, et qui avait eu de nombreux succès à la cour, avait servi avec distinction sous le maréchal de Saxe. Il était, en 1751, colonel du régiment Royal-Écossais, et devint plus tard lieutenant général, commandeur de Saint-Louis, etc. Il a publié plusieurs ouvrages d'art militaire estimés, et entre autres : *Traité sur la cavalerie*, Paris, 1776, grand in-folio, avec un volume de planches formant atlas.

avaient un cortége de huit carrosses à huit et six chevaux. Il y avait, dans le parvis, un détachement des gardes françaises et suisses. L'archevêque et le clergé sont venus les recevoir à la porte, avec un compliment, et les ont conduits dans le chœur, où ils ont entendu une messe basse sans musique, et ont fait ensuite leur prière devant la chapelle de la Vierge. Ils sont venus de Choisy par la porte Saint-Bernard, le quai de la Tournelle, la Grève et le Pont-Notre-Dame, soit pour traverser plus dans la ville, soit pour ne pas passer sous le Petit-Châtelet, d'où il aurait fallu délivrer des prisonniers[1]. Après la messe, ils sont retournés de suite dîner à Versailles. Il y avait eu tout, dans la marche, des inspecteurs de police, du guet à cheval, des pages, plusieurs officiers à cheval, et peut-être une vingtaine de gardes du roi. La Ville n'a fait aucune cérémonie.

Le peuple était fort tranquille; peu de monde dans le parvis, et on n'a point crié : *Vive le roi!* ni *vive le dauphin!* Le peuple n'est pas content de la cherté du pain et des impôts. Tout le public a bien remarqué ce silence populaire.

— Dimanche, 21, M. le comte d'Argenson s'est rendu le matin chez le premier président avec quatre lettres de cachet. Une nommément pour M. le premier président, deux en blanc pour deux présidents à mor-

---

[1] Voir t. II, p. 502. Les prisonniers pour dettes détenus au Petit-Châtelet, avaient cependant fait illuminer tout le couronnement du bâtiment pendant quatre jours de suite, lors de la naissance du duc de Bourgogne, et ils avaient placé un orchestre nombreux sur la plate-forme le jour où le roi était venu à Notre-Dame (*Mercure de France*, janvier 1752, IIe vol., p. 110).

tier, pour en remplir les noms de ceux qui seraient à Paris, et la quatrième pour un greffier de la grand'-chambre. Ces lettres ont été remplies de MM. les présidents Le Peletier de Rosanbo et de Maupeou, le fils, et de M. Ysabeau, greffier de la grand'chambre. Elles portaient l'ordre du roi de se rendre dans le jour à Versailles, pour recevoir les intentions du roi et pour lui porter le registre des délibérations et arrêtés du parlement. Cela a été exécuté.

Le roi a dit à ces messieurs qu'il les avait mandés pour leur dire qu'il faisait défense à son parlement de faire aucune délibération au sujet de la déclaration du 24 mars touchant l'Hôpital-Général ; qu'il évoquait à lui cette affaire, et s'en réservait la connaissance par un arrêt du conseil dont M. le chancelier a fait lecture à MM. les présidents.

Le roi a demandé ensuite le registre des délibérations et arrêtés que le greffier a donné à M. le premier président, lequel les a remis entre les mains du roi. Les délibérations sur l'affaire de la déclaration du 24 mars n'étaient encore que sur des feuilles volantes, en cahier, et non dans un registre relié. Le roi les a prises, les a regardées dessus et dessous, les a chiffonnées un peu et les a mises dans sa poche. Il a ensuite donné un papier à M. le premier président, contenant sa défense à son parlement de s'assembler et délibérer au sujet de l'affaire de l'Hôpital-Général, et de faire aucunes remontrances. Il a ainsi renvoyé les présidents et le greffier.

Par cette opération le roi s'est évité la peine d'un lit de justice. Il a entre les mains, et en sa possession, les originaux de l'enregistrement du 20 juillet et de tout ce qui a été fait depuis. De cette manière c'est une affaire toute nouvelle.

— Il y a trois registres au parlement : celui des arrêts; un des ordonnances, édits, déclarations, lettres patentes enregistrées; et un des délibérations et arrêtés de la compagnie, qu'on appelle du conseil secret. Ces deux derniers registres ont été depuis longtemps en simples cahiers. M. Joly de Fleury, père, procureur général, s'est déterminé à les faire transcrire sur des registres en parchemin et a obtenu une certaine somme par an pour les frais des copistes. Comme cela est fort long, on n'en est pas encore aux années 1738 et 1741 de ces deux registres. C'est la raison pour laquelle on a porté au roi les minutes et originaux en feuilles volantes.

— Lundi, 22, la grand'chambre a tenu, à l'ordinaire, pour les compliments et les discours qui se font aux avocats, à la rentrée, tant par le premier président que par les gens du roi. C'est M. Le Bret, avocat général, qui a fait le discours[1], et il n'a point été question d'autre chose.

— Mercredi, 24, M. le premier président a tenu le matin la petite audience jusqu'à neuf heures, à l'ordinaire, et s'en est retourné à la buvette. Pendant ce temps-là, messieurs du parlement sont arrivés dans le cabinet de la quatrième chambre des enquêtes, qui rend dans la grand'chambre, où ils sont même restés du temps sans vouloir se mettre en place pour entendre les mercuriales. M. le premier président les ayant fait avertir, ils sont entrés en grand nombre; on dit cent quatre-vingts.

---

[1] Il avait pris pour sujet : *Sur la gloire propre au barreau.*

M. d'Ormesson, premier avocat général, a fait le discours des mercuriales[1], à l'ordinaire, après quoi M. le premier président a pris la parole. Il a rendu compte à la compagnie des lettres de cachet du dimanche 21, et de ce qui s'était passé à Versailles lors de la remise des minutes des arrêtés et délibérations. Puis il a lu le petit bulletin qui contenait la défense faite au parlement de délibérer et de faire aucunes représentations au sujet de cette affaire.

M. le premier président a ensuite demandé l'avis de M. Pinon, qui était le doyen des conseillers lais, lequel a dit en peu de mots : « Monsieur, puisque le roi nous défend de délibérer, et qu'il nous interdit par là nos fonctions, la compagnie vous déclare qu'elle ne peut ni n'entend[2] continuer aucun service. » Toute la compagnie a approuvé et applaudi par gestes cet avis. Sur quoi M. le premier président a dit que son silence exprimait assez l'excès de sa douleur, et qu'ils allaient faire un grand tort au public. Tout le monde s'est levé et s'est séparé.

Cette triste nouvelle s'est répandue sur-le-champ dans Paris. Les avocats qui étaient à l'audience du Châtelet se sont retirés, et tous les autres cessent leurs fonctions.

En sorte que depuis hier, midi, il n'y a plus de parlement à Paris. Cette misérable affaire devient très-grave et très-intéressante pour le public.

— On dit que c'est M. le comte de Saint-Séverin

---

[1] Il parla contre le défaut des personnes *qui ne veulent pas être ce qu'elles sont, et qui veulent paraître ce qu'elles ne sont pas.*

[2] Bien des gens ont trouvé cette expression *n'entend* un peu trop forte dans une réponse dont le roi doit être instruit. (*Note de Barbier.*)

d'Aragon qui a déterminé le roi, dans le conseil d'État, à faire le coup d'autorité du dimanche 24 de ce mois, et que M. le contrôleur général et garde des sceaux n'était point de cet avis. Ceci va tomber aussi sur M. le chancelier de Lamoignon et sur M. de Beaumont, archevêque de Paris. Mais enfin voici les grands coups portés. Plus de tribunaux dans Paris, d'arrêts de défense; plus de Tournelle criminelle. Cela cause un grand désordre.

— Depuis mercredi, 24, les gens du roi vont tous les jours en robe au parquet, passer une heure de temps pour la forme, car il n'y a qu'eux en robe dans le palais. Il n'y a point d'audience à la cour des aides, ni au grand conseil, ni au Châtelet, du moins pour les avocats; il n'y en a aucun. Tous les cabinets sont fermés pour les consultations, conseils des princes et des grands seigneurs, arbitrages, et même pour les commissions du conseil données à des avocats. Les procureurs mêmes veulent se dispenser de leurs fonctions.

— On dit que M. le comte de Saint-Séverin, sur le dernier parti du parlement, était d'avis d'en faire pendre deux ou trois des plus mutins; mais que le roi, qui est extrêmement bon, avait toujours été d'avis pour la douceur.

— MM. les gens du roi ont été jeudi à l'audience de M. le comte d'Argenson, où ils ont été une heure et plus enfermés avec lui. Mais à quoi aboutissent ces conversations?

Samedi, 27, on a crié dans Paris, sur les six heures du soir, un arrêt du conseil d'État tenu pour les finances, daté du 25, lendemain de la cessation du parlement, par lequel le roi, pour soulager les habitants de sa bonne ville de Paris de l'augmentation survenue sur le prix du pain, ordonne qu'à commencer du 1ᵉʳ décembre, il sera sursis à la levée et perception des droits rétablis en 1743, et des quatre sous pour livre d'iceux droits, ordonnés par l'édit de septembre 1747[1], sur les denrées les plus ordinaires, savoir sur les œufs, beurre, fromages, veaux, volaille, gibier, cochons de lait, agneaux, chevreaux et porcs; sur la saline, charbon de bois et bois à brûler, jusqu'à ce qu'il en soit autrement ordonné.

Cette diminution fait un objet sur la dépense, car en 1742, la voie de bois neuf n'était qu'à dix-sept livres quatre sous trois deniers; le bois flotté à quinze livres quinze sous neuf deniers; et la voie de charbon à quatre livres six sous. En 1744, à cause des droits rétablis, le bois neuf était à dix-neuf livres seize sous; le bois flotté à dix-huit livres quinze sous; et le charbon à cinq livres. En 1748, à cause des quatre sous pour livre, le bois neuf a été à vingt livres dix sous; le bois flotté à dix-neuf livres deux sous, et le charbon à cinq livres sept sous six deniers; c'est le prix qui a duré jusqu'à présent. Au moyen de cet arrêt du conseil, ces marchandises retomberont dès le 1ᵉʳ décembre, qui est dans quatre jours, au prix qui avait lieu en 1742. Les marchands de bois ne vendront pas beaucoup d'ici à ce temps-là; mais aussi cela fera débiter après tous les chantiers.

Cet arrêt du conseil, survenu tout à coup, fait bien raisonner le public; l'on voit bien que l'objet est d'apaiser et de tranquilliser le petit peuple qui pourrait être seul à craindre, d'autant plus qu'il ignore le vé-

---

[1] Voir ci-dessus, p. 20.

ritable sujet de la querelle du parlement, et qu'il s'imagine que ce dernier n'est tourmenté par le ministère que parce qu'il a voulu prendre et soutenir les intérêts du peuple; tandis que, dans le vrai, ce n'est qu'une affaire purement personnelle et une jalousie de ce que la déclaration du 24 mars semble donner plus d'autorité à l'archevêque de Paris pour l'administration de l'Hôpital-Général. Mais le peuple n'en sait pas davantage.

— Dimanche, 28, plusieurs mousquetaires ont été commandés pour porter des lettres de cachet à chacun des présidents et conseillers au parlement. Ils y ont été entre sept et huit heures du matin, en fiacre, et en habits ordinaires. Ils ont présenté ces lettres eux-mêmes à tous ceux qu'ils ont trouvés chez eux. C'étaient peut-être des officiers pour le premier président et autres présidents.

Ces lettres à chacun en particulier portaient :

« Mons.[1] *un tel*, je vous ordonne de vous rendre lundi, 29 novembre, à mon parlement, dans la chambre où vous êtes ordinairement de service, pour y reprendre vos fonctions ordinaires, sous peine de désobéissance. Je prie Dieu, mons. *un tel*, qu'il vous ait en sa sainte et digne garde.[2] »

Aux termes de cet ordre, la défense de s'assembler et de délibérer sur l'affaire en question subsistait, puisqu'il était question de se rendre chacun dans sa chambre pour faire le service ordinaire.

— La lettre de cachet aux conseillers de grand'-

---

[1] *Monsieur* n'était pas tout au long. (*Note de Barbier.*)

[2] Cette rédaction offre quelques légères variantes avec celle que l'on trouve dans les *Nouvelles ecclésiastiques* du 16 janvier 1752, p. 10.

chambre portait seulement : « Je vous ordonne de rentrer dans mon parlement et d'y reprendre vos fonctions ordinaires, » ce qui est fait en règle, parce que de droit, et suivant l'origine du parlement et l'établissement de Philippe de Valois, en 1344, la première chambre, que nous appelons grand'chambre, et que l'on a aussi nommée chambre du plaidoyer, avait seule le nom de *parlement*. La chambre des enquêtes était la chambre des procès.

— Lundi, 29, tous les officiers du parlement ont satisfait en partie à l'ordre donné. Ils se sont rendus, sur les huit heures, au palais, chacun dans leur chambre, mais ils ont passé une heure et demie à causer et se promener seulement, sans se mettre en place, sans ouvrir d'audience, ni même les greffes pour les expéditions, après quoi ils sont sortis du palais, sur les dix heures.

A la grand'chambre, il y avait la première cause du rôle. Il était facile à M. le premier président de faire avertir les deux avocats pour entamer seulement la cause, comme d'ouvrir l'audience aux requêtes du palais : mais le parti était pris de ne rien faire. Le parlement aurait même trouvé très-mauvais qu'il y eût un avocat ou un procureur en robe. Les procureurs ne vont point, et n'ont point encore osé aller jusqu'ici, en robe, ni à la cour des aides, ni aux eaux et forêts, quoique la cour des aides entre tous les jours, à l'ordinaire, mais sans audience.

Cette désobéissance paraît portée au dernier point de la part du parlement. Ils prétendent que le droit de s'assembler et de délibérer est une de leurs fonctions principales, qui leur appartient par leur institution, et qu'ils ont de droit. Quoique la défense du roi du 21 ne soit pas générale, mais limitée seulement au sujet de l'affaire de l'Hôpital, ils prétendent qu'en passant au roi le pouvoir de leur interdire, en cette occasion, le droit d'assemblée et de délibération, ce serait, de leur part, un abandonnement de leur droit et un prétexte au souverain pour leur faire la même défense en toute autre occasion. On dit aussi, par cette raison, qu'ils demandent que le roi leur envoie des lettres patentes pour les obliger à reprendre leur service, parce qu'ils ne reconnaissent point les lettres de cachet. Par ce moyen, s'ils obligeaient le roi à leur envoyer des lettres patentes, il faudrait, de nécessité, s'assembler pour les examiner et les enregistrer. Ce ne serait plus au sujet de l'affaire de l'Hôpital, mais ils conserveraient le droit de s'assembler et de délibérer. Rien n'est plus extraordinaire que ces prétentions, conventions et propositions de la part de sujets et de gens commis uniquement pour rendre la justice au peuple, au nom du roi.

— Il faut considérer qu'indépendamment du parti janséniste qui a pu faire entamer cette affaire, ceux qui ne sont point jansénistes, comme tous les jeunes gens et beaucoup d'autres, ont été aisément entraînés à soutenir ces droits, parce que le parlement défend ici son bien. Leurs charges, qui sont au-dessous de quarante mille livres, diminueraient bien davantage, ce qui ferait une perte dans leur fortune.

Au surplus, cette affaire est tellement un effet du parti janséniste et de la haine qu'il a contre l'archevêque de Paris, qu'on a fait des vers affreux contre lui, avant la rentrée du mercredi 24, adressés au parlement[1].

Décembre. — Mercredi, 1ᵉʳ, messieurs du parlement sont venus, comme lundi, au palais, chacun dans leur chambre, et il n'y a eu ni audiences, ni greffes, etc. On craignait, dans Paris, quelque coup d'éclat de la part de la cour, soit par l'exil, soit par la cassation du parlement. Les gens désintéressés trouvaient même que le roi était trop doux de laisser les choses si longtemps dans cet état. Cependant le ministère a pris le parti le plus prudent, eu égard à l'intérêt des sujets et à l'expédition des affaires. D'autant plus que, dans un parti violent, il n'aurait pas été facile au roi de donner des juges à ses sujets. Aucun avocat n'aurait voulu accepter de commission, et il faut convenir que ce sont ceux qui auraient été les plus propres à expédier les affaires.

Le roi donc, pour s'accommoder à la délicatesse du parlement, leur a envoyé des lettres patentes[2], datées du lundi, 29 novembre, pour les obliger à reprendre leurs fonctions. Mais il est certain que ces lettres patentes, qui sont devenues publiques, sont plus humiliantes pour messieurs du parlement que les lettres closes de cachet qu'il avait envoyées à chacun.

---

[1] Suivent quelques vers qui n'offrent qu'un très-médiocre intérêt, et qui se terminent ainsi :

> Couvrez..................
> D'une éternelle ignominie
> La Moysan et son souteneur.

[2] Les *Nouvelles ecclésiastiques* font remarquer que ces lettres patentes sont précisément les mêmes que celles qui furent données, en pareille circonstance, au mois de mai 1732. Voir t. I, p. 421.

1° Ces lettres sont adressées « à nos amés et féaux conseillers, les gens tenant notre cour de parlement, à Paris; » le roi ne dit pas simplement à notre parlement, mais à *Paris*, comme il aurait dit à Rouen, à Bordeaux, etc.

2° Elles sont sèches, et font entendre que les charges du parlement ne sont proprement que des commissions du roi, comme cela était dans l'origine et pendant bien du temps, pour rendre la justice au nom et à la décharge du roi. Cela est bien différent des remontrances par lesquelles le parlement semblait devoir être regardé comme une seconde puissance établie, par la loi du royaume, entre le roi et ses sujets.

— Mercredi, 1er, les chambres ont député des commissaires pour examiner ces lettres patentes. Le parlement était encore au palais à huit heures du soir. Jeudi, 2, toutes les chambres se sont assemblées en la grand'chambre, jusqu'à deux heures après midi, et ils ont rendu arrêt[1]. Par cet arrêté, et par l'enregistrement des lettres patentes, le parlement a eu grande attention de se conserver le droit de délibérer quand il le jugera à propos; mais l'on voit quel est le fruit et le succès de toutes ces délibérations. Ces lettres patentes rabaissent fortement les prétentions du parlement, et l'on peut dire qu'à chaque occasion de querelle, il perd beaucoup de son crédit et de son lustre. Le parti janséniste, qui presque toujours a été la cause de ces sortes de décisions, aura fait bien du tort à cette compagnie.

---

[1] Cet arrêté est imprimé dans les *Nouvelles ecclésiastiques* du 16 janvier 1752, p. 11.

— Pendant toutes ces affaires, le roi a toujours fait ses petits voyages de Bellevue et de la Muette. Il faut convenir qu'en cour ils regardent tous ces mouvements du parlement comme des jeux et des minuties, et l'on est convenu aussi, dans le public, que la conduite du parlement, dans cette affaire, avait été une vraie cacade. Pour soutenir son projet, il fallait qu'il refusât les lettres patentes, dans lesquelles le roi ne dit pas un seul mot de leur prétendu droit de délibérer sur les affaires publiques.

— Jeudi, 2, le parlement a fait avertir les avocats et procureurs, et le vendredi les affaires ont été comme à l'ordinaire.

— Lundi soir, 6, il y a eu une révolte et sédition dans les prisons du For-l'Évêque, où il y avait beaucoup de prisonniers. Ceux-ci se sont rendus maîtres, apparemment, des geôliers et des clefs. Ils avaient déjà ouvert deux portes et guichets, il ne leur en restait plus qu'un pour pouvoir sortir. On a crié au secours, on a été chercher des commissaires et la garde, et comme on ne pouvait pas aisément les contenir, on a été obligé de tirer sur ceux qui voulaient forcer. Il y a eu deux femmes tuées et quatre hommes très-dangereusement blessés. Ce spectacle affreux a fait rentrer les autres. Cela est triste, mais apparemment qu'on n'a pas pu faire mieux. Il y a peu de criminels dans cette prison, ce sont des gens pour dettes. On dit que le sujet de la révolte a été pour le pain qu'on leur donnait mauvais et en moindre quantité. Le pain des prisons s'adjuge au rabais à des boulangers, à tant la livre et tant par prisonniers. Comme le pain est très-renchéri, les boulangers qui font cette fourniture perdent beaucoup, et il peut se faire qu'ils aient donné de mauvais blé.

— Dimanche, 12, le parlement a été en grande députation à Versailles¹. Ils étaient quarante-deux, y compris le parquet des gens du roi, procureur général et trois avocats généraux. M. de Maupeou, premier président, a fait un discours relatif à l'arrêté du 2. La réponse du roi a été courte et sèche². Il n'a point été question de rendre les minutes du parlement, ni de révoquer l'arrêt d'évocation de l'affaire de l'Hôpital-Général ; les choses sont restées dans le même état où elles étaient, et le parlement a été obligé de s'en contenter.

Au sortir de l'audience, qui a été après la messe du roi, M. le chancelier de Lamoignon a donné un dîner magnifique à toute la députation du parlement ; mais, comme le chancelier n'est pas aimé, on dit que cela s'est fait de mauvaise grâce ; qu'il avait dit, quelques jours auparavant, à M. le premier président qu'il lui ferait l'honneur de venir dîner chez lui avec tels présidents et conseillers ; que d'autres iraient chez M. le garde des sceaux et chez M. le comte d'Argenson, parce qu'on travaillait à la chancellerie et qu'il n'avait pas de pièce assez grande pour ce dîner ; que M. le premier président lui avait répondu qu'il était trop uni avec sa compagnie pour s'en séparer, et qu'après l'audience ils reviendraient à Paris dîner chez lui, au palais. Sur

---

¹ Conformément à l'arrêté du 2 décembre, pour informer le roi que le parlement reprenait ses fonctions.

² Le discours du premier président et la réponse du roi sont imprimés, l'un et l'autre, dans les *Nouvelles ecclésiastiques* du 16 janvier 1752, p. 11 et 12.

quoi M. le chancelier s'est arrangé pour faire deux tables.

En tout cas, un dîner comme celui-là aura coûté beaucoup, et tout cela ne servira qu'à ruiner plus tôt M. de Lamoignon.

— Lundi, 13, le parlement a été assemblé, on leur a rendu compte de la réponse du roi, chacun est retourné dans sa chambre, et il n'est plus question de rien. Cela fait bien voir la petitesse de tous ces mouvements du parlement.

— On avait dit, au retour de Fontainebleau, qu'il n'y aurait aucune fête à Versailles pour la naissance de M. le duc de Bourgogne, pour éviter les dépenses; mais cela est changé. On a travaillé, depuis le commencement de ce mois, à un feu d'artifice qui sera magnifique, et au plus grand. Le corps de ce feu est construit dans le parterre, sur le bassin de Latone, vis-à-vis la grande galerie. La charpente est considérable; les décorations sont belles. Le corps du feu tient en façade toute la longueur de la galerie et des deux salons du bout, dont le tout a vingt-trois croisées de face. Le corps de l'édifice du feu est dans la forme de la place des Quatre-Nations : un gros pavillon au milieu, deux côtés plus bas, en rond, qui sont terminés par deux pavillons carrés. Ce feu doit se tirer le 22. Il doit y avoir, auparavant, deux ou trois jours d'appartement[1] et jeu dans la grande galerie, et ensuite grand concert.

---

[1] « On a dit, dans les dernières années, qu'il y avait *appartement* chez le roi : c'est une expression inventée pour expliquer, en peu de mots, une fête ou une réjouissance que le roi donne, à toute la cour, dans ses *appartements* superbement meublés et éclairés, avec musique, bal, etc. » *Dictionnaire de Trévoux*.

Le roi a fait entendre à tous les seigneurs et dames de la cour qu'il fallait avoir des habits magnifiques, et qu'on ne paraîtrait point en habit de velours noir simplement. En conséquence, toute la cour fait une très-grande dépense. Il y a toujours ainsi quelque occasion pour incommoder les gens de cour. M. le duc de Chartres et M. le duc de Penthièvre ont les plus riches habits, dont les boutonnières sont brodées en diamant. Les autres sont en étoffes d'or de grand prix ou en velours de toute couleur, brodés d'or, ou garnis de point d'Espagne d'or.

Les dames de cour sont habillées à proportion avec des étoffes superbes. Madame la Dauphine et Mesdames de France ont des étoffes à plus de deux cents livres l'aune. Toutes les femmes seront pleines de diamants; on en loue ou on en emprunte. Il n'y a d'invitées, pour entrer dans les appartements, que les femmes qui ont été présentées au roi lors de leur mariage.

— Dimanche, 19, il y a eu le premier jour d'appartement dans la grande galerie, et le feu d'artifice était illuminé en dedans, en transparents. On dit que cela était d'une grande beauté.

La galerie formait un coup d'œil surprenant. Il y a, tout du long, trois rangées de lustres qui font vingt-quatre lustres, des girandoles sur des guéridons dorés, des deux côtés, deux à chaque trumeau de croisée ou glace; et, des deux côtés des grandes portes, de grandes torchères qui sont de grandes girandoles de cristal qui prennent du bas et qui portent trente-deux bougies dans la longueur. Elles sont faites d'un grand goût. Il y avait pareillement de ces grandes torchères des deux côtés des trumeaux où sont les figures. Tout cela allumé devait faire un grand effet pour les habits et les diamants de la cour qui remplissait cette galerie. Le surplus des appartements, jusqu'à la chapelle, était aussi garni de lustres et de girandoles.

Après le jeu, sur les dix heures, le roi et la famille royale ont été au grand couvert. Après le souper, le roi n'est point revenu dans la galerie, où l'on a laissé entrer tous les gens comme il faut qui étaient venus à Versailles par curiosité.

Lundi, 20, le roi est allé passer trois jours à Trianon. Le feu n'est point pour le 22; il est remis au 30 ou 31 de ce mois, ce qui a dérangé bien des gens qui étaient allés à Versailles exprès. On ne sait pas trop la cause de cette remise. Les uns disent que les artificiers n'étaient pas prêts; les autres, qu'on attend les frères de madame la Dauphine, et qu'il y a même des projets de mariage pour quelques-unes de nos dames de France. Mais il n'est rien de cela; on n'attend aucun prince.

— Mercredi, 29, le prince Charles de Lorraine, grand écuyer de France, est mort âgé de soixante-cinq ou soixante-six ans. Le curé et M. l'archevêque voulaient l'engager à voir madame la princesse d'Armagnac, sa femme, fille de M. le maréchal de Noailles, avec qui il n'a pas vécu[1]; mais il s'est contenté de lui écrire une lettre pour se pardonner réciproquement tout le passé, et cela a été trouvé suffisant. M. le comte de Brionne, fils du prince de Lambesc, son petit-neveu, est entré en exercice de la charge de grand écuyer.

[1] Voir t. I, p. 76.

— Jeudi, 30, le roi et la reine ont tenu appartement dans la grande galerie de Versailles, qui était extraordinairement illuminée et où les femmes et seigneurs de la cour étaient d'une grande magnificence. A six heures un quart, on a tiré le feu d'artifice. Il y avait des artificiers français, saxons et italiens, qui avaient chacun différentes parties d'artifice comme brillants, nappes de feu et autres effets : le tout ensemble n'a pas été bien exécuté. Il y avait pour soixante-dix mille livres d'artifice. A dix heures, on a tiré cinq bombes, que l'on avait placées par delà la pièce d'eau des Suisses, dont on attendait un grand effet. Il y avait une bombe de carton considérable par sa grosseur et pleine d'artifices de toute espèce. Tout cela a manqué à moitié. Après quoi le roi a soupé dans l'appartement de la reine avec la famille royale[1].

— Il a paru, le 22 de ce mois, un arrêt du conseil du mois de novembre, portant règlement pour la perception de l'impôt sur les cartes établi au commencement de cette année et appliqué à l'établissement de l'École Militaire, le tout pour empêcher les fraudes qui se font journellement par des gens qui vendent dans les maisons bourgeoises des cartes recoupées et raccommodées, à douze sous le sixain qui en coûte trente-cinq et quarante aux bureaux. Cet arrêt est rigoureux ; il prononce des amendes de mille à trois mille livres et des peines de carcan et de galères pour les contraventions, et permet des visites des commis dans les maisons. Quoique cette loi ne soit point enregistrée au parlement, elle n'est pas moins générale par tout le

---

[1] On trouve une *Description* plus détaillée de ces fêtes dans le *Mercure de France* du mois de mars 1752, p. 207.

royaume. Il n'y aurait pas de sûreté de se mettre dans le cas de la loi, ce qui fait voir que la prétendue autorité du parlement est un peu idéale.

— Une affaire criminelle a fini cette année. La femme d'un huissier au grand conseil, liée de galanterie avec une jeune fille ouvrière, un gendarme et un clerc de procureur, ont voulu éloigner le mari, qui les incommodait apparemment. On s'est servi d'un exploit signé de lui, dont on a gratté l'écriture pour y substituer un engagement pour les îles, et l'on a mis celui-ci entre les mains d'un racoleur qui engage les hommes. Le racoleur a arrêté Pinçon chez lui, comme par ordre du roi, l'a mis dans un four[1] et l'a fait partir avec six autres. Pinçon a trouvé le moyen d'écrire à ses confrères, huissiers du grand conseil, et à M. d'Évry[2], maître des requêtes, dont il était secrétaire. Il y a eu un ordre du ministre d'arrêter Pinçon à Orléans, et il est venu à Paris où il a rendu sa plainte. Cela a fait le sujet d'une affaire criminelle, sans qu'il eût accusé sa femme, pour ne pas la perdre. Il y a eu des Mémoires : celui de la femme Pinçon, fait par un jeune avocat, était une déclamation contre le mari, sur sa conduite passée, en nommant même les personnes avec qui il avait eu intrigue, ce qui a indisposé le public. Cet avocat a même eu l'imprudence de déterminer la femme Pinçon à appeler de la sentence du lieutenant général de police qui était très-douce pour un fait aussi grave. Cela a donné lieu au procureur général d'en appeler *à minima*, et la suite a été un arrêt du 30 décembre qui a été exécuté très-publiquement. La

---

[1] Lieux où l'on cachait ceux que l'on enrôlait par force.
[2] Brunet d'Évry, maître des requêtes honoraire.

femme Pinçon et la demoiselle Trumeau ont été fouettées, marquées d'un fer et bannies à perpétuité, ce qui est fort triste, et pour Pinçon, qui sera obligé de se défaire de sa charge, et pour ses enfants. Tout cela est la suite de la débauche et du libertinage.

— Ainsi finit l'année 1751 [1].

ANNÉE 1752.

Janvier. — L'affaire du clergé est accommodée, non pas à la satisfaction du public, car le clergé a eu le dessus, et l'autorité du roi, aussi bien que les droits réels de l'État, en souffriront. Il faut convenir que la gent ecclésiastique a les bras longs et même qu'elle est à craindre. Cette crainte peut bien être la cause de l'accommodement. M. de Machault doit être bien fâché de ce que son projet n'a pas été soutenu vivement. Il y a eu un arrêt du conseil d'État, le 23 décembre de l'année dernière, qui n'a point été rendu public. On n'en voit aucun imprimé. Il a seulement été envoyé à tous les évêques par M. le comte de Saint-Florentin, secrétaire d'État, qui a le clergé dans son département, et les évêques lui en ont accusé réception. On a cependant eu cet arrêt du conseil par des copies [2].

---

[1] Barbier reproduit ici, presque littéralement, l'observation relative à M. de Maurepas, etc., qui termine l'année 1749. Voir ci-dessus, p. 112.

[2] Cet arrêt, par lequel le roi sursoit à la levée de l'imposition annuelle d'un million cinq cent mille livres demandée au clergé (voir ci-dessus, p. 169), a été imprimé sous le titre de : *Arrest du conseil d'État du Roy, qui prescrit la manière dont il sera procédé à un nouveau Département général*

— Il y a, dans le public, une autre histoire sur le tapis. Il a été soutenu une thèse en Sorbonne, dans le mois de décembre dernier[1], par un bachelier nommé l'abbé de Prades[2], qui est, dit-on, un garçon de beaucoup d'esprit et de beaucoup d'érudition. Cette thèse est très-longue, d'une impression très-fine et d'un latin parfait. Elle a été visée et reçue par le syndic[3] de Sorbonne, approuvée par plusieurs docteurs et soutenue en pleine Sorbonne pendant douze heures. Mais soit par pique contre le syndic ou autrement, quelques-uns de la Sorbonne se sont avisés d'examiner de plus près cette thèse et de faire remarquer qu'elle était pernicieuse, dangereuse, et qu'elle contenait plusieurs propositions qui tendaient au déisme. M. le procureur général du parlement a envoyé chercher le syndic; cela s'est répandu, et a fait du bruit dans Paris. On dit communément que ce n'est pas l'ouvrage de l'abbé de Prades, mais du sieur Diderot, qui a été, il y a quelque temps, enfermé à Vincennes[4] pour quelque livre un peu hardi sur la morale, et qui est l'éditeur du fameux dictionnaire de l'*Encyclopédie*[5], dont il n'a paru

---

des impositions du clergé de France, etc., 7 pages petit in-8° (S. l. ni date). Barbier en a joint à son *Journal* un exemplaire qu'il dit s'être procuré en secret.

[1] Barbier commet ici une erreur. La thèse de l'abbé de Prades avait été soutenue le 18 novembre.

[2] Jean-Martin de Prades, né à Castel-Sarrasin, vers 1720, mort archidiacre de Glogau, en 1782.

[3] Le sieur Dugard, chanoine de Notre-Dame, « espèce d'imbécile, disent les *Nouvelles ecclésiastiques*, reconnu assez universellement pour avoir ce qu'on appelle le *cerveau timbré*. »

[4] Voir ci-dessus, p. 89.

[5] *Encyclopédie*, ou *Dictionnaire raisonné des sciences, des arts et des métiers*, par une société de gens de lettres, mis en ordre par Diderot, etc.

encore que le premier tome, ce qui fait craindre qu'on ne l'examine plus scrupuleusement sur les choses qui peuvent regarder la religion.

—Voici une des propositions de cette thèse qui a le plus couru dans Paris et le plus effrayé ceux qui sont instruits de leur catéchisme.

« Ergo omnes morborum curationes a Christo « peractæ, si seorsim sumuntur a prophetiis, qua in « eas aliquid divini refundunt, æquivoca sunt mira- « cula, utpote illarum habent vultum et habitum in « aliquibus curationes ab Esculapio factæ. »

C'est cette comparaison des guérisons faites par Jésus-Christ avec celles d'Esculape qui a fait crier non-seulement à l'hérésie, mais à l'athéisme. Il faut avouer que de pareilles propositions sont trop fines et trop délicates, et qu'en bonne police on ne devrait point admettre ces disputes de l'école fondées sur des distinctions et des interprétations des Écritures.

Quoi qu'il en soit, il y a eu des examinateurs nommés en Sorbonne, et cette thèse devait être jugée samedi, 15; mais elle ne l'a pas encore été, et les avis sont très-partagés. On ne parle pas moins que de chasser l'abbé de Prades de licence et de Sorbonne; il demande à être entendu pour se justifier, et on dit qu'on le lui refuse; quelques docteurs trouvent cela injuste. On dit même qu'il y a à présent, en Sorbonne, peu de docteurs assez habiles pour décider de la doctrine de tout le contenu de cette thèse.

—Il y a eu grande assemblée, à la fin de l'année der-

Paris, 1751-1772, 28 vol. in-4°, suivis, plus tard, d'un supplément en 5 volumes.

nière, des directeurs et intéressés à la Compagnie des Indes, et, par délibération homologuée par arrêt du conseil de ce mois de janvier, la Compagnie des Indes emprunte dix-huit millions, à constitution de rente au denier vingt, pour rembourser douze millions de billets sur la caisse; mais on dit que le roi a besoin d'argent et qu'il se sert du nom de la Compagnie des Indes pour faire ressource, ce qui fait crier contre les dépenses du roi ou plutôt contre les pilleries qui se commettent dans tous ses petits voyages. Ceux-ci se renouvellent continuellement, c'est-à-dire presque trois fois la semaine, tantôt à Bellevue, à Crécy et à Trianon, tantôt à Choisy et à la Muette; et, quoique le roi ne soit pas à Versailles, on dit que la dépense de sa table y est toujours comptée sur le même pied que s'il y était, tandis qu'il lui en coûte plus du triple dans ses extraordinaires de voyage, ce qui devient un objet considérable.

— Le roi a déclaré à M. le chancelier de Lamoignon qu'il entendait qu'on exécutât les ordonnances et qu'on ne donnât plus de dispense d'âge pour les charges du parlement de Paris, en sorte qu'il faut avoir à présent vingt-cinq ans pour être reçu conseiller au parlement. Cette défense ne regarde ni les autres cours souveraines de Paris, ni les autres parlements du royaume. Le premier exemple de la défense est tombé sur le fils de M. Thomé, conseiller de grand'chambre, qui est un homme de mérite. Quoique fondée en règle, cette défense paraît être une petite punition pour messieurs du parlement. Il n'est pas possible que cela ne fasse pas diminuer leurs charges, qui sont déjà à un prix médiocre de trente-quatre à trente-cinq mille livres.

On était reçu conseiller au parlement, avec dispense, à vingt et vingt et un ans; à vingt-cinq, président ou maître des requêtes; il en faudra trente pour être président. Ceux qui voudront passer au conseil aimeront mieux avoir des dispenses pour avoir une place de conseiller au grand conseil ou à la cour des aides, que d'attendre cinq ans, après être sortis du droit, à fréquenter le barreau comme avocat. Ce n'est plus là la conduite de ce temps-ci; des jeunes gens aussi prendront le parti des armes.

— La Sorbonne, après s'être assemblée plusieurs fois, a condamné le sieur abbé de Prades[1], c'est-à-dire qu'elle l'a exclu et rayé de la licence. L'abbé de Prades est prêtre; voilà un homme déchu de son état. Il y avait eu plusieurs voix pour l'entendre dans sa justification, avant de le condamner sur les différentes propositions trop hardies qu'on lui reproche dans sa thèse; mais le plus grand nombre l'a emporté.

Dans ces assemblées de Sorbonne, les Jacobins et autres religieux, les Cordeliers surtout, ont été très-déchaînés contre lui. Il y a, en ceci, de la querelle personnelle. On disait, dans Paris, que l'abbé de Prades était chargé de la matière de théologie dans le grand dictionnaire de l'*Encyclopedie*, ce qui n'est point vrai : c'est M. Mallet, docteur de la maison de Navarre, et l'abbé Yvon, autre bel esprit, est chargé, dans cet ouvrage, de la métaphysique. Mais comme l'abbé de Prades est fort lié avec l'abbé Yvon et M. Diderot, éditeur de l'*Encyclopédie*, lequel est soupçonné de déisme, on a fait entendre qu'on n'avait mis des

---

[1] Le 23 janvier.

propositions captieuses et hardies sur la religion, dans la thèse de l'abbé de Prades, que de concert, pour être autorisé, sur la foi d'une thèse soutenue et reçue en pleine Sorbonne, à répandre de pareilles opinions dans ce grand Dictionnaire.

Or, dans le discours préliminaire du Dictionnaire, les éditeurs se sont un peu égayés sur le compte de Scot[1], qui a été un grand docteur de l'Ordre de Saint-François. C'est ce qui a animé les Cordeliers, qui ont aussi voulu intéresser les Jésuites dans leur parti, comme il paraît par une petite brochure[2] d'un prétendu Cordelier, qui répond à ce qui a été dit contre le docteur Scot, avec une petite estampe d'un Cordelier qui donne le fouet à M. Diderot.

— En perdant ainsi l'abbé de Prades, et en faisant passer sa thèse pour impie, le dessein de la cabale était de faire tomber l'entreprise du dictionnaire de l'*Encyclopédie*. On croyait même que le second volume serait arrêté; cependant il a été délivré le 22 ou le 23 de ce mois. Ce qu'il y a de singulier, c'est qu'au mot *certitude* l'éditeur rapporte le discours préliminaire d'un ouvrage que fait l'abbé de Prades pour les preuves de la religion chrétienne[3], dans lequel il répond aux objections des pyrrhoniens, des spinosistes et autres auteurs contre la religion, et il le fait d'une manière plus forte et d'un style bien plus élégant qu'on

[1] John Duns Scot, né vers l'année 1270, chef d'une grande école de philosophie qui lutta avec beaucoup d'éclat contre celle de saint Thomas d'Aquin.

[2] *Réflexions d'un Franciscain avec une lettre préliminaire adressées à Monsieur***, auteur en partie du Dictionnaire Encyclopédique* (s. l.), 1752, in-12.

[3] Vraisemblablement le *Traité sur la Vérité de la religion*, ouvrage de l'abbé de Prades resté inédit.

ne l'a encore fait. En sorte que ce même homme qui se trouve chassé de la Sorbonne pour sa doctrine, est, par l'événement, un des plus forts défenseurs de la religion. Cela fera un contraste singulier dans le public, qui s'empressera de lire cette dissertation.

Il sera curieux de voir de quelle manière ceci sera traité et reçu par le gazetier des *Nouvelles ecclésiastiques,* qui n'aime ni la Sorbonne, ni les Cordeliers, ni les Jésuites ou autres molinistes[1].

— La thèse de l'abbé de Prades avait déjà été condamnée en Sorbonne, mais elle l'a été plus authentiquement par une censure en forme du 27 janvier, laquelle a été imprimée et publique.

Février. — Les ennemis de l'*Encyclopédie* ne s'en sont pas tenus là. On a fait parler M. l'archevêque de Paris, qui a donné un mandement, le 31 janvier, lequel se vend et distribue dans Paris. Par ce mandement, l'archevêque condamne la thèse en général, avec les qualifications les plus fortes, et prononce une interdiction contre le sieur de Prades. Il détaille les principales propositions qui peuvent blesser la religion, jusqu'à entrer dans une comparaison des miracles faits par le dieu Esculape avec ceux de Jésus-Christ. Certainement, le dieu Esculape ne devait pas s'attendre à l'honneur de se voir analysé un jour dans un mande-

---

[1] Les *Nouvelles ecclésiastiques* considèrent la thèse *impie* de l'abbé de Prades « comme l'effet d'une conspiration de prétendus esprits forts, profitant de l'ignorance reconnue de la faculté de théologie pour glisser dans celle-ci leurs monstrueuses erreurs, » et attribuent l'attitude prise par la Sorbonne, à la crainte de voir le parlement prendre lui-même l'initiative des poursuites. Quinze pages des *Nouvelles* de 1752 (de la page 33 à la page 47) sont consacrées aux détails de cette affaire.

ment de l'archevêque de Paris. On y parle des brochures qui se répandent, et même de gros volumes, ce qui s'applique à notre dictionnaire encyclopédique; on y dit que l'abbé de Prades est élève de philosophes matérialistes, ce qui tombe sur le sieur Diderot, etc. Mais quoi qu'il en soit de la jalousie des Jésuites et autres pour faire tomber ce Dictionnaire et en arrêter l'impression, le mandement de M. l'archevêque paraît très-indécent et très-déplacé, quoique bien écrit, parce qu'en fait de matières délicates sur la religion il ne faut pas se mettre si fort à découvert. La thèse de l'abbé de Prades est, dans le vrai, hasardée et trop hardie; mais elle a été condamnée en Sorbonne, ainsi que son auteur : il en fallait rester là. Cela n'était connu, dans Paris, que d'une certaine sorte de gens; ce livre d'*Encyclopédie* est encore un livre rare, cher, abstrait, qui ne pourra être lu que des gens d'esprit et amateurs de science, et le nombre en est petit. A quoi bon un mandement d'un archevêque, qui donne de la curiosité à tous les fidèles et qui les instruit des raisonnements que peuvent faire les philosophes sur la religion, tandis qu'il ne faut à ce nombre de fidèles que leur catéchisme, parce qu'ils n'ont ni le temps ni l'esprit de lire autre chose : cela est imprudent. Cependant l'animosité des Jésuites, qui ont suscité tout cet orage, est au point que ce mandement se crie dans Paris avec vivacité, se donne à bon marché, et que les gens des boutiques mêmes en achètent, ce qui peut faire plus de tort que de bien à la religion.

— Il y a eu des mariages de conséquence dont le bien a été le principe. M. le vicomte de Rohan-Chabot a épousé mademoiselle de Vervins¹, fille d'un conseiller au parlement, lequel était fils de M. Bonnevie, fermier général. M. Bonnevie de Vervins avait épousé la fille de M. Moreau de Nassigny, président des requêtes du palais, lequel est fils d'un marchand de drap, rue Saint-Denis. Il a eu un fils, maître des requêtes et intendant de province, qu'on nomme Moreau de Beaumont, lequel a épousé une fille de M. de La Reynière, fermier général.

— M. Parat de Mongeron, receveur général des finances, d'une très-basse origine, vient de marier sa fille à M. le chevalier de Breteuil, officier de gendarmerie.

— Le 31 de ce mois, M. le prince de Rohan-Soubise² a été reçu duc et pair au parlement. Il y avait une vingtaine de ducs et pairs auxquels il a donné un grand dîner, ainsi qu'à tous les présidents et conseillers de grand'chambre. Il y avait deux tables de cinquante couverts. Les autres ducs ne donnent pas ordinairement ce repas. C'est un prince qui est magnifique en tout.

— Le 1ᵉʳ de ce mois, on a enregistré, au grand conseil, des lettres patentes qui attribuent à cette juridiction toutes les affaires concernant l'administration de l'Hôpital-Général; ainsi voilà le parlement entièrement dépouillé de ce qui regarde cet établissement.

---

¹ Louis-François, appelé d'abord le vicomte de Rohan, puis le vicomte de Chabot, né en 1726, épousa, le 1ᵉʳ février 1752, Marie-Jeanne-Olympe Bonnevie. Il mourut de la petite vérole en 1758.

² Le duché-pairie de Rohan-Chabot avait été érigé par lettres du mois d'octobre 1714.

— On saisit toutes les occasions de mortifier le parlement. Il y avait, par hasard, à la troisième chambre des enquêtes, un procès de petit criminel, c'est-à-dire où, en première instance, il n'y a point eu de peine afflictive. Messieurs de la troisième ont trouvé que, dans l'instruction de ce procès, M. Nègre, lieutenant criminel, avait prévariqué en quelque chose. Ce lieutenant criminel, qui ne fait plus à présent de fonctions, est assez méprisé. On l'a décrété d'un assigné pour être ouï. Il n'a point satisfait au décret, qui a été converti en décret d'ajournement personnel, ensuite en décret de prise de corps, et la chambre a envoyé, de fait, chez lui pour l'arrêter. Il s'était caché : sa femme même a répondu un peu fièrement. Cette affaire a fait du bruit. M. Nègre a toujours quelques amis; sans doute le procureur du roi, M. Moreau[1], qui est fort ami du chancelier de Lamoignon. On a trouvé que la troisième chambre des enquêtes n'était pas bien en règle, parce que la plainte qu'on pouvait faire contre le lieutenant criminel était étrangère à l'affaire du petit criminel qui y était portée, et qu'instruire contre ce magistrat, dépendait de la Tournelle criminelle. Bref, par un arrêt du conseil, on a cassé toute la procédure, et le roi a évoqué à lui l'affaire du lieutenant criminel.

— Vendredi, 4, M. le duc d'Orléans, premier prince du sang, âgé de quarante-six ans seulement, est mort dans l'abbaye de Sainte-Geneviève où il s'était retiré depuis la mort de la duchesse d'Orléans, sa femme[2]. Il

---

[1] Procureur du roi au Châtelet.

[2] Morte en 1726 (voir, t. I, p. 244). Louis d'Orléans avait pris un appartement dans l'abbaye de Sainte-Geneviève, en 1730; mais il ne s'y était fixé définitivement qu'en 1742.

était mal, depuis quelques mois, et sa maladie venait d'un sang appauvri par les austérités et par le travail, puisqu'il faisait des traductions des livres saints hébreux[1]. C'était un bon prince, d'un génie médiocre, qui faisait bien des aumônes et beaucoup de pensions. On ne sait point encore les détails de son testament. Les pères de Sainte-Geneviève ne sont pas trop fâchés de cette mort. Il les gênait, exigeant trop de régularité pour leurs novices. Ce prince laisse pour héritier de ses biens et de son apanage, M. le duc de Chartres, qui s'est très-bien comporté, surtout dans les derniers temps de la maladie. Tous les princes et princesses du sang ont assisté à la cérémonie des sacrements, et il a donné sa bénédiction au duc de Montpensier et à Mademoiselle, ses petits-enfants. On dit qu'il jouissait de trois millions six cent mille livres de revenu, ce qui est très-considérable. Il y a bien des gens pensionnaires qui perdent à la mort de ce prince, qui a fini cette vie avec toute la piété et la tranquillité d'un homme qu'on pourra un jour canoniser.

— M. le duc d'Orléans avait demandé, dit-on, à être enterré dans le cimetière de Saint-Étienne du Mont; mais le roi a voulu qu'il le fût dans l'abbaye du Val-de-Grâce où a été enterrée madame la duchesse d'Orléans, sa femme[2].

— Il est d'usage que le roi envoie un prince du

---

[1] Indépendamment de ses travaux sur l'Écriture sainte, qui consistent dans des *Traductions littérales*, des *Paraphrases* et des *Commentaires* sur une partie de l'Ancien Testament, le duc d'Orléans a laissé plusieurs *Traités* et *Dissertations* sur divers sujets. Aucun de ces ouvrages n'a été imprimé.

[2] Le duc d'Orléans avait aussi exprimé le désir que son corps fût livré à l'école royale de chirurgie pour servir à l'instruction des élèves.

sang jeter de l'eau bénite de sa part, après quoi toutes les cours souveraines vont faire la même cérémonie, et il y a des hérauts d'armes autour du lit de parade; mais cela ne s'est pas fait. Je ne sais si c'est à cause qu'il était dans une maison religieuse ou parce qu'il a voulu que les choses se fissent avec simplicité. Les religieux mendiants ont été jeter de l'eau bénite comme il est d'usage.

Le convoi s'est fait mardi, 8, sur les sept heures du soir. On a porté le prince au Val-de-Grâce, sans trop de pompe, dans un carrosse.

— M. le duc de Chartres est donc premier prince du sang et s'appelle M. le duc d'Orléans, et M. le duc de Montpensier s'appelle M. le duc de Chartres. On croyait que cela faisait quelques difficultés, je ne sais pas pourquoi; mais le prince ayant été saluer le roi après la mort de son père, le roi, lorsqu'il sortit, dit à un officier des gardes du corps de faire prendre les armes pour M. le duc d'Orléans, ce qui ne voulait dire autre chose que de prendre les armes pour lui comme étant devenu le premier prince du sang, et ce qui est apparemment un droit qui n'appartient pas aux autres princes du sang.

— M. le duc d'Orléans d'aujourd'hui conserve toute la maison qu'avait M. son père, laquelle est plus grande que celle que doit avoir un premier prince du sang, suivant l'état qui en est à la chambre des comptes et à la cour des aides, parce que, à la mort de M. le régent qui avait eu, par grâce, le titre d'altesse royale[1]

---

[1] Il avait été admis, en principe, que le titre d'*Altesse Royale* n'appartenait qu'aux princes issus en ligne droite du souverain régnant, et que les autres seraient seulement appelés *Altesses Sérénissimes*. Cependant, lors

et une maison en conséquence, M. le duc d'Orléans, son fils, qui était fort haut, avait demandé à conserver le titre d'altesse royale, ce qu'on ne jugea pas à propos de lui accorder ; mais, pour le consoler de ce refus, on lui laissa tous les mêmes officiers qu'avait M. le régent. C'est cette même maison que le roi conserve aujourd'hui à M. le duc d'Orléans, ce qui est d'autant plus une grâce que c'est le roi qui paye tous les premiers officiers et dames des princes et princesses du sang. Ce prince a toujours bien fait sa cour et est fort bien auprès du roi.

— Lundi, 7, M. de Lamoignon de Malesherbes, premier président de la cour des aides, qui a la direction de la librairie, a arrêté le dictionnaire de l'*Encyclopédie*, en sorte qu'on ne délivre plus le second tome aux souscripteurs : j'ai pris les devants. M. de Malesherbes, qui est un homme d'esprit et de lettres, aura donné cet ordre aux libraires avec regret. Il voulait même faire saisir l'ouvrage ; mais les syndics de la librairie n'ont pas voulu se charger de cette commission. Tout cet orage contre ce beau Dictionnaire est venu par le canal des Jésuites et par l'ordre de M. de Mirepoix, qui a un grand crédit ecclésiastique sur l'esprit du roi. On croit cependant qu'on continuera l'impression de ce Dictionnaire, qui n'est encore qu'à la lettre C, mais avec beaucoup plus de circonspection de la part des censeurs. Son plus grand péché est quelque trait piquant contre les Jésuites et contre la moinaille.

de l'avénement de Charles X au trône, en 1824, ce monarque accorda le titre d'*Altesse Royale* au duc d'Orléans et à ses enfants, ainsi qu'au duc de Bourbon.

— Autre plus grande affliction, à Versailles. Madame Henriette, princesse aînée de France, est tombée malade il y a quatre ou cinq jours. On disait d'abord, dans Paris, que c'était la petite vérole; mais, dans le vrai, c'est une humeur de gale qu'elle avait de naissance, qu'on a peut-être voulu faire passer et qui s'est jetée sur la poitrine. Le roi, qui l'aimait beaucoup, y a passé la nuit du lundi au mardi, 8, jusqu'à quatre heures du matin; elle fut fort mauvaise. Le mercredi, 9, la princesse a été saignée après une grande consultation : on a découvert la châsse de Sainte-Geneviève, et enfin aujourd'hui, jeudi gras, 10, la princesse est morte à midi, en une heure, après six jours de maladie. Il y a eu ordre aussitôt d'arrêter les spectacles de Paris, jusqu'à l'Opéra-Comique de la foire. Cette mort touchera infiniment le roi, et, en même temps, tout le public. On avait même défendu à la foire de faire voir des bêtes étrangères, des tableaux changeants et des tours; à plus forte raison le bal de l'Opéra, qui est le plus beau ordinairement le jeudi gras. La princesse avait vingt-quatre ans et demi, au 14 de ce mois[1].

Aussitôt après la mort, comme la désolation était dans Versailles, le roi est parti sur-le-champ pour Trianon, où toute la famille royale l'a suivi. Madame la Marquise y a été aussi, après en avoir fait demander la permission au roi. Celui-ci est revenu le vendredi, 11, à Versailles. On avait transporté la princesse à Paris, au palais des Tuileries; on l'a embaumée le samedi, et le mardi, 15, on a commencé à la voir

---

[1] Elle était née le 14 août 1727 (voir, t. 1, p. 258)

sur un lit de parade, dans l'appartement par bas des Tuileries, à gauche du vestibule. L'appartement est assez petit. La chapelle ardente, et tout l'appartement, ainsi que le vestibule et le devant de la porte, dans le Carrousel, étaient tendus de blanc. On croit que les spectacles ne recommenceront qu'après le convoi, ce qui fera de tristes jours gras pour Paris et beaucoup de libertinage pour la jeunesse qui ne sait où aller.

— Aujourd'hui, 12, on a crié un arrêt du conseil du 7, qui supprime les deux premiers tomes du dictionnaire de l'*Encyclopédie*, comme contenant des maximes contraires à l'autorité royale et à la religion, etc. Il y a apparence que cet arrêt n'a été donné que pour apaiser les criailleries des Jésuites et autres religieux qui se trouvent blessés dans ces deux tomes. On croit même qu'on a voulu, par cette suppression, prévenir le parlement qui aurait peut-être voulu censurer ce Dictionnaire et qui l'aurait fait plus sévèrement.

— Le parlement, ne pouvant plus rien faire contre ce livre, a décrété de prise de corps l'abbé de Prades au sujet de sa thèse.

— M. Masson de Maisonrouge, fils d'un riche fermier général, lui receveur général des finances d'Amiens, a perdu sa femme le 3 décembre 1751, dont il a un fils unique âgé de dix-sept ans. Elle était nièce de M. Durey de Sauroy, trésorier de l'extraordinaire des guerres, père de madame la duchesse de Brissac et de M. Durey d'Harnoncourt, fermier général, cousine de M. Durey de Meinières, président des requêtes du palais. M. de Maisonrouge était depuis longtemps séparé d'elle et en procès pour séparation. Il a toujours entretenu des filles, et, en dernier lieu, mademoiselle Rotisset de Romainville, actrice chantante de l'Opéra, qui n'est ni trop jeune ni trop jolie, et qui a toujours été dans un libertinage public. Il a beaucoup dépensé avec elle; des diamants en quantité; une maison qu'il lui a achetée cent cinquante mille livres, rue des Bons-Enfants, en sorte qu'elle est très-riche. Or ce M. de Maisonrouge, qui a cinquante-un ans, qui est une bête et un peu bœuf, vient d'épouser, le 3 de ce mois, par conséquent deux mois après la mort de sa femme, cette demoiselle de Romainville que l'on dit même être grosse. Il s'est déshonoré entièrement par ce mariage et fait enrager sa famille. Il avait un frère, président des enquêtes; une sœur, mariée à M. le président de Chevaudon, dont le fils est président des enquêtes; une nièce, mariée à M. de Puységur, fils du maréchal de France; une autre, veuve du président de Martray, cousin germain de madame la marquise de Fougères, de madame Huart, femme de l'avocat et de leurs enfants. Tous ces parents sont très-piqués de ce mariage. On dit que les receveurs généraux veulent se joindre pour lui faire vendre sa charge; qu'on pourra même travailler à faire constater le temps de la grossesse de la demoiselle de Romainville, à cause d'une substitution de cinquante mille livres de rente faite par le père aux enfants du sieur de Maisonrouge, et réversible à la famille, parce que si l'enfant était conçu du vivant de la défunte, c'est-à-dire avant le 3 décembre, il serait adultérin et ne pourrait pas être légitimé par ce mariage-ci.

Les receveurs généraux ont été trouver M. le contrôleur général pour cet effet ; mais M. de Machault les a regardés comme ne faisant point un corps, et a rejeté leur représentation, attendu que ce mariage est fort indifférent au bien de l'État et au service du roi. M. le contrôleur général avait été prévenu par M. le comte d'Argenson, ministre, qui protége fort le sieur Rotisset, un de ses secrétaires, frère de mademoiselle Rotisset de Romainville.

— Du mardi gras, 15, que madame Henriette a été exposée dans la chapelle ardente, la cour a quitté le deuil de M. le duc d'Orléans[1] et a pris le grand deuil pour madame Henriette. Ce deuil est en laine et en crêpe pour les femmes, et en laine pour les hommes qui n'ont pourtant point de pleureuses[2]; il n'y a que les officiers domestiques de M. et madame la Dauphine qui en portent.

— On ne voit, dans l'histoire de France, de mort de filles de France d'un âge un peu avancé, que sous les règnes de Charles IV et de Philippe II. Aussi M. le marquis de Brézé, grand maître des cérémonies, n'a-t-il trouvé dans aucun de ses registres l'étiquette du cérémonial en pareil cas. Le roi a dit seulement que l'on fît les choses au mieux ; ainsi ce qui a été fait servira d'étiquette pour l'avenir.

— La défense de tous divertissements a été si exacte, pendant tous les jours gras, que la police a empêché le peuple d'être en masque dans les rues, et que l'on a défendu et fait cesser les violons chez les traiteurs et dans les cabarets, même pour les noces. Aucun parti-

---

[1] Ce deuil avait commencé le 11.

[2] Bandes de toile qui recouvraient les revers des manches de l'habit, et que les hommes portaient autrefois pendant la durée du grand deuil.

culier de nom et d'état un peu distingué dans Paris, n'a donné d'assemblée.

— Le 10, jour de la mort de madame Henriette, sur les une heure après midi, madame la Dauphine alla demander au roi où il voulait aller. Il lui répondit qu'on n'avait qu'à le mener où l'on voudrait, et que tout ce qu'elle ferait serait bien fait.

Madame la Dauphine donna des ordres pour aller à Trianon ; les carrosses étaient tout préparés. Elle ne quitta point le roi et, quoique très-affligée elle-même, elle se comporta avec beaucoup d'esprit et de prudence pour consoler le roi. La reine, M. le Dauphin et toute la cour se rendirent successivement à Trianon, chacun dans leur appartement, et on ne quittait pas le roi, les uns après les autres. Madame la Dauphine eut toute sa présence d'esprit pour donner les ordres nécessaires pour ce qu'il y avait à faire, dont personne ne savait l'étiquette.

Le soir, à Trianon, chacun soupa séparément dans son petit appartement, c'est-à-dire pour manger une soupe et boire un coup : le roi apparemment avec madame la Dauphine et M. le Dauphin; la reine avec madame la duchesse de Luynes[1] ; Mesdames de France de leur côté. Madame la marquise de Pompadour fut la mieux accompagnée ; on lui servit à souper sur une table de quadrille[2] avec M. le duc d'Orléans, M. le prince de Conti et un autre prince.

A une heure après minuit on songea, à Versailles, à transporter la princesse à Paris, aux Tuileries. Elle

[1] Dame d'honneur de la reine.
[2] Table servant pour le quadrille, sorte de jeu d'hombre qui se jouait à quatre personnes.

fut mise sur un matelas, dans des draps. Elle était en manteau de lit[1], coiffée en négligé, avec du rouge. Des gardes du corps la descendirent ainsi dans un grand carrosse où on la mit dans le fond, placée sur son séant. Elle était soutenue par un suspensoir sous les bras, qui était arrêté à un anneau qu'on avait placé au dossier du carrosse, pour l'empêcher de ballotter, et, sur le devant du carrosse, étaient deux de ses femmes de chambre qui étaient très-fâchées de cet emploi. Madame la duchesse de Beauvilliers, madame la comtesse d'Estrades[2] et autres dames, étaient dans un carrosse de suite.

Le roi est revenu le lendemain, avec toute la cour, à Versailles, où il a continué de vouloir être seul pour s'abandonner à sa tristesse. Il a été deux fois à la chasse ; mais on dit que c'était pour aller, et qu'il ne voyait ni ne regardait rien. Il est à craindre que cela ne le rende malade.

Le mercredi des Cendres, 16, M. le Dauphin est venu de Versailles jeter de l'eau bénite. Il était accompagné de tous les princes du sang qui l'attendaient dans une pièce qu'on appelle, pour cette cérémonie, la chambre du dépôt. Le prince était conduit par le grand maître des cérémonies, précédé des hérauts d'armes. L'après-midi, les princesses (mesdames Victoire, Sophie et Louise), vinrent aussi accompagnées de toutes les princesses du sang, et avec les mêmes cérémonies. Madame Adélaïde avait demandé au roi

---

[1] Espèce de manteau fort court, à manches, dont les femmes et les malades se servent dans la chambre et au lit.

[2] La première, dame d'honneur; la seconde, dame d'atour de la princesse.

la permission de n'y point venir, attendu qu'elle n'aurait pas la force de supporter ce spectacle par l'excès de sa douleur; elle est à présent l'aînée des princesses.

Le nonce du pape et l'ambassadeur de Sardaigne, l'archevêque de Paris, le parlement, etc., ont été le même jour et le lendemain jeter aussi de l'eau bénite. C'est M. de L'Épine, huissier de la chambre de la princesse, qui annonce, pour le cérémonial, ceux qui entrent; c'est un héraut d'armes qui présente, soit aux ambassadeurs, soit aux premiers présidents, le goupillon, lequel est rendu de main en main.

— Autour du lit de parade étaient, d'un côté madame la duchesse de Beauvilliers et autres dames en grande mante de deuil, et de l'autre des évêques et prêtres de Saint-Germain l'Auxerrois et des religieux Feuillants qui disaient des prières : deux hérauts d'armes au pied du lit de parade.

Madame la duchesse de Beauvilliers était fort attachée à la princesse, qui l'aimait beaucoup. On dit qu'elle a eu un terrible spectacle, et que quand on ouvre le corps, c'est elle, comme dame d'honneur, qui reçoit le cœur dans ses mains.

— Depuis la mort, le roi a toujours été dans une grande tristesse, ne parlant presque point. On dit qu'il a soupé seul chez madame la marquise de Pompadour, qui a eu besoin de son esprit et de beaucoup de prudence pour se comporter dans une pareille circonstance.

Le jeudi, 17, on avait porté le cœur de madame Henriette à l'abbaye du Val-de-Grâce, et le 19 on porta son corps à Saint-Denis, à sept heures du soir. Le convoi était magnifique [1].

A la tête des pauvres, était à cheval, en grand manteau, M. Duvaucel, trésorier des aumônes du roi, ce qui a paru extraordinaire.

Je sais que pour le transport du cœur au Val-de-Grâce et le convoi pour Saint-Denis, il n'a été distribué que quinze cents flambeaux, dont il y en a même eu beaucoup de pillés; car on n'a, dit-on, changé de flambeaux qu'à la barrière Saint-Denis. Tous les officiers de troupes ne portaient point de flambeaux et avaient l'épée à la main [2].

Tout le drap blanc de tenture était loué. C'étaient les jurés crieurs qui s'étaient chargés de le fournir.

Depuis la mort jusqu'au service à Saint-Denis, ce qui fera en tout quarante jours, il y a une table pour madame la duchesse de Beauvilliers et les officiers.

On croit, à Paris, que cela coûte une grosse somme, et n'ira pas à moins de trois cent mille livres, y compris les profits illicites.

— On dit que le parlement est dans une grande fermentation; qu'ils ont voulu laisser passer ce grand événement de tristesse, mais qu'ils vont s'assembler pour des remontrances. Ils sont piqués des lettres patentes adressées au grand conseil portant attribution de toutes les affaires de l'Hôpital-Général. De plus, l'ancien

---

[1] On en trouve la description dans la *Gazette de France* et dans le *Mercure de France* du mois d'avril 1752, p. 198.

[2] Plusieurs mousquetaires ont fait des indécences dans la marche. Ils brûlaient des perruques ou jetaient leurs flambeaux usés et allumés au milieu de la foule, sur le public. (*Note de Barbier.*)

curé de Saint-Sulpice[1] avait établi la communauté de l'Enfant-Jésus, par delà la barrière de Sèvres, qu'il avait rempli de filles de condition pour les faire bien élever. C'est un diminutif de l'abbaye de Saint-Cyr. Il y avait fait venir quelques bénéfices, mais cet établissement n'était point encore revêtu des formalités nécessaires. Le roi vient de le confirmer par des lettres patentes, lesquelles ont aussi été envoyées au grand conseil. Ceci chagrine fort Messieurs du parlement, parce que ces sortes d'établissements ont toujours été faits par des lettres patentes enregistrées au parlement. Ils sentent bien qu'on cherche à les abaisser et à les punir de ce qu'ils ont fait ci-devant.

Le grand conseil, par égard pour le parlement, n'a point fait imprimer et distribuer au public l'enregistrement de ces lettres patentes.

— Le vicomte de Chabot, qui a épousé cette année mademoiselle de Vervins, avec quatre-vingt mille livres de rente, est frère de M. le duc de Rohan-Chabot. Il était le troisième de la maison et était abbé avec neuf ou dix mille livres de rente de bénéfices. Le second est mort. M. le duc de Rohan, pour soutenir cette maison, a engagé celui-ci à quitter l'état ecclésiastique et s'est engagé à lui faire dix mille livres de pension jusqu'à ce qu'il eût des successeurs et une augmentation de biens de son chef. En sorte qu'avec les bienfaits du roi, il jouissait d'environ vingt-huit mille livres de rente, ce qui le fait aujourd'hui, depuis son mariage, un assez gros seigneur. Il ne portera plus que le

---

[1] Languet de Gergy. Cette maison, convertie, dans la suite, en hospice d'orphelins, est occupée aujourd'hui par l'hôpital des Enfants malades.

nom de Chabot seul, sans y ajouter celui de Rohan, parce que madame la comtesse de Jarnac lui a fait une substitution considérable pour en jouir après l'extinction d'un usufruit, à condition de ne porter que le nom de Chabot, qui est le nom de la maison, ce qu'il a fait confirmer par lettres patentes.

Je ne sais si, au moyen de ce changement, il jouit toujours, quoique cadet, des honneurs du Louvre et du manteau de duc à ses armes, comme avaient les cadets de la maison de Rohan-Chabot.

— L'abbé de Prades, que le parlement a décrété de prise de corps, a pris son parti. Il s'est retiré à Berlin, chez le roi de Prusse, auprès de Voltaire et de M. de Maupertuis. Il est quelquefois dangereux d'éloigner les gens d'esprit[1].

— L'acharnement des ennemis de l'*Encyclopédie* augmente tous les jours. Le père jésuite qui fait le *Journal de Trévoux*[2] a un peu drapé et critiqué les éditeurs au sujet du discours préliminaire et de certains endroits du premier tome. D'Alembert[3], le géomètre,

---

[1] Ce passage, écrit en marge dans le manuscrit, a dû y être ajouté par Barbier bien postérieurement, car on sait que l'abbé de Prades, avant de se rendre en Prusse, se retira en Hollande. Il y composa une justification de sa thèse, qui parut sous le titre de : *Apologie de M. l'abbé de Prades*, Amsterdam et Berlin, 1752, 3 parties in-8°, dont la dernière est de Diderot, et renferme une réponse à l'*Instruction pastorale* que l'évêque d'Auxerre (de Thubières de Caylus) venait de publier contre la thèse.

[2] *Mémoires pour l'histoire des sciences et des beaux-arts*, connus sous le nom de *Journal de Trévoux*, parce qu'ils s'imprimaient dans cette ville. C'était alors le père Berthier (Guillaume-François), né à Issoudun, en 1704, qui le dirigeait.

[3] Jean Le Rond d'Alembert, né à Paris, le 16 novembre 1717, fils naturel de Mme de Tencin et de Destouches, commissaire provincial d'artillerie. Le discours préliminaire de l'*Encyclopédie* est son œuvre.

qui est l'un des deux éditeurs, a écrit une lettre au père journaliste, vive et insolente. C'est un jeune homme dont l'imprudence ruine les libraires entrepreneurs de cet ouvrage, parce que ceci devient irréconciliable avec les jésuites qui sont soutenus de M. de Mirepoix, de M. le chancelier, de tout le clergé et même de M. le comte d'Argenson.

L'arrêt du conseil du 7 février ne fait que supprimer les deux tomes imprimés de ce dictionnaire, et ne défend point d'en continuer l'impression pour les autres tomes. Cela pouvait s'accommoder en mettant des cartons au tome II, dont la plus grande partie n'a pas été délivrée aux souscripteurs, et en examinant avec plus d'attention les autres volumes, pour en retrancher ce qui peut déplaire; mais cela n'a pas satisfait les ennemis parmi lesquels il y a, sous main, beaucoup de libraires jaloux de la réputation de cet ouvrage. On dit que le 21 de ce mois, M. de Malesherbes est venu chez Le Breton, imprimeur, un des associés, porteur d'une lettre de cachet pour saisir tous les manuscrits originaux de l'*Encyclopédie* et les planches des gravures, ce qui marque le dessein d'arrêter toute l'impression. Le Breton n'avait pas ces manuscrits, même pour le troisième tome; mais M. Diderot et un des libraires ont porté et remis tous les manuscrits à M. de Lamoignon de Malesherbes : Diderot a eu peur d'être une seconde fois à la Bastille. On ne sait plus ce que cela deviendra[1].

Si cela se poursuit ainsi avec rigueur, les quatre

---

[1] On sait que le gouvernement fit lui-même des démarches auprès de Diderot et de d'Alembert, l'année suivante, pour les engager à reprendre leurs travaux (voir la *Correspondance littéraire*, etc., de Grimm).

libraires associés qui sont Briasson, David l'aîné, Durand et Le Breton, perdront infiniment, d'autant que les souscripteurs, et surtout les libraires de province et des pays étrangers, vont tomber sur eux pour demander la restitution d'une partie de la souscription et même du tout. Depuis six ans qu'on travaille à ce grand ouvrage, il a fallu payer les éditeurs et une partie de ceux qui ont travaillé à différents objets; le papier, les planches gravées et quantité de faux frais. Quoiqu'ils aient reçu plus de huit mille louis à la livraison du premier volume, sur le pied de quatre-vingt-seize livres et de deux mille souscripteurs, cela ne remplit pas les frais d'une pareille entreprise qui était sur le point d'aller tout de suite. Le profit aurait été grand sur les neuf volumes à plus d'un louis. Cela est dommage pour eux et pour les gens de lettres qui auraient trouvé de grandes recherches d'érudition de tout genre dans ce dictionnaire.

— Mardi, 22, était le jour, à Versailles, pour la cérémonie des *révérences*; c'est ainsi que cela se nomme. Le roi se tient dans son appartement : les princes du sang, les ambassadeurs, tous les seigneurs et gens de cour, ou qui veulent le paraître, se présentent les uns après les autres en grands manteaux de deuil, rabat et les cheveux en long, épars. Cette cérémonie est pour faire compliment au roi sur la perte qu'il a faite. Le roi parle seulement à quelques princes ou grands seigneurs et ne voit guère les autres, dont il ne connaît même pas la plus grande partie : mais les gens de condition et officiers se donnent un air de cour dans la grande galerie dans cet équipage, et sont vus des ministres qu'ils peuvent connaître. Car il y a là nombre d'officiers, chevaliers de Saint-Louis, qui, dans le vrai, n'y ont que faire[1].

— L'évocation et l'attribution de toutes les affaires de l'Hôpital-Général au grand conseil font du bruit. Il y a, au parlement, plus de cent quatre-vingts instances qu'il faut remettre au greffe du grand conseil. Il en résultera bien de l'embarras pour les parties intéressées dans ces instances, qui ne seront pas de sitôt jugées.

Le maréchal duc de Richelieu fait un bruit étonnant, à ce sujet, à la cour. Il sollicitait, à la grand'chambre, le jugement de son grand procès, au rapport de M. Severt, conseiller, contre la plus grande partie des propriétaires des maisons autour du Palais-Royal. Il y a plus de cent parties intéressées, à cause des recours en garantie par les mutations arrivées depuis cent ans. M. le procureur général avait déjà donné ses conclusions. Or l'Hôpital-Général est partie et a intérêt dans cette affaire, ce qui la soumet à l'évocation. On n'a pas songé à l'en excepter, ou bien on ne l'a point excepté sciemment, pour tranquilliser tous ces propriétaires qui ont tous leur crédit. S'il faut remettre cette affaire immense entre les mains d'un rapporteur conseiller du grand conseil, il lui faudra trois ans, au moins, pour se mettre au fait.

— Le roi est toujours fort touché de la perte qu'il a faite : il n'a été coucher qu'une nuit à Choisy. Du mardi, 22, il va à la chasse et on tâche de le dissiper. On dit que les gens d'église, M. de Mirepoix, le père Perussault, jésuite, son confesseur, et les évêques qui

---

[1] Cet usage s'était perpétué, en partie, jusqu'à ces dernières années dans les réceptions officielles qui avaient lieu aux Tuileries.

sont à la cour, voudraient profiter de cet événement pour le faire tourner à la dévotion. S'ils se rendaient une fois maîtres de son esprit, ce serait bien le plus grand malheur pour l'État, car le despotisme des gens d'église n'a point de bornes.

Mars. — On n'est pas trop content, dans le public, d'un changement et d'une dépense que l'on fait au château de Versailles. Le roi fait abattre le grand escalier de marbre, qui était l'escalier des ambassadeurs, pour en faire, dit-on, des pièces joignant tant à l'appartement de madame Adélaïde qu'à celui de madame la marquise de Pompadour. Cet escalier était un morceau curieux tant pour le marbre que pour les peintures de M. Lebrun. Cela a coûté des sommes considérables et sera détruit sans nécessité : on pillera les marbres et il en coûtera encore bien de l'argent.

— Depuis quelques jours, il y a, dans Paris, une troupe de voleurs qu'on nomme les *assommeurs*. Ils rôdent deux ou trois ensemble, en redingote, sous laquelle ils cachent un gros bâton d'environ quatre pieds, fendu par le bout, et dans la fente duquel il y a une pierre tranchante qui y est bien attachée. Ils en donnent un grand coup par derrière, sur la tête, qui étourdit et fait tomber, et ils volent, ce qui se fait même entre neuf et dix heures du soir. On en conte bien plus d'histoires qu'il n'en arrive ; mais, de fait, il en est arrivé plusieurs, entre autres un homme en épée qui rentrait chez lui à neuf heures et demie dans la rue Mâcon, au coin de la rue de la Vieille-Bouclerie, qui est cependant un grand passage. Le voleur, après le vol, s'est enfui et a laissé son bâton qui est au greffe du Châtelet. On avait été tranquille tout l'hiver. Ce bruit a répandu l'effroi dans Paris ; on n'ose plus sortir le soir. On a doublé le guet, et on a même répandu des *mouches* déguisées en habits bruns. On arrête, sur les neuf heures, les gens qui sont en redingote ; on leur demande qui ils sont et où ils vont. On a ordonné aux fruitières, cabaretiers et autres, de laisser leurs boutiques ouvertes jusqu'à dix heures, pour la sûreté. Cela a donné lieu aussi de publier, dans les rues, une ancienne déclaration pour le port d'armes. On fait des visites dans les billards et les endroits suspects ; la police est bien observée, cependant on n'a encore pu prendre aucun de ces voleurs ; mais cette police les écarte.

— Le 16 de ce mois, M. le duc d'Orléans était à la Comédie-Française, et vendredi, 17, madame la duchesse d'Orléans était à la Comédie-Italienne, et même annoncée par l'affiche. Cela a paru précipité, M. le duc d'Orléans père étant mort le 4 février ; mais cependant il y a les quarante jours passés.

— Depuis le décret de Sorbonne contre la thèse de l'abbé de Prades, et l'arrêt du parlement qui a décrété cet abbé de prise de corps, il a été question du président, du censeur et du syndic de Sorbonne, qui avaient approuvé et laissé soutenir la thèse. Le sieur Dugard, syndic, sans attendre de jugement, s'est démis de ses fonctions ces jours passés. Après bien des délibérations, on a condamné, en Sorbonne, le président de la thèse et un autre docteur à être exclus pendant deux ans de toute fonction dans la Sorbonne, ou à se présenter devant l'assemblée, afin d'y recevoir une réprimande, une admonition d'être plus circonspect à l'avenir. On dit qu'ils ont opté pour le dernier parti : 1° pour ne pas perdre environ cent écus par an ; 2° pour être toujours présents. Les uns blâment, les autres approuvent ce parti.

Ceci a donné lieu à une petite pièce de vers de la part du sieur Piron, sur ce que c'est le public qui a commencé à déclamer contre la thèse, à la vérité sans l'entendre, comme à l'ordinaire, et même sur de simples relations, et que c'est ce qui a fait agir la Sorbonne.

> Vive le peuple ! il est juge et prophète ;
> Il ranime et vieux os, et carcasse [1] et squelette.
> La défunte Sorbonne enfin pense aujourd'hui,
> Raisonne, entend, décide et parle comme lui.
> Puisse de Balaam cette nouvelle ânesse,
> De l'antique, bientôt, nous montrer la sagesse ;
> De son fougueux prophète éprouver le bâton,
> Ne plus braire, se taire, ou bien parler raison.

— Le livre de l'*Encyclopédie* est toujours arrêté et on ne sait pas encore comment se fera la continuation ; mais je sais cependant qu'on recherche encore à présent des souscriptions, tant on est curieux de ce qui paraît défendu.

— Le 21 de ce mois, M. le comte de Maillebois, lieutenant général, fils du maréchal et qui a épousé la fille du marquis de Paulmy d'Argenson, ci-devant secrétaire d'État des affaires étrangères, a été exilé à la terre de Maillebois[2], par une lettre de cachet qui lui fut rendue dans une maison où il soupait ; il prit même

---

[1] Cette qualification dérisoire avait été donnée à la Sorbonne par l'abbé Pucelle.

[2] Près du bourg de ce nom, sur la rivière de Blaise, département de l'Eure, à 96 kilomètres de Paris, et 20 sud-ouest de Dreux.

congé de la compagnie, ayant dit les ordres qu'il avait reçus.

Le comte de Maillebois était de la cour intime du roi, ami de madame la Marquise, et neveu de M. le comte d'Argenson, ministre. On a cherché la cause de cet exil dans un dérangement de conduite et dissipation de bien ; car, du reste, homme d'esprit et très-bon officier. Mais on dit que c'est autre chose ; que les États d'Artois ayant présenté un mémoire de soixante mille livres pour des fournitures de fourrage pendant la dernière guerre, dont ils ne pouvaient pas être payés et avoir raison, ont cherché des puissances à la cour pour faire agréer ce mémoire moyennant finance, et que M. le comte de Maillebois s'en est chargé. Il a, dit-on, reçu quarante mille livres argent comptant et un billet de soixante mille livres [1], et apparemment qu'il s'était fait fort de la protection de madame la Marquise. Le mémoire ayant été agréé et soldé, les Messieurs des États d'Artois ont eu l'indiscrétion d'avancer qu'ils avaient réussi par la protection de madame la Marquise ; celle-ci ayant été informée de ce discours a approfondi la chose, s'en est plainte et il n'en a pas fallu davantage pour faire exiler le comte de Maillebois qui avait seul profité de l'affaire. En tous cas, voilà ce qui se débite.

— Nouvelle affaire au parlement. Le sieur Le Mère [2],

---

[1] Il est vraisemblable que la créance était au moins de *six cent mille* livres, autrement il serait peu explicable que ceux qui en poursuivaient le remboursement, fissent un sacrifice de cent mille francs pour n'en toucher que soixante mille.

[2] Ignace Le Mère, prêtre, ex-oratorien, né à Marseille en 1677. Bien que ce nom soit le plus ordinairement écrit *Le Maire*, nous avons adopté

qui était attaché à feu M. le duc d'Orléans, et demeurait dans le carré de Sainte-Geneviève, est tombé malade ces jours passés. Cet ecclésiastique, qui est fort âgé, a demandé les sacrements. Le frère Bouëttin, curé de Saint-Étienne du Mont, qui a déjà eu cette grande affaire [1], informé du fait, a été voir le malade et lui a demandé, selon la coutume, un billet de confession. Le sieur Le Mère n'a voulu lui donner ni billet de confession ni lui dire le nom de son confesseur; mais il a ajouté que s'il voulait avoir la bonté de l'entendre, il se confesserait à lui-même. C'était bien le mettre au pied du mur. Le frère Bouëttin lui répondit qu'il s'agissait, avant cela, de savoir s'il reconnaissait la constitution *Unigenitus*. Le malade objecta que cela ne lui paraissait pas nécessaire. D'autres disent qu'il répondit qu'il était à Rome lors de la création de cette bulle, et que, dans ce pays-là, on n'en faisait pas grand cas; qu'il lui avait paru depuis qu'on en avait pensé de même dans ce pays-ci, et qu'ainsi sa demande était assez insignifiante. Sur cela ou autre réponse approchante, refus des sacrements de la part du frère Bouëttin : sommations de la part du sieur Le Mère les 21 et 22 mars; continuation de refus; plainte du sieur Le Mère au procureur général; dénonciation au parlement.

Cette affaire n'a point traîné. Le parlement s'est assemblé jeudi matin, 23, et a envoyé chercher le

---

l'orthographe donnée par les *Nouvelles ecclésiastiques* qui paraissent plus exactement renseignées. Ces *Nouvelles* contiennent même une Notice biographique assez étendue sur le personnage dont il s'agit, dans le numéro du 17 avril 1753, p. 61.

[1] L'affaire Coffin.

frère Bouëttin, qui a répondu qu'il ne lui était pas possible d'obéir, à cause du service solennel qui se faisait à Sainte-Geneviève, pour M. le duc d'Orléans.

Le parlement étant resté assemblé jusqu'à trois heures, a rendu un arrêt qui décrète d'ajournement personnel le père Bouëttin, pour, par lui, subir interrogatoire à cinq heures de relevée, devant le conseiller rapporteur [1], etc. L'arrêt porte aussi que les chambres seront assemblées à six heures du soir pour cette affaire, et que l'archevêque de Paris sera invité, par un secrétaire de la cour, d'y venir prendre sa place [2].

L'invitation a été faite ; l'archevêque a répondu qu'il ne pouvait avoir cet honneur, et qu'il avait des affaires indispensables. D'autres disent qu'il a ajouté qu'il savait de quoi il s'agissait, et que le tout avait été fait par son ordre : cela est vrai.

Le frère Bouëttin qui était occupé encore l'après-midi, à donner le voile dans un couvent, n'est venu que sur les six heures, a été interrogé et est convenu qu'il avait des ordres d'agir ainsi. Il a été plus modéré que dans la dernière affaire. Son interrogatoire a duré jusqu'à près de neuf heures; il a fallu les conclusions de Messieurs les gens du roi, de manière que l'arrêt sur le procès-verbal, est daté du jeudi, 23, à onze heures et demie de relevée, c'est-à-dire après midi. Ce sera sûrement le seul de cette date sur le registre. Le parlement est resté ainsi jusqu'à minuit, ce qui n'était peut-être jamais arrivé, pour terminer et

---

[1] L'abbé de Salaberry, conseiller de grand'chambre.
[2] Comme duc et pair.

juger, crainte encore de quelque évocation; d'autant que le lendemain, vendredi, la cour n'entrait pas, à cause du service de madame Henriette à Saint-Denis, et samedi, fête de la Vierge.

Voici le texte de l'arrêt :

« La cour, sur les faits résultant du procès, fait défense au frère Bouëttin de récidiver; lui enjoint d'être plus circonspect à l'avenir dans les fonctions de son ministère, et d'éviter de donner de pareils exemples aux autres curés, ses confrères, à peine de saisie de son temporel, même de punition exemplaire. Le condamne à trois livres d'aumône pour le pain des prisonniers. Invite l'archevêque de Paris à tenir la main à ce qu'il ne soit plus commis de pareils abus dans son diocèse et à faire administrer les sacrements au sieur Le Mère, dans les vingt-quatre heures. Enjoint au procureur général du roi de certifier à la cour l'exécution du présent arrêt, lundi prochain, les chambres assemblées. »

Il faut convenir que si le parlement ne tenait pas la main avec fermeté à la police à cet égard, on introduirait ici insensiblement une espèce d'inquisition, sous prétexte de jansénisme, ce qui serait fort à craindre.

— Mardi, 21, M. le marquis de Brézé, grand maître des cérémonies, vint au parlement, c'est-à-dire à la grand'chambre, précédé du roi d'armes et de quatre hérauts, et suivi d'une vingtaine de jurés crieurs, avec des sonnettes à leur main, présenter une lettre de cachet du roi pour inviter le parlement et lui ordonner, en même temps, d'assister au service de madame Henriette, à Saint-Denis, le vendredi, 24, à dix heures du matin. Messieurs de grand'chambre sont dans les bas siéges : le grand maître des cérémonies est en grand manteau de deuil, qui a une queue de deux aunes, et en bonnet carré. Il prend place entre les deux derniers conseillers ; il annonce la lettre de cachet et la donne au conseiller qui est à sa droite, lequel l'ouvre et en fait la lecture. Le premier président répond que la cour exécutera ponctuellement les ordres du roi. Le roi des hérauts d'armes dit tout haut : « Priez Dieu, âmes chrétiennes, pour le repos de l'âme de très-haute, très-puissante et très-excellente princesse, etc., » et dit ensuite : « Crieurs, faites vos charges. » Alors tous les crieurs font sonner leurs sonnettes. Cette cérémonie se recommence deux fois. Après quoi le grand maître salue et va en faire autant à la chambre des comptes et à la cour des aides.

— Le temps du dépôt de la princesse dans l'église de Saint-Denis a produit beaucoup d'argent à la ville. Il y a eu un grand concours de monde, surtout depuis mardi, 21, que tout le monde, et les femmes même, entraient dans l'intérieur de l'abbaye, dont les bâtiments sont superbes, dans une noble simplicité pour les escaliers, les dortoirs, le cloître qui n'est pas encore achevé, non plus que les cours ni l'entrée : on y travaille toujours. La façade, sur le jardin, a trente-trois croisées de face, et quand le tout sera fait, cette maison ne le cédera pas aux plus beaux palais des souverains. Cela est à sa place, étant la sépulture des rois de France.

Le catafalque, dans le chœur, était magnifique, et tous les ornements du chœur très-galants, parce que ce drap blanc mêlé de velours et de satin blanc, couvert de fleurs de lis d'or brodées de gazes d'argent et d'or, forme différentes nuances qui n'ont pas le lugubre du noir.

Vendredi, 24, s'est fait le service [1].

— Le dimanche des Rameaux, le premier président avec les présidents Molé et Le Peletier de Rosanbo, ont été mandés à Versailles. Le premier président a fait un beau discours au roi, très-touchant; mais le roi les a assez mal reçus, leur a dit qu'il était très-mécontent de la conduite de son parlement, et qu'il avait cassé leur arrêt. On leur a fait lecture, en effet, d'un arrêt du conseil, du 25, qui casse les deux arrêts du parlement, et par lequel le roi évoque, à sa personne, la connaissance de cette affaire.

Lundi, 27, le premier président a rendu compte de ce qui avait été fait la veille, à Versailles. Le parlement est resté assemblé jusqu'à six heures et demie, après midi. Il a été fort embarrassé. D'un côté, point d'exécution de l'arrêt du 23, point de sacrements au malade; de l'autre, un arrêt d'évocation du conseil, mais que le parlement ne connaît point sans lettres patentes, et que d'ailleurs il ne voyait pas: ce n'était que sur le récit du premier président et des deux autres. Enfin, on a fait entrer les gens du roi et on leur a dit de prendre des conclusions sur l'état présent de cette affaire.

Les gens du roi ont demandé à se retirer dans leur parquet, et, après une grande heure de délibération,

---

[1] Voir, pour les détails de cette cérémonie, le *Mercure de France* du mois de mai 1752, p. 201 et suiv.

ils sont rentrés en disant qu'ils n'avaient pu se déterminer à prendre aucune conclusion dans une affaire aussi délicate ; mais que si la cour le jugeait à propos, ils iraient encore vers le roi pour lui représenter l'état du malade et la nécessité de l'administrer. La cour ayant rendu arrêt en conséquence, les gens du roi sont donc partis lundi, à six heures du soir, pour Versailles, et ont eu audience. Le roi les a reçus gracieusement ; leur a dit qu'il était content de la délibération de son parlement, qu'il donnerait des ordres prompts, attendu l'état pressant du malade. Mardi, 28, les gens du roi ont rendu compte, à onze heures, de cette réponse. Le parlement est resté assemblé jusqu'à près de deux heures, sans rien décider. On a dit qu'il ne fallait rien précipiter, et, sur cet avis, on a remis l'assemblée des chambres au même jour, à six heures. Les audiences avaient tenu le matin, et le parlement avait été, à l'ordinaire, tenir la séance au Châtelet pour les prisonniers [1].

— Le même jour, le matin, le sieur Le Mère ayant encore fait signifier une nouvelle sommation au frère Bouëttin, pour lui administrer les sacrements, le vicaire de la paroisse s'était transporté chez le malade. Même interpellation sur la soumission à l'église, par rapport à la bulle, et même réponse de la part du sieur Le Mère. De la part de la cour, aucun ordre.

Pendant tous ces mouvements, la gangrène du malade allait toujours son train ; il n'y avait pas de surséance à cet égard, de manière que le sieur Le Mère est mort le mardi, 28, à une heure et demie après

---

[1] Parce que c'était le mardi de la semaine sainte.

midi, dans le temps que le parlement se séparait pour aller chacun chercher à dîner.

A six heures du soir, Messieurs du parlement se sont rendus au palais; l'assemblée a commencé à sept heures, et on a fait entrer les gens du roi. M. d'Ormesson, premier avocat général, a rendu compte de la mort du sieur Le Mère, sans sacrements, et par conséquent dans l'inexécution de l'arrêt du 23, de la part de l'archevêque de Paris. Il a fait, dit-on, un très-beau discours et très-touchant, sur les malheurs qui pouvaient arriver d'un schisme. Les gens du roi retirés, il a été question de suivre l'exécution de l'arrêt du 23. On a fait rentrer les gens du roi pour leur ordonner de prendre des conclusions dans l'instant; ils se sont retirés de nouveau; mais M. d'Ormesson a fait encore un très-beau discours et ils n'ont pris aucunes conclusions.

Pendant ce temps-là et dans les intervalles, les conseillers allaient et venaient dans les différentes chambres. Quelqu'un d'eux a rapporté qu'on disait qu'il y avait eu une espèce d'émeute à la maison presbytérale de Saint-Étienne. Le parlement a envoyé chercher le commissaire du quartier Sainte-Geneviève; il est venu et il s'est trouvé que la nouvelle était fausse.

On s'est mis ensuite à délibérer sur le parti que l'on prendrait : il y a eu différents avis, et enfin la cour a décrété de prise de corps le frère Bouëttin. Il a fallu rédiger l'arrêt, en faire le vu, l'expédier, ce qui a conduit jusqu'à minuit; l'on a chargé le sieur Griveau, huissier du parlement, de cet arrêt, avec ordre de prendre main-forte, pour se transporter à la maison presbytérale de Saint-Étienne, prendre et arrêter ledit frère Bouëttin. Mais, depuis tout ce tapage, ledit frère Bouëttin avait bien pensé qu'il ne serait pas trop en sûreté chez lui. On dit qu'il s'était retiré, dès le matin, à Conflans, dans la maison de M. l'archevêque, là ou ailleurs : bref, il n'était point chez lui à minuit. L'huissier Griveau a fait la procédure ordinaire, signifié l'arrêt, fait une saisie et annotation des meubles, mis le scellé, et dressé du tout procès-verbal.

On a dit à l'huissier, dans la maison du curé, que celui-ci pourrait bien être chez le sieur Quillau, libraire, rue Galande, dont il était ami. Le sieur Griveau s'y est transporté, a fait perquisition et n'a trouvé personne ; autre longueur de procédure. Enfin, l'huissier est revenu au palais, a présenté son procès-verbal qu'il a fallu lire, et la cour a rendu arrêt par lequel elle a remis l'assemblée des chambres au lundi de la Quasimodo, 10 avril. De cette façon, Messieurs du parlement sont sortis de la grand'chambre à près de quatre heures après minuit, bien disposés, si on avait trouvé le frère Bouëttin, à lui faire son procès et à le juger tout de suite, sans sortir de place. On voit, dans tout ceci, que le parlement a été fort piqué de la manière dont on le ballottait à la cour, et de ce qu'on laissait mourir les gens sans sacrements. D'un autre côté, le roi doit être très-piqué de ce qu'au mépris de son arrêt du conseil du 25, le parlement ait passé outre.

Quoi qu'il en soit, voilà le frère Bouëttin bien et dûment décrété de prise de corps ; l'arrêt même exécuté. En cet état, il est interdit et suspendu de toutes fonctions; il ne peut ni confesser, ni prêcher, ni dire la messe, ni officier dans sa paroisse pendant la quinzaine de Pâques[1].

— L'objet de toute cette querelle sont les billets de confession qu'on exige des malades à la mort, avant d'administrer les sacrements. Or, l'on dit que l'usage de ces billets a été introduit il y a plus de cent ans, dans le diocèse de Paris, par rapport aux protestants, pour empêcher la profanation des sacrements. A mesure que le nombre des protestants a diminué et que le gouvernement n'en a plus eu à craindre, cet usage s'est perdu insensiblement.

Sous la régence de M. le duc d'Orléans, et du temps de M. le cardinal de Noailles, qui était janséniste dans le commencement, le jansénisme a triomphé quelque temps : le cardinal a ôté les pouvoirs à tous les jésuites, à l'exception apparemment du confesseur du roi. Ils ont cessé de prêcher et de confesser, ce qui avait donné lieu à une chanson qui a fort couru :

> Les dindons d'Ignace,
> Ne prêcheront plus;
> La grâce efficace
> A pris le dessus :
> Ils sont chus dans la rivière, laire la,
> Ah! qu'ils sont bien là.....

Dans ce temps-là, il y avait des molinistes et des gens, à la cour et à la ville, du parti des jésuites, qui ne

---

[1] Malgré la longueur de cet exposé de la nouvelle affaire du curé Bouëttin, ce n'est encore qu'un abrégé, une sorte de résumé des détails plus que minutieux dans lesquels est entré Barbier dans son *Journal* manuscrit. On peut, au reste, consulter pour cette affaire les numéros des *Nouvelles ecclésiastiques* des 7, 14, 21 et 28 mai 1752.

laissaient pas que de se confesser toujours à eux. Les jansénistes savaient cela, et, pour obvier à cette fraude, ils firent renouveler, par M. le cardinal de Noailles, l'usage des billets de confession. Depuis, le cardinal de Noailles a changé de système; il a rendu les pouvoirs aux jésuites et il n'a plus été question de billets de confession. Aujourd'hui que les jésuites et les molinistes ont le dessus, ils se servent des mêmes armes contre les jansénistes pour faire fleurir la constitution *Unigenitus*. Les jansénistes doivent donc s'en prendre à eux-mêmes de cet usage des billets de confession. Or, cela ne troublait pas moins le public dans le temps du cardinal de Noailles; cependant on ne dit pas que le parlement ait fait alors aucune démarche pour faire cesser cet usage.

— On dit que le roi avait fait donner ordre au père Clément, capucin, fameux prédicateur, d'aller confesser le sieur Le Mère; mais que s'y étant transporté, il l'avait trouvé mort, et que le roi en avait été fâché.

— Le sieur Le Mère a été enterré le 29 mars. On dit qu'il y avait dix mille personnes à son enterrement. Il y avait même des femmes de magistrats dans l'église de Saint-Étienne.

Avril. — Il y a eu, pendant les vacances de Pâques, des assemblées particulières entre les présidents à mortier, les gens du roi et quelques conseillers, d'autant que ce sont les chambres des enquêtes qui sont les plus échauffées. Le dimanche de la Quasimodo, 9 avril, les gens du roi ont été le matin à Versailles, et le roi a mandé, pour cinq heures du soir, le premier président et les présidents Molé et de Rosanbo qui sont toujours de ces voyages. On disait déjà qu'il y avait eu un arrêt du conseil du vendredi, 7, qui cassait l'arrêt du parlement du 28 mars, et cela s'est trouvé vrai. Les présidents ont eu audience et le roi leur a dit [1] qu'il avait cassé l'arrêt qui décrétait de prise de corps le curé de Saint-Étienne, comme attentatoire à son autorité; qu'il défendait de suivre la procédure, etc. Le premier président a fait sa réponse [2] au roi, est revenu à Paris, à dix heures et demie du soir, et a donné ordre aux buvetiers de faire avertir tous les conseillers de se trouver le lendemain au palais, à six heures et demie du matin.

Lundi, 10, le parlement s'est donc assemblé et le premier président a rendu compte des volontés du roi. Il y a eu de grands débats; on a arrêté qu'il serait fait au roi de très-humbles remontrances, et on a nommé des commissaires pour y travailler. Le parlement est resté assemblé jusqu'à plus de trois heures après midi.

— Tous les matins, les présidents et conseillers vont au palais pendant une heure environ. Ils vont dans leurs chambres et quelques-uns dans la grand'chambre; mais tout est arrêté. Il n'y a point d'arrêts de défense, on ne répond point de requêtes, on ne signifie pas. Les avocats ne plaident à aucun tribunal, les cabinets sont fermés; point de consultations, d'arbitrages ni d'assemblées pour les commissions extraordinaires du conseil. Cela est devenu uniforme, en sorte que toutes les fonctions de justice sont suspendues.

— Vendredi, 14, les chambres se sont assemblées

---

[1] Voir, pour les paroles mêmes du roi, les *Nouvelles ecclésiastiques* du 7 mai 1752, p 75.

[2] *Ibid.*, p. 76.

et on a lu les remontrances. Le même jour, la cour a envoyé les gens du roi demander un jour pour les porter à Sa Majesté, et le samedi, 15, le premier président, avec les présidents Molé et de Novion, sont partis à neuf heures du matin pour Versailles, d'où ils ne sont revenus que le soir. Ces présidents représentent en ce cas la compagnie. C'est la petite députation, et ce qui leur aura été dit par le roi sera censé dit et ordonné à tout le corps.

— Les remontrances du parlement sont un peu longues, mais très-belles et très-fortes. On dit qu'elles ont été faites par M. le premier président et M. Thomé, conseiller de grand'chambre, qui est versé dans ces matières. On dit qu'on les aura imprimées [1].

— Lundi, 17, le premier président et deux présidents sont partis sur les dix heures pour aller chercher la réponse : le roi a donné celle-ci par écrit [2]. Comme les présidents sont revenus de Versailles, le lundi, après midi, cette réponse s'est répandue par des copies dans le public, et chacun a raisonné en consé-

---

[1] Il y en a eu tout au plus une douzaine d'imprimées, mais en cachette. Elles ont été mises tout au long dans la *Gazette de Hollande*, et ensuite imprimées à Paris, par le canal du parti janséniste (*Note postérieure de Barbier*). Peut-être Barbier veut-il parler des *Nouvelles ecclésiastiques* où ces remontrances occupent le numéro du 21 mai 1752, p. 81 et suiv. Au reste, la *Bibliothèque historique* mentionne, sous le n° 33 345, *Remontrances du Parlement* du 15 avril 1752, *avec la réponse du roi*, et *l'arrêt de règlement* du 18 avril, in-4° de 8 pages et in-12 de 24 pages.

[2] *Nouvelles ecclésiastiques*, numéro du 21 mai 1752, p. 84. Le roi y dit, en substance, qu'il ne veut point ôter au parlement toute connaissance de ces faits, mais qu'il a évoqué, parce que la procédure ordinaire n'est pas toujours propre à maintenir l'ordre, etc. Enfin, il termine en ordonnant de nouveau au parlement de cesser les poursuites et procédures qu'il a commencées sur cette affaire.

quence sur l'effet qu'elle devait produire dans la conduite du parlement.

— Mardi, 18, à huit heures du matin, le parlement s'est assemblé. Le premier président a rendu compte de la réponse du roi, on a délibéré et il y a eu un arrêté portant « qu'il sera fait registre de la réponse du roi, sans que néanmoins la cour suspende à l'avenir l'autorité qui lui est confiée, ni cesse de réprimer et de prévenir le scandale causé par le refus public des sacrements, à l'occasion de la bulle *Unigenitus*, etc. Arrête que les gens du roi seront mandés à l'effet de prendre sur-le-champ des conclusions sur le règlement que la cour entend faire à ce sujet, comme aussi le premier président sera chargé de représenter au roi les inconvénients qu'il y aurait à soustraire des accusés aux poursuites régulières de la justice [1]. »

Cet arrêt a été répandu sur-le-champ dans la grande salle du palais par des conseillers qui vont et viennent, et tout le monde en prenait des copies.

Le parlement est resté assemblé : les gens du roi ont pris des conclusions sur lesquelles la cour a rendu un arrêt de règlement [2] par lequel il est fait défense à tous ecclésiastiques de faire aucuns actes tendant au schisme, notamment de faire aucun refus public des sacrements sous prétexte de défaut de représentation d'un billet de confession, ou de déclaration du nom du confesseur, ou d'acceptation de la bulle *Unigenitus*, etc.

Le parlement est sorti du palais à près de quatre

---

[1] Cet arrêté est imprimé en entier dans les *Nouvelles ecclésiastiques*, année 1752, p. 84.

[2] On trouve cet arrêt de règlement dans les *Nouvelles ecclésiastiques* de l'année 1752, p. 86.

heures. Ce règlement a été bientôt répandu dans Paris où il a causé une grande joie. On a travaillé toute la nuit à l'impression, et le mercredi, 19, dès cinq heures du matin, il a été affiché à tous les coins de rue, et crié toute la journée dans Paris. On criait seulement : « Arrêt du parlement, » sans parler ni de constitution ni d'ecclésiastiques ; cela avait été défendu aux colporteurs. Il y avait des femmes qui disaient à haute voix : « Arrêt du parlement, » et tout bas, en riant : « cela ne se dit pas, » ou « pas davantage. » Un homme m'a dit avoir vu, dans trois ou quatre maisons, l'arrêt du parlement encadré dans un verre avec une bordure dorée, ce qui marque bien l'esprit de parti.

— On avait parlé d'un arrêt du conseil qui devait paraître ; mais aujourd'hui, 22, il n'a pas paru, et l'on croit qu'il n'y en aura pas, parce que l'arrêt du parlement est tout au long dans la *Gazette de France*[1], à l'article Paris, ce qui ne se fait pas sans permission.

— On dit que l'archevêque de Paris, tous les évêques qui sont actuellement dans cette ville, et, en général, tous les prêtres et les moines sont furieux. On avait affiché dix ou douze arrêts dans la seule cour de l'archevêché, pour narguer l'archevêque. On a dit aussi que l'archevêque avait fait un mandement qui était entre les mains de l'imprimeur, mais que M. le comte d'Argenson était venu lui-même chez ce dernier faire défense d'imprimer, et qu'il avait été ensuite chez M. l'archevêque lui défendre aucun mandement à ce sujet, de la part du roi.

[1] Du 22 avril, p. 203.

ARRÊT DU PERROQUET DU QUAI DE LA FERRAILLE.

>Un perroquet, dernièrement,
>Partageant la haine publique
>Contre le moine fanatique
>Qui met Paris en mouvement,
>Chantant sur son bâton, criait en vrai lutin :
>Fouettez, fouettez, fouettez le frère Bouëttin.
>Messieurs du parlement qui, les nuits et les jours,
>Avisez aux moyens d'éteindre, pour toujours,
>Un schisme qui nous mène aux horreurs de la Ligue,
>Si vous voulez bientôt, sans peine et sans fatigue,
>A tous ces furieux rabattre le caquet,
>Faites exécuter l'arrêt du perroquet.

— On dit, dans Paris, que le roi ayant fait apparemment semblant d'ignorer ce que portait le règlement du parlement du 18 avril, M. le duc d'Ayen Noailles, qui est fort familier avec le roi, l'ayant dans sa poche, lui avait donné ; et que le roi l'ayant lu lui avait dit : « Voilà une bonne épine tirée hors du pied. » Quelle variation, si cela est vrai !

— Vers sur les quatre B.

>Un B.[1] de porte-mitre,
>Un B.[2] qui l'a portée,
>Tous deux, à leur chapitre
>Ont joint un autre B.[3],
>Et tous trois ont juré de nous faire enrager
>Pour un B.[4] de curé
>Qu'il fallait fustiger.

— Il est arrivé une sédition à Rouen, au sujet du coton filé que le roi avait défendu, par un arrêt du

---

[1] M. de Beaumont, archevêque de Paris. (*Note de Barbier.*)
[2] M. Boyer, ancien évêque de Mirepoix. (*Id.*)
[3] M. de Lamoignon de Blancmesnil, chancelier. (*Id.*)
[4] Le frère Bouëttin, curé de Saint-Étienne-du-Mont. (*Id.*)

conseil, de vendre en détail aux marchands, pour le porter seulement au marché. Il y a quantité de femmes et filles qui gagnent leur vie à cette marchandise, et qui sont obligées, pour vivre, de la vendre à mesure qu'elles en ont. Un marchand en ayant acheté contre les nouveaux ordres, on a été pour l'arrêter et le mettre en prison. Cela a fait une émeute. Les ouvrières ont entraîné des ouvriers, et le peuple étant ainsi assemblé, ils sont entrés de force dans des couvents ou autres maisons où il y avait des magasins de blé. Ils ont pillé ceux-ci, ainsi que plusieurs bâtiments, sur le port, chargés de blé pour la provision de Paris; d'autant plus que le pain est assez cher à Rouen, comme dans presque toutes les villes de province. Quoiqu'il vaille trois sous la livre à Paris, c'est l'endroit où il est à meilleur marché, par les soins que l'on prend pour l'approvisionnement de cette capitale. Cette émotion populaire a été violente; il y a eu quelques personnes tuées, et on a été obligé d'y envoyer des troupes.

Mai. — Mardi, 2, on a affiché, dès le matin, et crié dans Paris, un arrêt du conseil d'État[1] au sujet de la constitution et de ce qui a été fait au parlement le mois passé. Le but du roi est de mettre fin à toutes les disputes, comme il a déjà tenté de le faire par des déclarations en 1720 et en 1730, en sorte qu'il ménage et les jansénistes et les molinistes : il impose silence aux deux partis. Cet arrêt du conseil n'a pas été aussi bien reçu dans Paris que celui du parlement; cependant il ne casse point cet arrêt, et il n'y est parlé en aucune façon de ce que le parlement a fait.

[1] Cet arrêt est imprimé dans la *Gazette de France* du 6 mai, p. 223.

— Mais ceci n'est point fini. M. l'archevêque de Paris, mécontent de l'arrêt du conseil, fait jouer un autre ressort. M. de La Hogue, curé de Saint-Jean-en-Grève, a été solliciter les curés de Paris pour signer une requête en leurs noms, à M. l'archevêque, à l'effet de les autoriser à exiger des billets de confession pour porter le viatique aux malades, et à tenir registre desdits billets, comme on a déjà fait dans quelques paroisses depuis longtemps. Cette requête a été signée, dit-on, de trente et un curés. Plusieurs autres ont refusé de la signer.

Le parlement a été informé de cette démarche; il a fait assigner cinq ou six curés, qui n'avaient point signé, pour savoir la vérité du fait, et on a remis l'assemblée à jeudi, 4, dix heures du matin.

A quatre heures du matin, est arrivé un ordre de la cour à M. le premier président de se rendre à Marly, sur les onze heures, avec les présidents Molé et de Rosanbo, le procureur général, et M. Thomé, rapporteur. Le premier président ayant été, à l'ordinaire, au palais, pour l'audience, avant sept heures, on a su cet ordre. Le parlement a appréhendé qu'on ne l'arrêtât dans la poursuite de cette affaire, d'autant que l'ordre portait aussi de porter au roi toute la procédure qui était commencée : il s'est donc assemblé dès huit heures; on a lu l'information et on a décrété M. de La Hogue d'ajournement personnel. Puis enfin, dans la crainte de ce qui est arrivé à Versailles, il n'y a pas longtemps[1], on a fait promptement mettre en grosse l'information et le décret afin de ne porter au roi que l'expédition de

---

[1] Voir ci-dessus, p. 315.

la procédure, et de garder les minutes. Après quoi les présidents, le procureur général et M. Thomé sont partis pour Marly.

— Il se répand, dans Paris, un fait assez grave sur le compte de M. l'évêque de Mirepoix qui est la cause première de toute cette querelle. M. le duc de Nivernais, ambassadeur de France à Rome, est depuis peu de temps de retour à Paris pour quelques affaires. On dit que le roi lui a demandé de lui dire, au vrai, ce que l'on pensait à Rome de tout ce qui se passait en France à ce sujet; que M. le duc de Nivernais, pour lui obéir, lui a avoué qu'on se moquait de nous, et qu'il n'y était en aucune façon question de la constitution *Unigenitus;* il a ajouté que le pape lui avait dit, il y a quelques mois, avoir envoyé au roi de France un bref particulier, c'est-à-dire, avec lettre personnelle et particulière du pape au roi touchant toutes ces disputes; le roi a été étonné de cette nouvelle, n'ayant vu ni bref ni lettre du saint-père : il en a parlé à M. l'évêque de Mirepoix qui avait gardé ce bref par devers lui, sans en parler au roi, comme chose indifférente. Si cela est ainsi, M. de Mirepoix mériterait d'être puni et renvoyé de la cour.

— Messieurs du parlement ont remis au roi, à midi, la grosse de l'information. Il y avait apparemment conseil, et ils ont attendu qu'on y eût examiné la procédure. Après quoi le roi a répondu à ces Messieurs, qu'il a assez mal reçus :

« J'ai examiné l'information que vous m'avez apportée; mon intention n'est pas que cette affaire soit suivie. J'impose, sur ce, silence à mon procureur général, et je défends à mon parlement de continuer cette procédure que je veux qui soit regardée comme non avenue, etc. »

Vendredi, 5, le premier président a rendu compte de la réponse du roi. Il a été question de délibérer, et il y a eu trois avis. Le premier de continuer l'information, l'autre de quitter purement et simplement toutes fonctions, et le troisième de faire une grande députation au roi pour lui représenter encore ses torts[1] et le danger du schisme. Ce dernier avis, comme plus doux, a passé, et il a été fait arrêté[2]. Le parlement s'est séparé à deux heures, les chambres restant assemblées, et voilà toutes les affaires de palais cessées et interrompues dans toute la juridiction et par tous les avocats. Cela cause un grand désordre dans l'expédition des affaires.

Le même jour, les gens du roi ont été envoyés pour demander au roi un jour pour recevoir la députation générale, composée à l'ordinaire de quarante-deux personnes. Le roi leur a dit qu'il ne recevrait pas la députation de son parlement, que celui-ci n'eût commencé par reprendre ses actions ordinaires.

Le 6, les gens du roi ayant rendu compte de cette réponse, ont été de nouveau envoyés vers le roi pour lui représenter que le parlement, en suspendant ses travaux ordinaires, n'a point abandonné ses fonctions, etc. Ils n'ont pas trouvé le roi de meilleure humeur que la veille; le roi leur a dit : « Tant que la

---

[1] Les torts du curé de Saint-Jean-en-Grève.

[2] Il est imprimé dans les *Nouvelles ecclésiastiques* du 2 juillet 1752, p. 108. Barbier ajoute, en note, que ce *discours* est à peu près le même que des remontrances faites au roi Louis XIII, en mars 1626, par le premier président de Verdun.

justice ne sera point rendue à mes sujets, je n'entendrai rien de mon parlement. »

— Ceci est sérieux. La plus grande partie de Paris est janséniste; on hait et l'on méprise l'archevêque, qui est un brouillon, et qui a causé tout ce trouble. La liberté est chère à tous les hommes, et on n'aime point cette contrainte des billets de confession. On souffre impatiemment que le clergé ne paye point les impôts dont les autres sujets sont chargés. On compte que la cherté du pain à Paris, et encore plus dans les provinces, vient de quelque manœuvre sur les blés, attendu qu'il n'y a point eu de disette. Le parlement profite des circonstances pour parler avec hardiesse et s'attribuer un pouvoir que, dans le fond, il n'a jamais eu.

— On dit que l'archevêque de Sens[1], grand protecteur de la bulle *Unigenitus,* a dit malicieusement que M. l'archevêque de Paris était un grand homme ; que pour lui il avait bien de la peine, depuis plusieurs années, à ranger une vingtaine de jansénistes qui restaient dans son diocèse, tandis que M. l'archevêque de Paris avait eu le secret, en peu de temps, d'en faire naître cent mille dans le sien : il a raison.

— Lundi, 8, le parlement s'est assemblé à neuf heures. L'assemblée a été secrète et vive; toutes les portes fermées et les huissiers en dehors, à chaque issue, pour empêcher qu'on n'écoute. Défense aux conseillers de sortir de la grand'chambre et de divulguer ce qui se passe, comme cela s'est fait les autres

---

[1] Jean-Joseph Languet, ancien évêque de Soissons, nommé archevêque en 1730.

fois. A une heure, les conseillers ont quitté pour aller chacun dans leur chambre manger un morceau et boire un coup; et, pour rentrer délibérer, ils ont renvoyé leurs domestiques dîner.

A midi, la cour avait pris un arrêté par lequel elle mandait les curés de Saint-Séverin, Saint-Cosme, etc., à l'effet de rendre compte des manœuvres pratiquées à leur égard pour leur faire signer un écrit[1] dans leurs maisons, etc.

Le 9, le parlement s'est assemblé avec les mêmes précautions pour le secret, et ne s'est séparé qu'à une heure et demie. La grande salle était remplie de monde de tous états, et il est arrivé ce à quoi personne ne s'attendait. C'est que M. le premier président a fait avertir les procureurs qu'il y aurait à trois heures l'audience de relevée[2] à la grand'chambre et audience aux requêtes du palais, à l'ordinaire, après midi. On savait cette nouvelle avant de connaître l'arrêté[3] par lequel il est dit que les déclarations des quatre curés seront déposées au greffe; qu'il en sera porté des expéditions au roi, etc., et que « la cour, pour donner au roi, dans les circonstances présentes, la preuve la plus signalée de son profond respect, a sursis à l'exécution de l'arrêté du 5, en ce qu'il porte que les chambres resteront assemblées, etc. »

Cet arrêt est sage; le parlement obéit au roi en reprenant ses fonctions avant la députation, et il n'a pas même désobéi formellement à la réponse du roi du

---

[1] La requête du curé de La Hogue.

[2] On nommait ainsi les audiences qui se tenaient après midi.

[3] Il est imprimé dans les *Nouvelles ecclésiastiques* du 9 juillet 1752, p. 111.

4 mai parce qu'il n'a ni continué l'information, ni décerné aucun décret; il n'a fait que mander les curés pour avoir leur déclaration.

— Le dimanche, 14, la grande députation s'est rendue à Marly, sur les onze heures. M. le premier président a fait un discours au roi, en forme de remontrances[1], relativement au contenu de l'arrêté du 5 mai. On dit que ce discours est très-beau et très-fort, et que M. de Maupeou prononce ses discours devant le roi avec un air de dignité et un air de grandeur qui en imposent.

Le roi a dit, dans sa réponse : « Je reconnais l'importance des objets qui me sont présentés; c'est dans cette vue que je me propose de former incessamment une commission de prélats et de magistrats de mon royaume pour discuter des matières aussi intéressantes pour la religion et le bien de l'État, et, sur leur avis, prendre les mesures les plus convenables pour faire cesser entièrement tout trouble et toute division[2]. »

Le parlement s'est assemblé le lundi, 15, et a arrêté « qu'il serait fait registre de la réponse du roi, sans néanmoins se départir de l'exécution des arrêts et arrêtés de la cour. »

— Le parlement s'est encore assemblé ce matin, 17, sur deux dénonciations pour refus de sacrements. Pendant l'assemblée il est arrivé deux paquets : l'un adressé à M. Turgot, président à mortier, et l'autre à

---

[1] On trouve le texte de ce discours, avec la réponse du roi, dans les *Nouvelles ecclésiastiques* du 10 juillet 1752, p. 121 et suiv.

[2] Ce paragraphe de la réponse du roi, diffère un peu, mais dans la forme seulement, de celui qui se lit dans les *Nouvelles ecclésiastiques*, et dont la rédaction semble plus correcte.

M.........[1], conseiller. On a cru, dans le palais, que c'étaient des ordres de la cour ; point du tout. C'étaient deux paquets d'estampes ayant, en dessous, l'arrêt du parlement du 18 avril. Cette estampe, en rond, représente d'un côté la Justice avec une épée, et de l'autre la France; la Religion est représentée, au milieu, par un autel qui porte un saint-sacrement avec ces mots : *Pro fide, rege, patria*, et plus haut : *Custos unitatis, schismatis ultrix*. Petite vignette au commencement de l'imprimé : le premier président qui présente au roi l'arrêt du 18 avril. J'ai eu cette estampe pour douze sous.

— Le public est échauffé ; on dit que dimanche, au retour du parlement de Marly, à trois heures, il y avait un monde considérable sur les quais pour les voir passer, et qu'au passage pour entrer chez M. le premier président, le monde a claqué des mains.

— On dit que les enquêtes sont indisposées contre M. le premier président qui n'agit plus de si bonne foi. Lors de la députation du dimanche, 14, tous les députés étant sortis de la chambre du roi après sa réponse, on dit que le roi fit sur-le-champ rappeler M. le premier président, qui resta sept minutes avec le roi, seul de sa compagnie. Dans l'assemblée du lundi, 15, on demanda à M. le premier président ce qui avait été le sujet de son entretien avec le roi. Il a répondu que cela ne regardait pas les affaires présentes, ce qui a donné du soupçon contre lui ; de manière que l'on dit que l'on a arrêté la gravure que le parlement faisait faire de M. de Maupeou[2], d'autant

---

[1] Le nom est resté en blanc dans le manuscrit.

[2] Sans doute le portrait de M. de Maupeou, in-folio, gravé par Petit, d'après J. Chevalier, et qui parut en 1753.

plus que l'on dit qu'il est encore allé à Versailles mardi.

Il est difficile de trouver un chef de compagnie qui ne se laisse pas gagner par la cour. Sa grande politique est de parler haut en public; de paraître fort attaché au vœu général de sa compagnie, et de la tromper secrètement. Le premier président qui est journellement et intimement lié avec la grand'chambre l'entraîne aisément, ou du moins les plus forts tant dans les ecclésiastiques que dans les conseillers laïcs. Ce sont des gens qui retirent par an, de leurs charges, depuis huit jusqu'à quinze mille livres, qu'on n'aime point à manquer de gagner. Les abbés, d'ailleurs, dont cette chambre est composée en partie, attendent et recherchent des bénéfices.

Les enquêtes se sont encore plaintes qu'on savait toutes leurs délibérations avant que de se séparer, soit qu'on pût les entendre opiner, soit que quelqu'un de la compagnie, moins fidèle, pût donner ou jeter quelque billet pour en informer. On a fait faire des serrures nouvelles à toutes les portes des issues de la grand'chambre. On a fait griller et arrêter toutes les fenêtres, soit de la quatrième chambre des enquêtes, qui donne dans la grand'chambre, soit d'un petit cabinet où Messieurs allaient lâcher de l'eau. Enfin, on a pris de très-grandes mesures pour le secret, et pour empêcher les infidélités d'aucun de la compagnie. Cela a été exécuté exactement mercredi, 17.

— Le samedi, 13 de ce mois, il y a eu un service solennel pour M. le duc d'Orléans, dans l'église de Notre-Dame, où M. l'archevêque a officié. On était incertain s'il y en aurait et si ce serait aux dépens du roi, à cause de la qualité de premier prince du sang. Par ce qui est rapporté dans la *Gazette de France*, on doit juger que le premier prince du sang n'a pas ce droit, et que le service a été fait aux dépens de M. le duc d'Orléans, son fils. Il est dit que le roi lui ayant permis de faire célébrer ce service pour le prince son père, le fils a donné ordre, etc. Il n'y avait à ce service, pour les révérences, que le duc d'Orléans, le prince de Conti, son beau-frère, le comte de la Marche et point de femmes.

— On dit que les évêques ne veulent point de la commission que le roi s'était proposé d'établir, composée de magistrats et d'évêques, pour donner leur avis à l'effet, par le roi, de prendre des mesures convenables pour mettre ordre aux affaires présentes. Les évêques prétendent qu'il s'agit ici du spirituel, qu'ils tiennent, à cet égard, leurs pouvoirs de Dieu seul, et qu'ils ne doivent pas conférer à ce sujet avec des laïques.

— Pendant les fêtes de la Pentecôte, M. Thomé, conseiller de grand'chambre, est mort. C'est une grande perte pour le parlement, tant comme un des meilleurs juges que comme un grand défenseur des droits du parlement et du parti janséniste.

— Le 31 de ce mois, on a publié, dans les rues, un arrêt du conseil, par lequel le roi, de l'avis de M. le chancelier, a supprimé trois écrits : une *Lettre de M. l'archevêque de....... à M......, conseiller au parlement*, etc.[1], et la gravure de la petite estampe avec

---

[1] Attribuée à M. Languet, archevêque de Sens.

ces mots *Custos unitatis,* etc., qui est en tête de l'arrêt du parlement du 18 avril dernier. Cette démarche paraît un peu petite. Il fallait mépriser cela.

Juin. — Le parlement s'est assemblé aujourd'hui, 2, à dix heures, et s'est encore occupé de plusieurs refus de sacrements. Cette affaire est singulière; malgré la réponse du roi du 14 mai, le parlement va toujours son chemin sur les plaintes et dénonciations qui lui sont faites, et, en même temps, il paraît toujours remplir ses fonctions et travailler aux affaires. Celles-ci ne vont néanmoins que d'une certaine façon, car aujourd'hui le parlement ne s'étant retiré que vers trois heures, il n'y a eu d'audience de relevée, tant en la grand'chambre qu'aux requêtes du palais, que pour la forme. Il paraît que le roi n'est obéi ni par le parlement ni par le clergé. Cela ne l'empêche pas d'aller toujours son train, car demain, samedi, il y a un voyage de Crécy, chez madame la marquise de Pompadour, pour trois ou quatre jours.

— On nomme pour la commission qui doit être établie pour prendre des mesures et donner un avis au roi pour la tranquillité publique, en prélats, M. le cardinal de La Rochefoucault ; M. le cardinal de Soubise; M. l'archevêque de Rouen, qui est de Saulx-Tavannes [1], et qui a le rang de comte et pair, comme ayant été évêque de Châlons, et M. l'évêque de Laon, duc et pair, qui est Rochechouart-Faudoas [2]. En magistrats, M. Joly de Fleury père, ancien procureur général ; M. Trudaine, conseiller d'État, in-

---

[1] Nicolas de Saulx-Tavannes, sacré évêque de Châlons en 1721, nommé archevêque de Rouen, en 1733.

[2] Jean-François-Joseph de Rochechouart, sacré en 1741

tendant des finances; M. Bidé de la Grandville, conseiller d'État, et M. Castanier d'Auriac, conseiller d'État, gendre de M. le chancelier. Ils ne sont que huit; le choix en est bon et il y a là des gens sages et d'esprit.

— Pendant que le parlement est assemblé ce matin, 3, on crie à force, dans les rues, un arrêt du parlement qui a mis tout le monde en mouvement. C'est un arrêt du 31 mai qui, sur les conclusions de Messieurs les gens du roi, supprime les *Lettres* supprimées déjà par l'arrêt du conseil du 30; mais l'arrêt du parlement ne supprime pas la gravure de l'estampe faite en son honneur et gloire.

— Aujourd'hui lundi, 12, on a pendu et brûlé ensuite le nommé François Masson, pour un vol fait, il y a un an, la nuit, dans l'église des Bernardins [1], des vases sacrés et des ornements. Ce vol a été fait par l'intérieur de la maison et d'une manière extrêmement difficile : cela fit grand bruit dans le temps. Ce François Masson était brocanteur, homme de trente à trente-cinq ans, mauvais sujet, fils d'un horloger du quartier. François Masson n'a, dit-on, rien avoué à la question ordinaire et extraordinaire; il n'a pas voulu demander pardon à son amende honorable devant l'église Notre-Dame, et s'est toujours prétendu innocent. Si cela est, cela serait avantageux à son

---

[1] Le collége des Bernardins, religieux de l'Ordre de Clairvaux, ainsi nommés du nom de leur fondateur, saint Bernard, était situé près de Saint-Nicolas-du-Chardonnet. Les rues de Pontoise et de Poissy ont été ouvertes sur une partie de l'emplacement de ce couvent dont une portion des anciens bâtiments existe encore, et sert de caserne aux sapeurs-pompiers.

cousin et à un autre complice nommé Hérisset, au jugement desquels il a été sursis. Cet Hérisset a été ci-devant sacristain des Bernardins, et en a été chassé; il a épousé une brodeuse et s'est fait recevoir brodeur.

Cette exécution a eu lieu dans la place Maubert. Il faisait une pluie considérable et les ruisseaux tenaient toute la rue. Malgré cela, il y avait un concours de peuple prodigieux. Masson n'a rien déclaré à la potence; on ne l'a jugé que sur ce qu'il avait acheté des étoffes et quelques ornements, sans savoir ou avoir voulu dire de qui. Cela est léger, surtout pour un brocanteur. Il serait triste qu'il eût été innocent. La maison des Bernardins est un collége rempli souvent de grands égrillards.

Le lendemain, l'autre Masson, Hérisset et encore d'autres sont sortis des prisons. Hérisset a présenté une requête au Châtelet pour avoir permission de faire publier et afficher le jugement par lequel il a été déchargé de l'accusation, pour rendre sa justification publique. Cela a été affiché par tout Paris.

— Il y a eu une consultation faite par M. Pothouin d'Huillet, fils de M. Pothouin, avocat, grand consultant, et par M. Travers, avocat, pour un juif qui a été instruit par un jacobin, qui demande le baptême, et à qui M. le curé de Saint-Sulpice refuse de le conférer. Cette consultation est très-savante sur la matière du baptême. Elle n'a été ni dénoncée, ni supprimée, comme on l'avait prétendu. On dit simplement que le clergé avait sollicité une lettre de cachet contre M. Pothouin; mais il n'y a encore rien de nouveau.

— La commission des quatre prélats et des quatre

magistrats s'est déjà assemblée deux fois. La première séance a été pour enregistrer la commission.

— Les évêques qui sont à Paris, et qui s'assemblent chez M. l'archevêque, ont donné au roi une requête par laquelle ils demandent que le parlement soit déclaré incompétent pour connaître de ces sortes de matières; que la commission soit révoquée, et que le roi permette d'assembler un concile national ou provincial pour décider des questions présentes.

— Le roi est parti, le 30, de la Muette pour Compiègne, où toute sa cour s'est rendue. Il est parti la nuit et devait chasser en arrivant, afin de ne pas perdre de temps.

Juillet. — J'ai oublié de marquer ci-dessus que l'affaire de M. Lhomme [1], ancien échevin, a été jugée à la Tournelle, le mois dernier, au rapport de M. de Montholon, conseiller de grand'chambre; que M. Lhomme a été condamné en dix mille livres de dommages et intérêts envers mademoiselle Mazarelli, et madame Mazarelli en cent livres de dommages et intérêts envers un laquais de M. Lhomme qui a été maltraité ou accusé mal à propos. Il n'y a point eu d'autre peine contre M. Lhomme, pour ne pas déshonorer cette famille; mais cette affaire lui coûte bien de l'argent depuis qu'elle dure, tant au Châtelet, en dépenses secrètes, qu'au parlement, et à ses différents voyages en pays étrangers, en sorte que cette misérable affaire peut fort l'avoir ruiné. Cela suffit pour contenir les insolents et les étourdis.

— M. Languet, archevêque de Sens, s'est avisé de

---

[1] Voir ci-dessus, p. 177, 250 et 252.

faire imprimer, dans son diocèse, tous ses ouvrages en latin[1], en deux tomes in-folio, sans permission. Il y a dans ces livres, entre autres, une lettre qu'il a écrite soit étant évêque de Soissons, soit étant archevêque de Sens, à M. de Lamoignon de Blancmesnil, lors premier avocat général, au sujet de pareilles affaires qu'aujourd'hui. Cette lettre est cavalière pour M. de Lamoignon et pour le parlement. On en a donné avis à M. de Malesherbes, sur des exemplaires envoyés à la chambre des libraires de Paris, et, par arrêt du conseil du 28 juin dernier, ce livre a été supprimé comme étant imprimé sans approbation ni permission et n'étant pas même de nature à en avoir. On ne croit pas que le livre de *Marie Alacoque*[2] qui a été tant sifflé, soit dans ce recueil. Le bon archevêque qui est haut et vif doit être bien piqué de cette aventure, cette impression ayant dû lui coûter beaucoup. Le chancelier, quoique moliniste, a voulu se venger de la lettre. On a donné cet arrêt pour prévenir une suppression du parlement.

— Le parlement s'est encore assemblé lundi, 10, et a décrété de prise de corps le vicaire de Saint-Étienne du Mont et les deux prêtres[3] préposés pour porter les sacrements, qu'on appelle *Porte-Dieu*, sur le refus de porter les sacrements, tout nouvellement, à un ecclésiastique noté pour être bon janséniste. Le malade est mort sans sacrements, et le vicaire et les deux porte-Dieu ont pris la fuite, se doutant bien du décret qui s'ensuivrait.

---

[1] *Opera omnia pro defensione Constitutionis* Unigenitus *et adversus ab ea Appellantes, successive edita*, etc. Senonis, And. Janot, 1752, 2 vol. in-f°.

[2] Voir t. I, p. 307.

[3] Le sieur Brunet, vicaire, et les sieurs Fressinet et Meurizet.

Il est singulier que tous les ecclésiastiques jansénistes qui sont des appelants, et qui n'ont jamais voulu se soumettre, affectent de se loger sur la paroisse Saint-Étienne, que l'on sait être la plus soumise aux ordres de M. l'archevêque; le parti janséniste secret engage apparemment ces prêtres âgés et infirmes à se retirer sur cette paroisse pour donner occasion au trouble et soutenir, par là, la bonne cause.

Ceci fait aussi une aventure singulière dans cette paroisse, où il n'y a plus ni curé, ni vicaire, ni porte-Dieu. Il y a bien encore un premier vicaire, mais qui ne se mêlait plus de rien dans la paroisse, et même qu'on voulait ôter, en sorte qu'actuellement un malade janséniste ou moliniste aurait peine à avoir les sacrements.

— Les jansénistes ont eu la malice d'avoir un vieux exemplaire d'un ancien mandement de M. de Gondrin[1], archevêque de Sens, donné en 1652, il y a cent ans, par lequel il ordonnait des prières publiques dans toutes les églises, excepté dans l'oratoire des frères de la Société de Jésus. Les jésuites y sont fort maltraités sur leur désobéissance, leur mauvaise doctrine, le trouble et la désunion qu'ils entretiennent entre les princes chrétiens et la maison royale. C'est apparemment pour faire voir que M. de Gondrin ne pensait pas sur le compte des pères jésuites comme pense à présent M. Languet. Au surplus, ces bons pères qui ne paraissent avoir aucune part dans ces affaires-ci, n'avaient que faire de cette vieille recherche.

---

[1] Louis-Henri de Gondrin, nommé archevêque de Sens, en 1646, mort en 1674.

— Le vendredi, 21, le parlement s'est assemblé pour travailler à des affaires de curés de province. Il y a si souvent, à présent, des assemblées pour ces sortes d'affaires, qu'on n'a pas même la curiosité de s'instruire des faits[1]. On trouvera ces détails dans la *Gazette ecclésiastique*. On sait seulement qu'on a décrété un curé[2] qui a refusé la communion à un paysan qui ne voulait pas lui payer sa dîme des pommes. Cela est ridicule, et on a bien fait.

— Il court, dans Paris, un imprimé qui est une requête présentée au roi par les sous-fermiers du domaine[3], pour demander que les billets de confession

---

[1] On rencontre cependant dans le *Journal* de Barbier l'indication d'une foule de faits de cette nature et, pour éviter une énumération monotone et d'un médiocre intérêt, nous avons cru devoir faire de nombreuses coupures dans le manuscrit. Nous avons conservé seulement la mention des assemblées les plus importantes, et de ce qui était indispensable pour mettre à même d'apprécier avec exactitude la disposition générale des esprits à cette époque. Nous avons dû aussi abréger beaucoup. Le *Journal* de Barbier devient une sorte de *Journal du Palais*, où sont enregistrées minutieusement les heures d'entrée en séance du parlement, les délibérations ; qui donne dans leur entier le texte des arrêts, etc. Toutes ces assemblées ont le même objet : ce sont des dénonciations de refus de sacrements, d'écrits relatifs à la question qui se débattait entre le parlement et le clergé, etc. Nous renvoyons, avec l'auteur du *Journal*, ceux qui voudraient des détails plus circonstanciés sur ces matières, aux *Nouvelles ecclésiastiques* qui rapportent les faits d'une manière identique, ainsi que nous avons déjà eu lieu de le faire remarquer.

Nous avons pareillement retranché la plus grande partie des appréciations personnelles de Barbier, de ses prévisions, de ses suppositions sur les conséquences probables des résolutions auxquelles s'arrête le parlement. En avançant en âge, Barbier raconte moins, il disserte davantage, et souvent d'une façon un peu prolixe.

[2] Le sieur Lemerre, curé de Roi-Boissy, près Beauvais.

[3] *Requête des sous-fermiers du domaine du Roi pour demander que les*

soient écrits sur du papier timbré et assujétis au contrôle. On fait voir, dans cette requête, d'abord la nécessité des billets de confession et l'utilité et l'avantage de l'avis des sous-fermiers, tant pour la religion que pour l'augmentation des finances du roi. C'est une plaisanterie charmante, écrite avec légèreté de style et beaucoup d'esprit. L'auteur retourne cette matière de tous les côtés. Il tourne en ridicule les évêques, même un peu la confession. Il tape aussi le ministère sur les impôts mis généralement sur tout. Cela est plus concluant contre l'usage des billets de confession que toutes les remontrances ampoulées du parlement. Il est sûr qu'on aura lu cette pièce au roi pour l'amuser, et qu'elle fera plus d'effet peut-être sur lui que tout ce qu'on lui a dit jusqu'ici. On en a distribué une grande quantité, et on la réimprime à force, parce que cela s'envoie de tous côtés. On m'a dit hier qu'il en était parti un exemplaire pour Milan. On commence à tourner en dérision les choses spirituelles et les plus sérieuses de la religion; mais elles le méritent un peu. Il serait à souhaiter que sur quelque autre idée aussi plaisante, on fît une pareille pièce sur le jansénisme et le parlement; ce serait le vrai moyen de séparer les combattants et de faire finir toutes ces disputes, bien plutôt qu'avec des arrêts du conseil. Il y a trois jours qu'on parle d'un arrêt du parlement qui supprime cette requête, quoique toute en faveur du parlement; mais il n'a encore rien paru.

— Il paraît aussi, ces jours-ci, une lettre au roi, im-

---

billets de confession *soient assujétis au contrôle* (par l'avocat Marchand et l'abbé Mey), 1752, in-12.

primée¹, signée de trois archevêques et de seize évêques qui sont à Paris, et qui s'assemblaient chez l'archevêque de Paris, qui n'est pas pourtant du nombre des plaignants ; elle est datée du 11 juin. Ces prélats demandent la suppression d'un arrêté du 5 mai dernier², par lequel on accuse et on traite l'archevêque de Paris de fauteur de schisme. Cette lettre est sage et bien écrite ; on y fait voir que les magistrats, tous les premiers, ne sont que les disciples de leur pasteur en matière de religion, etc.

— Par arrêt du parlement, du 22 juillet, la requête des sous-fermiers du domaine, toute plaisante qu'elle est, a été condamnée à être brûlée par le bourreau, ce qui a été exécuté le 26.

— Par arrêt du conseil d'État du 25, le roi a supprimé la lettre écrite au roi par dix-neuf évêques. Ce qu'il y a de singulier dans l'arrêt, c'est qu'il est dit : « Un écrit sans titre qui *paraît* être une lettre écrite au roi, etc. » Or, le roi étant dans son conseil, doit savoir s'il a reçu, en effet, une lettre signée de dix-neuf évêques. Cette suppression a beaucoup réjoui les jansénistes.

— Le clergé pousse les choses un peu trop loin. Samedi, 29, il s'est répandu, au palais et dans Paris, un écrit imprimé, en latin, adressé à chaque curé et aux ministres inférieurs de chaque paroisse, dont il avait été porté un exemplaire à la main, le jeudi 27, dans la sacristie de chaque paroisse : l'imprimé a été envoyé samedi dans tous les couvents et églises de religieux. Par cet écrit, qui est en fort beau latin, dont

¹ Imprimé d'une page, sans titre, commençant par ces mots : *Ira Dei ascendit super nos.*
² Voir plus haut, page 380.

les paroles sont tirées des saintes Écritures et des Pères, on avertit les ecclésiastiques du malheur de ce temps, de redoubler leurs prières pour apaiser Dieu sur la France, de s'armer de tout leur courage, etc. Une pareille pièce est un manifeste et un tocsin pour animer tous les gens d'Église. On ne manque pas de dire que c'est M. l'archevêque de Paris qui en est l'auteur; mais où en est la preuve.

Samedi le parlement s'est assemblé, et, par arrêt, cet écrit a été condamné à être brûlé par la main du bourreau. Il l'a été lundi, 31, après la levée de la grand'-chambre, et il se trouve qu'on a brûlé des passages de l'Écriture et des Pères, à la vérité, à cause de l'application.

— On parle fort, dans Paris, d'un bref du pape au sujet des affaires présentes, qui a été apporté et présenté au roi par un nonce extraordinaire qui a apporté, de la part de Sa Sainteté, les langes bénits pour monseigneur le duc de Bourgogne. On ne sait rien encore de certain à ce sujet.

— Depuis deux jours, on parle d'un mandement de M. l'archevêque de Paris. Je sais même que lundi, 31, la nuit, les syndics des libraires ont eu ordre de faire des visites chez tous les imprimeurs pour écouter le bruit des presses, dont on sait le nombre à Paris. On n'a rien découvert; mais on compte que M. l'archevêque a une presse dans son palais où on ne fait point de visites. L'ordre avait été donné par M. de Malesherbes.

Août. — Événement très-triste. Mardi au soir, 1er août, M. le Dauphin s'est senti attaqué d'un grand mal de tête et de la fièvre. Le 2, il a été saigné deux fois, à sept heures du soir et à onze. Jeudi, 3, le roi est revenu en poste, en grande diligence, de Compiègne, le matin, sur les onze heures, et M. le Dauphin a été saigné au pied à trois heures après-midi. Les médecins soupçonnaient la petite vérole qui ne paraissait pas encore. Le vendredi, 4, la reine est arrivée à cinq heures du matin, par la difficulté d'avoir des chevaux. M. le Dauphin a encore été saigné au pied à cinq heures du matin, et une demi-heure après on lui a donné de l'émétique qui a produit évacuation. Sur le midi, environ, la petite vérole a paru, dont l'éruption a été fort bien. Les prières des quarante heures ont commencé vendredi à Notre-Dame. Madame la Dauphine n'a pas voulu absolument quitter M. le Dauphin, et elle est enfermée avec lui. On dit qu'il ne sait pas que c'est la petite vérole, mais une ébullition violente. On a forcé le roi à ne point le voir, mais il est toujours à Versailles. M. l'archevêque a été plusieurs fois à Versailles; il a été mandé par M. le Dauphin qui a confiance en lui.

Le dimanche, 6, M. le Dauphin a été très-mal et on n'en savait rien à Paris par les nouvelles publiques. Lundi matin, il a été mieux. Le bulletin de neuf heures, à l'hôtel de ville, était très-satisfaisant : l'éruption de la petite vérole cessée, la suppuration commencée et la tête très-libre. Mais tous ces bulletins ne sont jamais bien fidèles : il faut toujours en rabattre.

La Ville a quatre courriers qui successivement vont à Versailles jour et nuit, et rapportent des nouvelles dont le bulletin s'affiche à la porte de l'hôtel de ville, pour le public. Indépendamment de l'amour que les Français ont pour leurs princes, cette tête est bien intéressante pour les particuliers dans la position présente. Le roi sans enfants[1]; la reine hors d'état d'en avoir; un duc de Bourgogne qui n'a pas encore un an; en cas d'un malheur dans la personne du roi, la perspective d'une régence dont l'établissement n'est jamais bien tranquille, et encore moins dans la fermentation où sont les esprits. Perspective de plus grands troubles encore, et cela dans toute l'Europe, si le trône n'était assuré que sur la tête d'un jeune prince. Il faut espérer que le rétablissement de M. le Dauphin fera évanouir toutes ces craintes. Sa santé même en sera plus rassurée, après cette maladie.

On a continué les prières des quarante heures et l'exposition du saint sacrement pour la neuvaine, au moins. M. le prévôt des marchands et le corps de ville ont commencé samedi, 5, une neuvaine à Sainte-Geneviève où ils vont tous les matins. Car on a beau faire, le fond de la religion reprend toujours le dessus. Dans les calamités on a recours aux églises et aux prêtres, aussi il n'est plus question de toutes les disputes; mais après la guérison il y aura des *Te Deum*, il faudra de nécessité des mandements tant à Paris que dans tous les diocèses; cela sera curieux.

— On n'a pas su, à Paris, le danger où a été M. le Dauphin le jeudi, jour de l'arrivée du roi. La petite vérole commença à paraître après la première saignée du pied, sur les sept heures, mais elle parut mal. M. le Dauphin était comme en léthargie et à l'extrémité. Il y eut grande consultation. Tout le monde sait qu'on ne saigne plus quand la petite vérole a paru. Cepen-

---

[1] Sans autres enfants mâles.

dant M. Dumoulin fut d'avis d'une seconde saignée au pied. Il dit qu'il était vrai que M. le Dauphin pouvait mourir dans la saignée et qu'il n'en répondait pas; mais aussi que si on ne le saignait pas il serait mort dans une heure; que s'il supportait la saignée il pourrait en revenir. Cela fut dit sur de bonnes raisons. Quel embarras! On demanda l'avis du roi qui dit : « Si cela est ainsi, qu'on le saigne. » M. le Dauphin fut donc saigné au pied, à onze heures du soir, après quoi l'éruption se fit comme on le souhaitait. La reine n'arriva qu'après ce moment critique; M. le Dauphin allait mieux. Elle embrassa Dumoulin devant tout le monde. M. Dumoulin, qui était transporté de sa réussite, et qui est gai avec tout son esprit, quoique fort âgé, dit tout haut, en riant : « Messieurs, je vous prends à témoin que la reine me prend de force. »

M. le Dauphin a eu depuis de fâcheux accidents, car cette maladie a été mauvaise, mais sans faire perdre l'espérance. On attend le 9 avec impatience, quoique l'éruption dure encore quelquefois plus longtemps.

— Tout le monde est charmé de madame la Dauphine, qui n'a pas quitté un instant. M. le Dauphin ne prend ni bouillon ni autre chose que de sa main. Quand on lui représenta d'abord le danger où elle s'exposait, elle répondit qu'on ne manquerait pas de Dauphines, mais qu'il n'y avait qu'un Dauphin. Elle a banni toute cérémonie à son égard, et elle dit aux médecins et autres qui sont là : « Ne prenez pas garde à moi; je ne suis plus Dauphine, je ne suis que garde-malade. » Elle sera à juste titre bien considérée et bien chérie du roi et de la reine.

M. le duc de Bouillon, grand chambellan, qui est

infiniment attaché au roi et à M. le Dauphin, s'est enfermé avec lui du premier jour de la petite vérole, et a demandé au roi la permission d'envoyer le prince de Turenne, son fils, à 25 lieues d'ici, pour éviter qu'il ne vînt dans l'air.

On dit que lundi, 7, le vicaire de la paroisse Saint-André-des-Arts prêcha pour une prise d'habit au couvent de Sainte-Marie, faubourg Saint-Jacques; qu'à la fin de son exhortation il se recommanda aux prières de la sœur et des religieuses, dont il avait tant besoin dans ces temps-ci, étant exposé aux persécutions d'une compagnie, en parlant du parlement, qui voulait disposer souverainement des ministres de l'Église et de la religion, sans en avoir, et qui n'avait d'autre regret que de n'être pas anglais. Ceci est fort contre le parlement, pour le faire regarder comme voulant usurper l'autorité sur la puissance souveraine. On dit qu'il court des copies de cette exhortation dans Paris.

— Les prières ont cessé à Notre-Dame, le 14 de ce mois. M. le Dauphin est heureusement hors d'affaire de sa petite vérole qui a été très-maligne. Les médecins sont de retour.

— Le roi chassa le 16 dans les derrières de la Muette, contre les allées de Neuilly.

— Le parlement a instruit la contumace contre le vicaire et les deux porte-Dieu de Saint-Étienne du Mont décrétés de prise de corps. Le vicaire a été condamné en trois mois de bannissement et en l'amende; un porte-Dieu à être blâmé nu-tête et en l'amende; l'autre admonesté seulement et en trois livres d'aumône. Ce dernier n'emporte point infamie. On prend donc le parti de juger à présent sur les décrets décernés.

— Voici du nouveau. C'est mardi, 22, qu'on a affiché et crié dans les rues l'arrêt du 19 qui condamne le vicaire et les prêtres de Saint-Étienne; on criait seulement : « Arrêt du parlement. » Le même jour, et à la même heure, on a affiché et crié deux arrêts du conseil du lundi 21. Le premier supprime un *manuscrit*[1] dont il se répand, est-il dit, des copies dans le public, avec défense de l'imprimer. Voilà la première fois qu'on a vu supprimer un manuscrit. Cet arrêt du conseil, qui a paru le premier, annonçait déjà un changement dans le ministère. Le manuscrit supprimé est une réponse à une brochure en faveur de la constitution *Unigenitus*, et il est dit, dans l'arrêt, que cela a pour but de renouveler les disputes au sujet de la bulle, contre la disposition expresse de l'arrêt du conseil du 29 avril dernier. Cela annonçait déjà quelque chose; mais le second arrêt est plus singulier. Le roi, dans son conseil, casse et annule l'arrêt du parlement du 19, contre les prêtres de Saint-Étienne, et toute la procédure sur laquelle il est intervenu. Ce qu'il y a de singulier, c'est que, dans l'après-midi, on criait en même temps, dans Paris, l'arrêt du conseil d'État cassant et annulant, et l'arrêt du parlement cassé et annulé, comme productions de deux puissances presque égales qui se croisent dans leurs opérations.

— Hier, mardi, on donnait pièce nouvelle à l'Opéra[2]

---

[1] Réponse à une brochure intitulée : *Instructions importantes touchant les contestations au sujet de la bulle* Unigenitus.

[2] *Il Jocatore* (le joueur), intermède italien en trois actes, joué par les sieurs Manelli, Cosimi et la signora Tonelli, italiens, qui donnèrent successivement plusieurs représentations à l'Opéra, depuis le 1er août jusqu'au 7 novembre.

où tout était plein de monde : j'y étais. Ce dernier arrêt du conseil n'était pas encore bien connu. Moi-même je n'avais vu que le premier, et on ne parlait point de tout cela. Il faut dire même que ces affaires n'affectent pas tout le monde à un certain point, et surtout les gens de plaisir et de spectacle. Mais ce qu'il y a d'étonnant, surtout pour les étrangers qui sont à Paris, c'est qu'aujourd'hui mercredi, 23, au mépris de l'arrêt du conseil, on crie actuellement à haute voix, dans les rues, l'arrêt du parlement du 19 contre les prêtres de Saint-Étienne, comme si de rien n'était. On a été obligé même d'en faire une réimpression : l'imprimeur du parlement n'avait plus de quoi en fournir aux colporteurs.

— Dimanche, 27, il a été chanté un *Te Deum* à Notre-Dame pour la convalescence de M. le Dauphin. On n'a crié le mandement de M. l'archevêque, et la lettre du roi, que sur les dix heures du matin. Le mandement est très-simple; il ne contient que des remerciements à Dieu d'avoir conservé une tête si chère à la nation.

Le roi est venu de Versailles avec la reine et toute la famille royale; il est arrivé par le Petit-Cours[1], où toute la maison du roi s'était rendue pour l'attendre. La marche a commencé vers les cinq heures du soir par le guet à cheval, les mousquetaires noirs, les mousquetaires gris, les chevau-légers, les officiers de la fauconnerie avec les oiseaux sur le poing et les trompettes de la chambre du roi. Il y avait vingt ou vingt-deux carrosses à huit et à six chevaux, grand nombre d'offi-

---

[1] Autrement dit le Cours-la-Reine.

ciers à cheval et les pages des écuries. Le roi était dans un carrosse avec les princes du sang, à l'exception du comte de Charolais; ils étaient six ou sept dans le carrosse, lequel était accompagné, aux quatre roues, des quatre commandants des compagnies rouges et suivi d'un grand nombre de gardes du corps. Ensuite, le carrosse de la reine qui avait à sa gauche madame la Dauphine et les quatre dames de France. On ne s'attendait pas à voir madame la Dauphine dans cette cérémonie. On dit qu'elle a été trois jours à l'obtenir. Il a paru même extraordinaire, après si peu de temps qu'elle est sortie de l'air de la petite vérole, de la voir enfermée avec mesdames de France.

Cette marche était magnifique. Les princesses et les dames de cour étaient pleines de diamants, ce qui faisait un très-bel effet au soleil. Tout le chemin était garni de monde dans des carrosses et à pied, de même que Notre-Dame était rempli de monde aussi pour voir l'entrée dans l'église et la cérémonie. On dit que M. de Machault avait un très-beau train, qu'il était dans un carrosse à six chevaux avec un second carrosse de suite et une vingtaine de domestiques de livrée qui marchaient à pied. Pour cette année, j'ai vu la marche sur le quai des Tuileries au lieu d'être enfermé à Notre-Dame.

Le roi n'est revenu de Notre-Dame qu'à sept heures et demie. Il a vu, sur son passage, tous les hôtels du quai Malaquais et tous ceux sur le bord de l'eau, jusqu'au Palais-Bourbon, qui étaient déjà illuminés. Le roi et la reine ont changé de carrosses dans le rond du Petit-Cours, et le roi a été souper à Bellevue. Le soir, il y a eu un feu d'artifice à l'hôtel de ville et grande illumination, ainsi que dans toutes les rues de la ville[1].

— Samedi, 26, il a paru, dans le public, un imprimé d'une lettre[2] écrite au roi par des évêques, de la même date de la dernière du 11 juin, mais différente, bien plus longue, et comme étant au nom du clergé, sans désignations d'évêques. Dans la première lettre, les évêques demandaient seulement la suppression de l'arrêté du 5 mai : dans celle-ci, le clergé paraît aller plus loin; il demande au roi de casser et annuler l'arrêt du parlement du 18 avril[3], qui défend de faire aucun refus de sacrements, etc. On n'entend point pourquoi cette lettre, qui paraît datée du 11 juin, n'a pas paru imprimée jusqu'à présent.

Quoi qu'il en soit, lundi, 28, on a crié et affiché dans les rues un arrêt du conseil du dimanche, 27, qui supprime cet écrit comme imprimé sans permission.

Il faut remarquer que dans tous les arrêts du conseil où il y a : « de l'avis de M. le chancelier, » c'est dans le cas de suppression d'écrits, attendu qu'il a l'inspection de la librairie et de l'imprimerie.

— Mais il y a un autre arrêt du conseil du 23, qui n'a paru que le 28, qui est plus fort. Il s'agit d'un curé[4] de la ville de Tours qui a refusé les sacrements à un prêtre janséniste. Décret d'ajournement personnel par

---

[1] Voir, pour les détails plus circonstanciés de ces cérémonies, le *Mercure de France* du mois d'octobre 1752, p. 194 et suiv.

[2] Cette lettre figure au nombre des pièces justificatives jointes à la *Vie privée de Louis XV*, t. II, n° 5.

[3] Voir plus haut, p. 374.

[4] Le sieur Pétard, curé de Saint-Pierre-le-Puellier.

le présidial de Tours : on lui a ordonné d'administrer, il n'a pas obéi, et le présidial l'a décrété de prise de corps. Le roi, par son arrêt, casse toute cette procédure, pour avoir entrepris de connaître des causes de ce refus, ordonne que le curé reprendra ses occupations curiales, etc.

— Le parlement est furieux de l'arrêt du 23. L'on convient que le roi n'a rien fait encore d'aussi fort en faveur de la constitution *Unigenitus*. Le parlement a envoyé les gens du roi pour demander, attendu les circonstances des affaires qui concernent la religion et l'État, de continuer leur service sans qu'il y eût de vacances ; mais on compte généralement que cela leur sera refusé. Les lettres patentes pour la chambre des vacations sont déjà enregistrées. C'est M. le président de Novion qui doit la tenir.

— Un homme d'esprit disait que le parlement, avec sa haute police, voulait décider du corps de Jésus-Christ comme d'une affaire de boue et lanternes.

— L'arrêt du conseil du 27 n'avait fait que supprimer la prétendue lettre écrite au roi, du 11 juin, comme imprimée sans permission. Or, le parlement a été plus loin : par arrêt du 30, sur les conclusions du procureur général et sur le rapport de M. l'abbé du Trousset, conseiller, il a ordonné que cet écrit serait lacéré et brûlé dans la cour du palais, par l'exécuteur de la haute justice, comme séditieux, contraire aux lois et aux maximes du royaume, etc. ; ordonne qu'il sera informé contre ceux qui l'ont composé. On crie et l'on vend cet arrêt publiquement dans les rues, aujourd'hui, 31.

Septembre. — Vendredi, 1ᵉʳ, le parlement s'est assemblé et a rendu un arrêté[1] au préjudice de l'arrêt du conseil du 23 août. Il est dit, dans cet arrêté, que la cour « a ordonné qu'attendu la discontinuation de poursuites par le bailliage de Tours, le procès sera fait et parfait, en la cour, au curé de Saint-Pierre-le-Puellier; qu'à cet effet l'accusé sera amené sous bonne et sûre garde ès-prisons de la conciergerie du palais, etc. » Il y a eu des débats pour cet arrêté. Le parlement est fort échauffé contre l'arrêt du conseil du 23. Les gens du roi ont même été un peu maltraités par le parlement; c'est une charge assez désagréable dans ces circonstances. A la vérité, on a trouvé un peu fort cet arrêté, qui détruit absolument ce que le roi a ordonné. Aussi, on a voulu, dans le public, que cet arrêt du conseil n'ait point été rendu dans le conseil du roi en connaissance de cause. On prétend que c'est l'ouvrage de M. le chancelier seul qui en a parlé au roi, et qui a dressé l'arrêt lui seul. Il faut avouer que tout ce qui se fait ici contre le parlement s'attribue à M. le chancelier, en sorte que cela ne contribue pas peu à faire mal parler de lui.

— On a imprimé, sans permission et sans nom d'imprimeur, l'arrêté du 1er septembre; mais le 4, on a crié un arrêt du parlement du 2 qui supprime cet imprimé, comme ladite impression faite sans permission et même contre l'intention de la cour. On l'avait cependant vendu le samedi toute la journée dans l'enceinte du palais même, chez un libraire.

— On a crié, tout à la fois, un arrêt du conseil du di-

---

[1] Imprimé dans les *Nouvelles ecclésiastiques* du 15 novembre 1752, p. 183.

manche 3, qui casse l'arrêt de la cour du 1ᵉʳ en ce qu'au préjudice de celui du 23 août, le parlement avait ordonné que la procédure criminelle, discontinuée au bailliage de Tours, serait continuée au parlement; ce que le roi déclare être un attentat très-répréhensible à son autorité.

— Autre arrêt du conseil, du 3, qui casse et annule l'arrêt du parlement du 30 août qui a condamné et fait brûler par le bourreau la prétendue lettre au roi au nom du clergé, ce que le roi a encore regardé comme attentatoire à son autorité.

— Ces arrêts, de part et d'autre, se crient tous les jours et sont affichés aux coins des rues. Tout le public est assemblé à les lire avec beaucoup plus de disposition pour les arrêts du parlement que pour ceux du conseil.

— Dimanche, 17, M. le comte de Kaunitz-Rittberg, ambassadeur de l'empereur et de l'impératrice reine de Hongrie et de Bohême, a fait son entrée publique à Paris; elle a été fort belle. Il y avait cinq carrosses, belle livrée et riche, quantité de domestiques et huit pages. Il a fait une furieuse marche le long de la rue Saint-Honoré, le tour de la place Vendôme, a passé devant le Pont-Tournant des Tuileries[1], les quais des Tuileries et du Louvre, le Pont-Neuf, le quai des Théatins, la rue de Grenelle, pour gagner le Palais-Bourbon, près les Invalides, où il demeure. Depuis Picpus la tournée est grande. Tout son chemin

---

[1] Ce pont, construit en 1716, de l'invention de Nicolas Bourgeois, religieux de l'Ordre des Augustins connu par différents ouvrages de mécanique, était établi sur le fossé qui séparait le jardin des Tuileries des terrains qui forment aujourd'hui la place de la Concorde, à l'endroit où se trouve la grille qui termine la grande allée du jardin.

était garni de monde et de carrosses; il a vu ce que c'est que Paris.

— Depuis le 7 de ce mois, il n'y a point eu de dénonciations ni de plaintes de refus de sacrements à la chambre des vacations; mais on a toujours continué de distribuer des imprimés, comme *Le Schisme de Tours*[1], une Oraison funèbre de la bulle *Unigenitus*[2], qui est une plaisanterie très-fine et en grand style sur la perte que l'on a faite d'une aussi grande princesse, et autres. La chambre s'est contentée de supprimer ces écrits par des arrêts. On dit cependant que M. de Malesherbes, qui est à la tête de la librairie, s'ennuie de ces impressions furtives, et qu'il a fait avertir les imprimeurs que l'on soupçonne de ne plus s'y exposer, ce qui serait très-sage; car ces ouvrages sont faits par des jansénistes, imprimés, pour ainsi dire, sous la protection du parlement, puis rendus publics pour avoir ensuite le plaisir de les supprimer et de les faire plus rechercher.

— Dimanche, 24, M. le duc d'Orléans a donné à Saint-Cloud, pour la convalescence de M. le Dauphin, la plus superbe fête qu'on ait vue ici depuis longtemps, et qu'on puisse voir, parce que le lieu est unique pour une pareille fête; d'ailleurs il faisait le plus beau temps du monde.

Le parc était plein de monde, et il y avait plus de

---

[1] *Schisme de Tours, avec les pièces justificatives*, brochure de 43 pag., in-12, citée avec éloge dans les *Nouvelles ecclésiastiques* du 1er octobre 1752, p. 157, comme contenant une relation très-exacte de tous les faits relatifs à l'affaire du curé de Saint-Pierre-le-Puellier.

[2] *Oraison funèbre de Très haute, Très puissante et Très sainte princesse la bulle* Unigenitus, prononcée dans l'Église Métropolitaine de S***, par M. l'évêque de M***, le 1er septembre 1752. A La Flèche aux dépens de la compagnie, 1752, in-4° de 11 pages, à deux colonnes.

deux mille chaises, que le prince avait fait placer sur la terrasse, qui étaient *gratis* pour les bourgeois et les honnêtes gens. Dans l'après-midi, on a tiré l'oie; il y a eu une joute de bateliers sur la rivière, le tout au bruit de timbales, trompettes et cors de chasse; dans le parc, il y avait un théâtre dressé pour des danseurs de corde et sauteurs, pour amuser, et les eaux ont joué toute la soirée.

A huit heures et demie, on a tiré le feu d'artifice, dont le corps était placé dans la plaine, sur l'autre bord de la rivière, vis-à-vis le château. Le feu a été parfaitement exécuté et l'artifice était supérieur à tout ce qu'on a fait en ce genre, par la quantité. Il y avait des bateaux pleins d'artifices pour les dauphins et les serpenteaux dans l'eau.

Dans la soirée, avant le feu, madame la duchesse d'Orléans et les dames et seigneurs de sa cour, magnifiques en habits et en diamants, se sont promenés dans le parc, pendant une heure, dans dix ou douze calèches de suite, toutes à la livrée d'Orléans, ce qui faisait un beau spectacle.

La rivière était ornée d'une petite flotte de trente petits bateaux peints et garnis de lanternes allumées, avec un grand bateau au milieu, qui était l'amiral, avec mâts et cordages garnis pareillement de lanternes, ce qui était magnifique.

Pendant le feu, on a allumé. Les grandes allées du parc, le long de la rivière, étaient remplies de grandes girandoles de bois, sur des piédestaux, sur lesquelles étaient de grosses terrines. Le pont de Saint-Cloud était éclairé de même, des deux côtés. Tous les parterres, bassins, cascades, étaient bordés de grosses terrines. Le grand château était magnifiquement illuminé en lampions, et tout cela se voyait de loin.

A dix heures, il y a eu souper. La table était dressée dans l'orangerie, table longue de deux cent cinquante couverts. Tous les domestiques servants étaient en livrée d'Orléans. Le milieu de la table, dans la longueur, était un parterre de sucre charmant, diversifié et garni de pièces de Saxe. A minuit ou une heure, grand bal masqué dans la galerie du château et dans l'orangerie, qui étaient remplies de lustres et de torchères. On avait distribué quatre mille billets de bal.

Cette fête a dû coûter considérablement à M. le duc d'Orléans; mais elle lui a fait bien de l'honneur auprès du roi et du public. Il y en aura apparemment une grande relation dans la *Gazette de France*[1].

— Le roi est parti le 26 avec toute la cour, pour Fontainebleau, pour recevoir madame Infante, duchesse de Parme[2]. Le roi de Pologne, Stanislas, qui était venu de Lorraine à Versailles dans le mois, s'est aussi rendu à Fontainebleau pour voir sa petite-fille. On s'imagine que cette princesse est pour du temps en cette cour, d'autres disent qu'elle s'en retournera au printemps prochain, qu'elle vient pour se faire guérir de plusieurs maladies, et, entre autres, de cette gale naturelle et de naissance, dont Madame aînée est morte. On dit aussi qu'on bâtit à Parme un palais magnifique, et que, pendant ce temps-là, l'infant duc de Parme est allé à Naples chez son frère.

---

[1] Elle s'y trouve en effet dans le n° du 7 octobre 1752, page 492. Le *Mercure de France* du mois de novembre, p. 172, contient aussi une description de cette fête.

[2] Marie-Louise-Élisabeth. Voir t. Ier, p. 258, et t. II, p. 237.

Octobre. — M. Pierron, substitut de M. le procureur général, qui tient, à la chambre des vacations, la place des gens du roi, qui en fait les fonctions et qui est un garçon de mérite fort répandu dans le monde, a eu grand soin de dénoncer à la chambre, avec les explications et qualifications convenables, plusieurs écrits imprimés sans permission qui ont paru à l'ordinaire. Il a été rendu plusieurs arrêts portant suppression et condamnation au feu de tous ces écrits, en sorte que la chambre des vacations a parfaitement rempli les intentions du parlement.

— Messieurs du Châtelet, même, depuis la Saint-Simon qu'il n'y a plus absolument de parlement[1], ont condamné une lettre d'un archevêque en réponse à celle d'un conseiller[2], à être brûlée par la main du bourreau, comme tendant à introduire et autoriser le schisme, etc.[3].

— Pendant le mois d'octobre, la cour a été fort brillante à Fontainebleau; il y a eu souvent le divertissement des chasses, et beaucoup de spectacles. Outre les comédiens ordinaires[4], les acteurs et actrices les plus renommés de l'Opéra y ont été plusieurs fois.

---

[1] Voir ci-dessus, p. 288, note 2.

[2] *Seconde lettre..... en réponse à la lettre d'un conseiller du parlement*, du 7 septembre 1752 (par M. Languet, archevêque de Sens), 16 p. in-4°.

[3] La sentence a été cassée et annulée par un arrêt du conseil du 12 novembre, comme le Châtelet étant incompétent en ces sortes de matières (*Note postérieure de Barbier*). Le texte de cette sentence se trouve dans les *Nouvelles ecclésiastiques* du 5 décembre 1752, p. 193.

[4] Les comédiens français, qui recevaient du roi une pension de douze mille livres, ne jouaient ordinairement à la cour que depuis la Saint-Martin (11 novembre), jusqu'au jeudi avant la Passion; cependant, lorsque le roi allait à Fontainebleau, une partie de la troupe le suivait dans cette rési-

— Le 17, le roi a accordé un brevet d'honneur à madame la marquise de Pompadour, en conséquence duquel elle a été présentée par madame la princesse de Conti, douairière, au roi et à la reine, chez laquelle elle a eu le tabouret[1]. Elle a fait mettre le manteau[2] à ses armes sur toute sa vaisselle d'argent. Elle n'a pas le titre et le nom de duchesse, mais elle en a tous les honneurs. Cela a fait, pendant du temps, la conversation de Paris.

— Le roi, par un arrêt du conseil du 17 de ce mois, a trouvé le secret d'emprunter vingt-deux millions cinq cent mille livres en argent, en recevant pareille somme en contrats sur la ville, faisant le tout quarante-cinq millions, dont il ne paye pas d'intérêts, remboursables en neuf années en billets au porteur du trésorier général de la caisse des amortissements, qui seront délivrés aux porteurs et propriétaires desdits contrats et argent; en sorte qu'en portant un contrat sur la ville au principal de quatre mille cinq cents livres, et quatre mille cinq cents livres en argent, on délivrera pour neuf mille livres de billets de cent livres chacun, dont dix payables en avril 1754, et ainsi pour les huit années suivantes, dont le dernier payement sera en 1762. Le propriétaire du contrat, dont la rente n'est qu'au denier quarante et qui perd moitié sur la place, recevra, par là, le remboursement de son capital en entier. Mais aussi, s'il mange en 1754 et autres années

dence, et, dans ce cas, chaque acteur recevait un supplément d'appointement de dix livres par jour.

[1] Le droit de s'asseoir sur un tabouret, chez la reine, honneur qui n'était ordinairement accordé qu'aux princesses et aux duchesses.

[2] Les princes et les ducs et pairs avaient seuls le privilége de couvrir l'écu de leurs armes du manteau.

les mille livres qu'il recevra par an, il n'aura plus rien au bout de neuf ans, ni de son contrat, ni des quatre mille cinq cents livres d'argent comptant qu'il avait. Je ne sais pas si cela se remplit; mais, en tout cas, comme cela est à prendre sur la caisse des amortissements, qui n'est fondée que sur l'imposition du vingtième, le parlement doit voir l'inutilité de son arrêté[1] pour prier ledit seigneur roi de déclarer le terme de cette imposition, puisque, suivant cet arrêt, cela doit durer au moins jusqu'en 1762, indépendamment de ce qui arrivera d'ici à ce temps-là.

— La récolte de cette année a été très-abondante, tant en vin qu'en blé. Cependant le pain ordinaire continue jusqu'ici de valoir trois sous la livre et le pain quatre sous, ce qui étonne fort. On fait pourtant espérer qu'il va diminuer.

Novembre. — M. Le Gendre de Collande, brigadier des armées du roi, neveu de M. le comte d'Argenson, ministre de la guerre (étant fils de sa sœur, fille du garde des sceaux[2]), est mort ces jours-ci, âgé de vingt-sept ans. Mais le bruit est qu'il a eu quelque dispute à un souper avec M. le marquis Le Voyer d'Argenson, fils du ministre, son cousin germain; que le lendemain il a été le trouver; qu'ils se sont battus et qu'il a été tué. Il est dit dans la *Gazette de France* qu'il est mort à sa terre.

— On a trouvé, dit-on, affiché à la porte des Enfants-Trouvés, dans la sacristie de Saint-Leu et en d'autres

---

[1] Barbier veut sans doute parler des protestations du parlement contre l'imposition du vingtième denier, au mois de mai 1749. Voir ci-dessus, p. 80.

[2] Voir t. Ier, p. 84.

endroits, une oraison à Dieu[1], pour toucher le cœur de l'hérétique parlement de Paris, afin qu'il cesse de nuire à la religion chrétienne, et, au bas « Prevost, prêtre de Saint-Leu. » Ce M. Prevost est un galant homme, qui ne se mêle de rien, à qui quelque ennemi a joué ce tour. Il en a rendu plainte au Châtelet; on n'en a pas parlé depuis.

— Il s'est tenu mardi, 21, un grand conseil à Versailles, sur les affaires du temps. Les agents du clergé avaient présenté une requête au roi pour demander la cassation de l'arrêt du parlement du 18 avril dernier, comme étant une entreprise sur l'autorité spirituelle, etc. Il y a eu un arrêt du conseil sur requête, qui casse effectivement l'arrêt du parlement, mais comme attentatoire à l'autorité du roi, qui s'était réservé la connaissance de cette affaire, etc. On ne sait pas précisément le dispositif de cet arrêt. Comme il est sur la requête du clergé, et que ce n'est pas un arrêt émané du mouvement du roi, il ne sera pas imprimé[2]. Ce serait au clergé à le rendre public, et il ne le fera pas, n'en étant pas content. Cet arrêt du conseil a été dressé, dit-on, sur les avis de M. Gilbert de Voisins.

Décembre. — Le 1er, assemblée des chambres, dans laquelle il a été arrêté de mander M. Moreau, procureur du roi du Châtelet, pour venir rendre compte à la cour de sa conduite. Il s'agissait d'une affaire de refus des sacrements, fait par le porte-Dieu de Saint-Jean en Grève,

---

[1] Elle est imprimée dans les *Nouvelles ecclésiastiques,* du 23 janvier 1753, p. 14.

[2] Barbier donne une copie de cet arrêt d'après la *Gazette de Hollande*, mais il avertit en même temps que cette copie n'est pas exacte.

lesquels sacrements avaient été portés par le vicaire qui, pour cela, a été renvoyé et interdit[1] par M. l'archevêque. Il y avait eu des plaintes, procédures et informations faites au Châtelet. M. le procureur du roi, en vertu d'une lettre de cachet à lui adressée, avait retiré du greffe du Châtelet la minute des informations qu'il avait portée et remise à M. le chancelier, dont il est fort ami. Samedi, 2, M. Moreau s'est rendu à l'assemblée des chambres et s'est excusé, sans doute, sur les ordres du roi. Mais M. le premier président lui a dit, qu'étant conseiller ordinaire du parlement et substitut de M. le procureur général, il devait être instruit des règles; qu'il n'était point permis de déplacer ainsi des minutes du greffe. On lui a enjoint d'être plus circonspect à l'avenir[2].

— Les chambres se sont assemblées depuis, pour une autre affaire plus délicate. Par arrêt du 29 juillet, la cour a condamné à être brûlé, un écrit imprimé commençant par ces mots : *Ira Dei*, etc.[3]. Il a été ordonné, en même temps, qu'il serait informé contre ceux qui ont composé, imprimé et distribué ledit écrit. On a repris cette affaire, depuis la rentrée du parlement, et il a été question de faire publier un monitoire[4] pour acquérir de nouvelles preuves par la voie de révélation, lequel monitoire doit être obtenu à l'officialité. On a raisonné de cela. Il a été question de savoir si M. l'arche-

---

[1] L'abbé Mallouin. Les marguilliers de la paroisse Saint-Jean le dédommagèrent en lui faisant une pension de cinq cents livres.

[2] Voir, pour les détails de cette affaire, les *Nouvelles ecclésiastiques*, du 16 et 23 janvier et du 27 février 1753, p. 9, 13 et 33.

[3] Voir ci-dessus, p. 395.

[4] Lettres d'un juge ecclésiastique pour obliger les fidèles à venir déposer des faits qui y sont contenus, sous peine d'excommunication.

vêque permettrait ou non, à son official, de délivrer ce monitoire, parce que l'on croit, dans Paris, que cet écrit séditieux vient de la part de l'archevêque ou de ses adhérents. Les partisans de l'archevêque et les molinistes répandent que ce sont quelques jansénistes qui sont les auteurs de cet écrit, pour rendre plus odieux le parti de l'archevêque et du clergé en général. C'est ainsi que l'on parle ordinairement dans les affaires de parti et surtout de religion. Quoi qu'il en soit, par suite d'un arrêt du 5 décembre, le procureur général, en qualité de complaignant à Dieu et à l'Église, s'est pourvu et a donné sa requête, et M. l'official de Paris a délivré un monitoire, lequel a été affiché, samedi, 9, dans tout Paris; dimanche, 10, il a été publié pour la première fois dans toutes les paroisses et le sera jusqu'au troisième dimanche; ensuite un quatrième pour le réaggrave[1], après quoi on prononcera l'excommunication. Ceci fait du bruit et peut avoir de très-grandes suites, parce qu'il est à craindre que des cerveaux brûlés et des esprits fanatiques ne fassent quelque révélation hasardée et inconsidérée. Il est certain que si on découvrait l'auteur ou l'imprimeur, on ne lui ferait pas un bon parti.

— Comme notre archevêque de Paris s'appelle Christophe, on a fait le petit brocard suivant :

> Le Christophe de taille et gigantesque et forte,
> Porte Dieu toujours avec lui[2];
> Mais le Christophe d'aujourd'hui
> Ne veut pas le porter, et défend qu'on le porte.

---

[1] Après trois publications d'un monitoire et avant l'excommunication, avait lieu l'*aggrave* puis le *réaggrave*, c'est-à-dire une fulmination solennelle du monitoire, avec menace des dernières censures de l'Église.

[2] On sait que ce saint est ordinairement représenté sous la forme d'un

— C'est encore ce qui vient d'arriver à Saint-Médard. Le curé [1], qui est un religieux de Sainte-Geneviève, comme celui de Saint-Étienne du Mont, a refusé de porter les sacrements à deux sœurs de la communauté de Sainte-Agathe [2], dans le faubourg Saint-Marceau. C'est une communauté où l'on élève parfaitement bien les pensionnaires, mais qui, depuis longtemps, est un peu soupçonnée de jansénisme. L'une des deux sœurs est morte sans sacrements. On disait même qu'on avait fait quelques difficultés pour lui donner la sépulture ; mais l'autre sœur est encore vivante ; la première était la sœur Thècle, la seconde est la sœur Perpétue.

Ce refus de sacrements a été dénoncé au parlement le mardi 12, que le parlement a été assemblé depuis dix heures du matin jusqu'à quatre heures après midi ; aussi a-t-il fait bien de la besogne.

Sur la dénonciation, arrêt qui ordonne que le curé et les vicaires seront mandés sur-le-champ pour venir rendre compte de leur conduite à ce sujet. Le curé, qui savait que le parlement devait s'assembler, avait pris la précaution de se retirer et n'avait pas couché dans son presbytère. Les deux vicaires se sont rendus aux pieds de la cour. Ils ont constaté, par leur déclaration, le refus de sacrements ; mais ils ont rejeté la cause sur le curé

---

géant portant J. C. sur ses épaules, d'après la signification de son nom composé des mots Χριστός, Christ, et φέρω, je porte.

[1] Pierre Hardy.

[2] Les filles de Sainte-Agathe, autrement appelées *de la Trappe* ou *filles du Silence*. Ces religieuses, qui suivaient la règle de l'Ordre de Cîteaux, après avoir éprouvé beaucoup de contrariétés dans leurs divers établissements, s'étaient enfin fixées dans la rue de l'Arbalète, où elles avaient fait l'acquisition de deux maisons contiguës, près du jardin de l'École de pharmacie.

et sur M. l'archevêque de Paris, et ont dit qu'ils n'avaient été que spectateurs des faits.

Arrêt qui ordonne qu'il sera informé, dans le jour, du susdit refus de sacrements, et arrêté qu'un secrétaire de la cour se transportera, aussi dans le jour, chez l'archevêque de Paris pour l'inviter à faire cesser ce scandale et pourvoir à l'état de la malade, par l'administration des sacrements.

Le mercredi, 13, le parlement s'est assemblé à huit heures du matin. Le sieur Ysabeau, greffier de grand'chambre et secrétaire de la cour, a rendu compte de la réponse de M. l'archevêque que l'on dit généralement être en ces termes :

« Le curé de Saint-Médard n'a de règle à suivre, dans l'occasion présente, que les lumières de sa conscience et les ordres que je lui ai donnés. L'administration des sacrements est un ministère que je ne tiens que de Dieu seul. Au surplus, je me ferai un devoir d'en conférer avec le roi. »

Arrêté qu'il sera fait une seconde invitation à M. l'archevêque de faire administrer la malade dans le jour. Réponse de M. l'archevêque qu'il avait déjà déclaré ses intentions et qu'il ne pouvait ni ne devait changer de conduite.

Arrêt qui ordonne que l'archevêque de Paris sera tenu, sous peine de son temporel, de faire cesser le scandale causé par ce refus de sacrements public, réitéré et persévérant, etc.

Arrêté que les pairs de France seront convoqués, en la manière accoutumée, pour se trouver lundi, 18, dix heures du matin, aux chambres assemblées, pour délibérer sur les informations faites, etc. Cet arrêté fait grand bruit dans Paris ; la convocation des pairs est un coup d'éclat, s'agissant d'attaquer l'archevêque en personne.

On dit que M. le premier président a écrit deux lettres, le soir, de l'aveu de la cour, l'une à M. le comte d'Argenson, pour lui rendre compte de ce qui s'était passé ; l'autre à M. le chancelier, pour le prier de demander au roi son heure et sa commodité, attendu que c'est à lui, premier président, à inviter le roi à venir à son parlement. A l'égard des pairs, ils doivent être invités par les secrétaires de la cour, à ce que l'on dit.

— Vendredi, 15, les chambres ont été assemblées depuis dix heures du matin jusqu'à près d'une heure. Arrêt qui ordonne la saisie du temporel de M. l'archevêque de Paris, à la requête de M. le procureur général. Arrêt qui ordonne aux deux vicaires de Saint-Médard de donner les sacrements à la sœur Perpétue.

Assemblée des chambres, le même jour, à quatre heures après midi jusqu'à neuf heures. Le procureur général a rendu compte de l'exécution de la saisie du temporel. Arrêt qui décrète de prise de corps les deux vicaires de Saint-Médard et ordonne à chacun des prêtres de cette paroisse, par ordre d'ancienneté, d'administrer la malade, laquelle, par parenthèse, a la complaisance de ne pas mourir pour voir la fin de ceci. On dit qu'on avait délibéré pour commettre M. l'abbé Boucher, prêtre, chanoine de Saint-Honoré, conseiller de grand'chambre, pour l'administrer ; mais on a mieux aimé commettre les prêtres de Saint-Médard.

— Les gens du parti moliniste disent que ces deux sœurs, sainte Thècle et sainte Perpétue, avaient été, pour ainsi dire, exilées de la maison de Sainte-Agathe pour fait de jansénisme, même avec quelques autres, et qu'elles y sont revenues. Il est vrai, en général, que cette maison est janséniste, et cela va lui donner encore plus de réputation.

— Samedi, 16, le parlement s'est assemblé le matin, mais on n'a pas fait grand'chose, parce que M. le premier président est allé à Versailles faire l'invitation au roi de venir à l'assemblée des pairs, ce que le roi ne fera pas apparemment. Cet événement qui paraît assez intéressant pour le public, ne dérange pas un petit moment les voyages du roi, et, dans un sens, cela est grand.

— Non-seulement les deux vicaires de Saint-Médard, mais tous les prêtres de la paroisse se sont retirés et enfuis hier soir, vendredi, 15; jusque-là même qu'il y avait un enterrement à faire, pour lequel on a été obligé de faire venir des prêtres de Saint-Hippolyte, paroisse du même faubourg.

On dit encore que le sacristain a emporté les clefs de la sacristie où sont tous les ornements dont il est chargé, en sorte que les marguilliers sont venus se plaindre ce matin au parquet de MM. les gens du roi, et savoir comment ils feraient demain dimanche pour le service et la messe de paroisse. Ceci devient sérieux : une paroisse de Paris sans aucun prêtre et surtout dans un faubourg plein de peuple!...

— On dit que la nuit du jeudi au vendredi, on a entendu, très-tard, passer nombre de carrosses qui allaient à l'archevêché, soit pour engager l'archevêque à se relâcher, soit pour le consoler, soit pour lui conseiller de tenir ferme, ce qu'il paraît disposé à faire; car tout le monde croit qu'il agit en tout ceci de très-bonne foi et par conscience. Comme tout le monde n'est pas janséniste, à un certain point, l'on dit qu'on lui a offert plus de trois millions, s'il voulait accepter; que M. le cardinal de La Rochefoucault, le cardinal de Soubise et tous les prélats qui sont à Paris, sont venus l'assurer que cette affaire était commune à tout le clergé, et qu'ils ont ordonné au sieur Jullien, trésorier général du clergé, de donner à M. l'archevêque tout l'argent dont il aurait besoin; parce que l'on sait que M. l'archevêque était déterminé à se retirer dans un séminaire et à se contenter de deux mille livres par an.

— Samedi, 16, après midi, le parlement s'est assemblé pour apprendre de M. le premier président, le succès de son voyage. Mais il faut qu'il y ait eu de mauvaises nouvelles, car ces Messieurs ne sont sortis de la grand'chambre qu'à cinq heures et demie, et les chambres des enquêtes se sont retirées chacune dans leur chambre, pour délibérer apparemment. J'ai envoyé à neuf heures du soir. Il y avait encore M. le premier président et quelques autres dans la grand'chambre, et Messieurs des enquêtes étaient en leur particulier. J'ai envoyé une seconde fois au palais, à dix heures; toutes les cours étaient encore pleines de carrosses; la grande salle pleine de domestiques; Messieurs des enquêtes étaient toujours assemblés, mais on dit qu'il n'y avait plus personne dans la grand'chambre. Une personne est venue me voir à dix heures du soir et m'apprendre qu'on avait donné un paquet à Versailles à M. le premier président, avec ordre de ne le décacheter qu'aux chambres assemblées.

— Le fait est vrai ; le premier président qui, dit-on,

avait même été mandé à la suite d'un conseil qui s'était tenu à Versailles le vendredi, au retour du roi de Choisy, attendit le roi dans sa chambre au retour de la messe. Son dessein était de parler au roi ; mais il n'en eut pas le temps. Le roi, en le voyant, lui dit : « M. le premier président, je défends à mon parlement de convoquer les pairs. Voilà un paquet (qu'il tira de sa poche), que vous porterez à votre compagnie et que vous n'ouvrirez qu'aux chambres assemblées, qui contient mes ordres. » Puis il lui tourna le dos, et entra dans son cabinet où il fut suivi de la cour. En sorte que le premier président resta seul dans la chambre, et vit bien que l'accueil n'était pas gracieux.

Le premier président de retour à Paris, et au palais, rendit compte et décacheta le paquet. Il trouva une lettre de cachet et un arrêt du conseil. La lettre de cachet défendait au premier président de présider à aucune délibération, et au parlement de délibérer à ce sujet. On commença à lire le préambule de l'arrêt, dont les expressions ne parurent pas convenables à la dignité de l'assemblée. Messieurs des enquêtes se levèrent tous brusquement et unanimement, sans attendre même la lecture du dispositif, en disant qu'ils ne connaissaient ni lettres de cachet ni arrêt du conseil, et se retirèrent chacun dans leurs chambres, d'où l'on envoya des commissaires reporter à la première chambre des enquêtes, qu'on appelle le cabinet des enquêtes, le vœu et la décision de chaque chambre.

Messieurs des enquêtes étaient furieux. Ils ont fait une querelle personnelle à M. le premier président de s'être chargé de ce paquet, disant qu'il devait le remettre à M. le chancelier pour l'envoyer chercher par les gens du roi, dont c'est la fonction. Ce procédé aurait paru fort extraordinaire dans la personne du premier président, ayant reçu ce paquet de la main même du roi. Il faut convenir que les jansénistes ont un peu tourné la tête au parlement sur la hauteur et l'indépendance.

On a fait encore une querelle au premier président de ce qu'il s'était opposé à ce que M. Boucher, chanoine de Saint-Honoré, fût commis pour aller administrer la sœur Perpétue. M. le premier président représenta que si M. Boucher partait du cloître Saint-Honoré pour cette cérémonie, il serait suivi de quinze mille âmes en allant à Sainte-Agathe et de quarante mille en revenant, et qu'il fallait éviter une pareille confusion qui pourrait avoir des suites. C'est ce que ceux du parti contraire auraient souhaité. D'ailleurs, Messieurs du chapitre de Saint-Honoré n'auraient peut-être pas consenti qu'il fît cette démarche.

Enfin, cela a été jusqu'à dire que le premier président s'entendait avec la cour, et qu'il savait bien ce qu'il y avait dans le paquet. Jusqu'ici, il paraît avoir agi de bonne foi; mais, quand cela serait, il ne ferait que ce que tous les premiers présidents font ordinairement.

— L'arrêt du conseil porte mainlevée pure et simple de la saisie du temporel, évocation au roi de l'affaire de la sœur Perpétue, avec ordre de lui porter les procédures et informations faites à ce sujet, etc. Cela a mortifié furieusement les jeunes conseillers, qui se faisaient une fête de se trouver de pair avec les pairs de France.

— On dit que M. l'abbé de Vougny, conseiller de

grand'chambre, a voulu dénoncer au parlement, ces jours passés, les plaintes du peuple sur la cherté du pain, qui est toujours à trois sous malgré la grande récolte, raison pour laquelle tout le monde est quasi persuadé qu'il y a de la malversation sur les blés, afin que le parlement nommât des commissaires pour aller dans les gros marchés du ressort prendre connaissance des ordres qui s'y donnent de la part de la police, et des magasins de blé que l'on y fait. Il y a des magasins d'ordonnance pour prévenir les cas où il y aurait disette; mais M. de Vougny avança qu'il y avait quatre-vingts magasins extraordinaires au delà de ceux d'ordonnance.

On a eu beaucoup de peine à empêcher M. de Vougny de faire cette dénonciation. Les gens du parti janséniste, pour ne pas embrouiller la besogne, s'y sont opposés. Ils ont bien plus à cœur la destruction de la bulle *Unigenitus*.

— Lundi, 18, toutes les chambres se sont rendues à la grand'chambre, à six heures et demie du matin. Cette assemblée n'avait point été indiquée, comme à l'ordinaire, dans l'assemblée de samedi. On n'y a arrêté autre chose que d'envoyer les gens du roi à Versailles demander un jour pour une députation du parlement. Le roi a donné mercredi, 20.

— On a fait courir le bruit, dans Paris, que M. le duc d'Orléans s'attendait lundi à venir au parlement; qu'il avait commandé sa maison pour venir en grand cortége; que même les ducs et pairs prenaient fait et cause dans cette affaire, non pas par rapport à la querelle des billets de confession, mais pour les droits et priviléges de la pairie; qu'un pair une fois attaqué dans sa personne et son honneur ne pouvait être jugé que par les pairs de France, et que la convocation des pairs ayant été arrêtée par le parlement, le roi ne pouvait point évoquer l'affaire, ni empêcher la convocation. On disait même qu'il y avait eu assemblée de plusieurs ducs chez M. le duc d'Orléans, le dimanche matin. Il pourrait bien y avoir quelque chose de vrai dans ces observations par rapport aux droits des pairs; mais il n'est pas à présumer que les princes du sang ni les ducs et pairs aient remué dans cette occasion.

— La sœur Perpétue se porte mieux. Elle a passé un acte, par-devant notaire, qu'elle a fait signifier au parlement, par lequel, après l'avoir remercié des soins qu'il a pris pour la faire administrer, elle déclare qu'elle est en état d'aller faire ses dévotions à sa paroisse. Cela est assez singulier[1].

— Mercredi, 20, le premier président et deux présidents ont eu audience à Trianon. Ils sont revenus tard, et le jeudi étant la Saint-Thomas[2], on n'a pas su au juste la réponse du roi.

— Le premier président avait deux objets de représentations au roi : le premier, que la défense du roi à son parlement de convoquer les ducs et pairs donnait atteinte aux droits des princes du sang et des ducs et pairs; le second, de faire connaître au roi qu'il était

---

[1] La sœur Perpétue était âgée de soixante-dix-neuf ans.

[2] La fête de saint Thomas, apôtre, était du nombre de celles que l'on chômait dans le diocèse de Paris. Elle avait été retranchée par le mandement de l'archevêque de Paris du 20 octobre 1666, approuvé par des lettres patentes du roi enregistrées au parlement; mais elle fut ensuite rétablie par les statuts synodaux du 6 juillet 1673.

d'usage, au parlement, de ne pas reconnaître ses volontés par un simple arrêt du conseil, etc.[1]

La réponse du roi a été communiquée à l'assemblée des chambres du vendredi, 22[2].

Arrêté du parlement[3]. Cet arrêté est singulier; malgré la défense de délibérer, il est fait en délibérant; et malgré la défense verbale de convoquer les pairs, il est arrêté qu'ils seront convoqués pour vendredi, 29.

En même temps, le parlement a chargé les gens du roi d'aller inviter le roi à se trouver à l'assemblée des pairs, et à donner un jour pour recevoir la députation du parlement.

— Le parlement trouve très-mauvais qu'on le renvoie à s'expliquer, à l'égard des formes, avec le chancelier. Le parlement ne le reconnaît point pour supérieur, quoique le chef de la justice; il prétend qu'il n'y a point de milieu entre le parlement et le roi.

— Samedi, 23, le parlement s'est assemblé à huit heures du matin quoique ce ne fût pas jour de palais,

---

[1] *Discours de M. le Premier Président au Roi*, du 21 décembre 1752, 3 pages in-4°, sans nom d'imprimeur, ni lieu, ni date. Ce discours se trouve aussi dans les *Nouvelles ecclésiastiques* du 27 mars 1753, p. 51.

[2] *Ibidem*. Le roi y déclare que la défense qu'il a faite au parlement de convoquer les pairs « n'a rien qui puisse intéresser les priviléges attachés à la dignité des pairs, que son intention est de conserver toujours dans toute leur intégrité. » Quant au second point, concernant la forme suivant laquelle les ordres du roi devaient être transmis au parlement, il renvoie à s'en expliquer avec le chancelier.

[3] *Nouvelles ecclésiastiques* du 27 mars 1753, p. 52. La cour arrête que les pairs seront invités à venir prendre leur place en la cour, pour aviser à ce qui est contenu dans la réponse du roi en ce qui touche l'essence de la cour et de la pairie; qu'il sera fait une députation pour faire connaître au roi les causes dudit arrêté, etc.

à cause de Noël, et a arrêté les objets de la députation que le parlement veut faire au roi.

Le même jour, Messieurs les gens du roi se sont transportés à Versailles. On dit généralement qu'ils ont été très-mal reçus du roi, qui leur a répondu qu'il était très-mécontent de son parlement; qu'il lui enverrait ses ordres, et qu'il lui défendait de nouveau la convocation des pairs, avec les termes, à ce que l'on dit, « de désobéissance. » Ainsi le roi n'a donné aucun jour pour la députation et ne veut pas la recevoir.

Depuis samedi, 23[1], il n'y a que des fêtes jusqu'au vendredi 29, et point de palais. On a eu peine même à savoir la réponse du roi, parce que les conseillers qui pouvaient la connaître n'ont pas été pressés de la rendre publique.

— Depuis l'acte et déclaration passé devant notaire par la sœur Perpétue, cette fille a été enlevée, par ordre du roi, de la maison de Sainte-Agathe et conduite à l'abbaye de Port-Royal. On trouve cela très-mauvais dans le parti janséniste. On dit même que le dessein du ministère est de supprimer cette maison, qui est une simple communauté sans fondation et sans lettres patentes d'établissement. Il y a quatorze ou quinze sœurs qui n'ont point de vœux, et qui ne subsistent que par leurs pensionnaires et le travail de leurs mains. On leur a déjà ôté leur église ou chapelle, et elles vont à l'office à la paroisse de Saint-Médard. Cette dernière affaire va apparemment décider de leur suppression,

---

[1] Le 24, était un dimanche; le 25, jour de Noël; le 26, Saint-Étienne; le 27, Saint-Jean l'Évangéliste et le 28, les Saints-Innocents, toutes fêtes qui étaient de commandement dans le diocèse de Paris.

qui n'a été suspendue que parce que cette maison a toujours été protégée par la maison de Noailles.

— Du vendredi, 29. Le parlement s'est assemblé à huit heures du matin : l'assemblée n'a pas été longue ; les gens du roi y ont rendu compte de ce qui leur avait été dit par le roi. Quelque grand projet qu'ils eussent fait répandre dans Paris[1], ils n'ont pas osé aller plus loin. Il a été mention de l'enlèvement de la sœur Perpétue, comme de chose faite contre le droit des gens, et enfin il a été arrêté qu'il serait sursis à la convocation des pairs, que les gens du roi se rendraient dans le jour auprès du roi pour lui demander un jour pour la députation, à l'effet de faire de nouvelles représentations, etc.

Il est heureux, pour le public, que le parlement ait pris ce parti de douceur ; mais, dans le fond, après le bruit qu'il a fait, il faut avouer que la conduite d'aujourd'hui est encore une cacade : quand l'on sait ou doit savoir que le roi est en droit de faire taire et obéir d'un seul mot, il ne faut pas fatiguer le souverain en s'opposant à chaque instant à ses volontés, ni se publier dans Paris comme une puissance établie par sa constitution pour contre-balancer l'autorité souveraine.

— Vendredi, 29, à midi, on a signifié, par lettres de cachet, un ordre du roi aux dames de Sainte-Agathe de renvoyer leurs pensionnaires chez leurs parents et de vider, dans quinzaine, la maison qu'elles occupent. Comme elles sont sans établissement et sans lettres patentes, il n'y a rien à dire ; mais cela déplaît fort au parti janséniste. On faisait là des élèves du parti.

---

[1] Les membres du parlement.

— Samedi, 30, les gens du roi ont rendu compte de leur voyage d'hier à Versailles, et que le roi avait donné jour pour entendre la députation à mercredi, fête de Sainte-Geneviève, 3 janvier 1753. C'est ce jour-là que tous les premiers magistrats vont à Versailles faire leur cour au roi pour la nouvelle année. Ainsi Messieurs les députés du parlement feront d'une pierre deux coups, comme l'on dit.

— Il y a, dans la maison de Sainte-Agathe, quatorze sœurs, dont la plupart sont fort âgées; la sœur Perpétue faisait la quinzième. Il y a trente-deux jeunes pensionnaires, et quarante pensionnaires, femmes ou filles d'un certain âge, qui s'étaient retirées dans cette maison.

Tous les parents se disposent à retirer leurs filles ou parentes pour les reprendre ou les mettre ailleurs. Les sœurs qui n'ont point de vœux, et les autres pensionnaires, se retireront où elles voudront. La maison, qui leur a été donnée, dit-on, originairement par la famille de Noailles, a appartenu successivement à chaque supérieure. Nous verrons ce que deviendra la maison[1], qui est assez grande, avec des jardins.

— M. Blondel d'Azaincourt, qui a été officier, chevalier de Saint-Louis et intendant des menus plaisirs du roi, fils de M. Blondel de Gagny, trésorier général de la caisse des amortissements, a épousé la fille de M. de La Haye des Fossés, frère de M. de La Haye[2],

---

[1] Elle fut achetée, en 1755, par le sieur de Montchablon qui y établit une pension de jeunes gens.

[2] Marin de La Haye, qui mourut en 1753. Il demeurait à l'hôtel Lambert qu'il avait acheté de M. Dupin, et possédait une riche bibliothèque dont le catalogue a été rédigé par le savant libraire Martin, et imprimé in-8°.

ancien fermier général, très-riche, et qui n'a point d'enfants. C'est M. le garde des sceaux, contrôleur général, ami, et qui a fait la fortune de M. de Gagny, qui a fait ce mariage. La fille a eu trois cent mille livres en mariage.

ANNÉE 1753.

Janvier. — Cette année commence par une grande gelée et un grand froid. La rivière a d'abord charrié, et elle est prise entièrement depuis le pont de la Tournelle, en remontant; le reste, dans la ville, est presque pris. On a déchargé tous les bateaux. Les ouvriers travaillent à force à casser la glace pour prévenir la grande débâcle.

— Malgré la gelée, le parlement s'est rendu à Versailles, le 3 janvier au matin; c'est la grande députation composée de quarante-deux personnes. On dit que le discours[1] du premier président est très-fort, suivant le travail des commissaires sur les objets proposés par le dernier arrêté, auxquels on a joint quelques représentations sur l'enlèvement de la sœur Perpétue.

Le roi a répondu que son parlement était suffisamment instruit, par les ordres qu'il lui avait donnés verbalement et par écrit, de l'évocation qu'il avait faite, pour ne pas avoir besoin de nouveaux ordres. « Quant aux ordres particuliers que j'ai jugé à propos de donner[2], a-t-il dit à M. le premier président, je ne croyais pas, Monsieur, que vous eussiez osé m'en parler. »

---

[1] Ce discours et la réponse du roi se trouvent dans le numéro du 3 avril 1753 des *Nouvelles ecclésiastiques*, p. 53 et suiv.

[2] Les ordres relatifs à l'enlèvement de la sœur Perpétue.

— Jeudi, 4, arrêté du parlement, les chambres assemblées, qu'il sera fait registre de la réponse du roi, et que très-humbles et itératives remontrances seront faites audit seigneur roi, etc.

— Comme la levée du vingtième sur le revenu des biens-fonds est une taxe que l'on peut regarder imposée à perpétuité, le grand projet de M. de Machault a été d'y assujettir tous les ordres du royaume qui pouvaient prétendre quelques priviléges à cet égard, ou, du moins, qui avaient une possession d'exemption, tels que les pays d'États et le clergé, et c'est à quoi il travaille depuis 1750. On sait l'opposition que le clergé de France soutient, depuis deux ans, aux déclarations des revenus que le roi a demandées à tous les bénéficiers des biens ecclésiastiques. Les pays d'États, accoutumés, ainsi que le clergé, à donner des dons gratuits au roi et à en faire l'imposition par eux-mêmes, ont fait paraître, comme on le pense bien, la même opposition. On a commencé par les États de Languedoc, et il y a eu beaucoup de difficultés[1].

Les États de Bretagne dont les peuples sont hauts et turbulents, à craindre même à cause de l'Angleterre, ont fait plus de résistance. M. le duc de Chaulnes a tenu les États au nom du roi, et l'on est parvenu à les réduire aux mêmes conditions des États de Languedoc. Les États n'ont fini et ne se sont séparés qu'à la fin du mois de décembre dernier; mais, comme il y a eu trop d'obstination de la part de quelques membres de la noblesse, on a cru qu'il fallait punir et soutenir l'autorité royale. On dit que M. l'évêque de Rennes est

---

[1] Voir ci-dessus, p. 120 et 122.

exilé dans son diocèse. Cela a surpris, parce que M. de Vauréal est homme de cour, livré, par conséquent, aux intérêts du roi. Mais peut-être a-t-il été engagé à s'opposer à M. le duc de Chaulnes, dans cette conjoncture, par le clergé qui sent bien l'effet de la réduction des États par rapport à lui. On dit aussi qu'il y a plus de vingt lettres de cachet; qu'il y a trois des principaux gentilshommes arrêtés et les autres exilés loin de leur province. Cette politique est juste et nécessaire pour assurer l'autorité du souverain.

— Autre histoire de politique. Il y a plusieurs années que la France entretient des troupes françaises dans l'île de Corse; d'abord sous prétexte de protéger les habitants sur leurs plaintes contre la république de Gênes, et, en même temps, pour les réduire insensiblement sous l'obéissance de cette république. Ces troupes sont commandées par le marquis de Cursay [1]; dont la conduite depuis a paru assez approuvée.

Les habitants de l'île de Corse, qu'un esprit de révolte agite toujours, s'en sont rapportés au roi de France pour leur accommodement. Il y a plus d'un an que la cour a envoyé à M. de Cursay un règlement général qui avait été fait de concert avec la république de Gênes, pour le faire agréer à ces habitants de Corse.

---

[1] Séraphin-Marie Rioult de Douilly de Cursay, fils d'un lieutenant général gouverneur du haut Poitou, après avoir été d'abord capitaine de carabiniers était devenu colonel du régiment d'infanterie de Tournaisis. Il passa en Corse avec son régiment, y fut nommé maréchal de camp le 25 août 1749, et remplaça dans le commandement des troupes françaises qui occupaient cette île, M. Chauvelin, promu lieutenant général et envoyé extraordinaire auprès de la république de Gênes. Durant son séjour en Corse, M. de Cursay y établit une Académie des sciences et belles-lettres.

Cependant rien ne finissait. La république a envoyé des commissaires en Corse pour agir conjointement avec M. de Cursay. Ces commissaires, étonnés de la résistance des insulaires, ont examiné de plus près la conduite de M. de Cursay. Ils ont découvert, à ce que l'on dit, que M. de Cursay, à qui ce commandement vaut au moins quatre-vingt mille livres de rente, avait travaillé lui-même à se perpétuer et avait entretenu secrètement la division de ce peuple. Les commissaires s'en sont plaints et en ont envoyé des preuves à la cour. C'est M. le comte d'Argenson, ministre de la guerre, de tout temps ami de la famille de M. de Cursay, qui lui avait donné cet emploi honorable pour l'avancer; mais, malgré sa protection, il a fallu satisfaire la république. La cour a envoyé en Corse un officier général qui ne devait ouvrir son paquet qu'en mer, avec ordre de prendre le commandement des troupes et de prendre de justes mesures pour s'assurer de la personne de M. le marquis de Cursay, ce qui a été exécuté avec secret. Cet officier, avec une escorte de grenadiers, a surpris M. de Cursay chez lui, lui a fait voir ses ordres, s'est emparé de tous ses papiers, l'a fait conduire sur un vaisseau et, de là, au château d'Antibes. Les uns disent que M. de Cursay y est resté pour que son procès soit instruit par des commissaires du roi tirés du parlement d'Aix, afin d'être plus à portée d'avoir les preuves et les témoins. D'autres disent qu'il a été amené ici à la Bastille, et on ne parle pas moins que de lui faire couper la tête[1]. Cet événement mérite d'être suivi, car n'y a-t-il pas aussi

---

[1] M. de Cursay avait indisposé le gouvernement français par son obsti-

quelque ressort secret de politique caché, par rapport à ce royaume de Corse?

Quoi qu'il en soit, le marquis de Cursay ne sait peut-être pas la mort de madame de Cursay, sa mère, morte depuis le 1ᵉʳ jour de l'an à soixante-cinq ans, laquelle a été une très-belle femme, qui n'a pas peu contribué à la ruine du fameux banquier Hoguers, très-connu dans l'histoire du temps [1].

ation a affirmer qu'il avait amené les Corses à la soumission envers la république de Gênes, lorsqu'il était constant, au contraire, qu'ils avaient refusé, dans la consulte de Valle-Rustie, le règlement envoyé par la France. Pour ce motif, et aussi sur les plaintes du marquis de Grimaldi, commissaire général des Génois en Corse, le ministère ordonna l'arrestation de M. de Cursay et confia l'exécution de cet ordre à M. de Chauvelin. Celui-ci, à cet effet, envoya secrètement un officier à M. de Courcy, colonel du régiment de Tournaisis, pour qu'il eût à prendre le commandement à la place de M. de Cursay et à s'assurer de la personne de ce dernier. M. de Courcy qui se trouvait alors à Corte, se rendit à Bastia dans le plus grand mystère, y arriva à l'improviste le 9 décembre, au milieu de la nuit, arrêta le général et le fit partir pour la France. M. de Cursay débarqua à Antibes le 30 décembre, et y fut enfermé dans le Fort-Carré, où il subit d'abord une captivité très-rigoureuse, jusqu'à avoir, dans sa chambre même, des sentinelles avec la baïonnette au bout du fusil. Mais cette sévérité dura peu, et le 19 janvier 1753, le prisonnier fut transféré dans la citadelle de Montpellier. Les charges qui pesaient sur lui s'évanouirent sans doute, car, dès l'année suivante, M. de Cursay fut employé en Bretagne; il y commanda le camp de Saint-Malo, en 1756, remplaça ensuite le duc de Randan dans le commandement de la Franche-Comté, de 1757 à 1759, fit en Allemagne les campagnes de 1760, 1761, 1762, et mourut lieutenant général à Paris, le 27 mai 1766. (*Extrait des Archives du ministère de la guerre.*)

[1] Jeanne-Baptiste-Marie, née en 1690, morte le 3 janvier 1753, était fille de François-Ameline Blondot, contrôleur-commissaire de la marine. Elle avait épousé, au mois de janvier 1704, Séraphin Rioult de Douilly, comte de Cursay, lieutenant général, frère de madame de Pléneuf et oncle, par conséquent, de madame de Prie. Madame de Cursay, qui mourut de chagrin, dit-on, en apprenant l'arrestation de son fils, passait pour avoir eu de nombreux amants, et entre autres un riche banquier suisse, nommé Hauguers ou Hoguers. Il est fait allusion à cette liaison dans un couplet de

— L'on sait que le roi de Prusse, qui veut policer et illustrer son pays qui tient encore un peu de la barbarie du Nord, a attiré, de France, deux hommes illustres; l'un M. de Maupertuis[1], grand géomètre, qui est président de l'Académie des sciences de Berlin, l'autre M. de Voltaire, auteur connu, l'un des grands hommes de la république des lettres, qui est auprès du roi en qualité de chambellan et dans la grande familiarité.

Un auteur hollandais a écrit sur une matière traitée par Leibnitz, auteur anglais. Le roi de Prusse, qui aime les belles-lettres et le commerce d'esprit, a fait secrètement avec Maupertuis, dit-on, une réponse à l'auteur hollandais, sous un nom emprunté. Voltaire qui, au milieu de cette cour, ne pouvait guère ignorer l'action du roi de Prusse, s'est avisé d'écrire pour la défense de l'auteur hollandais[2], et a fort maltraité l'au-

l'année 1713, placé dans la bouche de mademoiselle Maugis, danseuse de l'Opéra, qui avait adopté la même livrée que la galante comtesse :

>Pourquoi vous scandalisez-vous,
>Cursay, de ma livrée?
>. . . . .
>Un duc habille mes laquais,
>Un suisse a soin des vôtres.

[1] Pierre-Louis Moreau de Maupertuis, né à Saint-Malo, le 17 juillet 1698, mort à Bâle le 27 juillet 1759.

[2] Barbier qui fait un auteur *anglais* de Leibnitz, bien que ce grand génie soit né à Leipzig, apporte également un peu de confusion dans son récit des circonstances qui précédèrent le départ de Voltaire de la cour de Berlin. Maupertuis venait de publier son *Essai de cosmologie*. Kœnig, professeur à la Haye, fit paraître une critique de cet ouvrage, et insinua que certaines opinions données par Maupertuis comme lui appartenant, étaient empruntées à Leibnitz ; le roi de Prusse prit parti pour le président de son Académie et fit rayer Kœnig du tableau des académiciens. Voltaire, venant en aide au docteur hollandais, attaqua à son tour Maupertuis

teur inconnu de la réponse. Il s'est même servi de mauvaises voies pour faire imprimer son ouvrage sous un nom supposé, contre la police du pays. Cela a piqué le roi avec raison. Il en a fait des reproches à Voltaire, qui a nié hardiment. Le roi, qui n'a pas voulu souffrir cet indigne procédé, a fait arrêter et interroger les gens nécessaires, pour avoir de quoi convaincre Voltaire. Comme cette aventure se conte ici différemment, les uns disent que Voltaire a été disgracié et exilé dans les États du roi de Prusse; les autres disent que le roi s'est contenté de le condamner à une amende pécuniaire de vingt à vingt-quatre mille livres, qui est bien la punition la plus sensible pour Voltaire qui est d'une avarice extrême. En sorte que cet homme qui est un des premiers génies du siècle, qui est très-riche par lui-même, par ses épargnes et par les tours indignes dont il a attrapé la plupart des libraires de Paris, pour ses ouvrages, qui jouissait ici de beaucoup d'honneurs à la cour, parce qu'on a trop d'indulgence pour le caractère de ces esprits rares, finira ses jours sans savoir presque où aller et méprisé par tous les pays.

— Il court un autre bruit, dans Paris, au sujet du prince Édouard. On dit qu'il a abjuré la religion catholique pour embrasser la religion protestante et anglicane. On dit bien plus, que le roi de Prusse veut lui donner sa sœur en mariage. Il y a toute apparence que ce sont des bruits sans aucun fondement.

— Le parlement a été assemblé jeudi matin, 11,

---

avec l'arme du ridicule, en faisant imprimer sa *Diatribe du docteur Akakia, médecin du pape*.

pour lire les nouvelles et itératives remontrances. Comme les commissaires y ont répété des représentations sur les lettres de cachet, à l'occasion de l'enlèvement de la sœur Perpétue, M. le premier président a marqué quelque opposition à rebattre cet objet, attendu la réponse que le roi lui a faite personnellement. Cela a donné matière à discussion; mais il a été décidé, dans l'assemblée, que cet article resterait dans les remontrances.

— Il a paru, l'année passée, un petit traité intitulé : *Apologie du schisme*[1], tendant à confirmer et à autoriser tout ce qui a été fait par le parlement. Le pape a cru devoir condamner cet écrit, sur quoi il a rendu un bref qui a été affiché dans Rome. Des exemplaires de ce bref sont parvenus jusqu'ici, et on en a vu quelques-uns dans Paris. Je ne sais si, en cour, on appréhendait que le parlement fît quelque chose à ce sujet, ce qui aurait été difficile, attendu que ce n'est qu'une ordonnance du pape dans ses États, ou si on a voulu donner une satisfaction au parlement; mais quel que soit le motif, le roi, par un arrêt du conseil du 13 janvier, a défendu de vendre aucun exemplaire de ce bref, sous le prétexte qu'il ne doit se débiter, dans le royaume, aucun écrit imprimé sans la permission du roi, ce qui ne s'exécute point à la rigueur. On a vendu publiquement, dans le palais, le code du roi de Prusse pour la réformation de la justice dans son royaume, et on ne l'a point défendu. Il en est de même d'une infinité de livres étrangers.

---

[1] *Apologie des jugements rendus en France contre le schisme par les tribunaux séculiers.* En France, 1752, 2 vol. in-12, et 1753, 3 vol. in-12. La première partie de cet ouvrage est de l'abbé Mey, et la seconde de Maultrot.

— Jeudi, 18, on a dénoncé au parlement un refus de sacrements, dans la ville d'Orléans. La scène se passe dans le couvent de Saint-Loup. Ce sont des Bernardines très-jansénistes. Il y a deux ans qu'on leur a ôté leur confesseur, qui était suspect. On leur en a donné un autre qui ne leur plaisait pas, et depuis, il n'y a point eu de confession dans le couvent; en apparence, du moins, car on dit qu'il y a des prêtres travestis qui vont confesser et administrer les religieuses, ce qui se fait plus aisément à Orléans qu'ailleurs, la ville, en général, étant fort entichée de jansénisme.

Il a été enjoint à l'évêque d'Orléans[1], de faire administrer ladite religieuse[2], dans une heure après la signification de l'arrêt.

Aussitôt après l'arrêt, on a apporté à M. le procureur général un arrêt du conseil, par lequel le roi évoque cette affaire à son conseil.

Mardi, 23, le parlement s'est assemblé. On a rendu compte de l'évocation, dont le parlement ne s'est pas plus embarrassé qu'à l'ordinaire, et il y a eu un arrêt qui, faute par l'évêque d'Orléans d'avoir satisfait à l'arrêt du 18, le condamne à six mille livres d'amende, etc.

Le même jour, à sept heures du soir, un huissier de la chaîne[3] a signifié à M. Gilbert, greffier en chef du parlement, frère du conseiller d'État, en parlant à sa personne, un autre arrêt du conseil qui casse l'arrêt de la cour rendu le matin. M. Gilbert n'a pas manqué

[1] Nicolas-Joseph de Paris, sacré évêque titulaire d'Europée en 1724, et évêque d'Orléans en 1733.

[2] La sœur Pulchérie.

[3] On appelait ainsi les huissiers qui étaient attachés au conseil du roi et qui en exécutaient les arrêts, parce qu'ils portaient une chaîne d'or au poignet, comme marque de leur charge.

d'en donner avis sur-le-champ à M. le premier président.

— Aujourd'hui, mercredi, 24, il n'y a point eu d'audience du matin à la grand'chambre. Le parlement s'est assemblé à neuf heures. M. Gilbert, greffier en chef, qui est aveugle et qui ne vient plus au palais, y est venu apporter et présenter aux chambres l'arrêt qui lui a été signifié. On dit que Messieurs du parlement n'étaient pas de bonne humeur. Ils ont été assemblés jusqu'à deux heures après midi. A ce jeu-là, les affaires du public souffrent beaucoup. Depuis un mois, il n'y a presque point eu d'audiences de relevée et on ne travaille point aux enquêtes.

Aussitôt que M. Gilbert a parlé de la signification à lui faite de l'arrêt du conseil, on lui a demandé s'il y avait des lettres patentes; il a répondu que non, sur quoi on lui a dit que la cour ne connaissait pas cela : on n'a pas seulement lu la signification de l'arrêt. Au surplus, on trouve assez extraordinaire la forme de cette signification par un huissier de la chaîne au greffier en chef, pour notifier au parlement un arrêt du conseil et les ordres du roi.

— Ce même jour, mercredi, 24, il est arrivé une aventure fort extraordinaire. Un abbé[1] ou homme déguisé en abbé, logeant à l'*Hôtel-Royal*, rue des Mathurins, a été trouver le sieur Vallat, orfévre vis-à-vis la grande poste[2], faisant un gros commerce pour acheter des galons d'or et d'argent à brûler, fort riche et qui a un bon carrosse. Cet abbé lui a dit avoir pour trois

---

[1] On verra plus loin qu'il portait le nom de Labadie.
[2] L'hôtel des Postes était à cette époque rue des Poulies.

mille livres de galons à vendre, et qu'il prît la peine de venir chez lui les prendre à trois heures après midi. Le sieur Vallat s'est rendu à l'auberge indiquée, dans son carrosse, a laissé en bas son laquais avec son argent, et est monté à la chambre de l'abbé, lequel ayant fermé la porte sur l'escalier, a demandé à notre orfévre s'il avait son argent. Celui-ci a répondu que oui, ce qui a fait croire à l'abbé qu'il l'avait sur lui, en or. En conséquence, l'abbé, muni d'un poignard, lui a dit qu'il n'avait point de galons à brûler, mais qu'il fallait lui donner les trois mille livres, et il s'est mis en devoir de le frapper. Vallat, qui est un homme assez fort, s'est défendu et a crié. L'abbé qui, outre le poignard, était aussi muni d'un rasoir, s'est jeté sur lui pour lui couper le cou. Mais le col de mousseline et les efforts du patient ont empêché tout l'effet du coup; il n'a eu qu'une blessure légère à la gorge et les mains ensanglantées. Les cris de notre orfévre ont fait venir les voisins, qui ont enfoncé la porte. L'abbé s'est sauvé par la fenêtre, sur les toits. La garde est venue, et on a investi toutes les maisons. L'abbé, dit-on, s'était caché derrière une cheminée de la dernière maison, au coin de la rue de La Harpe; mais il faisait soleil et son ombre l'a décelé. Un des gardes l'a menacé de lui tirer des coups de fusil. L'abbé n'a pas eu assez de résolution pour se laisser tomber du haut des toits et il a été pris. On a mis notre orfévre dans le lit de l'abbé, pendant ce temps-là; le chirurgien a fait son métier et on lui a donné du bouillon; le commissaire a procédé, de son côté, à interroger et à faire un procès-verbal. On dit que l'abbé a envoyé chercher deux autres abbés. Cela a duré jusqu'à près de minuit. On a reconduit l'orfévre chez lui, dans son carrosse, et on a conduit l'abbé en prison; son affaire ne sera pas longue. Il y a eu imprudence à Vallat à monter seul chez un homme qu'il ne connaissait pas, dans une chambre garnie, et bien de la témérité à l'abbé d'avoir cru seul assassiner ou faire assez de peur à un homme en plein jour.

— Le froid recommence à glace, comme ces jours passés. Les anciens glaçons sont encore sur les bords, et la rivière commence à charrier de nouveau. Mais pendant huit jours il est arrivé bien des bateaux de vin, de bois, d'avoine et de marchandises.

— Vendredi, 26, le parlement s'est assemblé. Il a été arrêté, d'abord, que les gens du roi se rendraient auprès du roi pour le supplier, de la part du parlement, de faire retirer l'original et la copie de l'arrêt du conseil signifié à M. Gilbert.

M. le premier président a ensuite supplié la cour de le dispenser de faire la rédaction des remontrances[1]. Il a fait, à ce sujet, un très-beau discours pour remercier Messieurs du parlement de leurs bontés et de la confiance qu'ils avaient eue en lui; il a fait connaître son zèle pour les sentiments de la cour, et son union inviolable avec elle. En conséquence, on a nommé quatre commissaires pour travailler à la rédaction des remontrances : M. l'abbé du Trousset d'Héricourt, M. Boutin, M. Roland de Challerange et M. Revol, intime ami de M. Gilbert, conseiller d'État.

— Le 23 de ce mois, la mort a été sur les grands.

---

[1] Les articles de ces remontrances avaient été arrêtés dans la séance de la veille, 25.

Madame la duchesse du Maine, princesse de la maison de Condé, est morte, âgée de soixante-seize ans passés. Elle a laissé pour enfants, M. le prince de Dombes et M. le comte d'Eu.

La fille unique de M. le comte de Saint-Séverin d'Aragon[1], ministre d'État, épouse de M. d'Egmont, comte de Pignatelli, est morte, à la suite d'une couche, à l'âge de seize ans. Elle est extrêmement regrettée. Elle était petite-fille de madame de Villemur, veuve du garde du trésor royal.

— Samedi, 29, les gens du roi ont été à Versailles et ont été assez mal reçus. Le roi leur a répondu : « Je veux être obéi, de quelque manière et en quelque forme que mes volontés parviennent à mon parlement. La conduite qu'a tenue mon parlement depuis quelque temps m'oblige à en user ainsi. »

Le parlement s'est assemblé le mardi, 30, le matin. Il est outré de la réponse du roi. Le parti était pris, même avant l'assemblée, de se séparer, les chambres restant assemblées, et de cesser toutes fonctions. C'est pourquoi le parlement a envoyé ordre au Châtelet de lui envoyer, à huit heures du matin, la procédure et le jugement de l'abbé Labadie[2] qui a voulu assassiner le sieur Vallat. Cela a été exécuté, et comme ce procès

---

[1] Blanche-Alphonsine-Octavie-Marie-Louise-Françoise, née en juillet 1736. Elle avait épousé le 14 décembre 1750, Casimir, marquis d'Egmont, frère de Guy-Félix, et était, par conséquent, belle-sœur de la comtesse d'Egmont dont il a été parlé ci-dessus, p. 49. Elle mourut le 20 au lieu du 23 comme le dit Barbier.

[2] Il avait appelé de la sentence rendue contre lui au Châtelet ou plutôt était censé l'avoir fait, car la sentence du prévôt de Paris est aussi du mardi 30 janvier, et le parlement s'était fait apporter ce jugement à huit heures du matin....!

n'était pas difficile et qu'il fallait un exemple, on voulait le juger avant de se séparer; on y a travaillé, en effet, jusqu'à dix heures et demie. L'abbé a été renvoyé au Châtelet[1]; il y a été appliqué à la question extraordinaire, et il a été rompu le mardi 30, sur les six heures du soir. On dit que c'était un mauvais sujet, mais homme de famille de Bordeaux.

— Après ce jugement, les chambres se sont donc assemblées; après bien des discussions sur le parti qu'on prendrait, il a été arrêté qu'on continuerait de travailler aux remontrances, que les chambres s'assembleraient le 6 février pour les lire, et on a remis à ce jour-là à délibérer sur la réponse du roi. Au moyen de cela, on lira les remontrances dans huit jours : il y aura peut-être quelque changement à y faire; les gens du roi iront demander un jour pour une députation; cela mènera au moins à quinzaine, pendant lequel temps on continuera de travailler aux affaires, les esprits se radouciront, le roi fera examiner les remontrances en son conseil avant de donner une réponse, et il y aura peut-être d'ici là quelque arrangement avec le clergé, car c'est là le but principal.

— Sur un refus de sacrements fait par un curé, dans la ville de Troyes, le présidial[2] a procédé contre lui, l'a décrété et l'a apparemment condamné à une amende. Bref, il a fait vendre les meubles du curé, ce qui a très-

---

[1] *Arrêt de la cour du parlement qui condamne Jacques-Louis Labadie, maître ès arts en l'Université de Bordeaux, à être rompu vif*, etc. Paris, P. G. Simon, 1753, 3 p. in-4°.

[2] Tribunal établi dans les villes importantes, qui jugeait en dernier ressort les appellations des juges subalternes lorsqu'il ne s'agissait que de sommes peu considérables.

fort fait crier Messieurs les évêques. Par arrêt du conseil, le roi a interdit pour trois mois tous les officiers du présidial de Troyes ; mais les habitants de cette ville sont plus punis par la privation de la justice pendant trois mois, que ces officiers qui se tiendront tranquilles.

Février. — Mardi, 6, les chambres se sont assemblées, mais il n'a pas été question des remontrances qui ne sont pas faites. Les objets sont seulement préparés. Il y en a vingt-deux qui sont très-forts, et dont on a eu des copies dans Paris[1]. Cela ne devrait pas être, mais cela est difficile à empêcher ; d'autant qu'après avoir été arrêtés, il a fallu les communiquer aux trente-huit commissaires nommés pour les remontrances, et puis dans chaque chambre.

Les quatre commissaires choisis pour la rédaction des remontrances sont chargés de faire, chacun en particulier, le corps des remontrances par amplification sur les arrêtés. Ensuite les trente-huit commissaires examineront celles qui conviendront le mieux ; on les communiquera à chaque chambre, puis aux chambres assemblées pour toucher, changer, rectifier. Indépendamment des grandes maximes sur l'autorité du roi, sur les entreprises du clergé, etc., il y sera parlé en détail des lettres de cachet surprises au roi, au sujet de la bulle *Unigenitus*, depuis 1714. Savoir si cela plaira au roi et aux ministres.

— Comme l'exécution de l'abbé Labadie a été un peu diligentée, on ne savait où mettre l'échafaud, à la

---

[1] Ils se trouvent imprimés dans les *Nouvelles ecclésiastiques* du 24 avril 1753, p. 65.

porte Saint-Michel ou sur le Pont-Saint-Michel, et enfin on s'est déterminé pour la place de Grève.

Notre patient n'est arrivé qu'aux flambeaux, à plus de cinq heures, et pendant qu'on achevait l'échafaud, il est monté à l'hôtel de ville. Là, peut-être aussi de l'ordre du confesseur, car on dit qu'il est mort en bon chrétien, il a déclaré au conseiller au Châtelet, rapporteur, qu'il ne s'appelait pas Labadie, nom porté par l'arrêt et qu'il avait pris, et il a conté son histoire.

Il s'appelle Séraphon, et est de Bordeaux. Son père était un bourgeois ayant quelque bien, mais dérangé. Trois cavaliers, de la maréchaussée apparemment, vinrent dans sa maison pour mettre à exécution une sentence, il y a neuf ou dix ans. Il avait avec lui ses enfants, trois garçons, dont celui-ci était le cadet. Le père voulut faire résistance; un cavalier tira un coup de pistolet qui ne fit que blesser. Notre patient se jeta sur son épée, la tira et tua le cavalier; les deux autres s'en allèrent.

Le père fut arrêté et a été condamné aux galères, où il est encore actuellement. Les trois garçons ont été condamnés, dit-on, à être pendus par effigie.

Tout ce malheur n'est qu'une affaire de rébellion à la justice; mais Séraphon, père, ruiné, aux galères, les enfants obligés de s'expatrier sans avoir quoi que ce soit, Séraphon, le patient, est venu à Paris où il a fallu vivre d'intrigue, et où il a commis de mauvaises actions.

Il a fait connaissance, à Paris, d'un jeune abbé Labadie, aussi de Bordeaux, de bonne famille, mais mauvais sujet qui s'est engagé dans les troupes. Cet abbé, en partant, ayant laissé à Séraphon son extrait baptistaire, ses lettres de tonsure et de maître ès arts, Séraphon a pris, dans Paris, le nom de Labadie. Lorsqu'il a été arrêté après son assassinat, on a trouvé ces papiers et il s'est dit Labadie, ce qu'il a rétracté avant de monter sur l'échafaud, et ce que l'on a aussi éclairci après, par les papiers de sa cassette, où l'on a trouvé plusieurs lettres de son père Séraphon.

Cette aventure doit inquiéter la famille des Labadie de Bordeaux. On n'a fait encore aucune démarche pour justifier ce fait. Peut-être feront-ils aussi bien de n'en point faire, et de paraître indifférents et étrangers dans cette malheureuse affaire.

Ce fait a couru dans Paris, mais je le sais d'un conseiller au Châtelet.

— Il y a eu un ouragan si violent dans l'électorat de Hanovre, qu'il a renversé beaucoup d'arbres, et entre autres le fameux sapin appelé le *grand-père* par les gens de pays. Il avait neuf aunes de circonférence[1].

— Mardi, 13, le parlement a condamné au feu une consultation[2] attribuée faussement à des canonistes et avocats de Paris, dont il n'y avait qu'une première lettre des noms, pour établir l'incompétence des parlements dans la matière des sacrements. Le bâtonnier des avocats, suivi de plusieurs autres, s'est présenté à l'assemblée pour dénoncer et désavouer cet écrit imprimé, et a fait un discours pour justifier les sentiments de l'Ordre sur la compétence du parlement. Le dis-

---

[1] Dix mètres quatre-vingts centimètres et trois mètres quarante centimètres de diamètre.

[2] *Consultation de plusieurs canonistes et avocats de Paris, sur la compétence des juges séculiers par rapport au refus de sacrements*, etc. 8 p. in-4°. Voir au sujet de cet écrit les *Nouvelles ecclésiastiques* du 8 mai 1753, p. 75.

cours de M. Doulcet, bâtonnier, s'étant trouvé très-mauvais, quoique fait de l'avis d'autres anciens, on en a substitué un autre pour faire imprimer avec l'arrêt, qui est assez bien et ne contient rien d'outré. M. le premier président a répondu aux avocats d'une manière très-satisfaisante et fort pathétique.

— Mercredi, 14, le parlement s'est encore assemblé et a ordonné des informations sur un nouveau refus de sacrements à Orléans ; mais M. le premier président était si incommodé de la goutte qu'il ne put pas y venir. L'assemblée était tenue par M. le président Molé, qui n'est pas trop aimé des conseillers parce qu'il est un peu haut et fier, ayant d'ailleurs plus de trois cent mille livres de rente. En sorte que l'assemblée ne se passa pas, dit-on, aussi décemment qu'à l'ordinaire : il y eut plus de trouble et de confusion, au lieu que M. de Maupeou s'est conduit en tout ceci avec une grande dignité. M. Molé même, qui aspire à la première présidence, n'épouse peut-être pas aussi vivement les vues et les sentiments de la compagnie.

— On travaille toujours à ces belles et grandes remontrances ; leur retardement en diminue le prix dans le public. On a dit, dans Paris, que le sieur Bienfait, qui tient les marionnettes à la foire Saint-Germain, avait été arrêté et mis en prison parce que Polichinelle s'était avisé de badiner sur des *remontrances* qu'il avait à faire. On dit que le fait n'est pas vrai, et que le sieur Bienfait n'est point en prison. C'est donc une plaisanterie qui est une dérision du parlement, ce qui n'est pas trop convenable.

— Deux soldats aux gardes se sont battus, il y a quinze jours, pendant la comédie, dont l'un a été tué sur-le-champ. On a dit qu'ils avaient pris querelle sur les affaires du temps, et que celui qui soutenait le parti de l'archevêque de Paris avait tué celui qui était pour le parlement. Autre plaisanterie désagréable, car ces soldats s'en voulaient depuis longtemps et n'avaient point été disputer de ces affaires au cabaret.

— M. l'évêque d'Orléans a obtenu du conseil un arrêt d'évocation, et l'a fait porter à M. le procureur général, lundi, 19. On l'a mis dans la boîte des significations qui est sous la porte de M. le procureur général, à côté de son portier.

— Mardi, 20, le parlement s'est assemblé : M. le président de Maupeou, fils, qui n'est que le cinquième, présidait; M. le premier président a la goutte. Le président Molé est auprès de sa fille qui a la petite vérole ; M. le président de Rosanbo est parent de l'évêque d'Orléans; M. le président de Novion a aussi la goutte. M. de Maupeou, fils, est très-vif et a beaucoup d'esprit. L'assemblée n'a pas été longue. On n'a pas laissé parler M. le procureur général de la signification de l'arrêt d'évocation du conseil, comme s'il n'était point advenu, pour n'en pas connaître.

Le lendemain, mercredi, le parlement a décrété d'assigné pour être ouï, M. de Paris, évêque d'Orléans, qui est fort âgé et ne se mêle plus de rien. Ceci devient sérieux; voici un évêque attaqué. Cela surprend d'autant plus que l'on disait partout que les remontrances étaient arrêtées, que la commission s'était rassemblée pour travailler à un accommodement et qu'il y aurait bientôt une déclaration du roi.

— Affaire bien sérieuse au palais. Jeudi, 22, au soir, un huissier du conseil a signifié à M. Gilbert, greffier en chef, un arrêt du conseil qui casse l'arrêt du parlement de mercredi. En même temps, on a apporté, de la part du roi, à M. le procureur général, des lettres patentes par lesquelles le roi ordonne qu'il sera sursis à toutes affaires concernant le refus de sacrements sous peine de désobéissance, et enjoint au parlement d'enregistrer lesdites lettres.

Vendredi, 23, assemblée du parlement qui s'est terminée à dire qu'il serait fait des remontrances au roi sur lesdites lettres patentes, lesquelles seront ajoutées à celles à quoi l'on travaille : jusque-là, les lettres patentes ne seront point enregistrées. On a remis l'assemblée au 27, et la cour a ordonné aux gens du roi de rendre compte des anciennes affaires. M. de Rosanbo, qui présidait, a voulu faire entendre que c'était désobéir au roi sur la surséance ordonnée. Là-dessus, il a été très-maltraité de reproches et de paroles par la compagnie, et il a été apostrophé sur la conduite de ses père et aïeul, premiers présidents, qui se sont démis de leurs charges[1], ce qui est très-mortifiant pour ce jeune président.

On trouve, au fond, que le parlement a agi avec fermeté. Non-seulement ils n'ont point enregistré les lettres patentes malgré la menace de désobéissance, et il y a apparence qu'elles ne peuvent pas l'être sitôt s'il faut attendre que les remontrances soient finies, mais ils ont ordonné de rendre compte de toutes les affaires concernant les refus de sacrements comme s'ils voulaient toujours continuer d'en connaître.

— Mardi, 27, M. le président de Rosanbo n'a pas

---

[1] Voir t. II, p. 369.

voulu présider comme étant une commission très-embarrassante. La cour a remis l'assemblée au 9 mars, premier vendredi de carême, pour laisser passer les jours gras.

Mars. — Le 9, il n'y a rien eu de particulier; il a été seulement question de remontrances que l'on devait lire aux trente-deux commissaires pour les réduire et les corriger, parce qu'elles sont trop longues; mais, le 15, un conseiller a demandé à M. de Rosanbo[1] une assemblée des chambres qui lui a été accordée.

Il faut observer qu'un arrêt de la cour, du 26 janvier dernier, au sujet d'une rétractation, faite par les Carmes de Lyon, des propositions contenues dans une thèse condamnée au feu par arrêt du 25 octobre 1752, et de leurs déclarations en conséquence, devait être enregistré dans toutes les universités et facultés de théologie du ressort[2]. Cependant cet arrêt n'avait point été registré dans la faculté de Sorbonne, parce que, après l'arrêt du 26 janvier, la maison de Sorbonne avait reçu une lettre de cachet du roi qui lui fait défense de délibérer au sujet de cet arrêt.

Le conseiller qui avait requis l'assemblée[3] a mis cette affaire en délibération, et a rapporté plusieurs exemples de cas où la faculté de Sorbonne ayant refusé de registrer les arrêts de la cour, celle-ci les avait fait registrer elle-même de son autorité. En conséquence, il a été décidé que M. de Montholon et M. l'abbé d'Hé-

[1] M. de Rosanbo s'est raccommodé avec le parlement par des protestations de fidélité et en justifiant ses sentiments lors de l'avis qu'il avait proposé (*Note de Barbier*).

[2] Pour les circonstances particulières de cette affaire, voir les *Nouvelles ecclésiastiques* du 22 mai 1753, p. 82 et suiv.

[3] Il n'est pas nommé non plus dans les *Nouvelles ecclésiastiques*.

ricourt, conseillers de grand'chambre, avec un substitut de M. le procureur général, le sieur Ysabeau, greffier de la grand'chambre, et deux huissiers, se transporteraient sur-le-champ dans la maison de Sorbonne pour faire enregistrer, en leur présence, ledit arrêt du 26 janvier.

Cette députation, en conséquence, s'est faite à onze heures du matin, les chambres restant assemblées. Il y avait eu, le matin, assemblée en Sorbonne. Messieurs du parlement s'étant fait annoncer, les syndics de Sorbonne sont venus les recevoir à leurs carrosses, comme de coutume, et ils ont pris leurs places de distinction dans la salle d'assemblée, c'est-à-dire au-dessus du doyen.

Messieurs les conseillers ont rendu compte de leur mission. Messieurs de Sorbonne se sont excusés sur les ordres du roi, de n'avoir point enregistré ledit arrêt. Les députés ont demandé la représentation des registres pour faire ledit enregistrement. Messieurs de Sorbonne ont dit ne les pas avoir, parce qu'ils étaient enfermés dans une armoire à trois clefs et que ceux qui en étaient dépositaires n'y étaient pas. M. l'abbé d'Héricourt leur a remontré que, suivant leur usage, ce ne devait être que ce matin qu'ils devaient avoir mis sur leur registre leur délibération sur la lettre de cachet qu'ils avaient reçue. Ils en sont convenus; mais, en même temps, ils ont dit que les délibérations de deux ou trois mois se portaient simplement sur un plumitif ou cahier volant des délibérations, avant de les porter en forme sur le registre.

Les députés se sont consultés; ils ont demandé la représentation de ce cahier de délibérations, qui a été faite, et sur lequel ils ont fait registrer l'arrêt du 26 janvier. Le sieur Ysabeau, greffier, a dressé un procès-verbal de tout ce qui s'était dit et fait dans cette députation; les députés sont sortis de Sorbonne à plus de quatre heures après midi, et sont revenus rendre compte aux chambres assemblées qui ne se sont séparées qu'à cinq heures.

Cette démarche est un coup d'autorité du parlement qui, sans égard à la lettre de cachet, ni à aucune délibération de la faculté de Sorbonne, a fait enregistrer son arrêt.

— On compte que le mariage de M. le prince de Condé sera incessamment déclaré avec la fille du premier lit de M. le prince de Soubise qui a été marié trois fois : la première avec une fille de la maison de Bouillon [1], la deuxième avec la princesse de Carignan [2] dont il a une fille, et la troisième avec une princesse de la maison de Hesse-Rhinfels [3] dont il n'a point encore d'enfants. Le prince de Condé et le prince de Soubise sont à présent en grand deuil par la mort de la princesse de Hesse-Rhinfels [4], leur mère et aïeule commune, parce que la dernière princesse de Soubise est sœur de madame la duchesse [5], mère du prince de Condé et de la reine de Sardaigne [6]. Ce deuil retarde le mariage.

[1] Anne-Marie-Louise. Voir t. II, p. 74. Elle mourut le 17 septembre 1739.

[2] Anne-Thérèse, qu'il épousa le 3 novembre 1741 (voir t. II, p. 310), et qui mourut le 5 avril 1745.

[3] Anne-Victoire-Marie-Christine; le mariage s'était fait le 24 décembre 1745.

[4] Éléonore-Marie-Anne de Lowenstein, née le 22 mai 1687.

[5] Caroline de Hesse-Rhinfels. Voir t. I, p. 286 et suiv.

[6] Christine-Jeanne. Voir t. II, p. 298.

— Les spectacles sont beaucoup fréquentés à Paris, pendant ce carême, savoir : l'Opéra, les Comédies Française et Italienne et l'Opéra-Comique. L'on joue, depuis vingt-six représentations, un opéra du sieur de Mondonville [1], nommé *Titon et l'Aurore* [2], qui a un très-grand applaudissement, surtout pour entendre chanter le sieur Jéliotte [3] et mademoiselle Fel [4]. Tout est toujours plein à quatre heures, comme à la première représentation.

— Le roi ne découche presque point de Versailles, pendant le carême, à cause des sermons où il assiste régulièrement. Il fait cependant quelques petits voyages de deux jours, à Choisy.

— On fait des contes de Paris; on dit que le roi a trouvé dans son chemin, dans les jardins de Choisy, une jeune fille de quinze à seize ans extrêmement jolie, à laquelle il s'est amusé; qu'elle est logée dans le Parc-aux-Cerfs [5], et qu'il lui a assuré une pension.

---

[1] Jean-Joseph Cassanea de Mondonville, né à Narbonne en 1715, habile violoniste et compositeur distingué, auteur de plusieurs opéras. Il s'était fait connaître dès l'âge de vingt ans par des motets qui eurent un succès prodigieux. Mondonville eut la direction du concert spirituel depuis 1755 jusqu'en 1762.

[2] *Titon et l'Aurore*, pastorale héroïque, en trois actes, par l'abbé de La Marre, musique de Mondonville, avec un prologue dont les paroles sont de Houdart de La Motte. La première représentation de cet opéra avait eu lieu le 9 janvier précédent.

[3] Pierre Jéliotte, Languedocien, l'une des plus remarquables hautes-contre qui aient paru sur le théâtre de l'Opéra, qu'il quitta en 1755. Il s'est aussi livré à la composition et a fait la musique de *Zélisca*, comédie-ballet de Lanoue.

[4] Une des meilleures actrices de l'Opéra pour les rôles tendres et légers.

[5] Nom que portait le quartier Saint-Louis, à Versailles, parce qu'il avait été construit sur l'emplacement d'une vaste enceinte où, du temps

D'autres disent que c'est sur un dessin que tenait un peintre que le roi a eu envie de voir l'original; qu'on lui a amené cette jeune fille, qui est du commun; que le roi lui a demandé si elle ne le connaissait pas, si elle ne l'avait jamais vu; qu'elle a répondu que non, et enfin qu'après plusieurs questions pareilles, elle a dit qu'il ressemblait à un écu de six francs.

Toutes ces plaisanteries se font apparemment à cause de madame la marquise de Pompadour, qui n'est pas aimée généralement, par trop d'avidité de sa part à se rendre maîtresse de tous les emplois et des grâces. D'ailleurs le Français aime le changement jusque dans les choses qui ne l'intéressent pas personnellement. Mais quand il serait vrai que le roi pourrait ainsi s'amuser, pour une passade, à quelque joli minois, cela ne lui fournirait pas les divertissements et la dissipation que madame la Marquise peut lui procurer mieux que toute autre au milieu de sa cour, et elle régnerait toujours.

— Il a été question d'une affaire à Amiens, touchant l'enregistrement de l'arrêt du parlement du 26 janvier [1]. On a signifié l'arrêt aux Dominicains de la ville d'Amiens, où l'on enseigne la théologie, pour l'enregistrer. On dit que l'évêque d'Amiens [2], ayant su cela, a défendu aux Dominicains de le faire; que ces pères

---

de Louis XIII, on tenait des cerfs en dépôt pour la chasse. Madame de Pompadour possédait dans ce quartier une maison, nommée l'*Ermitage*, dont elle fit don à Louis XV, et qui devint plus tard une sorte de sérail pour ce monarque.

[1] Au sujet de la rétractation des Carmes de Lyon. Voir ci-dessus p. 450.

[2] Louis-François-Gabriel d'Orléans de La Motte, sacré en 1734.

s'étant assemblés pour délibérer et craignant plus le parlement que leur évêque, ont enregistré l'arrêt, attendu que le parlement, sur le fondement de l'autorité royale, a une puissance réelle et coactive dans la vie présente, et que le clergé et les évêques successeurs des apôtres, malgré le pouvoir qu'ils tiennent de Dieu, n'ont qu'une puissance isolée et d'autant plus étrangère et indifférente qu'elle est seulement relative à la vie future, ce qui ne touche pas de si près. On dit que l'évêque a écrit alors une seconde lettre aux Dominicains, par laquelle il leur reproche leur désobéissance et leur dit qu'il ne recevra aux ordres aucuns des écoliers qui auront fait chez eux leur théologie. Des copies de ces lettres ont été envoyées ici et dénoncées au parlement qui a ordonné, mercredi, 28, qu'il serait informé sur les lieux. On dit, au surplus, que cet évêque d'Amiens est d'une grande régularité dans les mœurs; qu'il vit dans son séminaire, avec ses prêtres, et qu'il donne beaucoup aux pauvres. Cela est embarrassant pour agir contre un évêque aussi régulier. Ce M. d'Orléans de La Motte était grand vicaire de Senez, fort opposé à la doctrine de son évêque, et employé dans les opérations du concile d'Embrun; en sorte qu'il doit être très-désagréable au parti janséniste.

Le parlement a chargé les gens du roi de rendre compte mardi, 30, aux chambres assemblées, de l'exécution de cet arrêté.

— Samedi, 31, le parlement a demandé compte, aux gens du roi, de l'exécution des arrêts de la cour par rapport aux décrets décernés dont ils avaient eu le temps de s'instruire. Les gens du roi ont répondu qu'ils avaient reçu des ordres précis du roi de ne rien faire à cet égard, et même de se rendre à Versailles, dimanche, 1ᵉʳ avril, afin de recevoir les ordres du roi; qu'ils avaient cru être obligés d'y déférer et qu'ils n'avaient aucun compte à rendre à la cour. Le parlement leur a donné ordre de mettre à exécution l'arrêt contre le curé de Tours, qui a repris ses fonctions, et d'envoyer le paquet, pendant l'assemblée, au substitut de M. le procureur général de Tours.

Avril. — Lundi, 2, un arrêt du conseil du 18 mars qui casse et annule l'enregistrement fait en Sorbonne, le 15, a été publié, crié et rendu public dans Paris. Apparemment que le clergé aura demandé cette satisfaction, et peut-être le nonce du pape.

— La vivacité du parlement à faire expédier un paquet pour le procureur du roi de Tours a été assez inutile, car on a signifié au greffier en chef du parlement, le lundi, 2, un arrêt du conseil qui casse tout ce qui avait été fait par le parlement et qui renvoie le curé de Tours à ses fonctions; il y a eu de pareils ordres donnés au curé de Troyes, et aussi à un curé de Langres, en sorte que l'on voit qu'à l'approche des fêtes de Pâques, le ministère veut faire reprendre les fonctions aux ecclésiastiques décrétés, ce que le parlement ne peut point empêcher parce qu'il n'envoie point ses huissiers pour faire exécuter ses arrêts. Ce sont les gens du roi qui en chargent les procureurs du roi des villes, et ces officiers n'osent pas passer outre quand ils sont arrêtés par des arrêts du conseil qu'ils sont obligés de respecter plus que le parlement.

Mardi, 3, le parlement n'a rien voulu délibérer sur

ces faits, attendu la proximité des remontrances qu'on doit présenter au roi ; ils ont seulement pressé les rédacteurs de les finir.

— Jeudi, 5, assemblée des chambres où préside à présent M. Molé. On a lu enfin les remontrances auxquelles, depuis mardi, il n'y avait que quelques expressions à rectifier, car elles avaient été approuvées définitivement pour le fond : il y a pour trois heures de lecture. Les gens du roi ont été chargés, par la cour, d'aller samedi demander au roi un jour pour les présenter à Sa Majesté. On a le temps, jusque-là, d'en faire deux copies bien écrites, l'une pour le roi, l'autre pour demeurer au greffe de la cour.

— Samedi, les gens du roi ont été à Versailles. Le roi a répondu et les a chargés de dire à son parlement qu'il fallait, avant toutes choses, communiquer à Sa Majesté l'arrêté du 25 janvier qui avait fixé les articles et les objets qui étaient le fondement de ces remontrances.

Il faut avouer que personne ne s'attendait à cette réponse. On craignait un refus ou une remise après les fêtes de Pâques, mais la réponse est maligne. Le roi suppose ignorer ce dont il s'agit, attendu que c'est ancien, et vouloir en être instruit. Tandis qu'il y a deux mois que les vingt-deux articles des remontrances ont été rendus publics, non-seulement dans Paris, mais qu'ils ont été imprimés tout au long dans la *Gazette de Hollande,* et sont, par conséquent, connus depuis longtemps de toute l'Europe.

— Lundi, 9, le parlement s'est assemblé pour entendre cette réponse. La délibération a été fort longue, et il a été arrêté que les remontrances seraient signées sur-le-champ et déposées au greffe pour être transcrites sur le registre; en sorte qu'étant enregistrées telles qu'elles sont dans tout leur contenu, elles ne peuvent plus être divisées, quand même le roi voudrait en supprimer et rayer quelques articles. Cette expédition est vive et hardie.

— Vendredi, 13, les gens du roi ont été à Versailles demander un jour de la part du parlement[1]. La réponse du roi est courte : « Je ne veux point de députation ; vous m'apporterez vous-même les objets des remontrances. »

Cette réponse a fort indisposé le parlement, d'autant que ce n'est pas l'usage que les gens du roi aillent présenter des remontrances : c'est la même chose de présenter les objets. Cependant il a été arrêté que les gens du roi les porteraient, et dimanche, jour des Rameaux, ils ont présenté au roi l'arrêté du parlement qui fixe les objets des remontrances. Le roi les a reçus, et a dit qu'il les examinerait.

Lundi, 16, sur cette réponse, il a été arrêté que les gens du roi se rendraient dans le jour même à Versailles pour demander au roi un jour et le lieu où le parlement pourrait lui présenter les remontrances.

Ces pauvres gens du roi ne font qu'aller et venir. Arrivés à Versailles, le roi leur a dit qu'il n'avait pas d'autre réponse à leur faire que la veille; qu'ils eussent à revenir le mercredi, 2 mai.

— Assemblée du parlement, mardi, qui est le dernier jour du palais[2], et il a été arrêté : « que les gens

---

[1] Le roi étant parti pour Choisy, le 9, et n'étant revenu à Versailles que le jeudi, 12, les gens du roi n'avaient pu remplir plus tôt cette mission.

[2] Le parlement entrait en vacances le mercredi saint jusqu'au lendemain

du roi veilleront exactement à l'exécution des arrêts de la cour, et qu'en cas qu'il y arrivât quelque contravention, ils en avertiraient sur-le-champ M. le premier président qui convoquerait extraordinairement l'assemblée des chambres, nonobstant la vacance, pour y mettre ordre. » Cet arrêté empêchera plusieurs de Messieurs de s'éloigner trop de Paris, pendant les petites vacances, pour pouvoir se rendre aux ordres du parlement.

— Il y a des nouvelles de cour. L'affaire galante du roi avec la petite fille est vraie et continue toujours. On dit que c'est la fille d'un cordonnier, je ne sais pas encore son nom. Elle loge dans une maison, à Versailles, dans le Parc-aux-Cerfs. Le roi y va : on dit aussi qu'elle vient au château où il y a tant de détours et de petits escaliers inconnus, qu'elle y peut venir sans être aperçue. Cependant, comme il n'est pas possible que le roi fasse quelque chose et le moindre pas seul, cela est toujours su des personnes intéressées et qui sont dans l'intimité du château.

On ne sait pas par qui a été meublée cette maison dans le Parc-aux-Cerfs. Je sais qu'on a voulu soutenir au garde général des meubles de la couronne, que cela avait été meublé par ses ordres; mais il n'en est rien. Cela n'aurait pu même se faire assez secrètement par cette voie. C'est le courtisan qui est dans le secret, ou

---

de la Quasimodo; mais, en 1753, la rentrée n'eut lieu que le jeudi suivant, parce que le dimanche de la Quasimodo tombant le 29 avril, le mardi 1ᵉʳ mai, fête des apôtres Saint-Jacques et Saint-Philippe, étant jour chômé dans le diocèse de Paris, et le mercredi fête de palais, (translation de Saint-Gatien. Voir t. I, p. 322), « on passe dessus le lundi, » dit Barbier.

un premier valet de chambre, qui aura eu ordre de faire meubler cette maison. On dit même que l'aventure a été découverte à Versailles, ou du moins soupçonnée, à l'occasion d'une belle pendule qu'un homme de Paris apportait au Parc-aux-Cerfs, sans savoir précisément où il avait affaire, qui s'est adressé à différentes maisons et à qui on a fait apparemment des questions.

On pense communément que c'est M. le maréchal duc de Richelieu qui a procuré ce nouvel amusement au roi, soit qu'il ait fait trouver cette jeune fille à sa rencontre, soit qu'il lui en ait fait voir le portrait, parce que le duc de Richelieu, qui a beaucoup d'esprit, en veut essentiellement à madame la marquise de Pompadour.

— Mais il arriva hier, à ce sujet, un coup d'éclat qui a dû faire bien du mouvement à Versailles, qui fera faire bien des raisonnements et des commentaires à Paris, et que j'ai appris sûrement aujourd'hui.

Hier mardi, 24, dernière fête de Pâques, le roi devait aller souper à Bellevue, chez madame la Marquise, et y passer quelques jours. Tout était préparé pour cela, et les ministres qui sont ordinairement de ces petits voyages, étaient avertis, comme M. de Saint-Florentin et M. d'Argenson. A quatre heures après midi, le roi changea d'avis et dit qu'il sentait un peu de colique; qu'il n'irait point à Bellevue, qu'il irait au contraire à Trianon. Aussitôt des courriers de tous côtés de la part du duc de Noailles, qui en est gouverneur, pour les cuisiniers extraordinaires et pour les provisions, car il n'y a rien dans ces maisons où les officiers de bouche ne vont point. Il fallut envoyer à Choisy pour avoir de la vaisselle d'argent, et elle n'arriva à Trianon qu'à quatre heures du matin, en sorte que le roi soupa à Trianon sur de la vaisselle de faïence. Le roi doit y rester jusqu'à samedi.

Il y a cependant toute apparence que madame la Marquise aura été de ce voyage, comme à l'ordinaire, et que ce changement a été tout simple, attendu l'indisposition du roi qui est plus convenablement dans sa maison pour se purger, avoir ses médecins et chirurgiens, et recevoir les princes et princesses, ses enfants, que dans une maison étrangère ou tout ce monde ne va point. Au surplus, l'indisposition ou l'indigestion n'ont point eu de suite, d'autant que le roi a été à la chasse le mercredi et le jeudi.

Mai. — Mercredi, 2, le roi a signé le contrat de mariage de M. le prince de Condé, prince du sang, et de mademoiselle de Soubise[1]. Ce contrat de mariage a été présenté au roi par M. le comte de Saint-Florentin, secrétaire d'État de la maison du roi. La minute reste au dépôt du secrétariat, et l'on en donne une expédition aux notaires : c'est le droit et le privilége des princes du sang. Comme le prince est mineur et qu'il y a eu un conseil de tutelle autorisé par un arrêt du parlement, M. de La Michodière[2], conseiller au parlement, chef du conseil du prince, et les avocats nommés conseils de la tutelle, ont assisté à la signature du contrat par le roi, et ont aussi signé le contrat. Le prince et la princesse ont ensuite été fiancés.

Jeudi, 3, les prince et princesse fiancés ont été mariés à midi, dans la chapelle du roi, par le cardinal de

---

[1] Voir ci-dessus, p. 229 et 452.
[2] Claude de La Michodière, conseiller d'honneur à la grand'chambre.

Soubise, grand aumônier du roi. Il n'y a point eu appartement dans la grande galerie, comme on l'avait dit; il y a eu seulement, le soir, banquet royal où madame la princesse de Condé a eu l'honneur de souper avec le roi, la reine et toute la famille royale, mais non pas M. le prince de Condé, parce qu'il faut être altesse royale, en hommes, pour manger au banquet royal et avec la reine.

Il y a eu quelque tracasserie pour le cérémonial. Il est d'usage que la queue de la future, en allant à l'église, soit portée par une femme de grande distinction, et qu'en revenant de l'église, comme elle a le titre et la qualité de princesse du sang, sa queue soit porté par une princesse du sang, même au-dessus d'elle, par honneur. On avait arrangé que mademoiselle de Tournon [1], fille du second lit de M. le prince de Soubise, porterait la queue de sa sœur en allant à la messe. Mais mademoiselle de Tournon, petite-fille du prince de Carignan, oncle du roi à la mode de Bretagne, et, par là, plus proche parente du roi qu'aucune princesse du sang, n'a voulu porter la queue de sa sœur en allant à la messe, qu'à la condition de la porter aussi en revenant; en sorte que mademoiselle de Tournon a porté la queue de sa sœur le jour des fiançailles; et le jour du mariage, la princesse a été à la chapelle et est revenue sans que personne lui ait porté la queue.

— Autre difficulté dans les qualités du contrat de

---

[1] Victoire-Armande-Josèphe, née le 28 décembre 1743. Elle épousa, en 1761, Henri-Louis-Marie, prince de Rohan, appelé le prince de Guémené, et fut nommée, en 1767, gouvernante en survivance des enfants de France.

mariage. M. le prince de Condé a la qualité de très-haut et puissant prince : cela est de règle. Pour la future, on a mis « fille de haut et puissant prince N. Rohan-Rohan, prince de Soubise, etc. » Messieurs les princes du sang, à la tête desquels est M. le duc d'Orléans, ont fait des protestations, entre les mains de M. le comte de Saint-Florentin, contre cette qualité de prince que personne qu'eux ne doit prendre, et comme il y a une substitution à l'infini, pour laquelle il faudra des lettres patentes enregistrées, le parlement mettra sûrement « sans approuver la qualité de prince. »

— Suite des affaires du temps. Vendredi, 4, M. de Maupeou, qui avait présidé l'assemblée de la veille, quoique ne marchant qu'avec une canne, s'est rendu à Versailles avec MM. Molé et de Rosanbo, présidents à mortier, pour recevoir la réponse du roi au sujet des articles et objets des remontrances. Le roi leur a dit qu'il avait examiné, dans son conseil, l'arrêté du 25 janvier : qu'il avait reconnu que dans les différents points que le parlement se proposait de traiter, il y en avait sur lesquels il s'était déjà expliqué, d'autres sur lesquels il avait donné ses ordres, d'autres enfin dont la discussion apporterait de nouveaux obstacles pour le maintien de la paix et pour la tranquillité publique ; que ces motifs le déterminaient à ne pas recevoir leurs remontrances et qu'il ordonnait d'enregistrer sans différer ses lettres patentes du 22 février.

Le parlement assemblé le samedi, 5, la cour a arrêté que « attendu l'impossibilité où elle est de faire parvenir la vérité jusqu'au trône par les obstacles qu'opposent les gens malintentionnés, etc., elle n'a plus d'autre ressource que dans sa vigilance et son activité continuelle; que pour vaquer à cette fonction indispensable, les chambres demeureront assemblées, tout service cessant, jusqu'à ce qu'il ait plu audit seigneur roi d'écouter favorablement les remontrances, etc. »

L'assemblée était, dit-on, de cent cinquante-huit magistrats; ce parti, de quitter toutes fonctions pour les affaires publiques, a été consenti et adopté unanimement.

— Il y a toujours des plaisants. On dit que M. l'archevêque de Paris a trouvé une autorité dans la ve scène de l'acte Ier de l'opéra d'*Hésione* [1], pour encourager ses curés et prêtres à soutenir la cause du clergé. C'est le roi qui parle à une troupe de sacrificateurs :

> Que chacun de vous me seconde!
> Les rois sont les sujets des dieux :
> C'est en obéissant aux cieux
> Qu'ils doivent commander au monde.

— Le roi a adressé à son parlement des lettres de jussion qui portent injonction de reprendre les fonctions, et d'enregistrer les lettres patentes du 22 février.

— Arrêté du 7 mai : La cour, persévérant dans son arrêté du 5, a arrêté qu'elle ne pouvait obtempérer auxdites lettres, sans manquer à son devoir et trahir ses serments.

Les lettres de jussion étaient adressées pour la première et dernière, parce que, quelquefois, on en envoie, trois de suite, et elles portaient « sous peine de désobéissance. »

---

[1] *Hésione*, tragédie-opéra de Danchet, musique de Campra, représentée, pour la première fois, le 21 décembre 1700. Cet opéra avait obtenu un très-brillant succès et fut repris plusieurs fois.

— Lundi, le chancelier était à Paris et devait s'en retourner à Versailles pour un conseil où le roi devait se rendre de Bellevue, avec les ministres. On m'a dit cette après-midi, mardi, que les commandants de toute la maison du roi avaient eu ordre de se rendre le matin à Bellevue pour y recevoir des ordres. On parle de plusieurs lettres de cachet, ce qui ne regarderait que les compagnies de mousquetaires. Un autre homme, qui peut être au fait, m'a dit aussi ce soir que les lettres de cachet étaient pour cette nuit.

— La nuit du mardi au mercredi, 9, sur les trois heures du matin, les mousquetaires du roi se sont promenés dans cette ville. Ils étaient trois dans chaque carrosse, un ou deux chevaliers de Saint-Louis dans chaque, c'est-à-dire officiers ou anciens, et ils ont porté des lettres de cachet à tous les présidents et conseillers des cinq chambres des enquêtes et des deux des requêtes du palais. Il est ordonné à chacun, par ces lettres de cachet particulières, de sortir de Paris dans vingt-quatre heures et de se rendre dans la ville qui lui est indiquée pour exil, et les mousquetaires leur ont aussi montré un ordre particulier du roi portant à chacun défense de sortir de leur maison jusqu'à leur départ, pour empêcher, apparemment, les conciliabules. Ces messieurs ont été ainsi réveillés de grand matin et ils s'y attendaient d'une certaine façon. Ils n'ont pu faire autre chose que d'envoyer leurs domestiques les uns chez les autres pour savoir la ville de leur exil, ou pour s'arranger pour partir et arranger leur paquet.

Suivant les lettres de cachet, ils ne sont pas absolument dispersés; ils se trouvent plusieurs dans la même ville, comme vingt et un à Poitiers; dix-sept ou dix-huit à Angoulême; treize à Châlons-sur-Marne; ainsi des autres à Bourges, à Clermont en Auvergne, etc. Mais il ne paraît pas qu'il y en ait d'envoyés dans les villes comme Tours, Troyes, etc., où il y a eu des curés de décrétés et qui ont eu des ordres du roi de reprendre leurs fonctions. Ces messieurs, au surplus, partent gaiement et se trouvent honorés d'être ainsi exilés pour la cause commune.

— Mais il y en a quatre qui sont punis sévèrement et sur qui est tombé le coup de tonnerre, à qui on n'a donné qu'un quart d'heure pour s'habiller, pour dire adieu à leurs femmes ou autres, et pour donner leurs ordres dans leurs maisons. Il y avait des carrosses à six chevaux pour les conduire comme prisonniers d'État dans des forteresses : ce sont deux présidents et deux conseillers.

M. de Frémont du Mazy, premier président de la deuxième chambre des enquêtes, a été conduit aux îles Sainte-Marguerite.

M. Gautier de Bésigny, second président de la deuxième chambre des requêtes du palais, est conduit à la tour de Ham, en Picardie.

M. l'abbé Chauvelin, conseiller de la troisième chambre des enquêtes, au mont Saint-Michel, qui est un très-mauvais endroit entouré de la mer, en basse Normandie.

M. de Bèze de Lys, conseiller de la deuxième chambre des enquêtes, à Pierre-en-Cise, forteresse à Lyon.

Apparemment que ces messieurs, dont on n'avait cependant pas trop entendu parler dans le cours de toutes les assemblées du parlement, auront été plus ardents; on dit que les quatre prisonniers, ou l'un d'eux d'abord, avaient proposé de parler nommément des gens mal intentionnés[1], et de décréter M. le chancelier, M. le comte d'Argenson et M. l'évêque de Mirepoix. Cela est bien vif, et l'on peut dire bien fou.

— Ce qu'il y a ici de singulier, c'est que messieurs les premiers présidents et présidents à mortier, ainsi que tous les conseillers de grand'chambre, tant laïques que clercs, n'ont point reçu de lettres de cachet et ne sont point exilés. On ne sait point la raison de cette distinction.

— L'abbé Chauvelin est très-petit de taille, très-délicat et de beaucoup d'esprit. On dit qu'il a dit, étant arrêté, qu'il s'attendait bien à cela, même au lacet (ainsi que cela se pratique quelquefois en Turquie), ce qui ressemble bien à un caractère haut et séditieux. M. Chauvelin, intendant des finances, son frère, a obtenu, à cause de la faiblesse de sa santé, le changement d'exil dans la ville de Caen. Il a envoyé l'ordre, par un courrier, qui l'aura rejoint dans le chemin. Il est au lait, pour toute nourriture, et serait crevé au mont Saint-Michel[2].

— Mercredi, 9, comme l'assemblée des chambres était indiquée à neuf heures du matin, la grand'chambre s'est assemblée seule, bien instruite de ce qui empêchait ses confrères de s'y trouver. Le premier président a fait un beau discours[3]. La grand'chambre a arrêté que « la cour, *les chambres assemblées,* persiste

[1] Dans l'arrêté du 5.
[2] L'abbé Chauvelin, à qui j'ai succédé, est mort en janvier 1770, peu estimé parmi nous (*Note de Barbier d'Increville*).
[3] Le discours du premier président rapporté par Barbier, t. VI, p. 81

dans l'arrêté de samedi et continuera de travailler aux affaires commencées¹. »

Cet arrêté, qui a passé d'une voix unanime, a été communiqué et rendu public dans la grande salle du palais, bien avant la séparation de Messieurs, qui ne sont sortis qu'à près de midi. La grande salle était remplie de monde, de manière que quand messieurs les présidents sont sortis, on a eu de la peine à faire une haie pour les laisser passer. Alors tout le monde a claqué des mains, et on a crié *Vive le parlement!* Cela marque bien l'esprit de parti, l'on peut dire même de révolte. Il y avait sûrement là bien des mouches de la police; on dit aussi qu'il y a eu quelques personnes arrêtées au sortir du palais.

— Jeudi, 10. Cette nuit, nos pauvres conseillers sont partis chacun pour leur destination, c'est-à-dire sur les cinq à six heures du matin. Il y en a même qui étaient partis dès le mercredi.

— Il n'y a point de lettres de cachet pour la grand'-chambre : ils se sont assemblés jeudi matin, à neuf heures; mais l'assemblée n'a pas été longue. On dit qu'ils ont tous leur paquet tout prêt, en attendant les lettres de cachet. Le mal de tout ceci, c'est que les affaires des particuliers sont abandonnées. On n'a presque rien fait depuis le commencement de l'année, et quelque chose qui arrive, il faut compter l'année entière perdue.

du manuscrit, diffère entièrement de celui qui a été imprimé dans les *Nouvelles ecclésiastiques* du 19 juin 1753, p. 98.

¹ Nous continuons de passer sous silence les informations, décrets d'ajournement personnels ou de prise de corps, etc., motivés par des refus de sacrements. Nous renvoyons, de nouveau, aux *Nouvelles ecclésiastiques* de l'époque qui enregistrent scrupuleusement ces faits.

Il n'y a plus que quatre mois d'ici aux vacances. Tous les tribunaux sont presque cessés, par la cessation des avocats qui ne vont plus plaider au Châtelet, au grand conseil, et autres juridictions, et qui ne travaillent à aucuns de leurs procès. Les conseils des princes et des maisons sont cessés, les consultations fermées, même les commissions du conseil[1] qui sont en grand nombre pour les avocats, ce qui est plus extraordinaire de leur part, en qualité de commissaires du conseil et de juges souverains nommés par le roi, ce qui n'a plus de rapport avec le parlement. Tous les procureurs au parlement, de leur côté, ne travaillent plus dans les juridictions de l'enclos du palais. Cette cessation de justice fait l'espérance du parlement dans sa conduite. Je crois cependant qu'il serait de la prudence du ministère de mettre ordre, une fois pour toutes, à cette espèce d'intelligence et d'union, pour qu'il ne dépendît point ainsi de la fantaisie des avocats, à chaque occasion, de faire manquer le service des autres cours et juridictions qui n'ont point part à la querelle du parlement.

— Vendredi, 11, à quatre heures du matin, M. le premier président, les présidents à mortier et tous les conseillers de grand'chambre, clercs et laïques, ont reçu chacun une lettre de cachet par laquelle le roi leur ordonne de se rendre, dans deux fois vingt-quatre heures, dans la ville de Pontoise, pour y reprendre leurs fonctions ordinaires, sous peine de désobéissance et de pri-

---

[1] Les parties, dans le but d'être jugées plus rapidement, pouvaient se constituer des commissions d'avocats et de magistrats pour lesquelles elles demandaient une autorisation qui leur était accordée par un arrêt du grand conseil du roi.

vation de leurs charges. Aujourd'hui, samedi, tous les présidents et conseillers sont partis l'après-midi.

— Tout le monde crie contre M. le comte d'Argenson comme ayant été l'auteur, dans le conseil du roi, des lettres de cachet, contre l'avis de M. Machault; on dit même que, dans l'assemblée du parlement de mercredi, 9, il y a eu des avis pour décréter M. le comte d'Argenson et M. le chancelier aussi. L'on voit jusqu'où va l'esprit d'indépendance.

— L'exil et l'éloignement du parlement en entier fait un tort considérable : 1° aux droits du roi ; 2° à tous les marchands et ouvriers. Toutes les femmes de Messieurs du parlement partent pour la campagne : plus de ménages à Paris ; on a renvoyé quantité de domestiques; tous les procureurs renvoient leurs clercs qui s'en vont en province ; la plupart y vont eux-mêmes. Les avocats partent pour la campagne ; point de gens de province dans les auberges. L'on compte que cela fait vingt mille personnes de moins à Paris pour la consommation.

M. le premier président à qui, dit-on, on a offert beaucoup d'argent de toutes parts, est à Pontoise avec toute sa maison et a une table de vingt-cinq couverts. Messieurs les présidents Molé et d'Aligre y tiendront aussi, dit-on, table ouverte.

Comme la ville, par sa situation, est fort incommode pour les carrosses, il y a douze chaises à porteurs payées aux dépens du roi, pour conduire Messieurs au palais. On dit que cette attention est d'usage.

— J'ai oublié de marquer que les six conseillers d'honneur[1] au parlement, qui sont MM. de La Michodière,

[1] On appelait conseiller d'honneur ceux qui, par un titre particulier

chef du conseil de M. le prince de Condé, Le Peletier de Montmeillant, de Ferriol d'Argental, Briçonnet, Moreau de Nassigny et Huguet de Sémonville, se sont tous rendus à Pontoise avec la grand'chambre, de leur bon gré, sans avoir reçu de lettres de cachet.

— Jeudi, 17, la grand'chambre a enregistré la déclaration du roi portant la translation du parlement à Pontoise, mais en s'en tenant aux arrêtés des 5, 7 et 9 du présent mois, c'est-à-dire tout service cessant, pour les affaires des particuliers, en continuant de travailler aux affaires des ecclésiastiques. Cette assemblée ne s'était pas faite plus tôt, parce que la grande salle des Cordeliers n'était pas encore prête et accommodée.

— Samedi, 19, Messieurs les gens du roi allèrent à Marly parler à M. le chancelier; ils ne parlèrent point au roi. Ils n'étaient point mandés, et à Marly on ne parle point au roi sans ordre. On ne sait point ce qui les attirait vers M. le chancelier. C'était le soir, ils furent obligés, à plus de neuf heures, d'aller coucher à Saint-Germain. Leur mission était peut-être par rapport aux exilés? Cela fait des commissions désagréables, car ces messieurs sont déplacés à Marly quand ils n'y viennent point mandés ni attendus.

— Mardi, 22, il y a eu un grand conseil à Marly, par rapport au titre de haut et puissant prince pris par M. le prince de Soubise dans le contrat de mariage de sa fille, et contre lequel les princes du sang ont pro-

---

ou par une prérogative attachée à leur place, avaient droit d'entrer dans certaines compagnies pour y juger ou y avoir séance. Il faut distinguer les *conseillers d'honneur* des *conseillers honoraires* qui, après vingt ans de services et bien qu'ils eussent vendu leurs charges, conservaient entrée et séance.

testé. On voudrait apparemment décider cette question.

— Comme on n'a plus de nouvelles présentes par rapport au parlement, on en fait ici. On dit que M. de Beaumont se démettra de son archevêché; qu'on le fait cardinal, et que M. de La Rochefoucault, archevêque de Bourges, sera archevêque de Paris, etc. En attendant, il n'y a rien de nouveau. La grand'chambre continue de s'assembler sur des dénonciations contre des prêtres; mais cela va lentement et faiblement. Le reste du parlement est dispersé dans les villes d'exil, et les uns et les autres commencent déjà à s'ennuyer d'être éloignés de Paris. Depuis quelques jours, ces messieurs ont un peu plus de liberté. Ils peuvent sortir des villes où ils sont et aller aux environs, à une lieue ou deux, pour se promener; il faut pourtant revenir et se rendre pour la nuit à la ville. Messieurs de la grand'chambre peuvent venir à Paris; cela n'est pas étonnant, ils ne sont point pour ainsi dire exilés.

— Depuis le départ de la grand'chambre pour Pontoise, on a distribué, dans Paris, les remontrances du parlement que le roi a refusé de recevoir; mais elles sont supposées et ont été composées par quelque personne inconnue, sur les vingt-deux articles que tout le monde a vus. Cela apparemment a engagé M. le procureur général de permettre tacitement à Simon, imprimeur du parlement, de distribuer les véritables qui étaient imprimées, mais qui étaient resserrées. Les premières se sont vendues neuf livres et les véritables ne coûtent que trois livres. J'en ai eu des premières, le 29 de ce mois de mai.

— Le roi revient mercredi, 30, de Marly, et toute

la cour. On a joué un gros jeu à Marly; il y a eu des chasses, des concerts pour la reine, et l'on n'y parlait en aucune façon des affaires du parlement.

— D'un autre côté, messieurs les présidents font une grande figure à Pontoise. Ils ne sortent chacun qu'à deux carrosses à six chevaux et une nombreuse livrée. Six ou sept tiennent table ouverte où l'on fait fort grand'chère. La marée passe à Pontoise[1] et a ordre de s'y arrêter.

Juin. — On a crié et vendu publiquement dans Paris, le 3 juin, un arrêt du parlement[2] du 28 mai, fait à Pontoise, qui supprime deux imprimés comme étant imprimés sans permission et sans nom d'imprimeur, portant tous les deux le titre de *Remontrances du parlement au roi*, du 9 avril 1753; l'un in-4°, contenant cinquante-six pages, et l'autre in-12[3] en contenant cent soixante-quatre, et qui ordonne que les deux gravures, savoir celle de l'in-4° portant en titre : *Justitia relegata flecti nescia*, et celle de l'in-12 : *Senatus optimo principi*, seront lacérées et brûlées au pied de

---

[1] Le poisson de mer qui venait à Paris, était fourni par les côtes de la Normandie et de la Picardie, les seules assez rapprochées pour que le poisson pût alors être apporté sans danger de se gâter. Ce transport se faisait dans des voitures spéciales, conduites par des voituriers qui avaient reçu le nom de *chasse-marée*, et au moyen de relais établis sur la route. Les chasse-marée étaient l'objet d'une protection toute spéciale : il était défendu de les arrêter sur leur route; les habitants des localités qu'ils traversaient étaient tenus d'entretenir en bon état les chemins qu'ils parcouraient, etc. Les chasse-marée se sont maintenus jusqu'à l'établissement des chemins de fer.

[2] *Extrait des registres de parlement*, du lundi 28 mai 1753. Paris, P. G. Simon, 1753, 3 p. in-4°.

[3] Suivant les *Nouvelles ecclésiastiques* (année 1753, p. 115), cette édition in-12 des *Remontrances* serait la bonne édition. La gravure y était placée dans le frontispice, en guise de fleuron.

l'escalier du palais par l'exécuteur de la haute justice, etc. Le 29, l'arrêté a été exécuté à Pontoise, en présence du sieur Dufranc, commis au greffe de la grand'chambre [1].

— Le parlement est, comme en 1720 [2], dans le couvent des Cordeliers. La grand'chambre est dans le réfectoire; ainsi les Cordeliers s'appellent le *palais*.

Il n'y a dans l'arrêt aucune qualification donnée aux remontrances, comme il n'est point dit qu'il sera informé contre les auteurs. Il y avait longtemps qu'on n'avait entendu crier dans Paris d'arrêt du parlement, aussi en a-t-on bien vendu.

— On dit que messieurs des enquêtes, surtout ceux qui sont à Bourges, ont écrit à Messieurs de la grand'-chambre, à Pontoise, qu'ils eussent à faire attention de ne rien enregistrer pendant leur exil, attendu que cette affaire concernant le clergé, ayant commencé les chambres assemblées, ne pouvait s'arranger qu'avec tout le parlement. On dit aussi, dans Paris, que M. le prince de Conti se donne bien des mouvements, et a tenu plusieurs conférences avec M. le premier président, pour trouver les moyens d'un accommodement. Cela n'est peut-être pas vrai.

Il est toujours certain que ces messieurs se divertissent autant qu'il est possible dans les villes d'exil et qu'ils y sont parfaitement bien reçus. Mais si cela dure, l'ennui n'en prendra pas moins.

---

[1] Ces remontrances furent réimprimées plus tard, avec diverses autres pièces qui avaient paru séparément dans le même temps. Le tout forme un vol. in-12 de 468 p. (voir la *Bibliothèque historique de la France*, n° 33351).

[2] Voir t. I, p. 52 et suiv.

— Vendredi, 15, on a mis au carcan, dans la place du Palais-Royal, un cocher de M. le comte de Charolais qui, dans un café de la rue Saint-Honoré, avait parlé insolemment à un chevalier de Saint-Louis qui était à une table avec un garde du roi, voulant se mettre à leur table avec un autre domestique ; jusquelà qu'il avait donné un coup de canne à l'officier que le garde du roi avait arrêté et empêché de percer ce cocher. L'arrêt qui condamnait ce dernier était du 3 avril dernier ; on ne savait pourquoi il n'avait pas été exécuté et on craignait qu'il n'eût eu sa grâce ; mais aujourd'hui l'exemple a été consommé. Il a été au carcan, depuis quatre heures jusqu'à six, avec un écriteau : *Domestique violent*. Il a été ensuite marqué des trois lettres GAL., mis dans un fiacre et conduit à la Tournelle[1] pour cinq ans de galères. Cette exécution, sur un domestique d'un prince du sang, contiendra les autres.

— Comme le prévôt des marchands a fait assez bien accommoder les boulevards, que les contre-allées sont sablées, avec des bancs de pierre, et que l'allée du milieu est arrosée tous les jours pour préserver de la poussière les maisons voisines, ces boulevards sont, en été, la promenade de Paris qui est à la mode. Il y a, principalement les fêtes et dimanches, un concours étonnant de carrosses qui font cours en plusieurs files, depuis la porte Saint-Antoine jusqu'à celle du Pontaux-Choux[2]. Il y a aussi, dans cet espace, plusieurs

---

[1] Tour carrée, joignant une porte de l'enceinte de Philippe Auguste, qui défendait le passage de la rivière et qui a donné son nom au quai sur lequel elle était placée. Saint Vincent de Paul avait obtenu que les condamnés aux galères y seraient enfermés jusqu'à leur départ pour le bagne, et elle avait reçu cette destination depuis 1632.

[2] Cette porte, placée comme les portes Saint-Denis et Saint-Martin sur

cabarets et des loges de marionnettes. Cela fait spectacle et presque foire, et un grand monde dans les contre-allées. Cette promenade est commode pour Paris; point de poussière et point de chemin à faire pendant la chaleur. Elle a fait tort à la promenade du bois de Boulogne qui, depuis plusieurs années, était fort fréquentée le dimanche.

— On dit que le roi exige que la grand'chambre reprenne les fonctions publiques, pour la forme; qu'on ne lui demande seulement que d'ouvrir l'audience, de donner un défaut, etc., mais que c'est la condition pour le retour des exilés.

Juillet. — Lundi, 2, la grand'chambre s'est assemblée pour délibérer sur la proposition ci-dessus. L'on dit que la cour, c'est-à-dire les ministres, peut-être aussi M. le prince de Conti, avaient su gagner et déterminer quelques-uns de la grand'chambre à l'obéissance. Cela a été agité; mais la proposition a été rejetée et refusée, l'on dit par vingt-six voix contre dix-huit, qui étaient d'avis de reprendre les fonctions.

Il est dit dans la *Gazette de Hollande* que M. le prince de Conti, voyant qu'il n'y avait pas moyen de concilier les esprits, est parti de sa terre de Vauréal [1] pour aller à l'Ile-Adam et à Compiègne.

— Comme il faudra bien une chambre des vacations, on dit qu'on avait tenté de former une commission composée de magistrats du grand conseil, de la cour

---

le côté septentrional du boulevard, était située vis à vis la rue du Pont-aux-Choux. Reconstruite, en dernier lieu, en 1674, elle fut démolie vers 1760.

[1] Voir ci-dessus, p. 185. Les *Nouvelles ecclésiastiques* rapportent que les conférences du prince de Conti avec le premier président et d'autres membres de la grand'chambre, avaient souvent eu lieu dans ce château.

des aides et du Châtelet; mais qu'il y a un éloignement général pour accepter ces places. On a raison, au fond, de refuser, attendu la faiblesse avec laquelle la cour s'est tirée jusqu'à présent de ces sortes de brouilleries avec le parlement, dont on sent bien qu'on se ferait un ennemi secret en acceptant de pareilles commissions.

Il faut pourtant convenir que ceci fait un tort considérable à Paris : aux marchands, aux aubergistes, aux gens de métier et à toutes sortes de professions, tant par la cessation des affaires que par la retraite d'une grande quantité de personnes hors de Paris.

— Depuis le 5 de ce mois, le roi est à Compiègne, où l'on va à la chasse et l'on se divertit à l'ordinaire, sans qu'il soit, dit-on, plus question du parlement que s'il n'y en devait point avoir. Peut-être, compte-t-on fatiguer et ennuyer tous les exilés de manière à tirer un meilleur parti d'eux après un certain temps.

— Sur la protestation faite par les princes du sang contre la qualité de *haut et puissant prince* prise par par M. le prince de Soubise dans le contrat de mariage de madame la princesse de Condé, sa fille, le roi a décidé, par provision, en faveur de M. le prince de Soubise, c'est-à-dire que, par provision, il pourrait prendre ce titre de prince, ce qui emporte le titre d'altesse; mais messieurs les princes du sang ne veulent pas s'en tenir à la décision du roi. Les princes qui se remuent à cet effet sont M. le duc d'Orléans, M. le comte de Clermont et M. le prince de Conti. Tous les trois étaient même en conférence lundi, 30, chez M. Lherminier, avocat, conseil de M. le comte de Clermont. Quoique les cabinets des avocats soient exactement fermés, il est difficile de renvoyer trois princes du sang, surtout dans une matière de droit public comme celle-là.

On dit qu'ils veulent faire faire un mémoire, et présenter une requête au parlement pour y faire décider la question, c'est-à-dire quand on pourra agir. Ces princes sont, dit-on, animés par madame la princesse de Modène, tante de M. le duc d'Orléans, piquée de ce que M. le prince de Condé n'a pas épousé une princesse de Modène, sa fille, sœur de madame la duchesse de Penthièvre[1], et par madame la princesse de Conti qui aurait voulu mademoiselle de Soubise pour M. le comte de la Marche[2], son petit-fils. Or, M. le prince de Soubise a été marié trois fois; il s'agit de savoir si dans les trois contrats de mariage, qui ont été signés du roi et de tous les princes du sang, il a pris cette même qualité de haut et puissant prince, ce qui serait un grand préjugé en faveur de la décision du roi, et marquerait de l'aigreur de la part des princes. Quoi qu'il en soit, ceci fait une affaire de conséquence qui doit inquiéter et embarrasser le roi, qui aime fort M. le prince de Soubise, d'autant plus que les prin s ne manqueront pas de faire intervenir messieurs les ducs et pairs, intéressés à ne pas laisser augmenter le nombre de personnes au-dessus d'eux ayant la qualité éminente de *prince*. On dit cependant que

---

[1] Voir t. II, p. 377. La duchesse de Penthièvre avait trois sœurs: Mathilde, née en 1729; Fortunée-Marie, née en 1731; et Élisabeth-Ernestine, née en 1741.

[2] Louis-François-Joseph de Bourbon-Conti, né le 1er septembre 1734. Il était neveu de la princesse de Modène, sœur de sa mère (voir t. I, p. 391). Il épousa, en 1759, la princesse Fortunée-Marie d'Est, sœur de la duchesse de Penthièvre et sa cousine germaine.

M. le prince de Soubise ne prétend point, en conséquence, précéder qui que ce soit et avoir d'autre rang, soit au parlement soit en cour, que son rang de duc et pair et de sa pairie. Pour M. le comte de Charolais, qui a fait le mariage de son neveu, le prince de Condé, il prend le parti du prince de Soubise.

Août. — On dit qu'à Marseille, M. le duc de Villars¹, gouverneur, a voulu faire augmenter, de son autorité, les places de la comédie pour faire plaisir aux comédiens²; que cela a déplu aux bourgeois et que le spectacle a été vide, ce qui a donné lieu à quelques tracasseries entre le gouverneur et les magistrats de la ville, qui ont même été portées au secrétaire d'État de la province³. Tout cela a donné occasion aux vers suivants :

> A Paris, on tempête, on crie,
> Pour billets de confession;
> A Marseille, on est en furie
> Pour des billets de comédie :
> Hélas! dans quel siècle vit-on!

— Le roi et toute la cour sont revenus samedi, 11, de Compiègne, où il y a eu assez de divertissements, surtout à cause du camp, qui n'était pourtant composé que du régiment du roi. Le roi s'est arrêté en chemin à Arnouville⁴, chez M. de Machault; il est venu coucher à la Muette, le lendemain à Versailles

---

¹ Honoré-Armand, fils du maréchal de Villars, né le 4 octobre 1702.

² A l'occasion de représentations données par mademoiselle Dumesnil, actrice de la Comédie-française, où elle avait débuté en 1737, et où elle occupait l'emploi des reines et des mères.

³ C'était le comte de Saint-Florentin, qui avait la Provence dans son département.

⁴ Voir ci-dessus, p. 264.

voir madame la Dauphine et tenir le conseil, et, dès le soir, un voyage pour trois jours au château de Bellevue.

— Le 15, fête de la Vierge, la grande procession [1] a été faite, à l'ordinaire, à Notre-Dame, sans le parlement. La chambre des comptes, tant dans le chœur que dans l'église, a tenu la gauche et a laissé la droite vide. On en avait usé de même en 1720, lors de la translation du parlement en entier dans la ville de Pontoise. La procession n'étant pas sortie de Notre-Dame, à cause de la pluie, ce vide n'a pas fait tant d'effet que si elle eût été dans les rues.

— Il n'y a rien de nouveau par rapport à l'accommodement du parlement. L'embarras est de savoir ce qui sera réglé pour une chambre des vacations, d'autant que les prisons sont remplies de criminels qu'il faut juger.

— Le roi n'a rien décidé pour l'affaire des princes du sang et du prince de Soubise; il a seulement dit, qu'indépendamment des signatures faites sur le contrat de mariage de M. le prince de Condé, les choses resteraient dans le même état qu'elles étaient avant ledit contrat. Les princes du sang, dit-on, voudraient toujours faire décider cette question par le parlement; mais ce n'est pas ici le temps convenable pour cela.

— Il y a eu une contestation entre l'Opéra et la Comédie-française. Non-seulement Granval [2], fameux

---

[1] La procession solennelle qui se faisait tous les ans, depuis que Louis XIII, en 1638, avait mis la France et sa personne sous la protection de la Vierge, vœu que Louis XV avait renouvelé en 1738.

[2] Charles-François Granval, qui débuta en 1729, à l'âge de dix-sept ou dix-huit ans, et qui remplissait avec talent les premiers rôles. Il était fils de Nicolas Racot Grauval, auteur du poëme de *Cartouche* et de quelques comédies. Lui-même avait composé quelques pièces dans le genre libre.

comédien, a obtenu cet été six bals[1] de nuit à la Comédie, pour lui servir à payer ses dettes[2], mais les comédiens français ont fait repeindre et redorer leur salle, et ont obtenu la permission d'avoir des danseurs italiens pour augmenter et embellir leurs ballets. Il en est venu d'Italie que l'Opéra, dit-on, n'a pas voulu prendre parce qu'ils demandaient de trop forts appointements, et la Comédie française les a pris. En conséquence, elle a donné de petites pièces[3], avec des divertissements, qui y ont attiré bien du monde, ce qui a fait tort à l'Opéra. M. le prévôt des marchands[4], parent de M. le comte d'Argenson, a voulu leur faire défendre ces ballets. Les premiers gentilshommes s'y sont opposés comme ayant la direction de la Comédie : on disait même, à Paris, qu'il y avait arrêt du conseil qui défendait les ballets à la Comédie française. Cette troupe ne laisse pas d'avoir son crédit à cause des actrices. Ils ont suivi cette affaire à Versailles. La Comédie française a fermé son théâtre pendant trois jours, après quoi on les a vus redonner leurs ballets, et l'on dit qu'ils en ont eu la permission pour les lundis, mercredis et samedis, jours où il n'y a point d'Opéra.

— Cette petite dispute, qui a occupé le ministère, a excité la veine poétique de quelque auteur malin qui a composé une pièce en vers intitulée : *Remontrances*

---

[1] Huit bals, dont le premier avait eu lieu le 1er mai.

[2] Il s'agissait des dettes personnelles de Granval et non de celles de la Comédie.

[3] Entre autres les *Hommes*, comédie-ballet en un acte et en prose, par Saint-Foix, dont la première représentation avait eu lieu le 27 juin. Comme cette pièce avait été faite pour servir de canevas à des danses, on l'appela un *manche à ballets*.

[4] M. de Bernage, cousin de M. d'Argenson (voir ci-dessus, p. 94).

au roi des comédiens français. Cette pièce est très-forte contre le ministère, surtout contre M. le comte d'Argenson et M. le comte de Saint-Florentin, et contre le clergé, car il faut toujours qu'il entre un peu des affaires du temps dans la critique du ministère. On fait de grandes perquisitions de l'auteur, et s'il est découvert, il passera mal son temps, avec justice. Cette pièce n'est pas encore imprimée [1], car il y a des gens assez hardis pour le faire; mais les copies en sont répandues par tout Paris.

Septembre. — Du 1er, le roi ne découchera plus de Versailles, et même ne s'éloignera pas jusqu'aux couches de madame la Dauphine, pour éviter ce qui est arrivé à la naissance de M. le duc de Bourgogne.

— Le parlement de Rouen a envoyé ses remontrances [2] à M. le chancelier; mais il a été mandé à Versailles, pour en recevoir la réponse, par députation de douze personnes : le premier président, le parquet, et le reste en présidents et conseillers. On a donné

---

[1] Cette facétie, dont l'auteur est Marchand, avocat, le même qui avait écrit la *Requête des sous-fermiers,* fut imprimée peu après, et réimprimée plus tard dans les *Poésies satiriques* du XVIIIe siècle.

[2] Par suite d'un refus de sacrements fait par un curé de Verneuil, le parlement de Rouen avait décrété ce curé et l'évêque d'Évreux. Le roi, de son côté, avait évoqué l'affaire, et, pour mettre un terme à la résistance que le parlement opposait aux arrêts du conseil, il avait envoyé un officier des gardes du corps, M. de Fougères, lieutenant général, qui s'étant présenté accompagné de tous les officiers d'un régiment de dragons en garnison à Rouen, avait fait rayer, sur les registres, tous les arrêts rendus au sujet de cette affaire. Le parlement, d'abord, avait cessé ses fonctions, puis il les avait reprises et s'était contenté d'adresser des remontrances.

Dans le même temps, et pour les mêmes causes, les parlements d'Aix et de Toulouse avaient dirigé des poursuites contre des ecclésiastiques, en sorte que sur tous les points de la France, la lutte était établie, sur le terrain religieux, entre la magistrature et le clergé.

des ordres pour faire venir des chevaux de poste sur la route, et cela aux dépens du roi. Le voyage ne leur a rien coûté. Il leur a été fait défense de passer ni par Pontoise ni par Paris. Ils sont arrivés samedi, 1ᵉʳ, à Versailles; ils y ont été logés à la craie[1], et ont été régalés, le samedi au soir et le dimanche à dîner, par M. le chancelier, et apparemment par M. le comte de Saint-Florentin, qui a la Normandie dans son département. Dimanche, le parlement de Rouen a eu audience du roi dans son cabinet, d'où l'on a fait sortir tous les seigneurs. Il n'y est resté que le chancelier et les ministres. M. le chancelier leur a dit la réponse du roi, et l'on dit que Sa Majesté leur a donné un paquet cacheté contenant ses ordres, avec ordre de n'ouvrir le paquet qu'à Rouen, mardi 4, les chambres assemblées, et injonction d'exécuter ce qu'il contenait. Le parlement est reparti le dimanche de Versailles.

— Il y a une petite dispute entre M. le comte de Saint-Florentin et M. le comte d'Argenson. Celui-ci a Paris et le parlement de Paris dans son département; mais il n'a rien hors la ville[2]. M. le comte de Saint-Florentin a dans son département la banlieue de Paris. Or, comme le parlement n'est plus à Paris, mais à Pontoise qui est dans son district, il a prétendu que, tant qu'il y serait, c'était à lui que le parlement devait s'adresser, et qu'il était devenu de son département. Cela ne laisse pas que d'avoir sa difficulté. On dit que le roi a décidé la chose en faveur de M. le comte de Saint-Florentin.

---

[1] C'est-à-dire chez des particuliers. Voir la note 1, tome Iᵉʳ, p. 433.
[2] Ce passage rectifie une erreur que renferme la note placée au bas de la page 97, ci-dessus, où il est dit que M. d'Argenson avait Paris et toute l'Ile-de-France sous sa direction.

— Mardi, le parlement de Rouen s'est assemblé, a lu la réponse du roi[1], et a nommé dix-huit commissaires pour l'examiner; on a remis, pour délibérer, au 7. Le dessein du parlement, attendu la difficulté de la question et la diversité des opinions, était de remettre l'assemblée des chambres après la Saint-Martin, pour gagner du temps, et voir ce qui pourrait arriver par rapport au parlement de Paris. Mais le 7, dernier jour du palais, il a reçu des lettres patentes portant prorogation du parlement et défense de se séparer jusqu'après l'enregistrement de la réponse. Le parlement a enregistré les lettres patentes et est resté assemblé. On ne sait point ce qu'ils ont fait depuis[2]. Par là, Messieurs de Rouen sont punis d'une autre manière que ceux de Paris, étant obligés de rester à Rouen pendant les vacances, au lieu d'aller chacun dans leurs terres.

— Vendredi, 7, le parlement, ou, si l'on veut, la grand'chambre s'est séparée à Pontoise, et le 8, ils sont tous partis pour aller chacun de leur côté. M. le premier président est allé à sa terre de Bruyères[3], et ne revient point à Paris. Plusieurs présidents ont fait de même; les conseillers sont venus à Paris, pour aller de là à la campagne; plus de parlement et point de chambre des vacations, ce qui a paru très-extraordinaire, et tous les exilés restent chacun dans leur ville, à moins qu'ils n'obtiennent la permission d'aller à leurs terres : l'on compte que cela restera dans cet état au

---

[1] Elle portait que le roi entendait que la constitution *Unigenitus* fût regardée comme règle de l'Église et de l'État, etc.

[2] Le parlement arrêta d'itératives remontrances, il y eut une chambre des vacations qui continua le jugement des procès.

[3] Voir ci-dessus, p. 152.

moins jusqu'à la Saint-Martin. Il y a apparence que cela ennuyera et fatiguera beaucoup tous messieurs les exilés; car, pour Messieurs de grand'chambre, ils sont libres comme si le parlement avait cessé à l'ordinaire.

Ceci fait un tort considérable aux avocats, procureurs, greffiers, secrétaires de conseillers, et à tous les gens qui sont attachés au palais; car, de l'année, on n'a rien fait, et il faut vivre et se soutenir.

— Samedi, 8, madame la Dauphine a senti les vraies douleurs sur le midi, et à deux heures dix minutes, elle est accouchée très-heureusement d'un prince, au grand contentement du roi, de toute la cour et de tout le royaume, à l'exception des jansénistes, qui, dès le lendemain, dimanche, ont fait courir le bruit, dans Paris, que le prince était mort, quoiqu'il se porte parfaitement bien.

— Le roi a donné à ce prince le nom de duc d'Aquitaine, ancien dans l'histoire de France, mais qui n'a pas paru depuis plusieurs siècles. Cette nouveauté a surpris. On comptait qu'on le nommerait duc d'Anjou; mais, comme le dernier de ce nom, frère du roi, est mort en bas âge, on dit que le roi a voulu lui donner un autre titre.

— Sur la première nouvelle, à l'hôtel de ville, que madame la Dauphine sentait des douleurs, le prévôt des marchands et les échevins s'y sont assemblés, selon l'usage. Sur la seconde nouvelle, l'accouchement d'un prince, ils ont fait sonner la cloche, et on a préparé un feu de fagots pour le soir, et des illuminations qui ont aussi été ordonnées par la police.

— Dimanche, 16, on a chanté un *Te Deum* en grande musique, à Notre-Dame, où M. le chancelier, avec le conseil d'État et toutes les cours ont assisté à l'ordinaire, à l'exception du parlement. La place à droite, dans les stalles du chœur, que le parlement occupe ordinairement, était vide.

Le mandement de M. l'archevêque pour le *Te Deum* est simple et très-sage ; il n'y est question que du fait présent.

Le soir, il y a eu un feu d'artifice magnifique dans la place de l'hôtel de ville, dont la façade a ensuite été illuminée comme à la naissance de M. le Dauphin. Il y avait, dans la Grève et dans les autres places publiques de Paris, des échafauds où l'on distribuait des pains et des cervelas, avec des tonneaux de vin, et des orchestres de quinze ou vingt musiciens à chaque place, pour faire danser le peuple.

On comptait, dans le public, ou du moins les bons jansénistes espéraient que les réjouissances du peuple seraient modérées à cause de l'exil du parlement, du triste état où est réduite la bonne cause de la religion et de la foi, et du nombre de ceux qui en souffrent réellement. Mais nos bons dévots ont été trompés dans leurs espérances ; toutes les maisons de la ville ont été éclairées par des chandelles ou des lampions aux fenêtres, suivant l'ordonnance de pol'... Les hôtels et grandes maisons étaient magnifiquement décorés en illuminations. Depuis le Pont-Neuf jusqu'au Palais-Bourbon, le quai faisait un très-beau spectacle.

Le peuple a dansé et bu dans toutes les places jusqu'à près d'une heure que les violons ont cessé, et il a couru toute la nuit, en chantant dans les rues, par un très-beau clair de lune. Le bourgeois et les gens plus distingués ont satisfait leur curiosité en allant voir les plus belles illuminations de la ville. Depuis neuf heures jusqu'à près de deux heures après minuit, il y a eu un concours étonnant de carrosses à la Grève, pour voir la décoration du feu[1] et l'illumination de l'hôtel de ville. On mettrait mal à propos dans des remontrances ou dans quelque écrit du parti, que la capitale du royaume est dans la tristesse et dans la désolation au sujet des billets de confession, ou de la qualification de règle de foi que l'on voudrait donner à la bulle *Unigenitus*, car le public n'y songeait point du tout, et était en l'air comme de coutume, quand il se présente quelque objet de dissipation.

— Lettres patentes, en forme de commission, du 18 de ce mois, par lesquelles le roi établit une chambre des vacations pour tenir ses séances dans une des salles du couvent des Grands-Augustins de Paris. Cette chambre est composée de sept conseillers d'État, de vingt maîtres des requêtes et de M. Bourgeois de Boynes, maître des requêtes, pour faire les fonctions de procureur général, avec faculté, à lui, de se choisir tels substituts que bon lui semblera.

Par ces lettres, le roi évoque à lui et à son conseil tous les procès et instances pendants en la cour de parlement, qu'il est d'usage d'instruire et juger pendant les vacations, et les affaires qui pourront naître pendant la durée de ladite commission, etc. Celle-ci est établie pour durer jusqu'au jour de Saint-Martin. Ordinairement la chambre des vacations du parlement finit à la fête de Saint-Simon, 28 octobre.

---

[1] On en trouve la description dans le *Précis historique sur les fêtes, les spectacles et les réjouissances publiques*, par Claude Ruggieri, p 282, et dans le *Mercure de France* du mois d'octobre 1753, p. 202.

— On a copié, mot pour mot, ces lettres patentes, sur celles du 7 octobre 1720 pour l'établissement d'une chambre des vacations, aux Grands-Augustins[1], et l'on est tombé dans une grande bévue. Dans celles de 1720, le roi dit que, « n'ayant pas jugé à propos, pour de grandes considérations, d'établir une chambre des vacations à Pontoise où il a transféré sa cour de parlement de Paris, etc. » Cela était passable en 1720 ; tout le parlement était à Pontoise, y faisait ses fonctions et y rendait la justice tant bien que mal, parce que les avocats n'y allaient pas et ne faisaient rien. Au lieu que, dans les circonstances présentes, le roi ne pouvait pas composer une chambre des vacations. 1° Il n'y a, à Pontoise, que la grand'chambre, et la chambre des vacations est composée de conseillers de grand'chambre et de dix conseillers des enquêtes ; 2° depuis le mois de mai, le roi n'a pas pu obliger la grand'chambre à rendre la justice.

— Autre embarras pour le ministère. Messieurs les officiers du Châtelet de Paris se mettent aussi de la partie pour soutenir le parlement. M. le procureur du roi a présenté, le 28, au parc civil[2], l'audience tenante, les lettres patentes pour la chambre des vacations, pour être enregistrées au registre des bannières[3]; la cour lui a donné lettres de son réquisitoire, etc., et a ordonné qu'il en serait référé à la compagnie assem-

---

[1] Voir t. I, p. 57.

[2] L'une des quatre colonnes ou services des conseillers au Châtelet (voir t. I, p. 163), les autres étaient le criminel, le présidial et la chambre du conseil.

[3] Recueil ou registre séparé de celui des audiences, consacré à l'enregistrement de toutes les ordonnances et lettres patentes, etc., adressées au Châtelet.

blée. L'assemblée a tenu, et, après grande délibération, il a été arrêté que la compagnie ne pouvait pas enregistrer lesdites lettres patentes sans contrevenir aux édits, ordonnances et déclarations, sans violer son serment, etc. Cet arrêt est motivé; il est même imprimé et se vend assez librement. Mais on pourrait dire que messieurs du Châtelet ont un peu excédé leur pouvoir dans les motifs et moyens employés dans leur arrêté : jusqu'à indiquer des ordonnances de Clotaire Ier, de 560, pour restreindre l'autorité du roi.

En 1720, on n'avait point présenté au Châtelet les lettres patentes pour l'établissement de la chambre des vacations. On ne sait pas quel est le motif de le faire aujourd'hui.

— Le 27 septembre, Madame Infante, duchesse de Parme [1], est partie de Versailles pour s'en retourner à Parme. Cela débarrasse la cour.

— Arrêt du conseil du 30, qui casse la sentence du 28 rendue à l'audience du Châtelet. Ordonne Sa Majesté, que, de l'autorité de la chambre des vacations, il sera procédé, sur les registres du Châtelet, aux radiations et mentions nécessaires à la pleine exécution du présent arrêt. Défense au lieutenant civil et aux conseillers de service au parc civil de s'assembler et de lever l'audience avant l'enregistrement ci-dessus.

Octobre. — Arrêt de la chambre des vacations qui a commis M. de Pontcarré de Viarme [2], conseiller d'État, quatre maîtres des requêtes, le greffier de la commis-

---

[1] Cette princesse était arrivée au mois d'octobre de l'année précédente (voir ci-dessus, p. 410).

[2] M. Pontcarré de Viarme, intendant de Bretagne, avait été nommé conseiller d'État au mois de mars précédent.

sion et un huissier du conseil, lesquels se sont transportés à l'audience du parc civil, accompagnés d'une escorte de la robe courte [1]. Ils y ont fait les radiations, etc., de l'arrêté, sur les registres des bannières.

— M. d'Argouges, lieutenant civil depuis quarante-trois ans, de naissance personnellement, d'une grande réputation pour la probité et le savoir, qui même n'a pas lieu de se louer de la cour, n'ayant point encore été fait conseiller d'État, est à plaindre d'avoir eu cette sotte affaire qui l'a brouillé avec sa compagnie. On lui reproche de l'intelligence avec le chancelier; d'avoir tenu trop longtemps l'audience et attendu la commission, tandis que cela lui était ordonné par une lettre de cachet. On lui a tenu des propos fort désagréables dans l'assemblée, pour avoir été soumis aux ordres du roi, et on a dit dans le public, très-disposé à condamner toute espèce de subordination, qu'il n'avait pas encore vendu sa charge, comme le bruit en avait couru, mais qu'il avait vendu sa compagnie.

— Lundi, 22, a été la rentrée du Châtelet [2] où tout est assemblé de droit. M. le lieutenant civil a représenté une lettre de cachet qui fait défense aux officiers du Châtelet de s'assembler autrement que pour affaires

---

[1] Cette compagnie de robe courte, placée sous les ordres d'un lieutenant criminel de robe courte, était spécialement attachée au service des cours de judicature et servait à mettre leurs décrets à exécution. Elle faisait partie du corps de la gendarmerie et maréchaussée de France, et jouissait des mêmes priviléges.

[2] Le Châtelet entrait en vacances le premier lundi après la *Nativité* (8 septembre), jusqu'au lundi avant le 28 octobre, jour de Saint-Simon Saint-Jude. Cette fête tombant un dimanche, en 1753, le lundi précédent se trouvait être le 22. Pendant les vacances on ne plaidait pas au présidial, mais on plaidait deux fois par semaine au parc civil.

de la compagnie. La cérémonie de la rentrée faite, on a remis l'assemblée après l'audience. Cette assemblée a duré jusqu'à plus de cinq heures après midi. On y a délibéré sur tout ce qui s'était passé les 5 et 6 octobre, et, pour obéir à la défense portée par la lettre de cachet, il a été sursis à délibérer et à faire aucunes protestations sur les faits ci-dessus.

— On a fait une mauvaise plaisanterie sur le repas que donne M. le lieutenant civil à la compagnie, le jour de la rentrée, où il ne s'est trouvé, entre autres, que sept ou huit conseillers, et qui n'a été fait qu'à plus de cinq heures du soir, à cause de la durée de l'assemblée. On a dit que son dîner lui coûtait moins qu'une autre année, parce que M. d'Argouges, son fils, maître des requêtes, avait une commission *sur la Vallée*[1].

On a dit qu'on avait affiché à la porte des Augustins : « Les comédiens du roi donneront aujourd'hui la cinquième représentation de l'*Inutilité*[2] ; » c'était la cinquième séance de la chambre des vacations. Il est étonnant de voir les effets de la prévention du public contre le ministère et pour le jansénisme.

— Le 27, le Châtelet s'est assemblé sur la signification de deux arrêts de la commission, dont l'un portant injonction au lieutenant criminel de faire donner la question préparatoire à un accusé, et l'autre injonc-

---

[1] Il faisait partie de la chambre des vacations qui tenait ses séances aux Grands-Augustins, et c'était sur le quai qui longeait ce couvent, et qui portait le nom de Vallée, que l'on vendait le gibier, la volaille, etc. Un marché spécial pour ces sortes de denrées existe encore aujourd'hui au même endroit, sur l'emplacement de l'église même du couvent.

[2] Le Châtelet persistait à refuser de reconnaître les arrêts rendus par la chambre des vacations.

tion au greffier de porter à la commission le registre des délibérations de la compagnie pour être procédé à la radiation de l'arrêt du 22.

Arrêté que Messieurs de la commission n'ayant aucun droit de ressort, inspection ni corrections sur les affaires du Châtelet, la compagnie fait toutes protestations telles que de droit, etc. Arrêté aussi que les minutes et registres du Châtelet ne pourront être déplacés qu'en vertu des ordres de la compagnie.

— Au moyen de tous ces troubles, la chambre des vacations des Augustins n'a rendu que quelques arrêts pour de petits criminels condamnés aux galères ou au fouet, et il n'y a eu aucune expédition d'affaires civiles sur les intérêts des particuliers.

Novembre. — M. le premier président, à l'approche de la rentrée de la Saint-Martin, avait fait préparer, à Pontoise, soixante voies de bois et les autres provisions à proportion. Messieurs les présidents à mortier qui tiennent des tables, en avaient fait aussi de leur côté, ne sachant pas le temps qu'ils devaient rester à Pontoise; mais mercredi, 7, M. de Maupeou a reçu une lettre de cachet avec ordre de se rendre incessamment dans la ville de Soissons, *sans fonctions*.

Cette nouvelle s'est répandue dans Paris, et comme il n'y avait que cette seule lettre de cachet, on ne savait à quoi attribuer cet exil. Mais jeudi, 8, messieurs les présidents à mortier, les gens du roi[1] et tous les conseillers de grand'chambre, ont reçu de pareilles lettres de cachet pour se rendre à Soissons *sans fonctions*,

---

[1] L'exil des gens du roi fut moins sévère, et ils eurent la faculté d'aller et venir de Soissons à Paris.

en sorte que ce n'est point une translation de parlement; c'est un pur exil.

— Aujourd'hui samedi, 10, on a conduit, dès le matin, à la Bastille, M. Roger de Monthuchet, conseiller au Châtelet, bon janséniste, et qui a été apparemment un des plus vifs dans les différentes assemblées du Châtelet.

— Lettres patentes, en forme de déclaration, du 11 novembre, qui établissent une cour de justice, sous le nom de *Chambre royale,* pour tenir ses séances dans le château du Louvre et connaître de toutes les matières civiles, criminelles et de police qui sont dans la compétence du parlement. Cette chambre est composée de dix-huit conseillers d'État et de quarante maîtres des requêtes, etc.[1]

Mardi, 13, le chancelier, comme chef de la justice et du conseil, s'est rendu au vieux Louvre, dans l'appartement appelé de l'*Infante*[2] (où l'on avait préparé une chambre d'audience), avec tous les conseillers d'État et maîtres des requêtes commis par les lettres patentes. Il y a eu d'abord une messe du Saint-Esprit, et, ensuite, il a été procédé à la publication et à l'enregistrement desdites lettres patentes.

— Voilà la nouvelle du jour qui cause bien du mouvement et bien des conversations. On ne parle point du rappel de tous les exilés du parlement dans la ville de Soissons. Il est certain que la punition sera grande de laisser passer ainsi l'hiver soit à la grand'chambre à

---

[1] Ces lettres patentes sont imprimées dans le premier tome du mois de décembre du *Mercure de France* de 1753, p. 202.

[2] Ainsi nommé parce qu'il avait été occupé par l'infante d'Espagne, Marie-Anne-Victoire, pendant son séjour en France, de 1722 à 1725.

Soissons, soit aux autres membres du parlement dans les différentes villes où ils sont déjà depuis six mois. Plusieurs ont obtenu des permissions pour aller à leurs terres sous prétexte d'affaires : on leur a accordé volontiers parce que cela les sépare et peut les désunir.

— Le roi devait revenir de Fontainebleau à Choisy dimanche, 18 ; les équipages étaient revenus, et la plupart des princes, des ministres et des gens de cour. Il y a eu un contre-ordre samedi, 17, par une maladie de Madame Victoire qui a été saignée d'abord deux fois, fièvre et mal de gorge. Le roi, qui aime beaucoup ses enfants, n'a pas voulu revenir, en sorte que les princes, les ministres et autres, sont retournés en diligence. Cela fait un grand mouvement. On craint que ce ne soit la petite vérole, ce qui serait fâcheux, Madame Victoire étant une belle princesse ; cependant il n'y a pas d'apparence, ni que ce soit une fièvre maligne, ce qui serait aussi dangereux, car on dit que cela va mieux.

— La fièvre est cessée, ce n'était qu'une plénitude.

— On a joué à Fontainebleau l'opéra d'*Atys*[1].

— Samedi, 17, les comédiens français qui étaient revenus à Paris, sont retournés à Fontainebleau. La cour y est toujours, mais on compte que le roi reviendra coucher à Choisy, samedi, 24. Ce n'a été qu'une fausse alarme fondée sur ce que les petites véroles ont été très-fréquentes cet automne, ce qui a été causé, dit-on, par la grande sécheresse de cette année, et ce qui, en même temps, les a rendues dangereuses.

---

[1] *Atys*, tragédie lyrique en cinq actes, paroles de Quinault, musique de Lulli, qui avait été représentée pour la première fois en janvier 1676 et qui, depuis, avait été reprise un grand nombre de fois.

— Mardi, 20, les lettres patentes portant établissement de la chambre royale, ont été enregistrées au Châtelet. Il n'y avait pas moyen de pousser la désobéissance jusqu'à refuser, le lieutenant civil et tous les conseillers de la colonne du parc civil ayant eu des lettres de cachet. On a mis seulement : « du très-exprès commandement du roi. »

— Les conseillers d'État et les maîtres des requêtes qui composent la chambre royale sont divisés en deux chambres[1] : l'une pour le civil et la police, l'autre pour le criminel ; les jugements seront appelés arrêts et au nom du roi, c'est-à-dire : Louis, par la grâce de Dieu, etc., comme les arrêts du parlement.

— Arrêt de la chambre royale, du 28, qui supprime un écrit imprimé sans permission[2], ayant pour titre *Second Mémoire des exilés de Bourges*. M. Feydeau de Brou, avocat général, a dit qu'une plume inconnue et hardie avait osé emprunter le nom de magistrats trop sages pour se livrer à des déclamations aussi outrées. Les exilés de Bourges ont toujours passé pour être les plus animés. C'est pourquoi l'on s'est servi de leur nom.

Décembre. — Lettres patentes du 3[3], qui autorisent les procureurs au parlement à exercer leurs fonctions à la chambre royale. Mais, quoique la plus grande partie des procureurs soit dans le besoin, ils ne paraissent

---

[1] Lettres patentes du roi, en forme de déclaration, du 18 novembre. Elles sont imprimées dans le *Mercure de France*, premier tome de décembre 1753, p. 208.

[2] Le *Journal* de Barbier, contient l'indication de beaucoup de suppressions d'écrits de toute nature, relatifs aux affaires du temps. La mention intégrale de tous ces arrêts eût offert peu d'intérêt.

[3] Elles se trouvent dans le *Mercure de France*, t. II, du mois de décembre 1753, p. 192.

pas disposés à faire beaucoup d'ouvrage à cette chambre. Quand même quelqu'un serait forcé par une partie d'y paraître, de concert avec le procureur adverse, ils traîneraient une affaire en exceptions et en communications de pièces, de façon qu'à l'exception d'arrêts de défense, on serait bien une année entière sans y juger aucun procès civil un peu en forme ; le public, d'ailleurs, est prévenu contre les juges du conseil.

— La cour des aides, dont la juridiction est suspendue depuis le mois de mai, n'ayant ni procureurs ni avocats, est rentrée à la Saint-Martin, à l'ordinaire, pour la messe et les harangues. On dit que mardi, 4, M. le procureur général de la cour des aides[1] avait une déclaration à y faire enregistrer pour obliger les procureurs au parlement à reprendre leurs fonctions et suivre les affaires de cette cour. Mais, malgré l'intérêt de leur juridiction, la plupart des membres ont remontré à M. le premier président que cette démarche pourrait déplaire au parlement ; que, quoique la cour en fût indépendante, il devait y avoir une union dans la magistrature, etc., et il n'y a eu ni assemblée ni délibérations à ce sujet.

— L'esprit de désobéissance est général. Quoique le Châtelet ait enregistré, par ordre, les lettres patentes de la chambre royale, il ne veut pas plus reconnaître cette chambre.

Il y a eu deux arrêts de la chambre confirmatifs de deux sentences criminelles du Châtelet : l'une par rapport à un criminel qui doit être pendu et appliqué à la

---

[1] M. Terray de Rossière (voir ci-dessus, p. 71).

question. La règle est, au Châtelet, que le dernier conseiller de la colonne du criminel soit commissaire à la question. Cela regardait M. Millon, neveu de M. Milley, avocat. Il a représenté à M. Lenoir, qui préside au criminel ce présent mois, qu'il ne voulait rien faire de lui-même qui pût déplaire à sa compagnie, et qu'il demandait une assemblée, quoique défendue par les ordres du roi. Malgré ce qui lui a été remontré par M. le lieutenant civil et par M. Lenoir[1], il a persisté à refuser d'exécuter l'arrêt.

Jeudi, 6, à deux heures du matin, un exempt, avec des archers, s'est transporté à la maison de M. Millon pour l'arrêter et le conduire apparemment à la Bastille. Il a fait ouvrir, a visité toute la maison, mais n'a pas trouvé M. Millon qui, se doutant bien du fait, n'était point rentré chez lui.

L'autre arrêt était dans une affaire d'usure dans laquelle il fallait recevoir une affirmation. Cela regardait M. Guerey de Voisins, lieutenant particulier, qui présidait au criminel le mois de novembre. La partie intéressée l'a sollicité pour entendre l'affirmation. Il a différé le plus qu'il a pu : on s'est plaint, et il y a eu une sommation, de la part de M. le procureur général, d'exécuter l'arrêt. M. de Voisins a déclaré qu'il se déportait[2] : seconde sommation de déclarer les causes de son déport. Par ces détours, il a gagné le mois de décembre, où M. Lenoir devait présider au criminel. Arrêt de la chambre qui lui ordonne de se rendre aux pieds de la cour pour lui rendre compte de sa con-

[1] Lieutenant particulier.
[2] Terme de palais. S'abstenir d'un jugement, d'une affaire où il y a quelque cause de récusation.

duite; réponse, que les causes de son déport sont à présent inutiles, puisqu'il ne pourrait plus recevoir l'affirmation quand il le voudrait. Arrêt qui décrète M. Guerey de Voisins d'ajournement personnel pour ne point s'être rendu à la chambre; mais il s'était retiré et s'est aussi caché.

— Vendredi, 7, les conseillers ont été au Châtelet, le matin, et se sont rendus, avant de se distribuer aux services, au cabinet de M. le lieutenant civil. Les plus obstinés, ou si l'on veut *les Romains*, comme on les appelle, ont fait entendre aux autres qu'il n'y avait plus de sûreté, et ils ont déclaré à M. le lieutenant civil, unanimement, sans assemblée, sans délibération, qu'ils se retiraient tous et *cessaient tout service*. Cette retraite du Châtelet fait du bruit dans Paris.

— Dimanche, 9, on a porté des lettres de cachet à tous les conseillers du Châtelet, contenant ordre de reprendre leurs fonctions à peine de désobéissance; mais, pour adoucir la chose, M. le lieutenant civil avait une permission verbale de M. le chancelier de les laisser assembler et délibérer, quoique cela leur eût été très-défendu lors de l'enregistrement de la chambre royale. Mardi, 11, tous les conseillers se sont rendus au Châtelet et ont fait un arrêté portant qu'il sera fait de très-humbles représentations à M. le chancelier, avec prière de les mettre sous les yeux du roi. Six conseillers[1] sont chargés de rédiger les objets desdites représentations.

Samedi, 15, lettres de cachet portées à tous les officiers et conseillers du Châtelet, par lesquelles le roi ordonne à chacun d'eux de reconnaître la chambre royale

---

[1] MM. de Farcy. Pitoin, Quillet, Sauvage, Ducoudray et Pelletier.

purement et simplement, à peine de désobéissance. On remarque qu'on prodigue bien ces termes, ce qui ne convient point à l'autorité royale.

— M. le comte d'Argenson, ministre secrétaire d'État, a été attaqué de la goutte qui le tenait aux genoux, aux bras et à plusieurs endroits du corps; il a même eu de la fièvre et il était au lit. On disait, dans le public, que la goutte était remontée, parce qu'on le souhaitait : on le regarde comme le protecteur du clergé et l'ennemi du parlement.

—Mardi, 18, on a tenu les audiences[1], à l'ordinaire, au Châtelet. A midi, on s'est assemblé et on a rédigé les objets des représentations qu'on a, dit-on, réduites à sept objets; mais le fond est toujours le refus de reconnaître la chambre royale. Le Châtelet dit qu'il a prêté serment au parlement, et que c'est son seul juge supérieur et de ressort.

— Mercredi, 19, M. le chancelier a fait écrire aux conseillers du Châtelet de se rendre chez lui par bande et à des heures différentes. Il y en a eu neuf à deux heures, douze à quatre heures et le reste à six. M. le chancelier a fait entrer chaque conseiller en particulier dans un cabinet, et lui a demandé de quel avis il était par rapport à la chambre. Dans les trois bandes, il n'en a trouvé que sept qui lui ont avoué qu'ils n'étaient point de l'avis de l'arrêté du 28 septembre, et qu'ils auraient reconnu la chambre royale; mais que, suivant l'usage des compagnies, ils étaient à présent de l'avis de l'arrêté. Vingt-six autres lui ont déclaré qu'ils

---

[1] L'arrêt du 11 décembre portait aussi que « par le profond respect dû aux ordres du roi, » le Châtelet reprenait ses services.

persistaient dans l'arrêté de la compagnie. M. le chancelier a dit à ceux-là qu'ils prissent garde d'attirer l'indignation du roi sur eux et leur postérité.

— En attendant, le criminel qui devait être pendu est toujours en expectative dans la prison du Châtelet.

— Samedi, 22, la chambre royale n'a point été au Châtelet tenir la séance des prisonniers; ils n'ont pas voulu se hasarder, apparemment, à éprouver quelque nouvelle scène de refus.

— Ce même jour, un huissier du conseil, accompagné de M. de Rocquemont, commandant du guet, a apporté et signifié au Châtelet un arrêt du conseil par lequel le roi leur ordonne de reconnaître la chambre royale, et leur défend de faire aucune représentation à ce sujet. Messieurs du Châtelet ont fait registre de l'arrêt du conseil, et, attendu qu'ils étaient en trop petit nombre, ont remis à délibérer, en conséquence, à samedi, 29, qui est le premier jour de rentrée après les fêtes de Noël.

— Mercredi, 26, lendemain de Noël, le roi doit aller souper et coucher à Bellevue, avec des seigneurs de sa cour et ses ministres et secrétaires d'État : en hommes et femmes, ils sont ordinairement jusqu'à vingt-cinq. Vendredi, le roi revient à Versailles, pour tenir apparemment grand couvert à souper, et le samedi matin, il retourne à Bellevue jusqu'à lundi au soir, veille du jour de l'an. Pendant ces voyages-là, les ministres, qui ne sont point avec leurs premiers commis, n'expédient point d'affaires, et l'on n'arrête rien de décidé pour les affaires présentes.

— Les six conseillers du Châtelet commissaires pour travailler aux représentations de la compagnie, ont reçu des lettres de cachet portant défense d'y travailler.

—Samedi, 29, jour indiqué pour l'assemblée du Châtelet, on a nommé trois autres commissaires pour dresser les représentations, sur les défenses faites aux six d'y travailler. Le procureur du roi a remis une lettre de cachet du roi, qui marque qu'il est fort étonné que la compagnie ait différé d'enregistrer l'arrêt du conseil, le 22, sous prétexte qu'elle était en trop petit nombre: ordonne qu'en quelque nombre qu'elle soit, elle ait à l'enregistrer, avec défense de faire aucune délibération.

Après la lecture de la lettre de cachet, Messieurs du Châtelet n'ont point délibéré; ils se sont tous levés unanimement. Ils ont remis leur assemblée au 15 janvier, et se sont retirés en convenant de continuer les services. Le greffier est resté seul en place, et on lui a dit de dresser un procès-verbal de tout ce qui s'était passé.

— M. de Boynes, procureur général de la chambre royale, emploie toutes sortes de voies, caresses, menaces, crainte, pour engager les procureurs au parlement à porter des affaires à cette chambre. Il y en a quatre qui s'y sont présentés, mais qui sont sans pratique, dans la misère, et peu estimés de leur compagnie. Les autres refusent et reculent tant qu'ils peuvent. Il est vrai même que les parties ne veulent point risquer leurs affaires à ce tribunal, et qu'elles aiment mieux attendre.

Si M. Bourgeois de Boynes a sollicité ce poste de procureur général pour avancer sa fortune, il a fait une grande imprudence pour un homme d'esprit. C'est un homme de fortune; son père a eu quelques affaires comme caissier de la banque royale; il a même fait une espèce de banqueroute, ce qui a été un obstacle à recevoir celui-ci maître des requêtes, obstacle qu'il n'a surmonté, après quelque temps, que par son travail et sa réputation aux requêtes du palais. On va faire revivre tous ces faits dans le public et le faire mépriser. Si, au contraire, M. le chancelier et le ministère ont forcé M. de Boynes à accepter cette place, comme homme plus entendu aux affaires qu'un autre maître des requêtes, il ne devrait pas marquer tant de zèle et de vivacité, et ne faire, de sa charge, que ce qu'il ne peut se dispenser de faire.

— Cette opposition générale à l'établissement de la chambre royale, tant de la part des juridictions du ressort[1] que du public, fait bien connaître au parlement qu'on ne peut se passer de lui pour rendre la justice, et cela ne peut que le rendre plus ferme dans ses prétentions.

— Il y a aussi de l'embarras aux consuls[2] de Paris. On en nomme deux tous les ans, ce qui ne peut pas se faire à présent, parce qu'ils prêtent serment au parlement, et qu'on ne voudrait pas le leur faire prêter à la chambre royale. On avait arrangé, aux consuls, de continuer les deux juges qui doivent sortir; mais ceux-ci refusent, en disant qu'ils ont rempli leur année pour un service qui les dérange de leur commerce, et que,

---

[1] La chambre royale n'avait pas non plus été reconnue à Lyon par le présidial, etc.

[2] La juridiction consulaire, exercée par cinq marchands renouvelés tous les ans par voie d'élection, dont le premier était appelé *juge* et les autres *consuls*, connaissait de toutes les causes et procès concernant le commerce.

d'ailleurs, ayant prêté serment au parlement pour une année seulement, ils sont à présent sans pouvoirs. Quel parti prendre? Cependant cette juridiction est importante et nécessaire dans Paris.

En sorte que l'on va commencer l'année 1754 avec un peu plus d'embarras qu'il n'y en a encore eu jusqu'ici.

FIN DU TOME TROISIÈME.

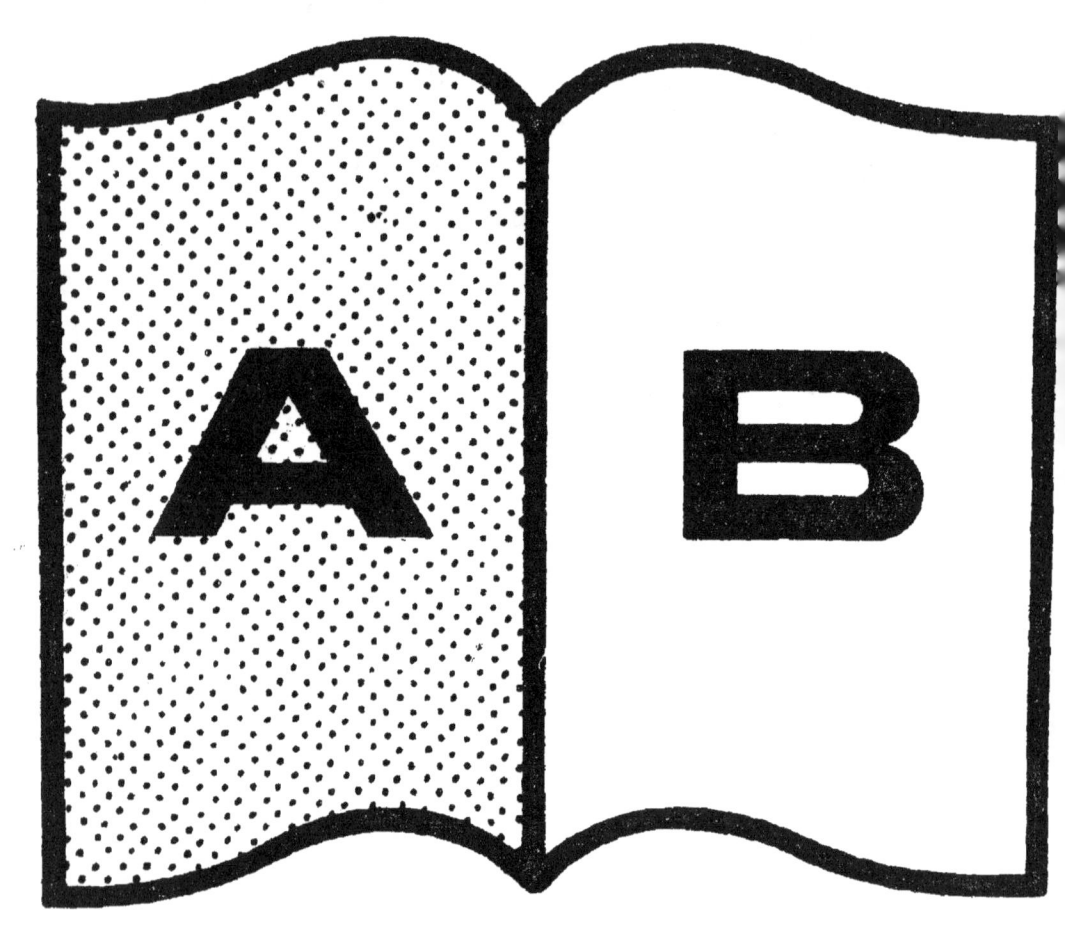

Contraste insuffisant

NF Z 43-120-14

www.ingramcontent.com/pod-product-compliance
Lightning Source LLC
Chambersburg PA
CBHW071719230426
43670CB00008B/1060